幼儿园音乐教育研究丛书

许卓娅 主编

打击乐器演奏活动

（第3版）

南京师范大学出版社

图书在版编目(CIP)数据

打击乐器演奏活动 / 许卓娅主编. —3版. —南京：南京师范大学出版社，2021.9(2024.9 重印)
(幼儿园音乐教育研究丛书)
ISBN 978-7-5651-4917-7

Ⅰ. ①打… Ⅱ. ①许… Ⅲ. ①击乐器—奏法—学前教育—教学参考资料 Ⅳ. ①G613.5

中国版本图书馆 CIP 数据核字(2021)第127007号

书　　名	打击乐器演奏活动(第3版)
丛 书 名	幼儿园音乐教育研究丛书
主　　编	许卓娅
丛书策划	吴曼丽　徐益民
责任编辑	彭艳梅
出版发行	南京师范大学出版社
地　　址	江苏省南京市玄武区后宰门西村9号(邮编:210016)
电　　话	(025)83598919(总编办)　83598412(营销部)　83598312(邮购部)
网　　址	http://press.njnu.edu.cn
电子信箱	nspzbb@njnu.edu.cn
照　　排	南京凯建文化发展有限公司
印　　刷	兴化印刷有限责任公司
开　　本	787毫米×1092毫米　1/16
印　　张	22.75
字　　数	377千
版　　次	2021年9月第3版　2024年9月第2次印刷
书　　号	ISBN 978-7-5651-4917-7
定　　价	78.00元
出 版 人	张　鹏

前　言

音乐活动，是能够使人获得全面发展的重要社会实践领域之一。音乐教育活动设计的目的，是使参与音乐教育过程的所有教师和幼儿在音乐实践过程中获得更加积极有效的发展。

通过科学的教育设计，教师可以更好地将全面发展的教育追求，转换为自己与幼儿的共同的真实发展。

人们在音乐实践中，能够获得对事物进行整体把握的能力，以及应用多种符号进行思考和表达的能力。这些能力，不仅是审美思维、审美创造的基本能力，也是科学思维、科学创造的基本能力。

人们在音乐活动中，能够获得自我认识、自我管理、自我教育的能力，获得认识他人、与他人进行交流和合作的能力，获得承担社会责任的能力。这些能力，不仅是每一个人在儿童时代平安快乐生活、身心健康成长所必需的，而且是每一个人在一生中生活和发展所必需的。

尽管本书正是从对教师和幼儿进行全面发展教育这一出发点来进行设计和编写的，尽管本书中收编的研究成果，均来自教育部和江苏省教育厅人文社会科学“七五”“八五”“九五”“十五”教育科学研究项目资助的课题研究实践，其中的活动设计理论和活动设计范例均已在我国幼儿园经过十多年的反复实践和改良，具有比较好的可操作性和实践效果，但它们毕竟还是前面的探索者所能认识到的有限“真理”。因此，教师在选用本书提供的理论和范例时，还应该特别注意考虑您自己和您自己所面对的幼儿的具体情况，同时，最好还能够根据您自己的实践经验对本书中提供的信息进行进一步的丰富和完善。

在本书的编写和改版过程中，南京师范大学“中国早期儿童音乐舞蹈教育发展研究中心”高级顾问薛瑜老师做了大量的组织和统稿工作，南京市商业幼儿园、南京市游府西街幼儿园、南京市北京东路小学附属幼儿园、南京市逸仙小学附属幼儿园、南京师范大学幼儿园、河海大学幼儿园、南京市第一幼儿园、南京市第二幼儿园、东部战区总医院第一幼儿园的领导和老师们，以及安徽、浙江、福建、广东、广西、山东、山西、陕西、四川、湖南、海南等地的幼儿园老师们都付出了大量的心血；南京师范大学出版社的编辑一直给予了极大的支持并付出了艰辛的劳动；南京师范大学教育科学学院在读的本科、硕士、博士生们也参与了部分工作，在此一并表示感谢！

转眼间，距《打击乐器演奏活动》首次出版已经18年啦。感谢出版社、读者多年来对我们的支持和厚爱！

在此期间，我们于2014年进行了第一次改版。2013年夏天，《3—6岁儿童学习与发展指南》(以下简称《指南》)正式颁布。对照《指南》的相关精神，我们觉得自己不但早在10年前已意识到学习品质培养的重要性，意识到学习品质培养必须落实在每日每时的师幼互动过程中，而且我们从来没有停止过对学习品质培养问题的探究：我们在2010年于长沙举办的第七届全国幼儿园音乐舞蹈教育改革观摩研讨会上提出“将促进学习品质发展作为之后两年全国音乐舞蹈教育研究工作的重心”，并在2012年于成都举办的第八届全国幼儿园音乐舞蹈教育改革观摩研讨会上进行了交流。第一次改版我们主要做了以下几个方面的工作：

1. 检查了所有教育目标和活动流程。我们发现10年前有相当多的教案，在教育目标2(学习品质培养目标)方面，就已经思考得比较深入且表述得比较规范了。

2. 修改了教育目标和活动流程，使之能够更符合促进幼儿学习品质发展的精神。同时，关于目标3(人格品质培养目标)，我们也已经在2012年于成都举办的第八届全国幼儿园音乐舞蹈教育改革观摩研讨会上提出，并在2014年于西安举办的会上进行了交流。对此，在本次改版中，我们也重新做了力所能及的完善。

3. 删除了约30个活动，新增了一个块面“表演游戏作品教育活动设计”，其中包含33个活动。其最大的特点是“游戏和教学融为一体、贯穿始终”。尽管第一版中也有一些活动包含游戏，但那时候的活动设计基本上都是将游戏安排在歌曲等教学内容之后，是另外加入的。我们认为这种形式仍旧有存在的价值，因此此次改版仍然保留。

4. 本书所有教案的目标体系特别强调突出了学科目标、学习品质培养目标和人格品质培养目标之间相互融合、相互促进的价值定位。希望读者特别关注这一点。

2010年至今，我们团队的主要精力放在了幼儿在教学活动中的创造性参与和教师培训两个方面。今年我们应读者和出版社的要求对本书做了第二次改版。本次改版的重点主要包括四个方面：

1. 更强调教学的游戏情境和幼儿的创造性参与。

2. 更强调通过“案例研究教学”的方式，帮助教师理解原创经典案例的价值追求以及价值追求过程中的策略使用。为此，我们删除了18个原有案例，新增了带有分析的详细教案，并把这些新案例集中放在“（五）活动案例详析”，方便教师集中学习。

3. 本书所有案例按小班、中班、大班进行划分，更便于教师有针对性地组织开展活动。

4. 基于对当前电子媒体使用特点的分析，本次改版我们将书中配套的电子资源以U盘的方式呈现，并和《韵律活动》（第3版）、《歌唱活动》（第3版）、《欣赏活动》（第3版）的配套电子资源整合在一起。

许卓娅

2020年9月于南京

目　录

一、幼儿园打击乐器演奏整体教学法介绍

打击乐器演奏是幼儿园音乐教学的内容之一。打击乐器演奏教学不仅能帮助幼儿初步掌握乐器演奏的一般知识和技能，发展节奏感，而且能发展幼儿对音色、曲式结构、多声部织体表现力的敏感性，培养幼儿基本的合作意识、合作能力、创造意识、创造能力、组织纪律性和责任感。

但是，幼儿园教师普遍感到打击乐器教学难以进行。为了解决这个问题，承担国家教委“七五”教育科学重点课题“幼儿园音乐教学的研究”的研究小组对打击乐器演奏教学规律进行了重点研究，通过理论上的反复探讨和实践中的反复验证，提出了“打击乐器演奏整体教学法”。

（一）打击乐器演奏整体教学法

1. 打击乐器演奏整体教学法的特点

打击乐器演奏整体教学法的特点主要有以下三方面。

第一，打击乐器演奏教学可以让幼儿接触到多声部音乐形式，因此，打击乐器演奏教学的目的除了通常强调的培养节奏感、音色感和集体观念外，还可以让幼儿初步了解到多声部音乐的特点。多声部音乐是由许多声部构成的一种音乐，它的美妙之处体现在整体形象上。就像幼儿用积木搭房子时，搭房子的乐趣在于能搭出各种各样的房子，而不在于每一种房子用了几块什么形状、什么颜色的积木。

第二，如果幼儿在教学过程中能了解和掌握多首打击乐曲的整体音响形象，那么就不仅能达到上述教学目的，而且还能够有效地提高打击乐器演奏教学的质量，使以往让教师和幼儿都感到枯燥、困难的打击乐器演奏教学变得轻松、愉快、

富有乐趣。

第三，传统教学法是一个声部一个声部地教和学，然后再合起来演奏，并在合奏时要求各声部不要去听其他声部的演奏，以免受到干扰。而整体教学法则首先要求教师要尽力帮助幼儿了解和把握所有声部合起来演奏时的整体音响形象，并要求各声部在演奏时随时注意倾听其他声部的演奏，在知你、知我、知他的基础上达到配合一致。

2. 打击乐器演奏整体教学法的理论依据

打击乐器演奏整体教学法的理论依据有以下三个方面。

第一，在多声部音乐创作心理学方面，作曲家一般总是先构思好一个整体的音响形象，然后再根据整体音响形象的要求去具体安排各声部的音响。在创作初步完成后，作曲家还要到乐队中去尝试、调整，以修正和完善自己原先对整体音响形象的想象。

第二，在多声部音乐感知心理学方面，听众听到的多声部音乐总是整体的音响，即使有人会特别地去注意其中某一个声部的音响，也不可能完全离开整体音响的背景。这就如同我们观看一幅彩色的风景画一样，无论你如何注意地去看其中的山水和树木，都不会和在一张白纸的同样位置上看大小、形状完全相同的山水和树木白描形象时产生完全相同的感觉。

第三，在学习心理学方面，学习者只有在了解自己学习目标和结果的情况下，才能进行最积极有效的学习。多声部中的单个声部，不具有完整的音乐审美形象和趣味，不能有效地帮助幼儿建立具有吸引力的目标，因此不能使幼儿在学习时随时获得有趣味的结果反馈。所以，无论是从目标、过程上看，还是从结果上看，都应该以整体音响形象为出发点和终结点，这才符合多声部音乐审美学习活动的规律。

3. 打击乐器演奏整体教学法的特殊教学方法

打击乐器演奏整体教学法的特殊教学方法主要有三种。

总谱法——通过使用幼儿可以接受的“变通总谱”来帮助幼儿掌握作品的整体音响结构。

指挥法——通过让幼儿学会看别人指挥和学会自己指挥的过程，来帮助幼儿掌握作品的整体音响结构。

创作法——通过引导幼儿参加制订音乐作品的配器方案和参加编制变通总谱的过程，来帮助幼儿掌握作品的整体音响结构。

（二）变通总谱

“变通总谱”是针对通用总谱，也就是我们常用的简谱和五线谱来讲的。由于通用总谱的认知方式和过程都比较复杂，使用这种总谱，不但不能对幼儿的整体感知过程有所帮助，反而会人为地增加幼儿的认知负担，影响幼儿感知音乐的乐趣。但若不用总谱，幼儿在学习中的记忆负担又太重。“变通总谱”正是为了解决上述矛盾而被创造出来的。目前，在幼儿园已经普遍使用的“变通总谱”主要有以下三类：“动作总谱”“图形总谱”和“语音总谱”。

以巴西童谣《小红帽》的第一句旋律为例：

通用简谱总谱

	1 2	3 4	5	3 1	$\dot{1}$	6 4	5	3
碰铃	0	0	0	0	X	0	X	0
沙球	X	0	X	0	0	0	0	0
木鱼	0	0	0	0	0	X	0	X
铃鼓	X	0	X	0	0	0	0	0

动作总谱

	1 2	3 4	5	3 1	$\dot{1}$	6 4	5	3
节奏	X	0	X	0	X	X	X	X
动作	拍手		拍手		拍头	拍肩	拍头	拍肩

拍手——铃鼓、沙球　　拍头——碰铃　　拍肩——木鱼

图形总谱

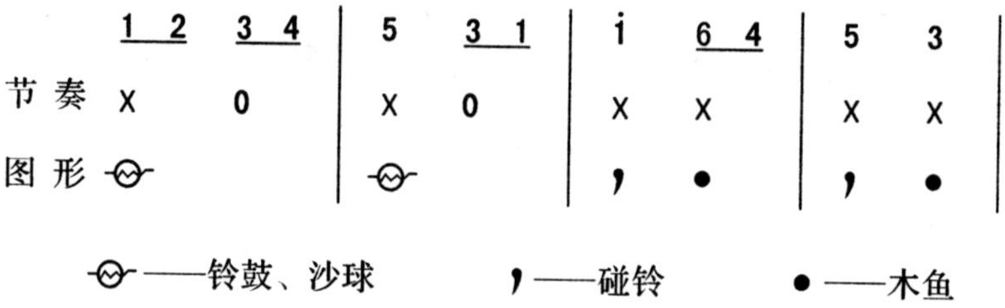

语音总谱

	1 2	3 4	5	3 1	1̇	6 4	5	3
节奏	X	0	X	0	X	X	X	X
语音	走		走		滴	笃	滴	笃

走——铃鼓、沙球　　滴——碰铃　　笃——木鱼

与通用简谱总谱相比较，变通总谱要容易掌握得多。有一点请注意，在以上这些变通总谱中，幼儿所要做的仅是跟着旋律做动作、看图和朗诵，并不需要看旋律和节奏谱。

以上的记谱法是供教师参考的。

1. 设计一份好的变通总谱的主要考虑因素

设计一份好的变通总谱主要考虑以下四个方面。

(1) 要选择结构工整、旋律优美、节奏富有特点和趣味性的原始作品。

(2) 拿到作品后，首先要把大结构划分出来，再反复吟唱，仔细体会、推敲，统一考虑，为结构中各部分选取合适的，既有对比又有统一的节奏型和音色。

(3) 根据配器的情况选择、创造合适的变通记谱形式。如发现几种形式都可采用的情况，可以根据其他有关情况来决定最终采用哪一种。

(4) 按各种变通总谱的设计要点进行设计。

2. 各种变通总谱的设计要点

(1) "动作总谱"主要是通过使用不同的动作来表现配器的总体布局。设计

时可使用身体节奏动作、模仿动作、舞蹈动作甚至滑稽动作。除动作的节奏外，动作的方式，做动作所发出的声音的音区、音色、力度等也都是有重要意义的乐谱因素。在设计时应注意，不要把较快、较难的动作安排在较密集的节奏型上。如方案 $\underset{\text{跺 脚}}{\underline{\underline{\text{X XX}}}}\ \underline{\text{XX}}\ |\ \underset{\text{拍手}}{\text{X}}\ \text{X}$ 就不如方案 $\underset{\text{拍 手}}{\underline{\underline{\text{X XX}}}}\ \underline{\text{XX}}\ |\ \underset{\text{跺脚}}{\text{X}\ \ \text{X}}$ 更容易为幼儿所掌握。同时，也不要拘泥于乐谱含义与动作方式的严格一一对应。如果设计得太复杂，也就失去其作为简易工具的作用了。

(2)“图形总谱”主要是用不同的图形来表现配器的总体布局。设计时可使用几何图形、类比性图形、形象简化图形或通用乐谱符号。除了图形的线条、形状外，色彩也往往是乐谱的重要意义因素。设计时，有时可安排得较粗——主要表现句子和段落的结构；有时可安排得较细——要把节奏和音色也同时考虑进去。如：

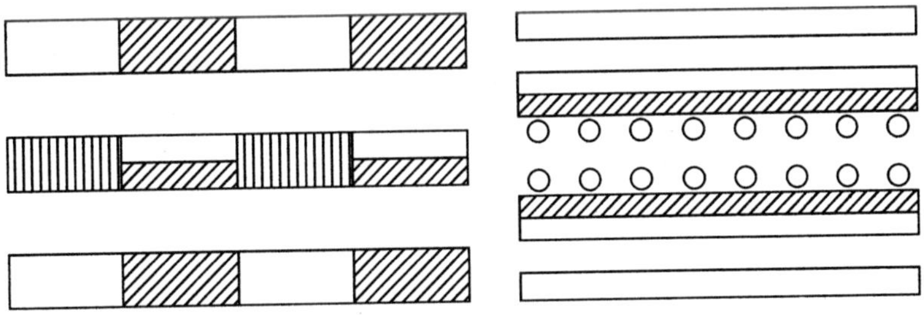

这是第一种考虑。左侧的图谱表现了一种带严格再现的三段体音乐和它的节奏、音色布局。右侧的图谱表现了另一种带严格再现的三段体音乐和它的配器布局。第三段是第一段的倒影再现，且第一段是渐强，第三段是渐弱。第二段的配器较一、二段更为活泼。再如：

这是贝多芬《土耳其进行曲》中第一句的一种配器方案。在这组类比性图形中，不但表现了碰铃等乐器音色的圆润并有较长的延音，铃鼓等乐器的摇奏有令人兴奋的轻微颤动感，木鱼等乐器的音色短促而明亮，而且对节奏型和节奏型中的音色分布情况也有所暗示。在设计时应注意避免复杂化的倾向，更不要设计成简谱或五线谱的图形然释谱，这样就失去了变通总谱让人一目了然的原始目的了。

（3）“语音总谱”主要用语音表现配器的布局，所用的语音可以是有意义的词或句子，也可以是象声词或无意义的音节。对词或句子的要求是有趣、易记且容易上口。如将《土耳其进行曲》的第一句写成语音总谱：

	5 3	3 3	5 3	3 3̇	2̇ 1̇ 7 6	5 4	3 4	5
节 奏	X	–	X	–	X	–	X X	X
图 形	❜		❜		〰〰		● ●	●
语 音	叮——		叮——		啦啦啦啦	啦 啦	梆 梆	梆

三种变通总谱都没有固定的模式，还可以有多种设计法。艺术本身是一种创造活动，创造就意味着要冲破固定模式。如果陷在固定的模式中，艺术的趣味即艺术的生命也就没有了。在实际使用时，这些总谱往往被综合起来使用。正如总谱法、指挥法、创作法在教学中也经常被综合使用一样。单纯地、孤立地使用一种总谱、一种方法的情况，在实际教学中是极少见的。

（三）打击乐器演奏整体教学的程序及方法

整体教学法有两种看起来似乎完全相反的教学程序。

1. “先整体、后分部”的程序

这种程序适用于各声部间交错进行的结构、整体音响上较为单纯的作品。其一般进行步骤如下。

（1）导入，引起兴趣。

（2）欣赏或进行简单的节奏活动，初步感知主旋律的情绪、风格和基本拍子。

（3）模仿学习或创作变通总谱的具体内容（基础较薄弱的班级最好先从模仿开始）。进一步把握作品整体音响的横向（句子和段落之间）结构和纵向（声部与声部之间、配器与旋律之间）结构。

（4）在熟练掌握总谱的基础上，进行分声部徒手练习。练习时重点要求相互倾听、相互配合，共同创造出心目中已初步建立的整体音响效果。

在这一步骤中幼儿应开始学习看教师如何指挥。教师指挥时所做的动作，最初应与幼儿所做的动作一致；熟练以后，教师可改用击拍法，但仍要把节奏型打出来。

(5) 个别幼儿指挥,集体练习。教师应鼓励每个担任指挥的幼儿,根据自己的情况部分地改变原定的练习方案。

(6) 教师指挥进入多声部乐器演奏练习。

(7) 个别幼儿指挥,集体练习。教师可鼓励担任指挥的幼儿,部分改变原定的配器方案。但是,在这一步骤中,因为已进入多声部乐器演奏,所以每次方案改变后,教师一定要引导全体幼儿注意倾听,比较整体音响在结构和情趣上发生了何种变化。

(8) 改进的练习。根据需要将特色乐器、加强乐器逐步加到乐队中去。每发生一种变化教师都应引导幼儿倾听、比较并鼓励幼儿对这些变化加以描述。

2. “累加”程序

这种程序适用于各声部都有一定的独立性、整体音响较为复杂的作品。其一般步骤如下。

第一、第二步与第一种程序相同。

第三步是模仿或创作一个最有特色、最复杂、最有独立性的声部,进一步把握作品的横向结构。

第四步是在充分掌握该声部的基础上,再将其他具有伴奏性质的声部一一加入,或等掌握先整体、后分部的程序后,再加入到这个独奏声部上去。

在这个步骤中,最初往往需由个别幼儿指挥已熟悉的独奏声部,教师同时指挥尚不熟悉的伴奏声部,再把两个部分分别交给两名幼儿指挥。最后由一名幼儿单独指挥。

第五至第八步可参考第一种程序。

在一般的教学过程中,这两种程序是混合使用的。

最后还必须指出,对年龄较小、经验较少、音乐能力较差或是刚接触打击乐器演奏活动的幼儿,模仿仍是一种主要的学习方法。但是,创造性学习必须在一开始就进入,只是要求的制订、方法的设计、程序的安排都要特别谨慎,要以大多数幼儿都能够胜任并能愉快、积极地参加为标准。

二、幼儿园打击乐器演奏教育教学要点

（一）打击乐器演奏的教育目标与教学模式

打击乐器演奏活动的组织与指导在近 20 多年来从理论到实践都发生了很大的变化。下面分别从教育目标与教学模式两方面进行论述。

1. 教育目标

从教育目标来看，在音乐活动领域内，促进幼儿发展的目标体系内容上已经发生了全面性的改变。下面我们来做一个比较。

（1）传统目标（从现在通用的各种教科书中归纳出来）。

第一，激发幼儿对奏乐活动的兴趣。

第二，引导幼儿了解一定的乐器知识，学会简单地用打击乐器演奏的技能，能在歌曲、律动曲的伴和下齐奏、轮奏（实际上是指轮流演奏）。

第三，培养幼儿的节奏感（极少数教科书上称“音色感”）。

第四，让幼儿学会演奏一定数量的打击乐作品。

（2）目前我们提出的目标。

第一，让幼儿享受奏乐活动的快乐。其中包括体验音乐和打击乐器演奏的整体音响在时间流动过程中不断保持和变化的乐趣，以及体验与他人协调合作的乐趣。

第二，发展幼儿运用打击乐器进行艺术展现的能力。其中包括幼儿在自己的声部中感知整体音响效果的能力，以及与其他人、其他声部相互协调，共同创造某种既定整体音响形象的能力。

第三，发展幼儿感受音乐的能力。其中包括对所有音乐要素的敏感性，如节奏感、旋律感、音色感、结构感——主要指音乐横向的曲式结构，织体感——主要指多声部音乐各纵向层次之间的织体结构。

第四，让幼儿积累一定的音乐语汇。其中包括音乐曲调的语汇、打击乐器演奏节奏型的语汇、打击乐器的各种不同音色及其表现力的语汇。

第五，促进幼儿整体素质全面发展的其他要求。

因此，对于一次集体的打击乐器演奏教学活动来说，具体目标应划分为三个方面：

第一，“音乐”素质发展要求。

第二，“学习”素质发展要求。

第三，“做人”素质发展要求。

2. 教学模式

从教学模式来看，目前我们已经认识到：由于多声部音乐是按纵向和横向两方面的关系构成整体音响审美形象的，所以，只有在整体感知、形成整体音响表象的条件下，多声部音乐的学习、表演和欣赏才会更有情趣和效果。正如感知心理学和审美心理学所告诉我们的：整体不是部分的简单相加，当整体中的部分发生变化时，整体亦变化而成为另一个新的整体。在音乐中，部分和整体的关系更加像是生物学或者化学中部分与整体的关系，部分与部分，部分与整体之间是相互依存的。根据这一理论以及我们的实践研究结果，目前幼儿园打击乐器演奏教学的程序和方法也有了很大的改变。现将传统的教学模式与我们现今提出的模式比较如下。

(1) 传统模式。

程序：从分声部入手进行教学。

方法：单纯使用示范、模仿的教学方法。在“合乐”(即所有声部的演奏者同时各自演奏自己的声部)时强调“不要去听其他声部的演奏，以免相互之间会受到干扰”。

目的：着眼于学习的结果，学会演奏某个打击乐作品。

(2) 目前我们提出的模式。

程序：从整体布局入手进行教学。

方法：从示范、模仿的教学方法逐步过渡到引导、创新的教学方法，两种方法根据具体情况结合使用。“合乐”的时候强调相互倾听、相互配合。

目的：着眼于学习的过程，更关注幼儿的全面发展；也关注学习的结果，使幼儿能够较完美地演奏作品并享受演奏过程的乐趣。

(二) 打击乐曲的编配

1. 配器设计的原则

第一，与幼儿使用乐器的能力相匹配。即从以大肌肉(手臂)动作为主、手眼协调要求较低的动作，逐步过渡到部分利用腕、指动作和手眼协调要求较高的动作。注意配器应适合幼儿适应变化的能力，总体上应该是简单的且多重复的。

第二，有一定的艺术性。即情绪、风格与原音乐作品相贴近，有一定的个性与趣味性，能够通过重复强调出作品的整体统一性，也能够通过适当的变化使作品内容更加丰富。

2. 配器的步骤

第一，熟悉原音乐作品。对音乐作品进行反复哼唱、弹奏、倾听和感知体验。

第二，揣摩、分析。揣摩、分析音乐作品的情绪、风格和趣味，注意抓住主要矛盾，对非主要细节作“省略”处理或“模糊”处理。分析音乐作品的节奏特点和结构特点，感知作品结构中的部分与整体的关系及重复与变化的关系。

第三，安排节奏型和音乐作品的布局。既可以通过节奏和音色的改变强调“变化”又可以通过节奏和音色的重复强调“统一”。对于小年龄班的幼儿，比较简单的作品，可多采用“相辅相成”的处理方式。即作品的节奏密，配器的节奏也密；作品的节奏疏，配器的节奏也疏。对于年龄较大的班级的幼儿，比较复杂的作品，偶尔也可以采用“相反相成”的处理方式，即作品的节奏密，配器的节奏反而疏；作品的节奏疏，配器的节奏反而密，甚至可以巧妙地使用演奏与休止交替处理的方式。

第四，试奏和调整。

第五，记谱并转换成幼儿可以使用的变通乐谱。

(三) 打击乐器的选购与管理

1. 选购

由于目前大多数的乐器厂家制作的乐器质量都不太稳定，所以购买乐器时应一件一件地挑选。

(1) 铃鼓：木框、皮面，直径 12 厘米。

(2) 碰铃：直径 3 厘米，中心孔洞可穿入一根中号铁丝。

(3) 圆弧响板：塑料制成品。

以上三种按每班 45 个人配置：每种 15 件，3 种共 45 件。

以上三种按每园 6 个班配置：可配 2 套。

另可配以下乐器。

(1) 队鼓(大)：一面。

(2) 大钹：一副(少先队出旗用)。

(3) 串铃：30～60 个。

(4) 三角铁：3～5 个，铁条横断面 0.5 厘米。

(5) 木鱼：10～15 个。

(6) 蛙鸣筒：3～5 个。

(7) 双响筒：3～5 个。

(8) 小锣：(铜制成品)一面。

(9) 小钹：(铜制成品)一副。

(10) 小鼓：(中国样式)一面，直径 30 厘米。

2. 管理

为碰铃装把柄：将中号铁丝穿入孔洞，两头弯成圈，中间穿接一根塑料的彩色水笔笔杆。

将碰铃和圆弧响板各置于一个大小适宜的饼干箱或磁带盒内，再将这两个箱或盒与铃鼓一起整齐地安置于一个大的塑料周转箱内。其他乐器另箱安置。

所有乐器都放在幼儿园的资料室内，使用时需办理借用手续，归还时应原样放置好。使用前、使用后一律由教师指导幼儿分发、放回、摆齐。所有鼓类应注意不要放在地上，而应摆在通风干燥的地方。

（四）打击乐器演奏活动的常规

1. 活动开始和结束的常规

听音乐的信号整齐地将乐器从座椅下面取出或放回。乐器拿出后，凡不演奏时须将乐器放在大腿上，不发出声音，眼睛也不看乐器。开始演奏前，按指挥者的手势整齐地将乐器拿起，做好准备演奏的姿势。演奏结束后，按指挥者的手势将乐器放回大腿上。活动结束后，在教师指导下自己收拾乐器并整理场地。

2. 活动进行的常规

演奏时身体倾向指挥者，眼睛注视指挥者，积极地与指挥者进行交流。注意倾听音乐和他人的演奏，并努力与他人协调一致。注意力集中，不做与演奏无关的事情。交换乐器时，须先将原来使用的乐器放在座椅上，再迅速无声地找到新的座位，拿起乐器，坐下，将乐器在大腿上放好。交换过程中不与他人或场内的座椅相撞，坐下时不让座椅发出声音或发生移动。

（五）打击乐器演奏的指挥

幼儿园打击乐器演奏活动中的“指挥”和“看指挥演奏”内容的学习，对于幼儿的音乐发展与全面发展有着特殊的意义。这些意义与成人专业音乐活动的“指挥”和“看指挥演奏”有着较大的不同之处。在这种活动中，幼儿学习的任务主要是：学习如何与人沟通、与人合作，以及学习如何在情感上、行为上与人相协调。因此，幼儿指挥者在一般情况下可以不必按专业学习的要求来学习指挥的起势、收势和击拍法，而只是学习如何自然地开始、结束、轮流、交替，如何自然地击出所要求的节奏型，如何用眼神或手势暗示下面要演奏的声部和演奏的方法等。

与此有关的主要知识技能如下：

（1）幼儿指挥者应知道如何用动作表示“准备”“开始”和“结束”，并能使自己的动作清楚、明确、易于让被指挥者做出反应。

(2) 在指挥时应将两腿稍稍分开，站稳，以便于灵活地将身体转向任何声部。

(3) 在指挥时应将身体倾向于被指挥者，用眼睛亲切、热情地注视被指挥者，并能用体态和表情激起被指挥者的合作热情。

(4) 如何用指挥动作表现节奏和音色的变化，并能使自己的动作与音乐协调一致。

(5) 在声部转换之前，提前将自己的头部和目光转向下一个将要演奏的声部。在组织建立声部时，尽量使用手势和眼神，尽量减少语言指示。(这一点对幼儿不做要求)

(六) 打击乐器演奏的空间处理

在打击乐器演奏的活动中，幼儿座位安排的有序性和声部音色的混响效果都将成为活动整体审美效果的有机组成部分。因此，对各乐器组空间位置的处理也是有一定科学规律可言的。常规性的打击乐器演奏活动应该有“碎响音色”组(铃鼓或串铃)、“圆润音色”组(碰铃或三角铁)、“脆响音色”组(圆弧响板或木鱼)、“混响音色”组(大鼓或大钹)。其他非常规乐器，使用时按常规乐器的音色性质分组。同音色组的乐器在空间处理时应集中安排在一起。

一般常规活动，乐队可排列成以下几种队形：

1. 半圆形或单马蹄形

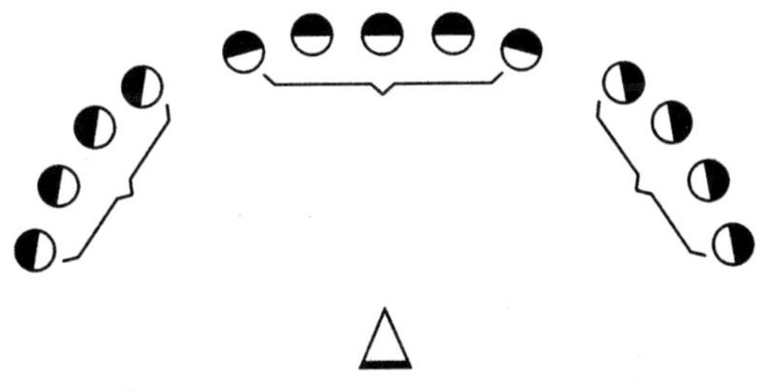

(注意：该队形适合小班)

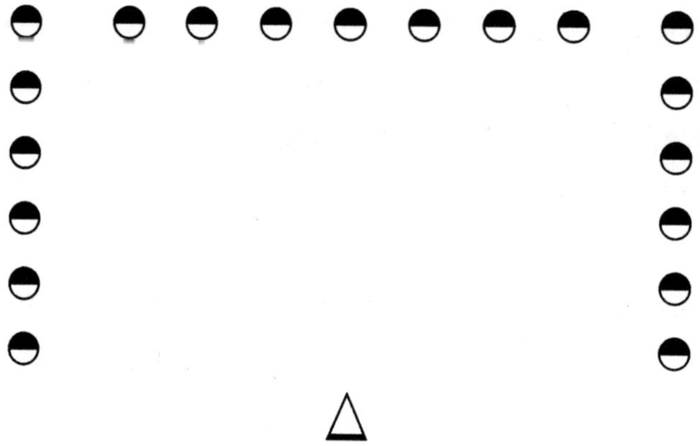

2. 双马蹄形

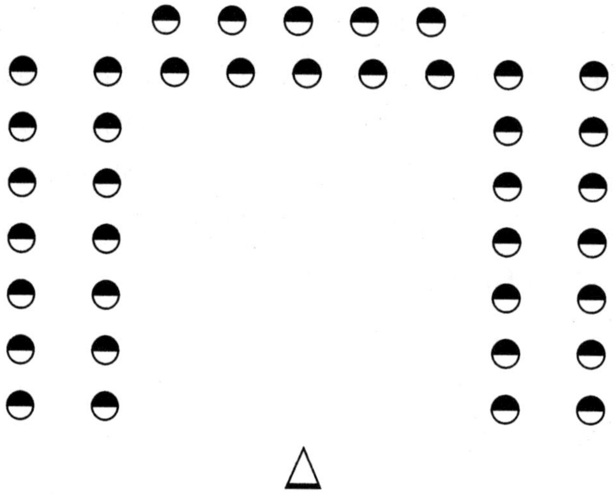

3. 品字形

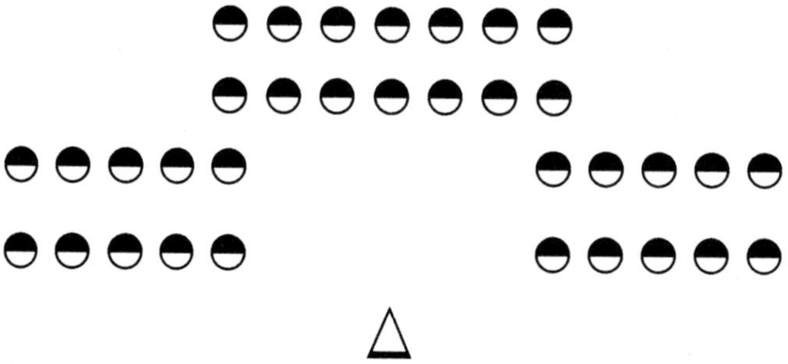

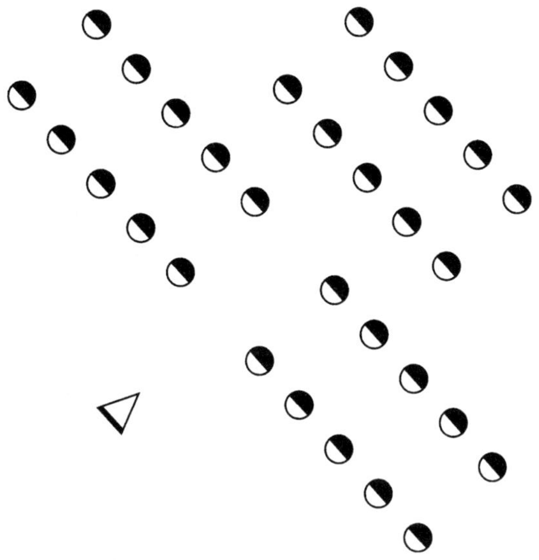

（注意：该队形适合舞台表演和公开课）

4. 满天星形

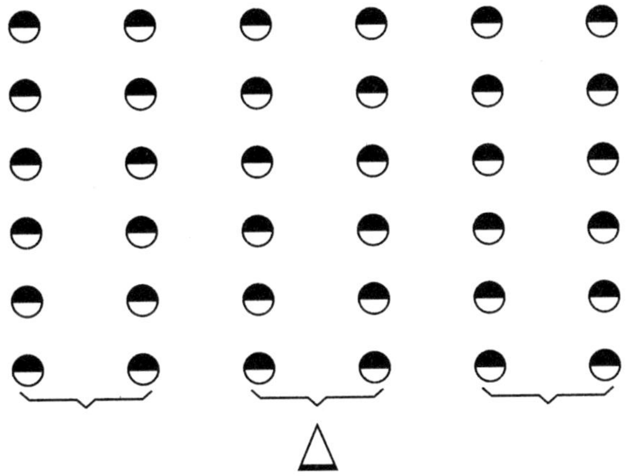

马蹄形是刚开始学习轮流演奏时较理想的空间处理方式，为了让幼儿更易明确何时演奏、何时不演奏，可将幼儿的朝向改变（如下图）。

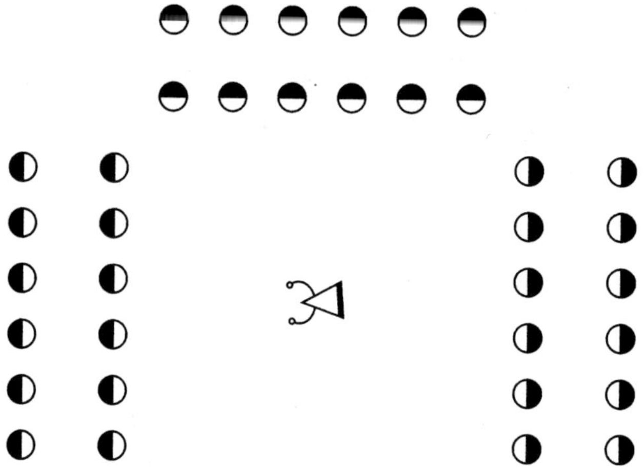

（注意：教师面朝左面，表示仅此一组演奏。教师其他朝向与乐器组反应类推）

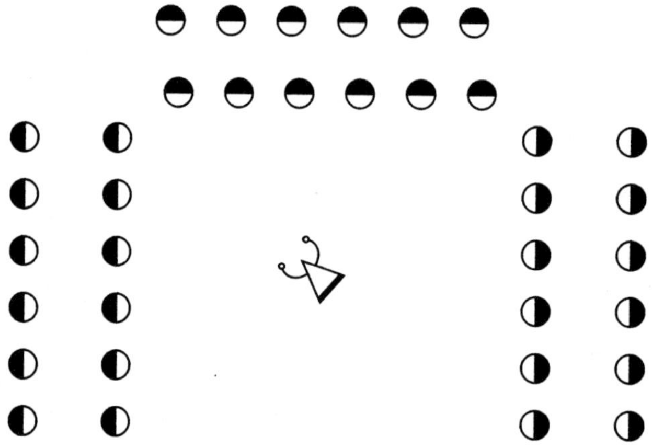

（注意：教师面朝左、后面，表示两组演奏。教师其他朝向与乐器组反应类推。表示三组同时演奏时，教师应退到马蹄形口的外面，以便每一个幼儿演奏者都能看到教师的眼睛）

“满天星”队形一般适用于中、大班，每相邻两列队为一个音色组；“半圆形”的排列，一般适用于小班，可用“分段切割”的方法来安排不同的音色组。大鼓和大钹的音色主要是起“混响”作用的，应该根据配器、指挥以及幼儿反应的能力水平等具体情况来灵活处理。例如，大鼓和大钹的演奏与铃鼓声部的演奏完全相同时，可将它们安排在铃鼓组的后部或近旁；大鼓和大钹声部完全独立时，应该把它们安排在指挥的身边、身后或任何可显示其独立性的空间中；大鼓和大钹如果分开演奏，可将它们分别安排在各自所加强的那个音色组所在的空间之中；大鼓和大钹如果是相互交替配合演奏，那么它们在空间处理上还是应该安排在一起。

（七）幼儿参与配器的一般程序

幼儿参与配器的价值除了培养幼儿的创造性之外，还有培养幼儿的音乐素养和提高他们参与学习的积极性等方面的价值。

幼儿参与配器的一般程序如下。

（1）让幼儿熟悉音乐。

（2）请全体幼儿随音乐做简单的节奏动作，教师观察幼儿中产生的节奏型。

（3）教师对幼儿的反应进行反馈，让全体幼儿了解他们当中产生了什么，并进一步组织、指导幼儿编造出合适的节奏型和动作。

（4）教师进一步组织、指导幼儿将编造出的节奏和动作组合成完整的节奏动作方案。

（5）教师组织、指导幼儿将节奏动作转换成“变通总谱”。

（6）教师继续组织、指导幼儿讨论，将“变通总谱”转换成打击乐器的实际演奏方案。

幼儿配器、指挥是近年来发展起来的新的教学内容，对从未进行过这类活动的教师可能会有一定困难。因此，在使用本书时，教师应仔细阅读各个范例，并根据自己的情况灵活选用。

（八）教师指导打击乐器演奏的特殊技术

1. 哼唱曲调的技术

由于幼儿在初学演奏时跟随乐曲比较困难，用教师哼唱曲调的方法使乐曲能跟随幼儿的演奏就显得格外重要。

教师在哼唱时要正确使用唱名法，使哼唱的速度与幼儿最舒适的演奏速度相一致；音色或节奏型转换前要有意放慢速度，新音色或节奏型开始时要重新换气，用动作、音量、眼神表示“预备起”；教师要把曲调背得很熟，熟到可以在任何需要开始唱的地方能立即开始唱。

2. 节奏语言提示技术

教师应善于使用节奏语言提示技术，没有习惯使用这种技术的教师应学会事先设计和事先练习。如下例(“　”号内为语言提示)所示。

前　奏：	X　X	X　X	X　X	X　X
				“碰　铃”
第一句：	X　X	X　X	X　X	X　X
碰铃奏				“响　板”
第二句：	X　X	X　X	X　X	X　X
响板奏				“一　齐”
第三句：	X　-	X　-	X　-	X　-
碰铃响板齐奏				
第四句：	X　-	X　-	X　-	X　- ‖
碰铃响板齐奏				

3. 空间移动技术

教师在空间内的合理移动常常出于以下一些重要的理由。

第一，让幼儿明白教师的分组意图。如当教师深入双马蹄形口的内部，张开双臂，示意分组的范围仅在后方 2 横排之内，再加上语言的辅助，后 2 排的幼儿更容易明白教师的意思，两侧 4 纵排的幼儿也更容易明白自己不在教师所示意的范围之中。

第二，让幼儿明白教师控制程度的变化。教师向幼儿靠近，意味着更多的控制和帮助；教师离开幼儿，意味着更多的信任和解放。

第三，教师移动意味着对个别幼儿的特殊处理：走神、违纪、情绪低落、技术困难等。

4. 程序拉长或压缩技术

教师在发现幼儿理解指示或掌握技术有困难时，要能够放慢进度、拉长程序，让幼儿能够真正舒适地理解和掌握。

教师在发现幼儿已经能够理解指示或掌握技术困难不大时，要能够加快进度，压短程序，让幼儿能够满足“跳起来”回应适合的“挑战”的愿望。

有时教师“吃不准”合适的“节奏”或进度，在设计时，可将程序设计得尽量细致些，在施行时却尽量粗糙些。当发现幼儿无法接受时再向后退，一直退到进度合适为止。当然，如果教师在设计时不够细致，在施行时就会“无路可退”。因此，对于缺少经验的教师来说，中间步骤应设计得多而细，施行时才可能灵活进退。

三、幼儿园打击乐器演奏教育活动设计

(一) 故事、游戏作品教育活动设计

小班

1. 玻璃瓶里的小老鼠

【故事】

几只老鼠在草地上玩，一只老鼠发现："呀！草地上有一只玻璃瓶，瓶里还装着许多糖。"其他的老鼠都说："瓶口太小，我们千万不要钻进去。"只有一只小老鼠太想吃糖了，它趁大家不注意钻到了瓶子里。

老鼠们着急了："小老鼠别吃了，再吃你就出不来了。"可瓶子里的小老鼠只顾大吃糖果，肚子越吃越大，再也出不来了，急得在瓶子里钻来钻去。

瓶子外面的老鼠也着急了，一只最聪明的老鼠想了一个办法：它让老鼠们推着瓶子向大石头滚去，瓶子撞到大石头上"啪"的一声撞破了，小老鼠跳了出来。

大家高兴得又跳又笑，只有那只小老鼠吓得哭了起来。

【教育活动设计】

活动目标

1. 在教师引导下，认识并表现音色。

2. 在教师帮助下，探索乐器与故事情节相匹配的方法。

3. 在集体演奏时学会控制乐器，不随便发出声音。

活动准备

1. 木鱼(幼儿人手一个)。

2. 铃鼓一个。

活动过程

1. 欣赏故事。

(1) 幼儿听教师讲故事。

(2) 请幼儿回答教师的问题：小老鼠怎么会钻到玻璃瓶里去呢？小老鼠的肚子为什么会那么大？小老鼠为什么哭了？

(3) 再次欣赏故事，注意故事中的音响。老鼠走的声音：笃笃笃笃——瓶子滚动的声音：咕噜咕噜——瓶子破了的声音：啪！

(4) 根据故事情节，幼儿回答教师的提问：故事中出现了哪些声音？然后学一学这些声音。

2. 幼儿用声音和动作表现故事情节。

(1) 幼儿集体学习小老鼠走到草地上，并做出先发现一个瓶子，再看看、闻闻的动作。幼儿走路时，要一边走，一边发出“笃笃笃笃”打响舌的声音。

(2) 幼儿围成圈表示瓶子，教师一人做瓶子里的小老鼠。教师发出吃东西的声音，幼儿发出的声音与教师相一致。教师用两手放在腹前做“老鼠肚皮”，吃一颗糖，“肚皮”大一点，直至最后做两手摊开的动作。

(3) 教师在圈中做钻不出来非常着急的动作，幼儿做跺脚、着急的动作。

(4) 幼儿做推瓶子动作，口中发出咕噜声，教师做转圈动作。

(5) 教师发出“啪”的一声，跳一下坐在地上哭，幼儿一起拍手表示很高兴。

3. 幼儿探索用乐器与故事中的音色相匹配的方法。

(1) 集体讨论怎样用木鱼和铃鼓表现以下音色：老鼠走，老鼠吃糖，瓶子滚动，瓶子破了。

(2) 师幼合作，教师讲故事，幼儿敲乐器，表现故事中的主要音色。

4. 师幼联合表演。

(1) 教师做瓶子里的小老鼠，幼儿做其他老鼠并表演。

(2) 请一名幼儿扮瓶子里的小老鼠，教师和扮其他老鼠的幼儿围成圈表示瓶子，并引导大家一起表演。

设计者：南京市游府西街幼儿园　陈薇薇

2. 大象和小蚊子

【故事】

有一头大象，长得可大啦！脑袋大大的，身体大大的，屁股也长得好大好大(用夸张的声音念)。走起路来很慢很慢，咚——咚——咚——(用较慢的、不太强的声音念)

有一天，大象出门散步，它走累了，就在草地上打起了瞌睡。一群小蚊子飞来了，它们发现了大象的屁股，说："哇！好可爱的屁股呀！让我们来叮叮它吧！"于是，小蚊子就围着大象的屁股叮了起来。大象觉得屁股有点痒，就用尾巴来赶小蚊子，刮——刮——刮——蚊子被赶走了，大象又打起了瞌睡。大象刚睡着，小蚊子又飞了回来，大象只好又用尾巴赶。就这样，赶了一次又一次，大象终于生气了，它用好大好大的脚使劲一跺，咚——声音大得把小蚊子都给吓"死"啦！

【教育活动设计】

活动目标

1. 了解串铃发出的声音，会用臂部大肌肉带动手腕摇串铃，并能在了解大鼓和蛙鸣筒所表现的声音形象的基础上参与游戏。

2. 通过大象和小蚊子的故事情节，了解故事与乐器演奏的对应关系，并做出相应的游戏动作。

3. 学习倾听，能在倾听的基础上与同伴共同演奏乐器。

活动准备

1. 每人一个串铃。

2. 一面大鼓。

3. 一个蛙鸣筒(可用其他能连续敲响的乐器代替)。

活动过程

1. 幼儿听教师讲述故事,知道大象一睡着,小蚊子就可以去叮大象。大象甩尾巴时,小蚊子就要躲远点,不能让大象尾巴碰着。当大象尾巴不动时,小蚊子又可以去叮大象,大象使劲跺脚时,小蚊子就要“死”掉。

2. 幼儿听教师用打击乐表现故事内容:先缓慢地轻敲大鼓,再连续地刮蛙鸣筒,然后轻轻地摇响串铃,最后使劲地敲大鼓。这样让幼儿知道轻而慢敲大鼓,表示大象走路;刮蛙鸣筒,表示大象甩尾巴;摇响串铃,表示小蚊子飞;使劲敲大鼓,表示大象生气时使劲跺脚。

3. 幼儿每人拿一个串铃轻轻摇动,模仿小蚊子飞,并在教师的提示下摇动手臂。

4. 幼儿在教师敲击的乐器声中和在故事情节的提示下做游戏。扮小蚊子的幼儿先练习听到蛙鸣筒声时往后退,当什么乐器声都没有时,就边摇串铃,边走到大象(由一高个幼儿扮演)身边,当听到重重地敲大鼓声时,小蚊子就躺下“死”掉。

5. 不用故事提示,幼儿随鼓声、蛙鸣筒声玩游戏。

设计者:南京市游府西街幼儿园　黄　莹

3. 大狼吃甜稀饭

【故事】

大狼到奶奶家去，奶奶烧了一锅好吃的甜稀饭。她给大狼装了一碗，大狼端起稀饭，“哗啦、哗啦、哗啦”，很快就喝完了。哇！好烫好烫。

大狼上幼儿园，熊猫阿姨也很会烧甜稀饭。熊猫阿姨烧好后，也给大狼装了一碗，大狼望着稀饭，怕烫，他用勺子轻轻沾了一点点，放在嘴里“吧吧吧”吃了半天，又沾了一点点，“吧吧吧”半天也没有吃完，熊猫阿姨批评了他，大狼哭了。

大狼回到家，妈妈也很会烧甜稀饭。妈妈给大狼装了一碗，大狼不敢吃。妈妈说：“你用勺子一口一口吃，就不烫了。”大狼舀一勺，吃一口，又舀一勺，又吃一口，一会儿真的把甜稀饭都吃完了，大狼笑了。

【教育活动设计】

活动目标

1. 根据故事的情节变化，探索铃鼓快、慢、中速的演奏方法。
2. 学习用操作的方法来探索乐器和故事之间的关系。
3. 在教师的带领下，积极参加打击乐探索活动。

活动准备

1. 幼儿将小椅子排列成圆形。
2. 人手一个铃鼓。

活动过程

1. 欣赏故事。

（1）听教师讲述故事，重点强调大狼三次吃甜稀饭的不同速度。

第一次：吃得很快，哗啦、哗啦、哗啦。

第二次：吃得太慢，沾了一点，吃了半天。

第三次：吃得不快也不慢，舀一勺，吃一口。

（2）听教师再次讲述故事，当听到大狼三次不同的表情时，幼儿做出相应的表情并发出不同的声音。

2. 幼儿在教师的鼓励下，边思考教师的提问，边努力做出快、慢、中速的动作，进一步感受三种不同的节奏。

（1）大狼第一次是怎样吃甜稀饭的，做个动作给大家看看，结果怎样？（此时加入在教师讲故事时幼儿创编出的表情、声音）

（2）第二次、第三次以同样的方法引导。

3. 在教师的鼓励下探索乐器的演奏方法，用中速、快速、慢速三种方法演奏。

（1）在教师的语言暗示下，如："今天，我也为大家准备了小碗，我们一起来玩这个游戏，小碗在哪儿呀？请大家找一找。"幼儿将铃鼓鼓面朝下，双手拿好，做出端碗的样子。

（2）听教师讲述故事，在听到喝甜稀饭时，大家一起表演。

第一次：快速，双手拿铃鼓，快速摇动。

第二次：慢速，左手端住铃鼓，右手食指沾鼓边一下，再放在嘴边动三下。

第三次：中速，左手端住铃鼓，右手敲鼓边一下，轻拍嘴唇一下，重复动作。

4. 教师讲述故事，并依次扮演"大狼奶奶""熊猫阿姨""大狼妈妈"角色，幼儿扮演"大狼"，一边听故事，一边做游戏。

设计者：南京市游府西街幼儿园　赵　倩

4. 小兔和狼

【乐曲】

小兔和狼

1=F $\frac{2}{4}$ $\frac{4}{4}$

王履三 曲

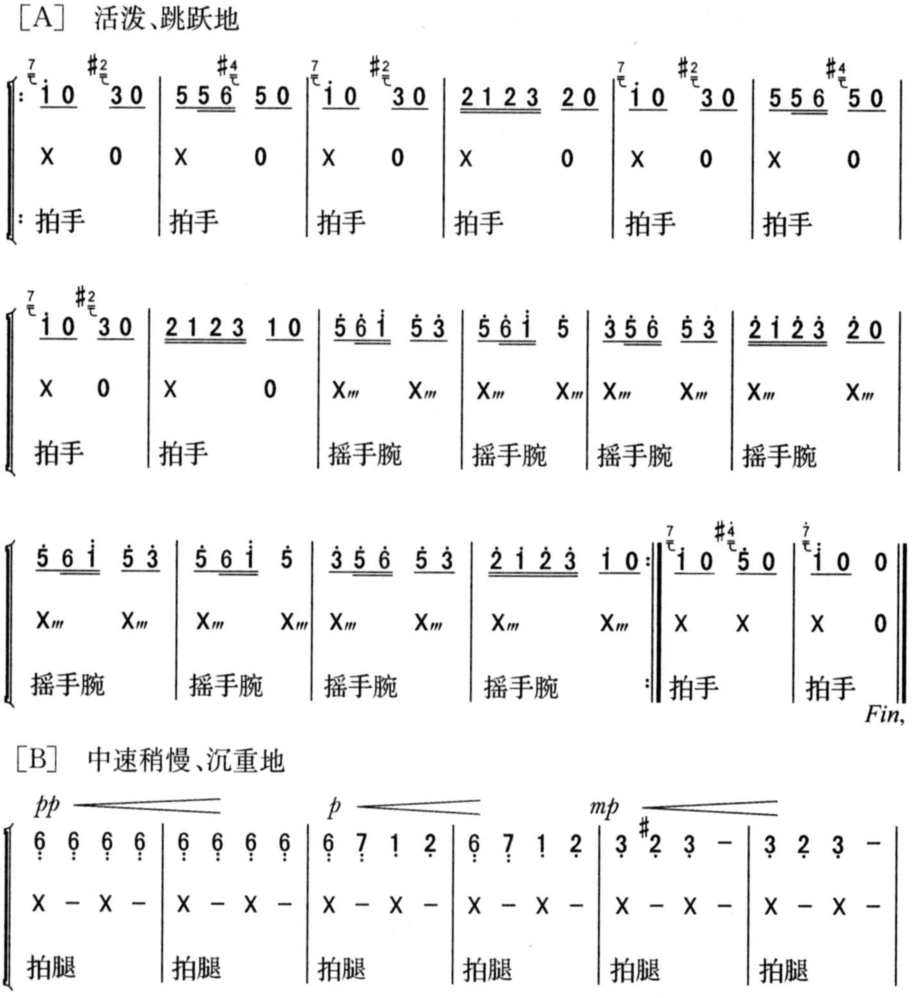

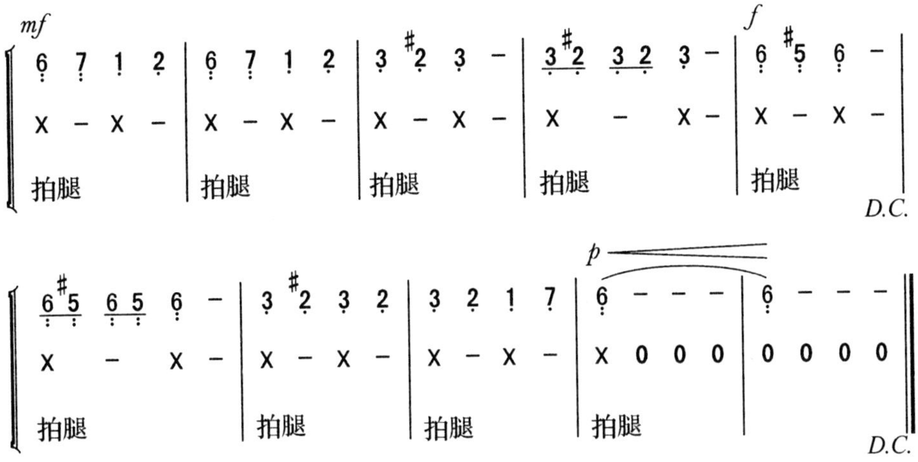

配器建议

拍手——小摇铃拍奏。

摇手腕——小摇铃摇奏。

拍腿——大鼓。

【教育活动设计】

活动层次(一)

活动目标

1. 通过玩游戏“小兔和狼”,熟悉乐曲旋律,感受[A]段音乐跳跃、[B]段音乐沉重的音乐性质。

2. 会用小兔跳、吃草等动作表现[A]段音乐。

3. 在做小兔跳时,保持与同伴间的距离,相互间不碰撞。

活动准备

1. 幼儿已学过小兔跳的基本动作。

2. 音乐《小兔和狼》。

活动过程

1. 幼儿听教师讲《小兔和狼》的故事:一群小兔来到了草地上,它们蹦蹦跳跳，吃吃青草。突然，来了一只大灰狼，小兔赶紧躲到草丛里去，大灰狼没发现小兔，只好走了。这时，小兔又蹦蹦跳跳地从草地里出来吃青草。

2. 幼儿完整欣赏音乐，注意分辨[A]段音乐跳跃、[B]段音乐沉重的不同性质。

3. 分段听音乐并用相应的动作表现。

(1) 倾听[A]段音乐，随音乐自由地做小兔跳、吃青草等动作。

(2) 在座位上随[A]段[1～8 小节]音乐做小兔跳动作(一小节一下)、[9～16 小节]音乐做吃青草动作(一拍一下)、[17～18 小节]音乐做小兔跳动作(一拍一下)。

(3) 自由找空间随[A]段音乐做小兔跳、吃青草等动作。

(4) 倾听[B]段音乐，并随乐自由练习大灰狼走路动作。

4. 学做音乐游戏“小兔和狼”。

(1) 讨论游戏规则：[A]段音乐做小兔跳、吃青草等动作。[B]段音乐大灰狼走出来，小兔蹲下，静止不动。

(2) 幼儿扮演小兔，教师扮演大灰狼，共同做游戏。

(3) 个别幼儿扮演大灰狼，其他幼儿扮演小兔，再次做游戏。

活动层次(二)

活动目标

1. 在会玩音乐游戏“小兔和狼”的基础上，学习打击乐《小兔和狼》。
2. 初步尝试根据音乐性质选择不同乐器，为游戏配伴奏。
3. 积极参与集体演奏活动。

活动准备

1. 幼儿已会玩音乐游戏“小兔和狼”。
2. 大鼓一面，小摇铃人手一个，大灰狼头饰一个。
3. 音乐《小兔和狼》。

活动过程

1. 幼儿随音乐《小兔和狼》，集体玩游戏。
2. 根据[A]段音乐节奏型的变化，编制相应的身体动作并练习。(如在**X 0**|

处拍手、停，在X X |处摇手腕等）

3. 幼儿学习用拍腿的动作表现[B]段的节奏型。

4. 幼儿初步尝试根据小兔和大灰狼的不同形象，匹配[A]段、[B]段不同性质的音乐，并选择打击乐器配伴奏。（如[A]段小摇铃，[B]段大鼓）

5. 幼儿随[A]段音乐，边看教师指挥，边学习用小摇铃演奏。[1～8小节][17～18小节]拍奏，[9～16小节]摇奏。

6. 随音乐完整地演奏1～2遍，[A]段由幼儿集体演奏，[B]段由教师或个别能力强的幼儿用大鼓演奏。

设计者：南京市商业幼儿园　吴锦蓉　魏思敏

中班

1. 一千零一个喷嚏

【故事】

一天，小兔背着一串干辣椒回家去。这时，一只大灰狼悄悄地跟上了小兔，小兔发现了大灰狼，就赶紧想办法对付它。小兔边跑边把干辣椒使劲搓成了辣椒粉，用力撒在大灰狼的脸上，大灰狼的鼻子吸进了辣椒粉，打了许多喷嚏。小兔觉得很有趣，也跟着大灰狼学打喷嚏。大灰狼打了一千零一个喷嚏，累得瘫倒在地，没有力气再追小兔，小兔就高高兴兴地回家去了。

【教育活动设计】

活动目标

1. 在教师的启发下，幼儿学习用慢、快两种速度敲击乐器。
2. 幼儿学习看指挥调节自己敲击的速度。
3. 幼儿学习与集体速度保持一致地演奏，养成爱护乐器的习惯。

活动准备

木鱼、铃鼓、沙锤若干，大鼓一面，大镲一副。

活动过程

1. 幼儿听教师讲故事，了解故事情节。
2. 在教师启发下，幼儿选择木鱼或铃鼓来分别表现小兔和大灰狼。
3. 在教师指挥下，幼儿边听故事边敲击乐器，熟悉游戏玩法。
4. 幼儿互换乐器进行游戏 1～2 遍。玩熟后可由幼儿来演奏大鼓、大镲。

配器建议

小兔背干辣椒回家——木鱼中速敲击 16 次。

大灰狼悄悄跟上——加铃鼓，保持和木鱼相同的速度。

小兔跑，大灰狼追——木鱼、铃鼓同时逐渐加速，直到最快。

小兔想办法，搓辣椒粉——木鱼、铃鼓加沙锤，保持最快速度。

小兔转身撒辣椒粉——教师或幼儿齐敲大鼓、大镲，幼儿敲击声顿停。

大灰狼打喷嚏——师幼一起打喷嚏，越打越没劲。

大灰狼瘫倒在地——教师或幼儿齐敲大鼓、大镲一声。师幼一起做累得瘫倒的样子。

小兔高高兴兴回家——木鱼中速敲击 17 次。最后一次表示关门。

设计者：南京市游府西街幼儿园　徐　玲

2. 胖胖熊和小老鼠

【故事】

森林里住着胖胖熊一家，有熊爸爸、熊妈妈、熊哥哥，他们整天忙碌，非常勤劳。胖胖熊的邻居是小老鼠一家，有鼠老大、鼠老二、鼠老三，他们好吃懒做，就想偷胖胖熊家的东西吃。

夏天来了，胖胖熊家的西瓜获得了丰收，大家都来收西瓜。

熊爸爸抱着西瓜走来了，嘭、嘭、嘭、嘭，把西瓜放进箩里，非常高兴，哈哈哈哈……

熊妈妈抱着西瓜走来了，嘭、嘭、嘭、嘭，把西瓜放进箩里，非常高兴，哈哈哈哈……

熊哥哥抱着西瓜走来了，嘭、嘭、嘭、嘭，把西瓜放进箩里，非常高兴，哈哈哈哈……

西瓜收完了，胖胖熊们累极了，都走到田边的大树下睡觉。

小老鼠们闻到了西瓜的香味，也想吃西瓜，他们悄悄出来偷西瓜啦。

鼠老大出来偷西瓜，嘀嘀嘟、嘀嘀嘟。

鼠老二出来偷西瓜，嘀嘀嘟、嘀嘀嘟。

鼠老三出来偷西瓜，嘀嘀嘟、嘀嘀嘟。

坏老鼠被胖胖熊发现了，他们赶快逃跑，胖胖熊紧紧追赶，老鼠们吓跑了，胖胖熊开心地笑了，哈哈哈哈……

【教育活动设计】

活动层次(一)

活动目标

1. 幼儿熟悉故事内容，学习用乐器演奏动物走及笑声的节奏，初步掌握节奏型 X – | X – | X – | X – |，$\underline{\text{X X}}$ X | $\underline{\text{X X}}$ X |，$\overbrace{\text{X}_{///}\ –\ |\ \text{X}_{///}\ –}$ |。

2. 幼儿通过探索活动，初步认识动物走路声音的特征与乐器(大鼓)声音性质的关系。

3. 幼儿积极参加探索活动，感受故事情节带来的愉悦情绪。

活动准备

1. 胖胖熊长毛绒玩具。

2. 大鼓、铃鼓、串铃。

活动过程

1. 教师出示胖胖熊玩具，激发幼儿听故事的兴趣。

2. 幼儿一边听教师有表情地讲故事，感受故事的愉悦情绪，一边在教师的提示下使用象声词模仿动物走路及笑的声音并做动作。

3. 在教师提问“小老鼠与胖胖熊走路哪个轻、哪个重”的启发下，幼儿初步感受动物走路的不同特征。

4. 幼儿分别听教师敲击鼓面、鼓边的声音，辨别其轻重，并在教师启发下将打击乐器的声音与动物走路声音进行匹配。

5. 幼儿随教师敲击鼓面、鼓边的不同节奏，用动作及象声词练习动物走路的节奏型。

6. 幼儿倾听教师拍铃鼓(串铃)的声音，在教师的启发下将铃鼓(串铃)的声音与胖胖熊的笑声相匹配，并练习铃鼓(串铃)的正确使用方法。

7. 在教师重点讲述故事第二和第三部分的同时，幼儿用乐器演奏故事。

(1) 教师通过敲击大鼓来模仿动物走的声音及节奏，幼儿用动作及象声词与教师一同模仿，并用铃鼓(串铃)演奏表示胖胖熊的笑声。

(2) 个别幼儿在教师的帮助下敲击大鼓，带领全体幼儿练习。

活动层次(二)

活动目标

1. 幼儿进一步学习用乐器演奏动物走及笑声的节奏，巩固节奏型

$X\ -\ |\ X\ -\ |\ X\ -\ |\ X\ -\ |$，$\underline{X\ X}\ X\ |\ \underline{X\ X}\ X\ |$，$\overbrace{X_{///}\ -\ |\ X_{///}}\ -\ |$。

2. 幼儿进一步探索动物走路声音的特征与乐器(铃鼓，木鱼)声音性质的关系。

3. 幼儿较专注地倾听教师的语言指令来演奏乐器，乐器不演奏时按要求放好，不发出声音。

活动准备

1. 各种打击乐器：铃鼓、木鱼、串铃、大鼓、小铃、响筒。

2. 会正确地使用木鱼。

活动过程

1. 在教师用大鼓敲奏出动物走路声音的特征和节奏的提示下，幼儿回忆故事中的动物及其走路的节奏。

2. 在教师讲述故事第二和第三部分的同时，幼儿用动作、象声词及使用铃鼓(串铃)参与演奏。

(1) 教师带领幼儿练习。

(2) 个别幼儿带领全体幼儿练习。

3. 幼儿倾听教师敲击木鱼、拍铃鼓的声音，辨别其声音的特征，在教师启发下，将其与两种动物走路的声音进行匹配。

4. 幼儿在教师的指导下，分乐器练习正确的演奏方法和相应的节奏型。

5. 在教师讲述第二和第三部分的同时，幼儿分别用几种乐器参与演奏。(不演奏时幼儿按要求放好乐器，不发出声音)

胖胖熊走路“嘭”的声音：X － | X － | X － | X － |——大鼓，铃鼓。

老鼠走路“嘀嘀嘟”的声音：$\underline{X\ X}$ X | $\underline{X\ X}$ X |——木鱼，小铃，响筒。

胖胖熊笑声“哈”的声音：$\overset{\frown}{X_{///}\ -\ |\ X_{///}}$ － |——铃鼓，串铃。

活动层次(三)

活动目标

1. 幼儿练习巩固用乐器演奏动物走及笑声的节奏，能较熟练地掌握节奏型 X － | X － | X － | X － |，$\underline{X\ X}$ X | $\underline{X\ X}$ X |，$\overset{\frown}{X_{///}\ -\ |\ X_{///}}$ － |。

2. 幼儿继续探索动物走路声音特征与乐器(响板、小铃等)声音性质的关系。

3. 幼儿积极参加探索活动，并愿意尝试演奏不同的乐器。

活动准备

1. 会正确使用响板、小铃。

2. 幼儿座位摆放呈双马蹄形，面向教师。

活动过程

1. 在教师表演动物走路动作的提示下，回忆故事中的动物及其走路的节奏，并用已学过的配器方法进行演奏。

2. 在教师的鼓励下，个别幼儿大胆在集体面前试奏几种乐器（响板、小铃等），全体幼儿注意倾听，并在教师的帮助下挑选与老鼠走路声音特征相近的其他乐器，分别练习这几种乐器的演奏方法，较熟练地掌握节奏型。

3. 在教师讲述故事第二和第三部分的同时，幼儿用所挑选的几种乐器同时参与演奏表示两种动物走路及笑声的节奏。

（1）看教师指挥，幼儿较熟练地演奏自己的乐器。

（2）在教师示范交换乐器的方法后，幼儿学习与同伴交换乐器，并大胆尝试演奏。

设计者：南京市北京东路小学附属幼儿园　蒋锡云

大班

爱打呼噜的小猪

【故事】

在一个安静的夜晚，星星们出来了，快活地眨着眼睛。森林里，青蛙们唱着动听的歌，小鸟们躺在被窝里进入了甜甜的梦乡，住在小木屋里的小猪也渐渐地睡着了。

“呼，呼。”咦？森林里发出了一种奇怪的声音。“呼，呼，呼，呼。”声音越来越响。星星们听了皱皱眉，眨眨眼，不高兴地闪进了云层里。“呼，呼，呼，呼。”声音更响了。

“呼”声吵醒了爱热闹的雷公公。他派小雨点去看看是谁发出了这么响的声音。小雨点发现声音是从小木屋里传出来的，就去敲打小木屋。谁知越敲“呼”声越响。小雨点又叫来了许多小伙伴，可是小雨点的声音还是没有“呼”声响。

雷公公也来了,他敲着大鼓很开心地说:“真好玩!”雷雨声越来越响,雷公公高兴得哈哈大笑!“呼”声终于停止了。雷公公觉得没意思了,就带着小雨点回家了。

森林里又恢复了宁静。

【教育活动设计】

活动目标

1. 幼儿在熟悉故事的基础上,学习运用打击乐器表现故事。

2. 幼儿在教师引导下,为故事中的角色选配乐器,并共同讨论乐器演奏的方法。

3. 幼儿能根据故事情节的发展,有控制地演奏乐器。

活动准备

1. 已经熟悉故事情节。

2. 背景乐《托塞里小夜曲》。

3. 乐器:铝片琴一个、大鼓一面;洗衣板、木棍两套;拷贝纸若干(幼儿总人数的三分之一)。

活动过程

1. 引导幼儿回忆故事情节,逐步进入故事情境,用语音来表示故事中的角色。

(1) 在教师引导下,幼儿回忆故事发生的时间、环境,以及主要情节。

(2) 组织幼儿讨论用何种语音表示故事中不同角色的声音。

2. 在教师的指挥和语言提示下,幼儿学习用语音模拟表现故事情节。

(1) 学习用表示小星星的声音和蛙声轮流出现的方式表现夜晚的宁静和美好。

(2) 讨论用何种方法表现呼噜声越来越响、雨声越来越大。(如用逐渐增加“打呼噜”的人以表示“呼”声越来越响,用增加抖动拷贝纸的人数来表现雨声越来越大)

(3) 讨论用何种敲击大鼓的速度和力度来表现雷公公从远处走来、雷公公高兴地哈哈大笑和雷公公带着小雨点回家的故事情节。

(4) 在教师的指挥和语言提示下,完整地用语音模拟演奏故事。

3. 幼儿在出示的各种乐器中寻找适合的声音替换语音,并在教师帮助下探索演奏乐器的方法。

(1) 幼儿自由玩出示的乐器,寻找与故事中角色的声音相似的乐器声。

(2) 在教师帮助下确定演奏的方法,并尝试,看用何种力度演奏才符合故事的情境。

4. 在教师的指挥和语言提示下,边演奏边调整配器及演奏方法。

(1) 幼儿自选乐器,使用相同乐器的幼儿相对集中,教师帮助幼儿协调座位,以便于指挥演奏。

(2) 在教师指挥和语言提示下演奏故事,边演奏边调整,有控制地进行演奏。

5. 加入背景音乐,幼儿完整地看教师指挥演奏乐器(无语言提示)。

配器建议

背景乐《托塞里小夜曲》加在第一,第二,第五小节处。在第二小节和第五小节处音乐渐轻渐止。

小星星——铝片琴轻刮上滑音。

蛙鸣声——用木棍在洗衣板上轻轻刮奏。

呼噜声——人声模仿。

雨声——抖动拷贝纸。

雷声——敲击大鼓。

设计者:南京市游府西街幼儿园　徐　玲　陈薇薇　唐　茸　赵　倩

(二) 中国音乐作品教育活动设计

小班

1. 这是小兵

【乐曲】

这是小兵

1=E $\frac{2}{4}$　　　　　　　　佚　名　词曲

进行速度　坚定地

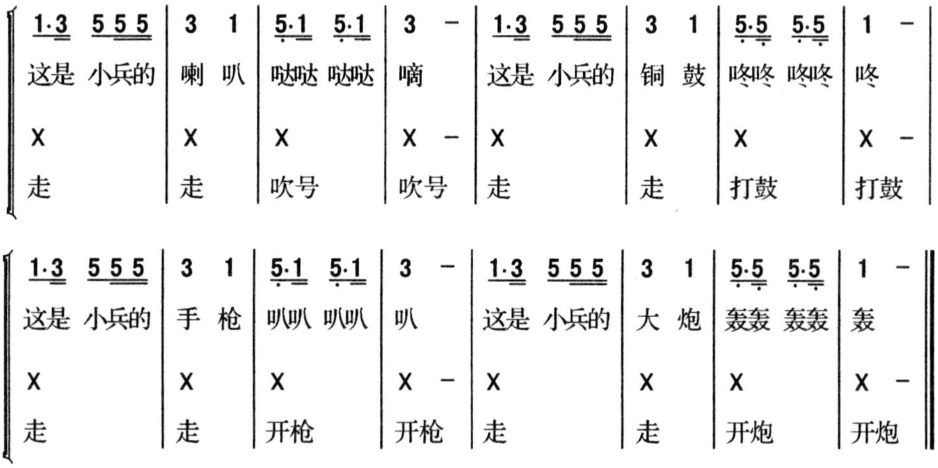

配器建议

走——铃鼓、圆舞板、小铃。

吹号——小铃。

打鼓——铃鼓、大鼓。

开枪——圆舞板。

开炮——编制上的全部乐器。

【教育活动设计】

活动层次(一)

活动目标

1. 幼儿熟悉乐曲的旋律,感受乐曲的进行曲风格,初步学会随乐曲一小节做一下有关的节奏模仿动作。

2. 幼儿根据对解放军的认知经验,创编模仿解放军吹号、打鼓、开枪、开炮的动作。

3. 激发幼儿热爱解放军的情感。

活动准备

1. 参观过或在电视上看过解放军操练。

2. 幼儿已会唱歌曲《这是小兵》。

3. 小兵图片。

活动过程

1. 出示小兵图片,引导幼儿回忆有关解放军操练的动作和情景。

2. 幼儿边看图片边完整地欣赏音乐《这是小兵》,感受乐曲令人振奋的情绪,进一步理解歌曲的内容。

3. 幼儿与教师一起随乐曲合拍地拍手,熟悉旋律,感受其有力和均匀的节奏。

4. 幼儿一边有节奏地随教师播放的音乐踏步或走步,一边进一步把握乐曲的节奏、风格和精神面貌。

5. 在教师的重点提示下,幼儿创编吹号、打鼓、开枪、开炮等模仿动作,再在教师的带领或直接建议下将几个动作连起来做。

6. 幼儿跟随教师放慢速度演唱歌曲,在有或没有教师动作暗示的情况下,将整套动作与音乐结合起来做,并逐步熟练掌握。

(1) 在教师哼唱及带领下,完整练习整套动作。

(2) 个别幼儿带做,教师哼唱,全体幼儿练习整套身体动作。

(3) 个别幼儿带做,使用音乐伴奏,全体幼儿练习整套身体动作。

(4) 在教师带领下,全体幼儿随音乐表演。

活动层次(二)

活动目标

1. 幼儿在熟悉乐曲的基础上,学习跟随乐曲的录音进行打击乐演奏。

2. 幼儿在较熟练地掌握节奏动作的基础上,学习将随乐动作的节奏型用拍手的方式来表达,并在教师的引导下根据这些已有的节奏型为该乐曲设计打击乐配器方案。

3. 幼儿按意愿迅速选择自己喜爱的乐器进行演奏。

活动准备

1. 已经能够较熟练地随音乐做集体表演动作。

2. 打击乐器及座位在活动前先摆放好。

3. 乐器:铃鼓、圆舞板、小铃、大鼓。

4. 音乐《这是小兵》。

活动过程

1. 复习在“活动层次(一)”中创编出的模仿动作。

2. 幼儿一边观看教师所做的模仿动作,一边用拍手的方式将模仿动作的整套节奏型表达出来。

3. 幼儿分声部练习“身体动作总谱”。

(1) 在教师哼唱及身体动作的指挥下,幼儿做出节奏动作。

(2) 全体幼儿随音乐在教师身体动作的指挥下做出节奏动作。

(3) 根据教师的指挥动作,随音乐做出节奏动作。

4. 幼儿在教师语言提示下,探索乐曲的打击乐配器方案(具体配器方案可参照前面“配器建议”)。

5. 集体拿乐器进行演奏练习。

(1) 幼儿边听音乐边看教师指挥,并完整地演奏乐曲。

(2) 幼儿自由地选择、交换乐器,并进行演奏。

6. 发展的练习。

幼儿在铃鼓拍击处添加大鼓。

设计者:南京市北京东路小学附属幼儿园　沈敏姿

2. 快乐的小乌龟

【乐曲】

快乐的小乌龟

选自《儿童舞蹈 24 则》

上海音乐出版社

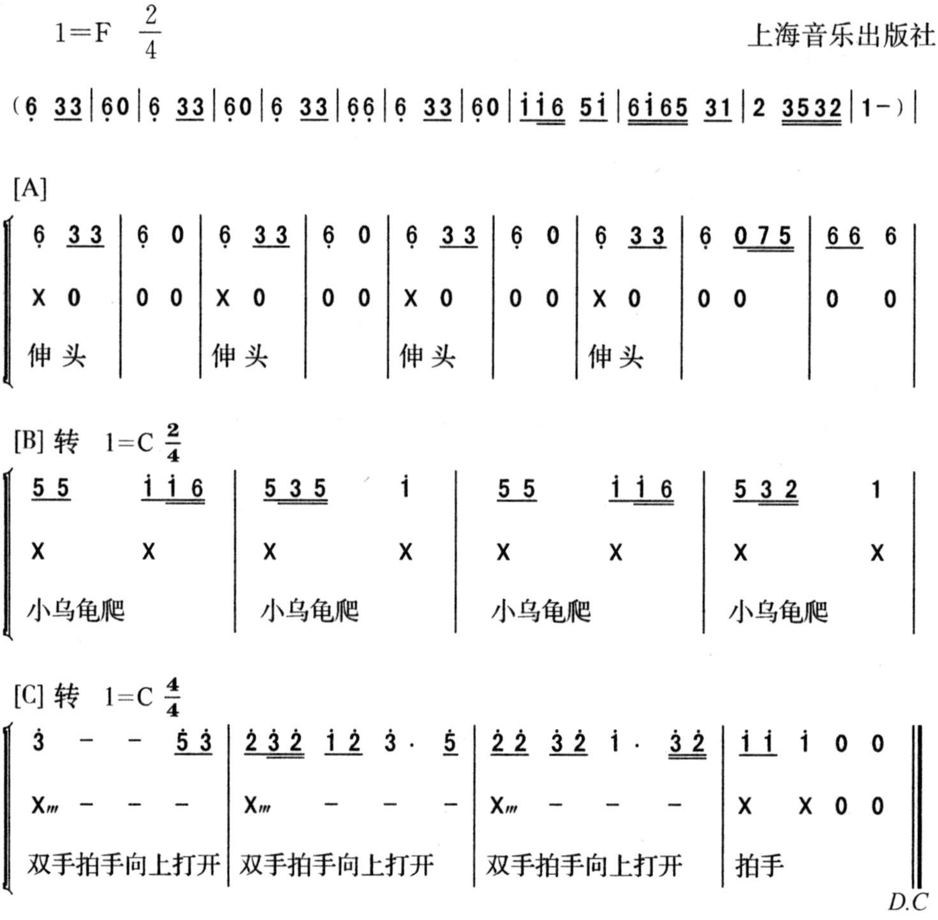

配器建议

伸头——蛙鸣筒或单响筒(刮奏)。

小乌龟爬——木鱼。

双手拍手向上打开——铃鼓或串铃(拍鼓摇)。

拍手——所有乐器敲击。

【教育活动设计】

活动层次(一)

活动目标

1. 初步熟悉乐曲的旋律,感受乐曲欢快的性质,掌握身体动作总谱,练习节奏型X X | X X |。

2. 学习根据小乌龟伸头、爬、高兴等情节,创编身体动作。

3. 初步体验小乌龟的快乐情绪,用身体动作表现快乐的小乌龟。

活动准备

1. 了解乌龟的特征及生活习性。

2. 音乐《快乐的小乌龟》。

活动过程

1. 幼儿完整欣赏乐曲,了解乐曲的结构,感受乐曲欢快的性质。

2. 教师讲述故事情节,幼儿再次欣赏乐曲,并进一步感知乐曲的结构和欢快性质。

3. 幼儿在教师的语言启发下,创编与乐曲情境相符的身体动作,并在教师的哼唱中逐一练习动作。

(1) 小乌龟伸头可以怎么做?

(2) 小乌龟怎样爬的?

(3) 小乌龟高兴的样子怎么做?

4. 教师与幼儿共同按X X | X X |节奏,练习小乌龟爬的身体动作。

5. 幼儿跟随慢速琴声,在教师带领下,将完整的身体动作连起来做,并注意将第一遍音乐末句的X X |节奏与第二遍音乐首句的X 0 |节奏衔接好。

6. 幼儿一边随音乐做身体动作,一边感受乐曲的欢快情绪。

活动层次(二)

活动目标

1. 在掌握身体动作总谱的基础上,学习看指挥用相应的乐器进行演奏。认识木鱼,初步掌握用木鱼敲节奏型X X | X X |的方法。

2. 能根据身体动作的特征选配相应乐器演奏,并能在身体动作总谱的暗示下,初步记住配器方案。

3. 在乐器演奏中,能较好地控制手中乐器的音量,感受乐器演奏增加了乐曲的快乐气氛。

活动准备

1. 幼儿已较熟练地掌握身体动作。

2. 木鱼、铃鼓(数量各为幼儿人数的一半)、单响筒 4 个。

3. 音乐《快乐的小乌龟》。

活动过程

1. 在教师的带领下,幼儿完整做身体动作并在教师身体动作提示下,注意将音乐第一遍音乐末句的动作和第二遍音乐首句的动作衔接好。

2. 幼儿认识木鱼,在教师的启发下,学会用木鱼敲击节奏型X X | X X |的方法。

3. 教师组织幼儿采用多种形式进行打击乐的演奏练习。

(1) 在教师慢速哼唱伴奏下,教师一边做[A]段伸头的身体动作,一边引导幼儿看指挥用相应乐器(铃鼓、木鱼)进行演奏。

(2) 教师慢速哼唱音乐旋律,一边用单响筒演奏[A]段音乐,一边指挥幼儿用相应乐器演奏,着重暗示音乐第一遍末句和第二遍首句的衔接。

(3) 放音乐,教师使用单响筒与幼儿共同演奏。

(4) 放音乐,教师指挥个别幼儿使用单响筒与其他幼儿共同演奏,教师用指挥动作暗示幼儿注意音乐首尾句的衔接。

设计者:南京市北京东路小学附属幼儿园　成　媛

中班

1. 大马大马告诉我

【乐曲】

大马大马告诉我

1=F $\frac{2}{4}$

潘振声　曲

活泼、欢快地

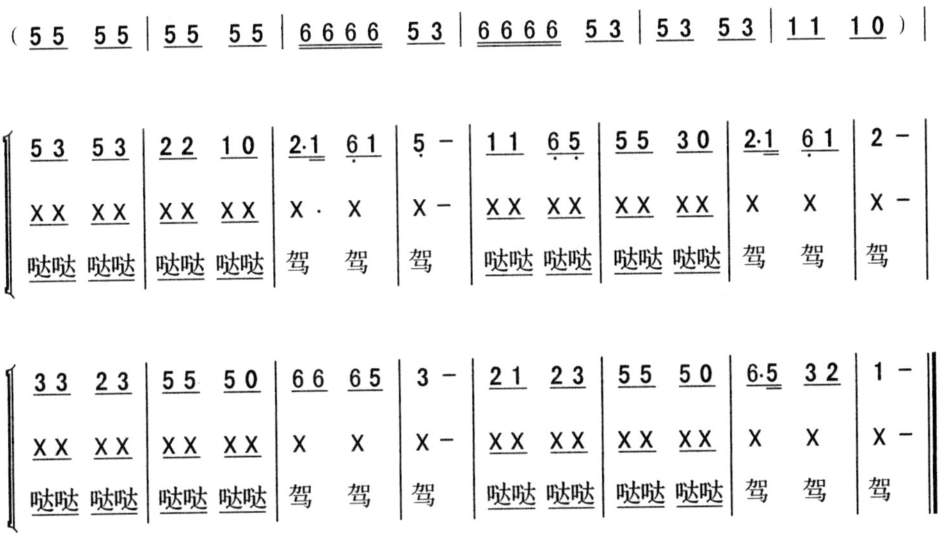

配器建议

哒哒——木鱼、双响筒、串铃等乐器。

驾驾驾——现有编制上的全部乐器，能加入大鼓、钹效果更好。

【教育活动设计】

活动目标

1. 能了解自然音响的特点，并能与打击乐器的音色相比较。

2. 能较大胆地创编出骑马时所发出的声音，随音乐的节奏发声。

3. 遵守打击乐器活动的规则，养成看指挥演奏乐器的习惯。

活动准备

1. 打击乐器：木鱼、双响筒、串铃、圆舞板、铃鼓、碰铃、大鼓等。

2. 音乐《大马大马告诉我》。

活动过程

1. 启发式谈话导入活动。

(1) 提问："你见过奔跑的马吗？马奔跑时发出什么样的声音？小朋友们学学看。"全体幼儿模仿马蹄声，如"哒哒哒哒哒哒哒哒"等。

(2) "用什么方法使马跑得更快？嘴里可以发出什么声音？"全体幼儿模仿，如"驾驾驾"等。

2. 听音乐，配语言。

(1) 引导幼儿分辨音乐的什么地方像马跑，什么地方像骑马人在喊"驾"。

(2) 随乐用语言配合进行，如哒哒 哒哒 | 哒哒 哒哒 | 驾 驾 | 驾 — |。

(3) 集体随乐练习。

3. 看指挥，分声部练习。

(1) 请一半幼儿发出马蹄声，另一半发出"驾"和挥鞭声。

(2) 交换进行练习。

4. 用乐器演奏。

(1) 教师敲击各种乐器，让幼儿探索什么乐器发出的声音像马蹄声，什么乐器发出的声音像马脖子上的铃声。

(2) 引导幼儿感受骑马人喊"驾"声音的有力，并想一想这时用什么乐器演奏。

(3) 教师指挥，幼儿进行打击乐演奏。

(4) 幼儿交换乐器练习演奏。

设计者：南京市商业幼儿园　李　明

2.加 油 干

【乐曲】

加 油 干

1=G $\frac{2}{4}$ 革命历史民歌

有力、热情地

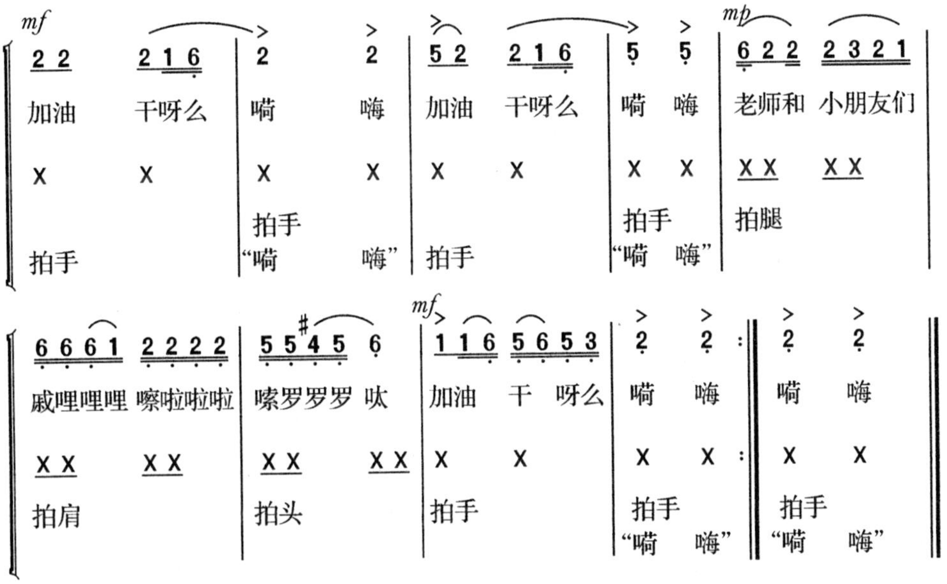

配器建议

拍手——铃鼓、碰铃、圆舞板。

拍手+“嗬嗨”——三种乐器加鼓、镲。

拍腿——三种乐器任选其一。

拍肩——三种乐器任选其一。

拍头——三种乐器任选其一。

【教育活动设计】

活动层次(一)

活动目标

1. 幼儿熟悉歌曲的旋律和内容,感受劳动歌曲的风格,学会一边唱歌一边随歌词内容表演。

2. 在教师的语言引导下,幼儿自己创编劳动内容的简单歌词和相应动作。

3. 幼儿能够合作表演,并进一步感受和体验劳动歌曲与进行曲的不同风格。

活动准备

1. 幼儿参观过劳动场地,听过劳动号子。

2. 音乐《加油干》(音频见 U 盘)。

活动过程

1. 在教师指导下,幼儿回忆有关劳动场景,并学一学劳动号子。

2. 幼儿欣赏教师演唱歌曲《加油干》,感受劳动歌曲的风格。

3. 幼儿学唱歌曲《加油干》,衬词处教师可加入演唱。

4. 引导幼儿学习将劳动内容编进歌词并演唱。如用抬砖头呀,抬桌子呀,推小车呀,盖房子呀等来替换"加油干呀么"这句歌词,同时创编出相应的劳动动作,一边唱一边表演。

5. 幼儿自由结伴,合作表演唱。每次表演完,幼儿听着教师弹奏的进行曲回到原座。

6. 引导幼儿比较劳动歌曲与进行曲的不同。

活动层次(二)

活动目标

1. 幼儿比较明确自己的指挥方案,学习按照自己的指挥方案进行指挥。

2. 幼儿能够根据音乐的快慢变化拍出节奏型,创编身体动作总谱,并将领唱和齐唱的形式迁移到配器形式中。

3. 引导幼儿能够准确地根据教师或其他幼儿的即兴指挥，演奏乐曲的第三句。

活动准备

1. 铃鼓、碰铃、圆舞板各若干，鼓一面，镲一副。

2. 音乐《加油干》(音频见 U 盘)。

活动过程

1. 全体幼儿复习歌曲《加油干》。

2. 幼儿学习领唱和齐唱("嗬嗨"处全体齐唱)。

3. 幼儿听教师哼唱歌曲并看教师拍击歌曲的节奏型。音乐慢的地方(第一，第二，第四乐句)用四分音符节奏拍，音乐快的地方(第三乐句)用八分音符节奏拍。

4. 引导幼儿创编身体动作总谱。

(1) 在教师引导下，将第一，第二，第四句乐句用拍手动作来表示。

(2) 第三乐句可分别用拍腿、拍肩、拍头三种动作来表示。

(3) 集体练习身体动作总谱，可由教师或幼儿带做。

5. 幼儿分声部练习身体动作总谱。

6. 在教师指导下，幼儿讨论配器方案，如第一，第二，第四乐句处可用三种乐器合奏，第三乐句则可用三种乐器轮流演奏。

7. 幼儿分声部练习用打击乐器演奏。

(1) 拿乐器，看教师指挥演奏。

(2) 教师改变第三乐句的配器方案，即改变三种乐器轮流演奏的顺序，幼儿能够准确地看指挥演奏。

(3) 幼儿指挥演奏。幼儿可在教师的帮助下，先确定自己的指挥方案，再指挥演奏。

8. 发展的练习。

(1) 在教师的引导下，将领唱和齐唱的形式进行迁移，如在拍手的同时口呼"嗬嗨"处可加鼓、镲。

(2) 幼儿自由选择打击乐器进行演奏。

设计者：南京师范大学幼儿园　周　萍

3. 虹彩妹妹

【乐曲】

虹彩妹妹

1=C $\frac{2}{4}$ 选自《我和音乐一起玩》

铿锵有力地

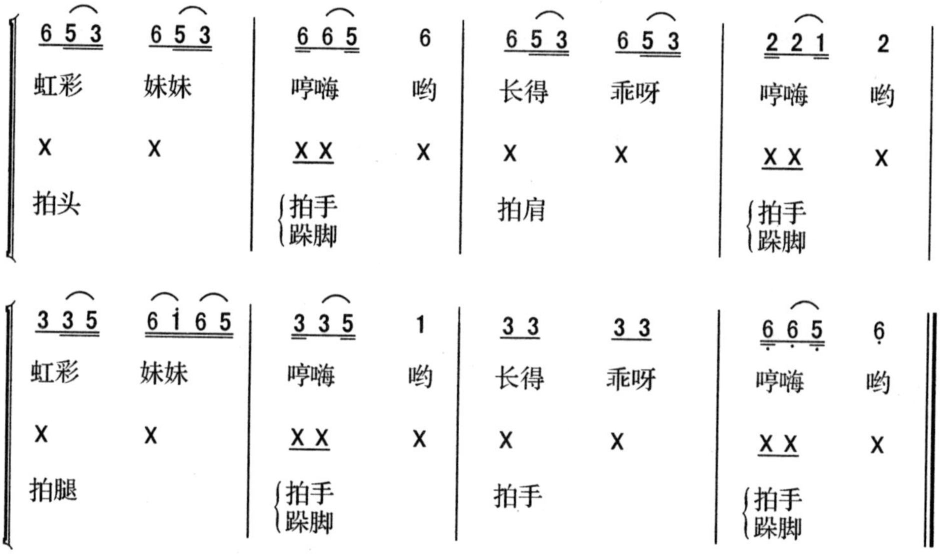

配器建议

拍肩——铃鼓。

拍腿——圆舞板。

拍头——碰铃。

拍手——铃鼓、碰铃、圆舞板。

跺脚——大鼓。

【教育活动设计】

活动层次(一)

活动目标

1. 熟悉歌曲的旋律和内容,感受歌曲劳动号子的风格,初步学会演唱歌曲。

2. 能根据歌曲的性质、结构和内容创编有关的表演动作。

3. 愿意主动、愉快地参加活动,且能大胆地表演。

活动准备

1. 幼儿已感知过有关劳动号子的歌曲和乐曲,知道什么风格的音乐为劳动号子。

2. 音乐《虹彩妹妹》(音频见U盘)。

活动过程

1. 幼儿学唱歌曲。

(1) 在教师的引导下,幼儿回忆劳动号子的特点。

(2) 幼儿仔细倾听教师范唱,感受歌曲风格。

(3) 幼儿和教师一起随着歌曲旋律念歌词。

(4) 幼儿在教师的带领下学唱歌曲。

(5) 幼儿练习演唱歌曲。

2. 幼儿边唱边表演。

(1) 幼儿在教师的提示下,创编相关的表演动作。

(2) 在教师的帮助下整理创编动作。

3. 幼儿将整套动作与音乐结合起来练习。

(1) 教师示范动作,幼儿伴唱。

(2) 个别幼儿带领做动作,用音乐伴奏。

(3) 全体幼儿随音乐进行表演练习。(在整个练习活动中教师应始终提醒幼儿注意体验和表现歌曲的风格)

活动层次(二)

活动目标

1. 在学会演唱歌曲的基础上尝试跟随音乐进行打击乐演奏。

2. 在原有随乐动作表演的基础上,将随乐动作的节奏型用拍手的方式表达出来,并根据这些已有的节奏型为歌曲设计打击乐配器方案。

3. 进一步练习看指挥演奏,并能控制乐器的音量。

活动准备

1. 幼儿已经能够比较熟练地随音乐做集体表演动作。

2. 摆放好铃鼓、碰铃、圆舞板、大鼓等打击乐器。

3. 音乐《虹彩妹妹》(音频见 U 盘)。

4. 图谱(关于动作和配器方案的)。

活动过程

1. 幼儿复习在"活动层次(一)"中创编的随乐动作。

2. 幼儿一边观看教师做的随乐动作,一边用拍手的方式将随乐动作的整套节奏型表达出来。

3. 幼儿在教师的引导下将节奏型转换成身体动作总谱。

4. 幼儿分声部练习身体动作总谱。

(1) 幼儿看图谱及在教师的提示下,随音乐集体练习。

(2) 教师放慢演唱歌曲的速度,同时面向不同小组幼儿做不同的动作练习,要求幼儿学习迅速、准确地对教师的身体动作暗示做出节奏动作反应。

(3) 引导幼儿学习根据教师的指挥动作,迅速、准确地做出节奏动作反应。

5. 幼儿在教师的指导下探索歌曲的打击乐配器方案。

6. 幼儿分声部进行打击乐器演奏。

(1) 在教师的指挥下,幼儿集体演奏。

(2) 在教师的帮助下,请个别幼儿指挥,集体演奏。

7. 发展的练习。

幼儿交换乐器演奏。

设计者:南京市逸仙小学附属幼儿园　陶　蓉

4.郊　游

【乐曲】

郊　游

1=F $\frac{2}{4}$　　　　　　　　　　佚 名 曲

活泼、轻快地

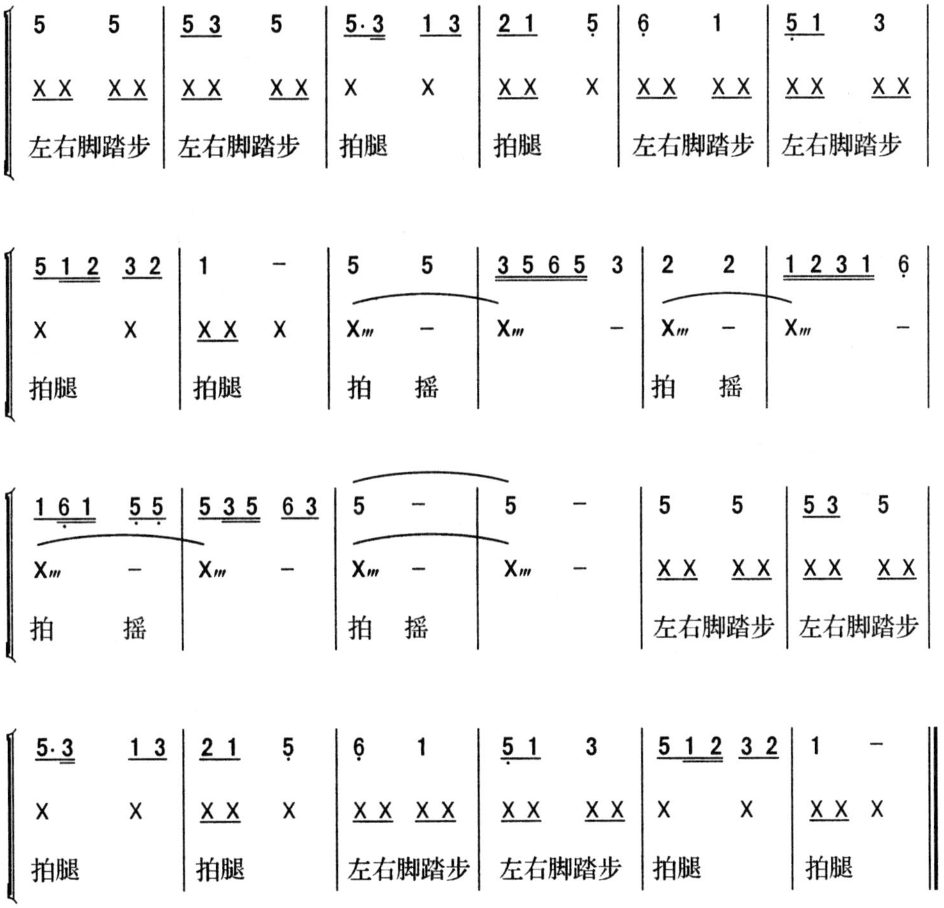

配器建议

左右脚踏步——双响筒(低、高音筒轮流奏)。

拍腿——编制上的全部乐器。

拍摇——“拍”代表铃鼓、碰铃或三角铁演奏，“摇”代表铃鼓摇三拍。

【教育活动设计】

活动层次(一)

活动目标

1. 熟悉音乐的旋律和内容，感受乐曲 ABA 结构中[A]段欢快，[B]段抒情优美的不同情绪，初步学会随音乐有节奏地做相关动作。

2. 在教师的语言引导下根据郊游的情节创编有关踏步等节奏动作。

3. 感受和体验郊游的愉快情绪。

活动准备

1. 幼儿有郊游的生活体验。

2. 幼儿手拉手郊游的图片。

3. 音乐《郊游》。

活动过程

1. 采用回忆、看图片、听音乐等方法导入活动。

(1) 在教师的启发引导下回忆春游或秋游的情景，体验愉快的情绪。

(2) 一边看图片，一边倾听音乐，同时感受图片形象和音乐欢快、优美的氛围。

2. 幼儿初步熟悉音乐并学习表演动作。

(1) 有节奏地随音乐拍手，进一步熟悉音乐的内容、风格所展现的氛围。

(2) 有节奏地随教师弹奏的音乐踏步，进一步把握音乐的节奏、风格。

(3) 在教师重点提示有关内容的情况下，创编相关的节奏表演动作，再将整套动作与音乐结合起来。

3. 采用多种形式，练习边听音乐边做节奏表演动作。

(1) 跟随教师放慢速度的哼唱，在教师动作暗示下，将整套动作与音乐结合起来练习。

(2) 个别幼儿带做，教师哼唱。

(3) 个别幼儿带做，跟随音乐伴奏完整地做节奏表演动作。

(4) 全体幼儿随音乐表演，整个练习活动中教师应始终提醒幼儿注意体验和表现乐曲的精神风貌。

活动层次(二)

活动目标

1. 初步学习跟随乐曲进行打击乐演奏。

2. 学习在原有随乐动作表演的基础上，将随乐动作的节奏型用拍手的方式表达出来，并根据这些已有的节奏型设计打击乐配器方案。

3. 进一步练习按即兴指挥手势进行演奏，并能注意在整个活动中继续保持对音乐轻快、优美性质的体验和表现。

活动准备

1. 幼儿已能比较熟练地随音乐做集体节奏表演动作。

2. 事先摆放好乐器。

3. 音乐《郊游》。

活动过程

1. 幼儿复习在"活动层次(一)"中创编的节奏表演动作。

2. 幼儿一边看教师做节奏表演动作，一边用拍手的方式将随乐动作的整套节奏型表达出来。

3. 幼儿在教师的引导下将整套节奏型转换成身体动作。

4. 幼儿分声部练习身体动作。

(1) 教师放慢速度哼唱旋律的同时面向不同小组做不同动作，各小组幼儿要学习迅速、准确地对教师的身体动作暗示做出节奏动作反应。

(2) 引导幼儿学习根据教师动作，迅速、准确地做出节奏动作反应。

5. 在教师的指导下幼儿探索打击乐配器方案。

6. 幼儿分声部进行打击乐器演奏。

(1) 教师指挥，幼儿集体演奏。

（2）幼儿自由选择，交换乐器演奏。

设计者：南京市北京东路小学附属幼儿园　陈德玲

5. 一只鸟仔

【乐曲】

一只鸟仔

1=F $\frac{2}{4}$　　　　台湾地区民歌

活泼、诙谐地

配器建议

鸟叫——小铃和圆舞板按乐句轮换演奏。

鸟飞——铃鼓摇奏并向外侧画大弧。

【教育活动设计】

活动目标

1. 熟悉乐曲旋律，初步学习使用打击乐器随乐演奏。

2. 学习为鸟叫、鸟飞的动作匹配相应的乐器。

3. 看指挥演奏，并注意倾听和控制自己奏出的声音。

活动准备

1. 铃鼓、小铃、圆舞板。

2. 小鸟头饰。

3. 音乐《一只鸟仔》(音频见 U 盘)。

活动过程

1. 导入活动：让幼儿倾听一遍音乐，熟悉乐曲旋律。

教师："一只快乐的小鸟喜欢在树林里唱歌跳舞，有一段音乐讲的就是快乐的小鸟唱歌跳舞的事。"

2. 教师随音乐表演动作，幼儿欣赏。

(1) 教师将鸟叫和鸟飞的动作与音乐匹配起来让幼儿欣赏。

(2) 幼儿边欣赏教师的动作，边以拍手的形式拍出相应的节奏型。

3. 幼儿听音乐，看指挥，拍节奏型。

(1) 幼儿看指挥随音乐拍出相应的节奏型。

(2) 教师指挥幼儿分组拍节奏型。

4. 幼儿讨论配器方案。

(1) 鸟叫的地方可以用什么乐器？如何演奏？

(2) 什么乐器演奏起来像鸟飞的动作？如何演奏？

(3) 最后一句我们可以用什么乐器？如何演奏？

5. 幼儿分声部练习使用乐器演奏。

(1) 幼儿在音乐伴奏下，看教师指挥进行演奏。

(2) 教师教幼儿学习指挥动作。

(3) 请个别幼儿担任小指挥，指挥全班其他幼儿演奏。

设计者：南京市商业幼儿园　季艳宁

6. 拥军花鼓

【乐曲】

拥军花鼓

1=F $\frac{2}{4}$　　　　陕北民歌

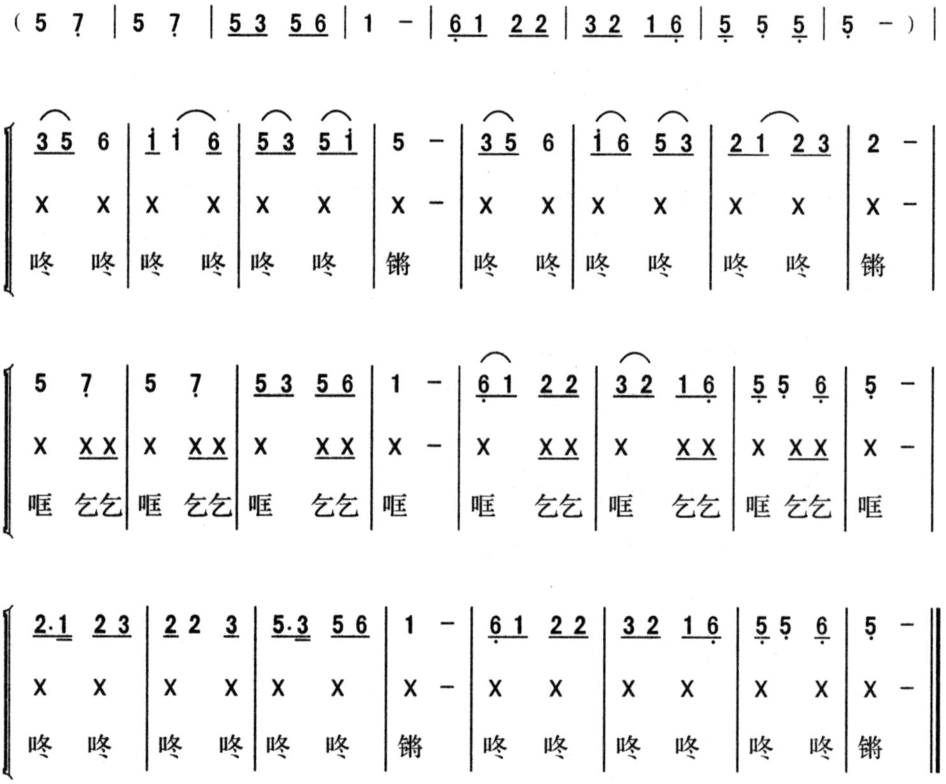

配器建议

咚——除镲以外的全部乐器。

锵——镲。

【教育活动设计】

活动目标

1. 熟悉乐曲旋律，并初步学用“咚咚，咚咚，咚咚，锵”和“哐乞乞，哐乞乞，哐乞乞，哐”等语音念出节奏。

2. 能根据语言谱拍出节奏总谱，并看指挥进行打击乐器演奏。

3. 通过声音模仿活动，体验“欢迎部队归来”的欢快情绪，并积极运用这种情绪参与活动，从而培养热爱人民解放军情感。

活动准备

1. 幼儿知道乐曲的背景。

2. 打击乐器人手一件。

3. 音乐《拥军花鼓》。

活动过程

1. 导入活动：在教师引导下，幼儿回忆部队打胜仗的情节，重点回忆人民群众怎样欢迎子弟兵的情景，听教师用“咚咚，咚咚，咚咚，锵”和“哐乞乞，哐乞乞，哐乞乞，哐”的声音模仿打鼓、打镲的声音。

2. 幼儿和教师一起随乐念语言谱，共同体验乐曲所表现的内容和风格。

3. 幼儿念语言谱，学习拍节奏。

（1）在教师引导下，用拍手的方法拍出X X | X X | X X | X — |和X $\underline{XX}$ X $\underline{XX}$ | X $\underline{XX}$ | X — |的节奏。

（2）教师念语言谱，幼儿拍出节奏总谱。

（3）看教师指挥，幼儿分声部拍出节奏总谱。

4. 幼儿看教师指挥，随乐曲演奏打击乐器。

5. 幼儿发展练习：可在“哐乞乞”处看指挥，换别的乐器演奏。

设计者：南京市游府西街幼儿园　徐　玲

7. 小 看 戏

【乐曲】

小 看 戏

1=G $\frac{2}{4}$ 东北民歌

活泼、欢快地

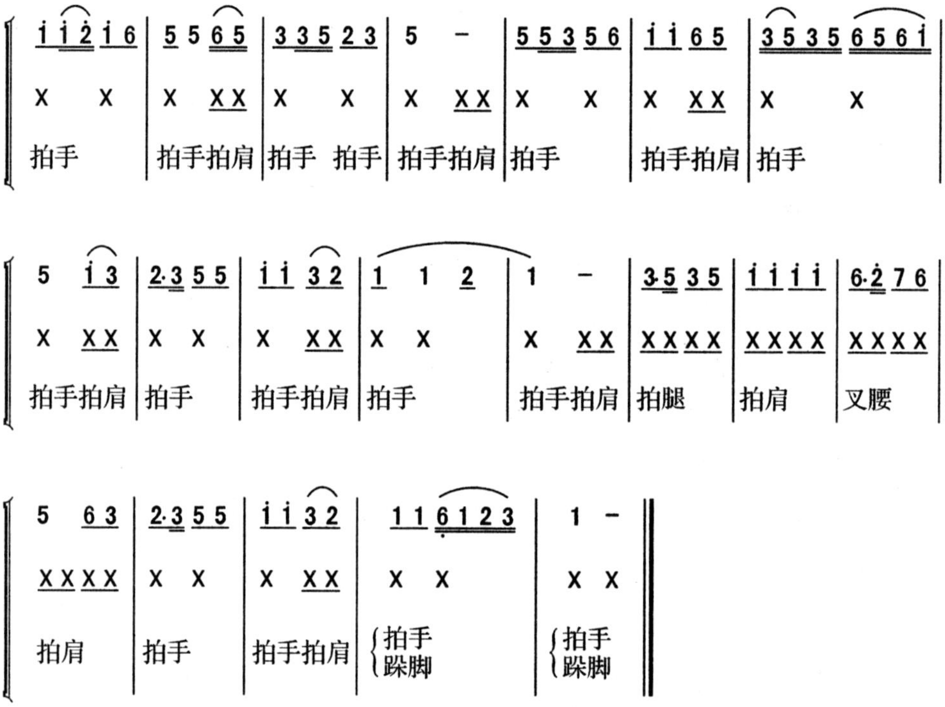

配器建议

拍手——铃鼓、碰铃、圆舞板。

拍肩——小锣。

拍腿——铃鼓。

叉腰——圆舞板。

拍手、跺脚——编制上全部乐器加大鼓。

【教育活动设计】

活动层次(一)

活动目标

1. 熟悉乐曲的旋律,感受音乐的风格,初步学会随着乐曲拍出整套节奏型。
2. 学习根据乐曲风格创编合适的节奏型。
3. 感受乐曲所表现的欢乐情绪,以积极的态度投入活动。

活动准备

1. 教师会跳一段表现汉族风格的舞蹈。
2. 汉族表演服装一套。
3. 音乐《小看戏》(音频见U盘)。

活动过程

1. 幼儿倾听音乐、感受汉族音乐的风格。

(1) 听一遍音乐。

(2) 边看教师的舞蹈表演边听音乐。(教师舞蹈动作充分表现乐曲的情绪与风格;跳舞时身穿表演服装)

(3) 跟随教师和音乐自由地做舞蹈动作。

2. 幼儿在教师的语言启发、引导下,学习创编乐曲的整套节奏型。

(1) 随音乐自由地拍手感知。

(2) 在教师的启发下,自由地创编节奏型。(教师将幼儿创编的节奏型画出节奏谱,逐一出示)

(3) 在教师的暗示或直接建议下,通过听音乐比较、选择合适的节奏型。

3. 幼儿随音乐练习且较熟练地掌握乐曲整套节奏型。

(1) 跟随教师看节奏谱练习。

(2) 在教师语言提示下练习。(节奏型变化时教师给予提示)

(3) 跟随音乐独立练习。

活动层次(二)

活动目标

1. 用打击乐器随音乐演奏,表现乐曲欢乐的情绪。

2. 在掌握乐曲整套节奏型的基础上,为该乐曲设计出打击乐配器方案。

3. 按照即兴的指挥手势合作演奏,与同伴保持协调。

活动准备

1. 幼儿已较熟练地掌握乐曲整套节奏型。

2. 幼儿已认识小锣并会演奏。

3. 值日生在教师指导下,排好座位并摆放好铃鼓、碰铃、圆舞板、小锣等乐器。

4. 音乐《小看戏》(音频见 U 盘)。

活动过程

1. 幼儿随音乐看节奏谱拍手。

2. 在教师的引导下,幼儿将整套节奏型转换成身体动作总谱。

3. 幼儿分声部练习身体动作总谱。

(1) 在教师放慢速度演唱歌曲的旋律,同时面向不同小组做不同动作的练习条件下,幼儿学习迅速、准确地对教师身体动作暗示做出节奏动作反应。

(2) 学习根据教师的指挥动作,迅速、准确地做出节奏动作反应。

(3) 在教师指导和鼓励下,个别幼儿轮流担任指挥,用步骤"(2)"的方案指挥,其他幼儿按同一方案练习。

(4) 在教师不同程度的帮助下,在乐曲的[13~16 小节],个别幼儿按意愿即兴指挥,其他幼儿按指挥动作要求准确地做出节奏动作反应。

4. 在教师的指导下,幼儿探索歌曲的打击乐配器方案。

5. 幼儿分声部进行打击乐演奏。

(1) 教师指挥,幼儿演奏。

(2) 幼儿练习一种指挥方案。

(3) 在教师不同程度的帮助下,在乐曲的[13~16 小节],个别幼儿按意愿即兴指挥,其他幼儿按指挥要求演奏。

6. 幼儿发展的练习。

幼儿自由选择，交换乐器演奏。

设计者：南京市逸仙小学附属幼儿园　李　漫

南京市商业幼儿园　吴锦蓉

8. 阿拉木罕

【乐曲】

阿拉木罕

新疆民歌

1=F 4/4

活泼、热情、风趣地

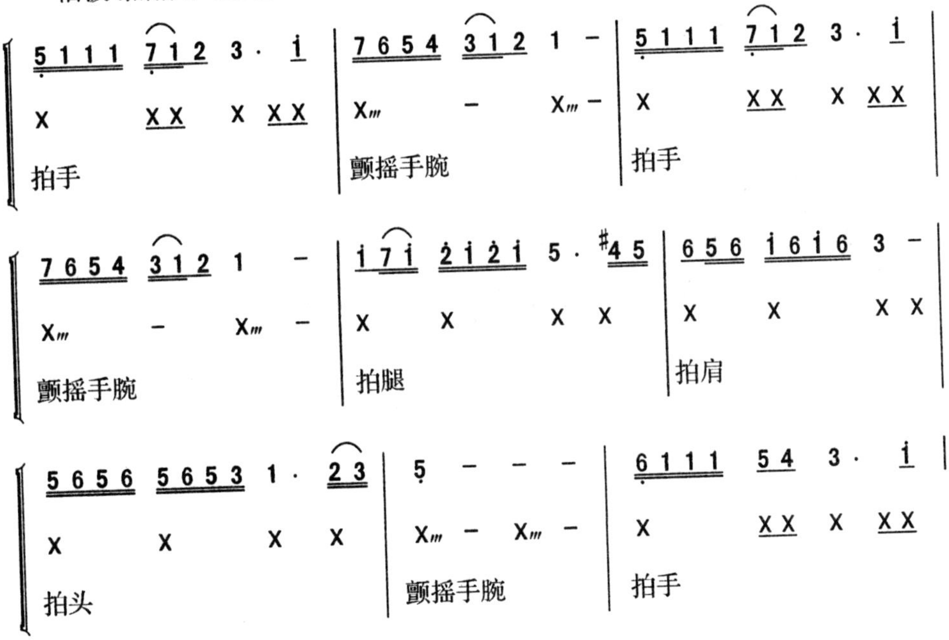

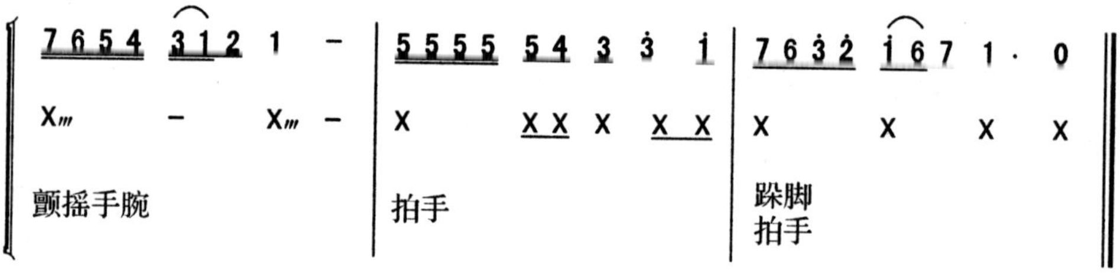

配器建议

拍手——碰铃。

颤摇手腕——铃鼓。

拍腿——圆舞板。

拍肩——小铃。

拍头——圆舞板、小铃。

拍手、跺脚——编制上的全部乐器。

【教育活动设计】

活动层次(一)

活动目标

1. 初步感受乐曲热情、欢快的新疆民歌风格及强弱节拍的特点。

2. 初步学会随乐曲有节奏地做身体动作，会从教师的舞蹈中提取节奏动作并表演。

3. 能勇敢、大方地做小老师，并带领同伴练习舞蹈动作。

活动准备

1. 新疆帽一顶。

2. 音乐《阿拉木罕》(音频见 U 盘)。

活动过程

1. 幼儿欣赏美丽的新疆帽。

2. 幼儿一边听音乐，一边欣赏教师表演热情欢快的新疆舞，感受乐曲的民族风格。

3. 幼儿随教师舞蹈节奏拍手，感受乐曲的基本旋律、符点、切分音符的特点。（符点及切分音符，教师可以用进退步、垫步表现）

4. 幼儿学习有节奏的身体动作。

（1）教师做示范动作，带领幼儿集体练习。

（2）个别幼儿当小老师，带领大家一起做。（可请小老师戴上新疆帽，增加活动的趣味性，调动幼儿的积极性）

活动层次（二）

活动目标

1. 在学会身体动作的基础上，学习用打击乐器为乐曲《阿拉木罕》伴奏。

2. 能根据已有的节奏型为乐曲设计出打击乐配器方案。

3. 能有意识地注意让乐器音量、音色与乐曲情绪保持一致。

活动准备

1. 打击乐器：铃鼓、碰铃、圆舞板等（人手一件）。

2. 音乐《阿拉木罕》（音频见 U 盘）。

活动过程

1. 幼儿复习身体节奏动作。

2. 幼儿分声部练习身体动作总谱。

（1）在教师指挥下，幼儿学习迅速地、准确地对教师的身体动作暗示做出节奏动作反应。

（2）在教师鼓励下，个别幼儿轮流担任指挥，集体练习动作。

3. 幼儿探索、设计打击乐配器方案，有意识地注意让乐器的音量、音色与乐曲的情绪保持一致。

4. 幼儿练习分声部演奏。

（1）在教师指挥下，幼儿拿乐器演奏。

（2）在教师指导下，全体幼儿练习一种指挥动作。

（3）个别自愿要求练习即兴指挥的幼儿担任指挥，幼儿集体演奏。

活动建议

1. 幼儿可自由选择，交换乐器演奏。

2. 可在碰铃演奏处加入沙球。

3. “活动过程”第4环节的(2)、(3)部分可安排在其他综合性音乐活动的“结束部分”中进行。

设计者：南京市商业幼儿园　孙丹蕾

南京师范大学幼儿园　王战卫

9. 北京小妞

【乐曲】

北京小妞

1=C $\frac{4}{4}$

李一丁　曲

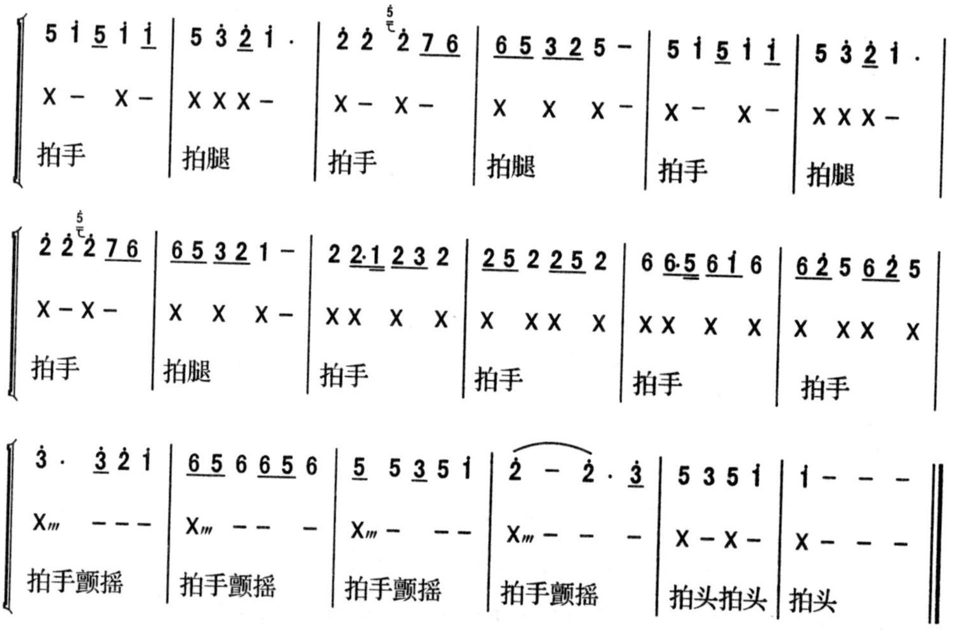

配器建议

拍手——小铃或圆舞板。

拍腿——铃鼓。

拍头——编制上的全部乐器。

拍手颤摇——摇动铃鼓。

【教育活动设计】

活动层次(一)

活动目标

1. 熟悉旋律，能用三组不同的舞蹈动作表现乐句的规律。

2. 用较夸张的舞蹈动作表现出“北京小妞”的神态。

3. 在舞蹈中逐渐提高感受美、表现美的能力。

活动准备

1. 音乐《北京小妞》。

2. 玩具“小姑娘”。

活动过程

1. 教师出示一个玩具“小姑娘”，告诉幼儿“她是从北京来的小姑娘，北京叫小姑娘为小妞，这就是北京小妞。这里有一首乐曲告诉我们北京小妞是怎样的”。接着，教师让幼儿倾听音乐。

2. 幼儿感受乐句的规律。

教师用节奏图帮助幼儿了解乐句，先听音乐看教师指图，接着幼儿边听音乐边指图。

3. 幼儿欣赏教师的舞蹈《北京小妞》。

4. 幼儿学习舞蹈：将动作分解，先学手的动作，再学脚的动作，然后学手脚协调一致的动作，最后随音乐完整地练习。

5. 教师指出动作要夸张，要有力度。练习 2～3 遍。

动作建议

[1～8 小节]——脚做登山步，手臂在胸前至两侧按 X － X － | X X X － | 节奏轮流摆动。

[9～10 小节]——脚做踏步，两手在膝前同时摆动。

[11～12 小节]——脚做踏步，两手在头顶同时摆动。

[13～16 小节]——每小节第一拍拍一下手，然后双手在上方颤摇。

[17～18 小节]——双手在胸前拍手。

活动层次(二)

活动目标

1. 在学会舞蹈动作的基础上，学习用打击乐器为乐曲伴奏。
2. 初步探索打击乐器的配器方案。
3. 养成一边看指挥，一边较好地演奏打击乐器的习惯。

活动准备

1. 圆舞板、铃鼓、小铃、沙球。
2. 音乐《北京小妞》。

活动过程

1. 教师带领幼儿复习舞蹈《北京小妞》。

2. 幼儿练习拍节奏型。

(1) 请几名幼儿上前来跳舞，其余幼儿根据舞蹈动作的快慢用手拍出相应的节奏型。教师："他们跳得快，我们拍得快，他们跳得慢，我们拍得慢，当他们拍手、抖动双手时，我们和他们做一样的动作。"

(2) 教师带领幼儿拍节奏型，练习 1～2 遍。

(3) 幼儿看教师指挥分声部拍手。

3. 幼儿讨论并探索配器方案。

教师："我们准备用打击乐器来演奏，当双手抖动时用什么打击乐器演奏好呢？为什么？在其他地方可以用什么打击乐器？"

4. 幼儿拿打击乐器看指挥进行演奏。

（1）教师出示沙球，介绍名称，幼儿观看教师用沙球伴奏，并仔细观看教师是如何用沙球来演奏的，沙球在什么时候不发出声音。

（2）请几名幼儿用沙球演奏，其余幼儿分别拿圆舞板、小铃、铃鼓与之齐奏。

（3）看指挥，交换乐器演奏。

设计者：南京市商业幼儿园　李　明

10. 工农兵联合起来

【乐曲】

工农兵联合起来

1=G $\frac{4}{4}$　　革命历史歌曲

坚定、有力地

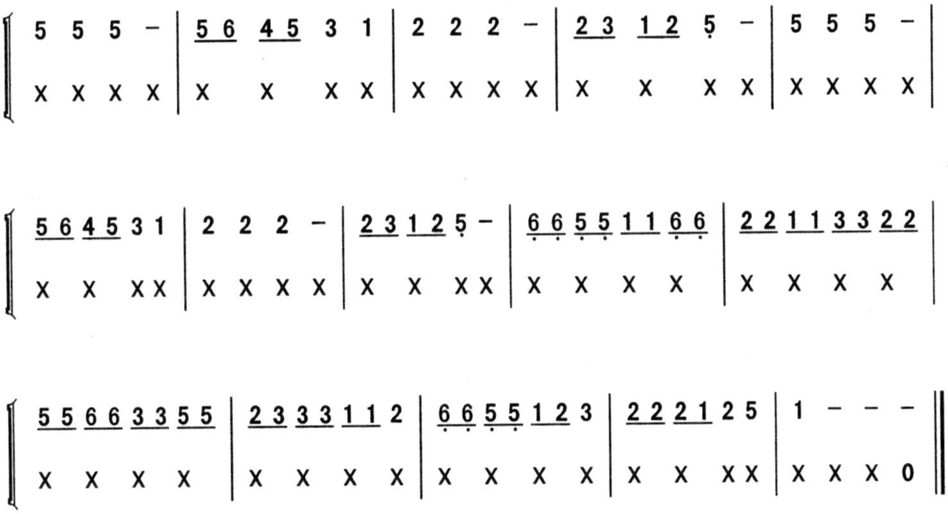

供幼儿使用的图谱

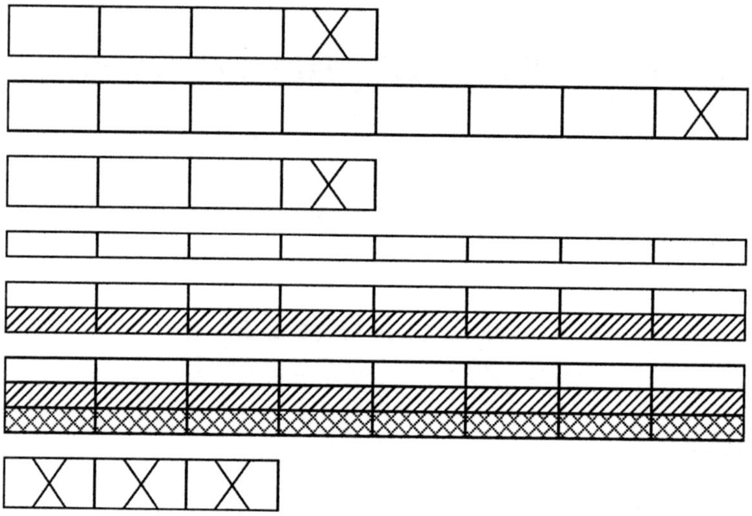

【教育活动设计】

活动层次(一)

活动目标

1. 学习用动作表现乐曲的进行曲风格和雄壮有力的特点。
2. 通过图谱,感受乐句长短,以及音乐中的渐强和特强。
3. 根据教师的指挥手势,迅速正确地做出动作反应。

活动准备

1. 图片“工农兵联合起来”。
2. 图谱。
3. 音乐《工农兵联合起来》(音频见U盘)。

活动过程

1. 幼儿欣赏乐曲。

(1) 观看图片“工农兵联合起来”,介绍乐曲名称和音乐所表现的“团结起来力量大”。

(2) 幼儿随乐曲节奏拍手，熟悉音乐旋律。

2. 在教师启发下，幼儿明确音乐性质。

(1) 音乐是怎样的？好像是谁在做什么事？幼儿在教室中四散开，跟随音乐即兴做动作，体会乐曲的性质。

(2) 幼儿感受乐句的长短和强弱。为了表示音乐更有精神，更有力，在有些地方喊“嘿”。

幼儿边听音乐，边看教师指图谱。(图谱的“X”处表示喊“嘿”)

(3) 幼儿感受音乐的渐强特点。教师指着图谱第二部分，告诉幼儿格子逐渐增多，表示工人、农民、解放军逐渐来了，人越多，声音越大。

3. 幼儿做身体节奏动作。

(1) 第一部分：全体拍手(一拍一下)，图谱的“X”处喊“嘿”或跺脚。

(2) 第二部分：拍手的力度逐渐增强，直至最强的“X X X”处，喊“嘿”“嘿”“嘿”或跺三下脚。

(3) 全体幼儿边看图谱边做身体动作(教师指图谱)。

(4) 个别幼儿指图谱，其他幼儿做身体动作。

活动层次(二)

活动目标

1. 继续通过图谱感受乐句的长短，以及音乐中的渐强和特强。

2. 探索用乐器累加的方法，表现乐曲中渐强和特强的音响效果。

3. 继续学习看指挥合作演奏。

活动准备

1. 图谱。

2. 大鼓、镲、碰铃、铃鼓、圆舞板若干。

3. 音乐《工农兵联合起来》(音频见 U 盘)。

活动过程

1. 请个别幼儿指图谱，其他幼儿做身体动作。

2. 幼儿分声部练习。

(1) 将幼儿分成三组，根据教师指挥，进行第二部分的分部练习，由一组至二组最后至三组，逐步递增。

(2) 教师指挥，在"嘿"处全体幼儿高呼并跺脚。

3. 幼儿进行打击乐器演奏练习。

(1) 幼儿讨论大鼓、镲的位置，知道它们在最强的"嘿"处演奏。

(2) 教师指挥演奏。

(3) 教师指挥，改变第二部分的演奏顺序。

(4) 由能力强的幼儿参与指挥。

设计者：南京市商业幼儿园　吴锦蓉

11. 瑶族舞曲

【乐曲】

瑶族舞曲

1=F $\frac{2}{4}$

刘铁山等　曲

轻柔、舒展、缓慢地

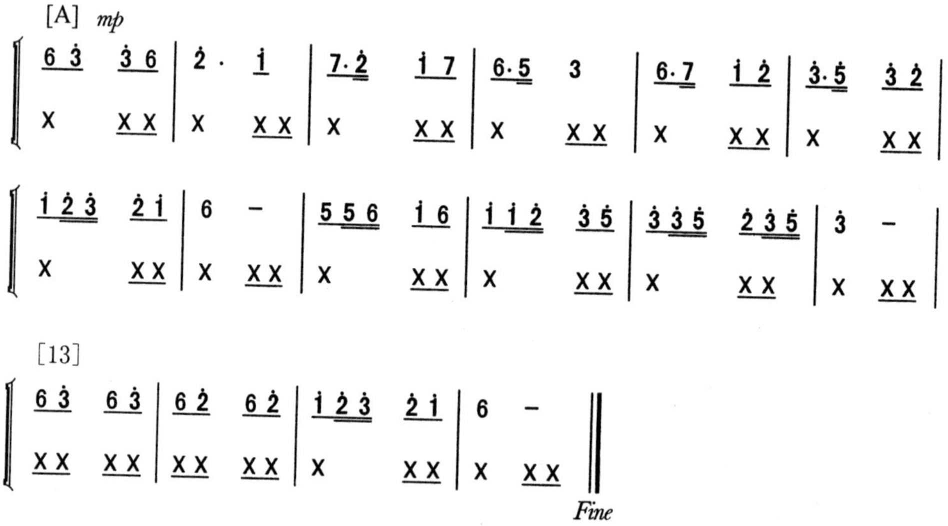

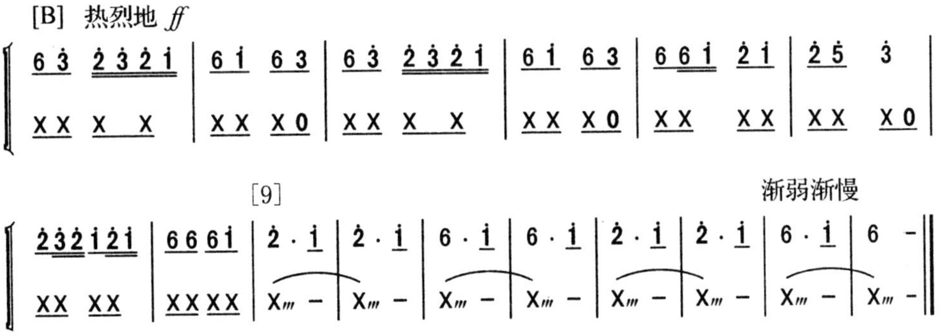

配器建议

X X X | ——第一拍碰铃、第二拍木鱼。

[A 段][13～14 小节]——第十三小节一种单纯音色，第十四小节另一种单纯音色。

X X X X | X X 0 | ——小型乐器 0 X 0 X | 0 X X 0 |
大鼓 X 0 X 0 | X 0 X 0 |。

X − | X − | ——全部乐器，大鼓强奏第一拍，大鼓向外画大圈做延长动作，铃鼓震摇的同时向外画大圈做延长动作。

【教育活动设计】

活动层次(一)

活动目标

1. 学习跟随[A]段音乐跳手铃舞的方法。

2. 通过仔细观察、体验和方法了解舞蹈轻柔、舒缓的风格。通过动作的相同与不同的变化来体验音乐的“起承转合”。

3. 在教师讲解或示范时，学会克制自己玩手铃的欲望，努力注意倾听并观察教师提供的信息。注意右手画圈时从身体右前侧往下画，不碰他人。

活动准备

1. 幼儿已听过该乐曲，已有过跟随该乐曲自由舞蹈的经验，对该乐曲的性质已有初步的了解。

2. 手铃若干，数量与幼儿人数相等。

3. 音乐《瑶族舞曲》(音频见U盘)。

活动过程

1. 幼儿自由跟随乐曲舞蹈。

2. 幼儿在教师组织的讨论中学习轻的、慢的、美的等相关词汇来表达自己对乐曲的感受。

3. 幼儿观察教师的示范。

4. 跟随教师的示范和哼唱伴奏进行模仿练习，然后随音乐练习。

5. 幼儿戴上手铃，单独练习一拍一拍地由外向内扭动手腕，让手铃发出有节奏的声音。

6. 全体幼儿跟随音乐和教师或个别幼儿的示范，集体练习。要求他们的眼睛尽量注意看右手，右手从体右前侧往下画时不碰到右边的同伴。

手铃舞动作说明

[A]段

[1～8小节]——第一拍双手在左脸颊边击掌，第二拍在体右侧斜上方扭一下手腕，第三拍在体右侧水平方向扭一下手腕，第四拍在体右侧斜下方扭一下手腕。该动作一共重复4次。

[9～12小节]——第一拍双手拍肩一次，第二拍双手拍膝盖2次。该动作一共重复4次。

[13～14小节]——连续拍手，半拍一次。

[15～16小节]——重复1～8拍的动作一次。

活动层次(二)

活动目标

1. 学习用大鼓击一次鼓面、击两次鼓边的方法给手铃舞伴奏。

2. 在观看大鼓的表演后，独立将大鼓演奏的节奏型转变成用噪音表现的节奏型。

3. 努力使大鼓的演奏与乐曲的声音及手铃的声音协调一致。

活动准备

1. 手铃若干，数量与幼儿人数相等。大鼓一面。

2. 音乐《瑶族舞曲》(音频见 U 盘)。

活动过程

1. 幼儿跟随音乐复习在“活动层次(一)”中学习过的手铃舞。

2. 幼儿倾听并观察教师用大鼓给幼儿的手铃舞伴奏的方式，同时跟随音乐跳手铃舞。

3. 教师组织幼儿讨论，独立将大鼓演奏的节奏型转变成用嗓音表现的节奏型，如

X	<u>X X</u>
咚	哒哒

。尝试用语言说明“咚”是敲鼓面(或鼓心)发出的声音，“哒哒”是敲鼓边发出的声音。

4. 全体幼儿跟随教师的示范和音乐做演奏大鼓的动作练习，并柔和地模仿鼓声朗诵。

5. 集体随音乐跳手铃舞，个别志愿者轮流用大鼓练习伴奏。

活动层次(三)

活动目标

1. 学习用碰铃和木鱼给手铃舞伴奏。

2. 在教师的引导下，独立将大鼓演奏的节奏型转变成用碰铃和木鱼协同演奏的节奏型。将手铃的演奏方法转变成铃鼓的演奏方法。

3. 努力使碰铃与木鱼的演奏与整体的演奏音响相一致。

活动准备

1. 铃鼓、碰铃、木鱼若干，大鼓一面。

2. 音乐《瑶族舞曲》(音频见 U 盘)。

活动过程

1. 幼儿复习在“活动层次(二)”中学习过的大鼓和手铃共同演奏的方案。

2. 根据教师提出的比较声音长短异同的思路，幼儿进行讨论，并最终得出碰铃敲奏第一拍(与敲大鼓鼓心同时)、木鱼敲奏第二拍(与敲大鼓鼓边同时)的结果。

3. 在教师的指挥和哼唱伴奏下，幼儿进行碰铃和木鱼声部试奏。

4. 在教师的引导和帮助下，尝试将铃鼓声部原手铃舞的动作转变为铃鼓演奏的动作，再在教师的示范和哼唱伴奏下尝试进行演奏。

5. 教师或幼儿指挥，全体幼儿分成三个声部随乐曲演奏，个别志愿者继续轮流练习演奏大鼓。

活动层次(四)

活动目标

1. 学习用乐器演奏乐曲的[B]段。

2. 借助语音总谱和动作总谱的帮助，掌握小型乐器从后半拍进入，并与大鼓前半拍的演奏相配合的演奏方法。在教师的引导下探索三角铁的震奏方法和击奏方法。

3. 活动中努力高度集中注意力，并与他人密切配合。避免过度兴奋，不因急于表达热烈的情绪而造成过分强烈的演奏。

活动准备

1. 大鼓、三角铁、铃鼓等。

2. 音乐《瑶族舞曲》(音频见U盘)。

活动过程

1. 幼儿跟随教师的示范模仿练习以下朗诵和动作。

X	X	X	X	X	X	X
鹅	飞	鹅	跑	鹅	下	河
跺脚拍手		跺脚拍手		跺脚拍手		拍手

。

2. 幼儿在教师的指挥下从最适宜的慢速度开始练习：教师说"鹅"，并跺脚，幼儿说其余字词，并拍手。

3. 幼儿在心里说有关字词，倾听教师用大鼓声替代的"鹅"字并看教师的跺脚动作。从最适宜的慢速度开始，教师逐步加入哼唱伴奏。

4. 跟随教师的示范，幼儿学习[9小节]以后铃鼓的演奏动作：第一拍击奏，第二，第三和第四拍连续摇奏并同时向外画大圈。

5. 在教师的问题引导下，幼儿探索如何用三角铁奏击出类似铃鼓快速摇动的声音，如在三角铁内上方来回碰击；在整个三角铁内框中滚击。

6. 跟随教师哼唱的伴奏，幼儿自由徒手练习[9～16小节]铃鼓或三角铁的奏法。

7. 在教师的指挥和哼唱伴奏下，幼儿完整跟随[B]段音乐徒手练习。大鼓演奏部分由教师完成。

8. 在教师的指挥和哼唱伴奏下，幼儿完整地跟随[B]段音乐做大鼓奏法的徒手练习。

9. 在教师的指挥和哼唱伴奏下，幼儿完整跟随[B]段音乐分声部用真实乐器演奏，大鼓部分由个别反应较快的幼儿完成。

10. 教师或一名幼儿指挥，全体幼儿跟随音乐或钢琴完整地演奏。

活动建议

1. "活动层次(一)"可在小班下学期进行。

2. "活动层次(二)、(三)"可在中班进行。

3. "活动层次(四)"可在大班上学期进行。

4. 大班下学期可组织幼儿创编舞蹈，再将乐曲联成ABA的结构进行表演。也可加入服装和舞美等表演因素作为节日的节目。

设计者：南京师范大学教育科学学院　许卓娅

大班

1. 欢乐舞曲

【乐曲】

欢乐舞曲

1=G $\frac{2}{4}$ 施逸丽 曲

欢快、活泼地

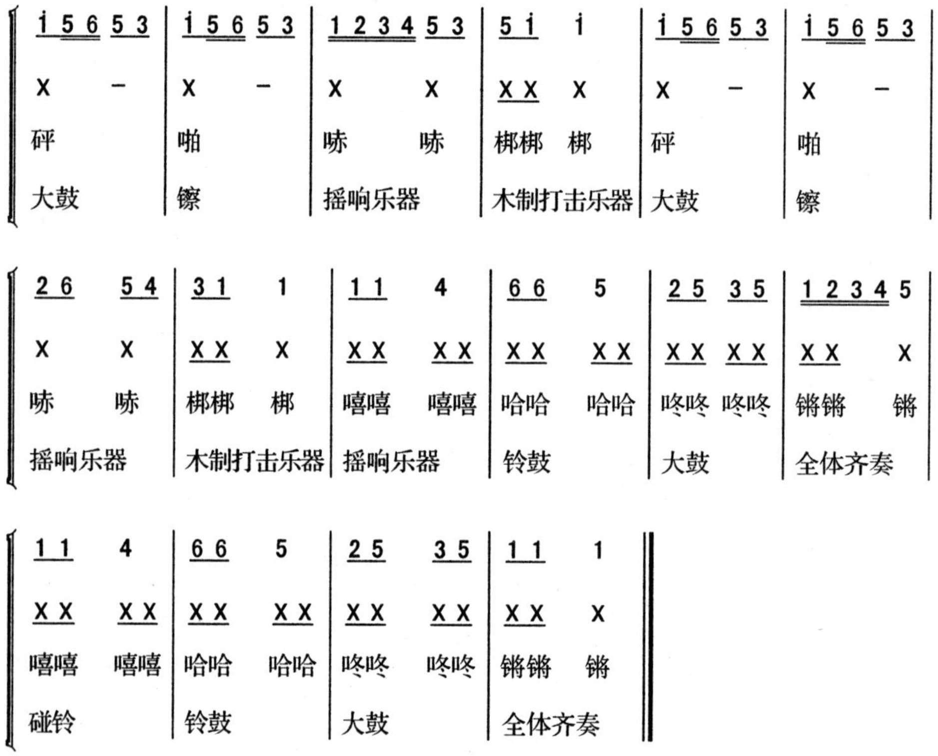

【教育活动设计】

活动层次(一)

活动目标

1. 熟悉乐曲旋律,感受乐曲活泼欢快的性质,初步学会随音乐合拍地跳舞。

2. 将随乐舞蹈动作的节奏型用拍手的方式表达出来。

3. 体验与同伴一起跳舞的愉快心情,获得交往的快乐。

活动准备

1. 幼儿已学过踮步、踵趾小跑步等基本舞步,懂得动作对称的含义。

2. 音乐《欢乐舞曲》。

活动过程

1. 幼儿熟悉乐曲旋律,感受乐曲性质。

2. 幼儿随音乐按节奏拍手,巩固对乐曲的认识。

3. 幼儿学跳集体舞。

(1) 观看教师示范舞蹈。

(2) 在教师的引导下,发现集体舞动作的交替规律。

(3) 边听音乐边随教师学习舞蹈。

(4) 在教师的带领下,完整地跟随音乐跳舞。

4. 幼儿边观看教师跳舞,边用拍手的方式表达随乐舞蹈动作的整套节奏型。

活动层次(二)

活动目标

1. 幼儿进一步熟悉乐曲旋律,学习用简单的语音总谱表现音乐性质。

2. 引导幼儿根据已有的节奏型为该乐曲设计出打击乐配器方案,并能按即兴的指挥手势进行打击乐器演奏。

3. 幼儿有意识地体会打击乐器的演奏效果,注意乐器的音量、音色与乐曲情绪的和谐一致,体验集体合作活动的快乐。

活动准备

1. 值日生在教师指导下，排好座位并安置好铃鼓、碰铃、双响筒以及大鼓、镲等打击乐器。

2. 音乐《欢乐舞曲》。

活动过程

1. 指导幼儿将整套节奏型转换成语音总谱，并随音乐练习。

(1) 在教师的启发下，讨论在节日时所能听到的各种声音；在教师的引导下，按乐曲的结构（一、二句基本相同，三、四句基本相同）创编出相应的语音总谱，并随音乐进行练习。

(2) 边朗读语音总谱边按词义配上相应的身体动作，在教师的带领下，将动作整理统一，再随音乐进行朗读并用身体动作配合节奏练习。

(3) 全体幼儿练习语音总谱。

(4) 看教师指挥，分声部练习语音总谱。

2. 幼儿在教师指导下进行打击乐器演奏练习。

(1) 在教师的引导下，讨论、探索各声部所匹配的相应打击乐器（音色），选择与音乐相匹配的打击乐器代替语音进行演奏。

(2) 看教师分声部的徒手演奏练习。

(3) 指导幼儿分声部进行乐器演奏。

①看教师用击节奏型的方法指挥，幼儿练习演奏乐器。

②看个别幼儿用击节奏型的方法指挥，练习演奏乐器。

③看教师用动作指挥，练习演奏乐器。

④在教师的指导下，个别幼儿指挥演奏。

⑤和部分幼儿的舞蹈配合起来进行演奏。

(4) 幼儿自由选择、交换乐器演奏。

设计者：南京市北京东路小学附属幼儿园　张　琴

2. 采茶扑蝶

【乐曲】

采茶扑蝶

1=F $\frac{2}{4}$ 福建民歌

小快板 黎英海 编曲

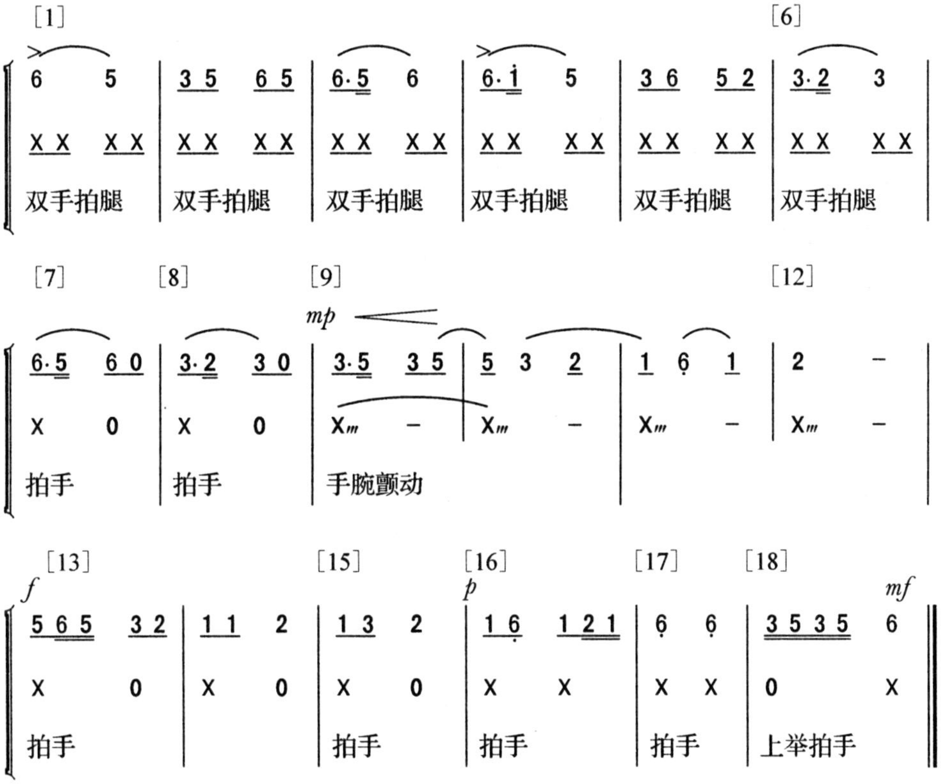

配器建议

双手拍腿——圆舞板。

手腕颤动——铃鼓。

拍手——圆舞板、小铃、铃鼓。

上举拍手——三种乐器加大鼓。

【教育活动设计】

活动层次(一)

活动目标

1. 能跟着音乐较合拍地舞蹈,表现出捉蝴蝶的快乐。

2. 在教师的引导下,能够根据教师设置的情境,如“找蝴蝶”“扑蝴蝶”“蝴蝶飞”等创编相应的动作。

3. 在教师的提醒下,能够保持圆圈的大小及同伴间的距离。

活动准备

1. 各种打击乐器:圆舞板、铃鼓、小铃、大鼓。

2. 音乐《采茶扑蝶》。

活动过程

1. 幼儿根据教师设置的情节,创编舞蹈动作。

(1) 教师出示教具“蝴蝶”,让幼儿追逐,引起幼儿的活动兴趣。

(2) 幼儿跟着教师起立、叉腰,听教师唱曲谱,小跑步走成圆圈,表示来到花园。(教师唱全曲)

(3) 听教师唱[1~6 小节],幼儿轻轻地跑圆圈找蝴蝶,知道轻轻跑不会把蝴蝶吓跑。

(4) 在教师引导下,幼儿做往圈里拍一下、往圈外拍一下的动作,然后听教师唱[7~8 小节],幼儿做在花丛中拍蝴蝶的动作。

(5) 在教师引导下,[9~10 小节]幼儿做向握着的双手缝里看蝴蝶的动作,[11~12 小节]幼儿做双手打开这一动作,表示蝴蝶飞去。

(6) 在教师引导下,幼儿做两次向地面扑蝴蝶的动作,然后幼儿边听教师唱[13~15 小节]边做动作。

(7) 在教师引导下,幼儿做双手握住蝴蝶高兴地转一圈的动作,然后边听教师唱[16~17 小节]边做动作。

(8) 创编出将蝴蝶放飞的动作,并听音乐练习。

2. 听教师唱谱,幼儿完整地练习舞蹈。

3. 听教师唱谱,幼儿将舞蹈连贯完整地练习。能在教师提醒下,注意保持圆圈的大小和同伴间的距离。

4. 幼儿听音乐并完整、连贯地跳几遍。

活动层次(二)

活动目标

1. 学习将“找蝴蝶”“扑蝴蝶”“蝴蝶飞”等舞蹈动作转化为身体动作总谱，并进行打击乐器演奏。

2. 通过探索大鼓的敲击方法，掌握大鼓敲击的力度和敲法。

3. 能够专注地看教师指挥，进行打击乐器演奏。

活动准备

1. 小铃、圆舞板、铃鼓各若干，大鼓一面。

2. 音乐《采茶扑蝶》。

活动过程

1. 幼儿复习舞蹈《采茶扑蝶》。

2. 引导幼儿将舞蹈动作转化成身体动作总谱。幼儿坐在位子上做舞蹈动作。在教师引导下将“找蝴蝶”动作转变为双手拍腿，将“看蝴蝶”“蝴蝶飞”动作转变为右手向前摆动的动作，将“扑蝴蝶”动作转变为拍手动作，将“放蝴蝶”动作转变为上举拍手的动作。

3. 在教师鼓励和帮助下，幼儿将身体动作总谱与音乐结合起来练熟练。

4. 幼儿分声部练习身体动作总谱。

(1) 在教师帮助下，按小组分配身体动作。

(2) 随琴声在教师身体动作、眼神和方位暗示下，能够分组做出合作性的节奏动作反应。

(3) 在幼儿逐渐熟练的情况下，教师即兴改变第一部分身体指挥动作方位。幼儿学会眼睛看教师指挥即兴反应。

5. 幼儿讨论配器方案。

6. 分声部练习打击乐器演奏。

(1) 教师指挥，幼儿演奏。(指挥动作仍为身体动作)

(2) 教师改变指挥方案(即交换乐器演奏第一部分),全体幼儿演奏。

7. 引导幼儿进行发展练习。

(1) 幼儿探索大鼓的敲击力度和敲法。

(2) 在教师的引导下,在曲末“上举拍手”处,累加大鼓进行练习。

(3) 看教师指挥,全体幼儿演奏乐器。

设计者:南京师范大学幼儿园　周　萍

3. 太阳出来喜洋洋

【乐曲】

太阳出来喜洋洋

1=D　$\frac{2}{4}$　　四川民歌

中板、高亢、乐观地

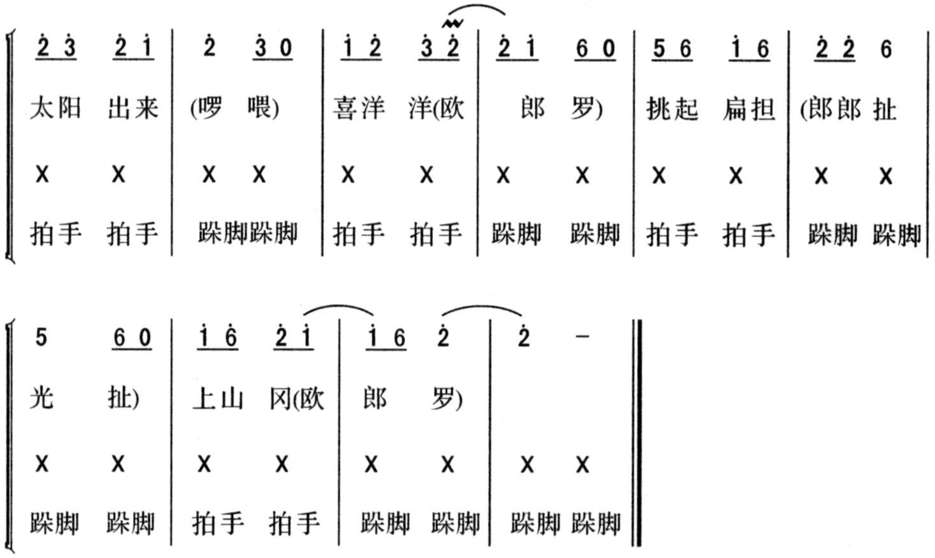

配器建议

拍手——铃鼓、小铃、圆舞板合奏。

跺脚——大鼓、钹合奏。

【教育活动设计】

活动层次(一)

活动目标

1. 感受热情、高亢的歌曲风格,学习分声部唱这首歌。

2. 初步学会创编几种与歌曲性质相符的劳动动作。

3. 感受、体验并表现人们愉快、热爱劳动的情绪、情感。

活动准备

1. 丰富幼儿在日常生活中的各种劳动内容,认识和了解各种成人劳动。

2. 音乐《太阳出来喜洋洋》(音频见U盘)。

活动过程

1. 幼儿倾听《太阳出来喜洋洋》,了解歌曲的名称、内容,感受歌曲热情、有力、高亢的风格。

2. 幼儿倾听歌曲,在教师的引导和暗示下,一拍一下地拍手。

3. 幼儿学唱歌曲《太阳出来喜洋洋》。

(1) 集体边听歌曲,边随音乐学唱。

(2) 着重练习衬词(即曲中括号部分)的唱法。

(3) 练习分声部学唱这首歌。第一声部:幼儿唱歌曲歌词。(太阳出来喜洋洋,挑起扁担上山冈)第二声部:教师唱衬词。

(4) 幼儿分成两组。第一组唱第一声部,第二组唱第二声部。(教师指挥幼儿练唱)

(5) 变换分组方式,多次分声部练唱。

4. 幼儿巩固、练习这首歌曲。

(1) 幼儿创编各种劳动动作,再边唱边一拍一下地练习动作。

(2) 幼儿分声部表演歌曲，一声部幼儿按节拍做劳动动作，二声部幼儿唱衬词。

活动层次(二)

活动目标

1. 认识大鼓、钹，学习敲击方法并学会用大鼓、钹演奏歌曲第二声部(衬词部分)。

2. 根据音乐节拍，探索钹的止音方法。

3. 在演奏钹时注意控制手臂的动作幅度，不与同伴碰撞。

活动准备

1. 幼儿已学会按节奏分声部表演这首歌曲。

2. 大鼓三面，钹三副。

3. 音乐《太阳出来喜洋洋》(音频见 U 盘)。

活动过程

1. 幼儿复习歌曲《太阳出来喜洋洋》。

(1) 幼儿集体用热情、有力的声音唱这首歌。

(2) 幼儿分两个声部唱这首歌。

(3) 幼儿分声部表演这首歌：一声部表演劳动动作，二声部唱衬词。

2. 幼儿学习听音乐演奏打击乐器。

(1) 认识大鼓，学习大鼓的演奏方法。分辨用鼓槌敲击鼓面和鼓边时声音的不同。

(2) 几名幼儿分别练习敲鼓的方法，其余幼儿跟做模仿动作。

(3) 认识钹，学习钹的抓握方法。

(4) 倾听击钹的声音，探索止音方法(即敲击后，再自然画圈并放在胸前衣服上)。

(5) 六名幼儿，分别拿大鼓、钹练习合奏。注意按音乐整齐地敲击。

(6) 知道鼓、钹合奏，声音响亮，可以为衬词部分的歌曲伴奏。

(7) 六名幼儿分别拿大鼓、钹敲击歌曲衬词部分，其余幼儿唱歌词，大家一起在教师的指挥下完整练习。

(8) 幼儿轮流使用大鼓、钹，大家一起在教师的指挥下完整练习。

活动层次(三)

活动目标

1. 学习用大鼓、钹演奏歌曲第二声部，学习用铃鼓、小铃、圆舞板演奏歌曲第一声部。

2. 尝试当小指挥，在歌曲第一声部即兴变换乐器演奏。

3. 发展幼儿的应变能力，注意看指挥并迅速反应。

活动准备

1. 幼儿已学会用大鼓、钹演奏歌曲第二声部。

2. 小铃、铃鼓、圆舞板若干，按教师要求分类放在幼儿座位底下；钹三副，大鼓三面。

3. 音乐《太阳出来喜洋洋》(音频见U盘)。

活动过程

1. 幼儿复习用大鼓、钹演奏歌曲第二声部。

2. 幼儿练习看教师的指挥，用小铃、铃鼓、圆舞板演奏歌曲第一声部，用大鼓、钹演奏歌曲第二声部。

3. 个别幼儿模仿教师指挥，其他幼儿集体演奏。

4. 幼儿探索除了用三种乐器合奏的方法演奏歌曲第一声部外，还有什么方法来演奏。

5. 在教师不同程度的帮助下，让个别自愿要求练习即兴指挥的幼儿担任指挥，其他幼儿集体练习。

设计者：南京师范大学幼儿园　王战卫

4. 花好月圆

【乐曲】

花好月圆

1=C $\frac{4}{4}$

黄贻钧 曲

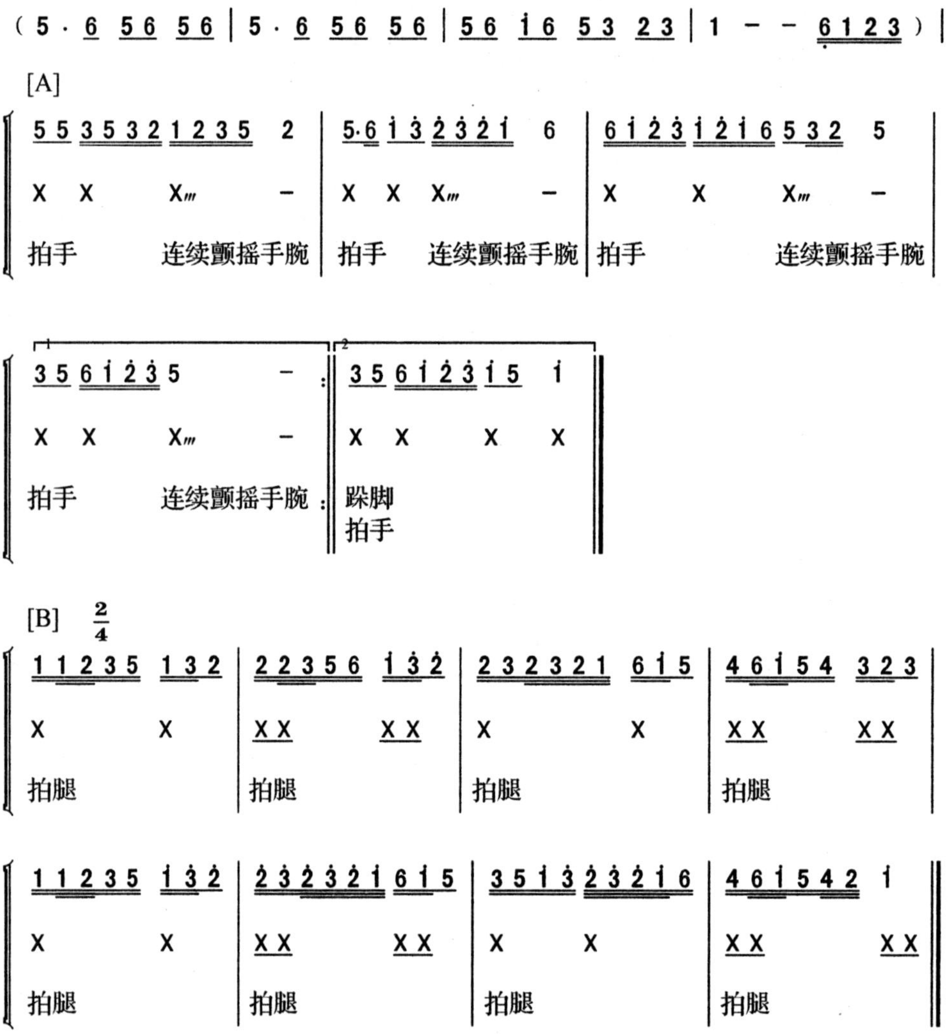

配器建议

拍手——小铃、三角铁。

连续颤摇手腕——边摇串铃边向外画一大弧。

拍腿——圆舞板、双响筒。

跺脚拍手——编制上的全部乐器。

供幼儿使用的图谱

[A]段

[B]段

图谱说明

萤火虫表示拍手，指图两下；荷花表示连续颤摇手腕；青蛙表示拍腿，指图时可按照节奏型 $X \quad X \mid \underline{X\,X} \quad \underline{X\,X} \mid$ 来指青蛙。

【教育活动设计】

活动层次(一)

活动目标

1. 熟悉乐曲的旋律和结构。感受两段乐曲的不同性质:[A]段优美,[B]段跳跃、活泼。感受乐曲团圆、安详的情感。

2. 初步学会随乐曲有节奏地创编节奏表演动作。

3. 体验集体合作创编的快乐。

活动准备

1. 幼儿已了解夏天月光下池塘里美丽的景色(可通过录像介绍)。

2. 相关的图谱。

3. 音乐《花好月圆》。

活动过程

1. 在教师的引导下,幼儿回忆月光下池塘里美丽的景色。

2. 幼儿观察图谱,感受乐曲旋律。

(1) 幼儿一边观察教师出示的图谱,一边倾听乐曲,同时感受图谱中的内容和音乐所表达的内容是否相似。

(2) 一边跟随教师的指图有节奏地随乐曲拍手,一边进一步熟悉乐曲中所表达的喜庆、团圆的气氛。

(3) 一边有节奏地随乐曲表现优美和欢快、跳跃的表演动作,一边进一步感受乐曲的性质。

3. 幼儿根据音乐创编节奏动作。

在教师的提示下创编出萤火虫发光、荷花开放以及青蛙欢快跳舞的节奏表演动作,再在教师的暗示或直接建议下将整套动作完善并与音乐结合起来。

4. 幼儿跟着音乐,在教师动作暗示下将整套动作与音乐结合起来逐步练熟。

(1) 教师带做。

(2) 个别幼儿带做。

(3) 全体幼儿分角色随音乐做一遍。(在整个练习活动中,教师应始终提醒幼儿注意体验和表现乐曲的美好、吉祥的气氛)

活动层次(二)

活动目标

1. 初步学习跟随乐曲进行打击乐器演奏。

2. 根据音乐的结构、性质、图谱的变化设计出打击乐配器方案。

3. 进一步练习按即兴指挥手势进行演奏，并能注意在整个活动中保持活泼、快乐的情感体验和表现。

活动准备

1. 幼儿已经能够比较熟练地随音乐做集体表演动作。

2. 值日生在教师的指导下排好座位并安置好小铃、三角铁、圆舞板、双响筒、串铃等打击乐器。

3. 音乐《花好月圆》。

活动过程

1. 幼儿复习在“活动层次(一)”中创编出的随乐动作。

2. 幼儿一边观看教师做的随乐动作，一边用拍手的方式将随乐动作的整个节奏型表达出来。

3. 幼儿在教师的启发、引导下将整套节奏型转换成身体动作总谱。

4. 幼儿分声部练习身体动作总谱。

(1) 在教师放慢速度演唱乐曲，面向不同小组做不同动作时，幼儿学习迅速准确地对教师的身体动作、暗示做节奏动作反应。

(2) 学习根据教师的指挥动作，迅速准确地随乐做出节奏动作反应。

(3) 在教师的指导和鼓励下，个别幼儿轮流担任指挥。

5. 幼儿根据图谱中的角色变化设计打击乐配器方案。

6. 幼儿分声部进行乐器演奏。

(1) 教师指挥，幼儿集体演奏。

(2) 在教师不同程度的帮助下，幼儿自愿练习指挥，全体幼儿集体练习。

(3) 自由选择，交换乐器演奏。

设计者：河海大学幼儿园　刘海燕　蔡　洪　柴娟娟

5. 卖　汤　圆

【乐曲】

卖　汤　圆

1=C $\frac{2}{4}$　　　　台湾地区民歌

幽默、诙谐地

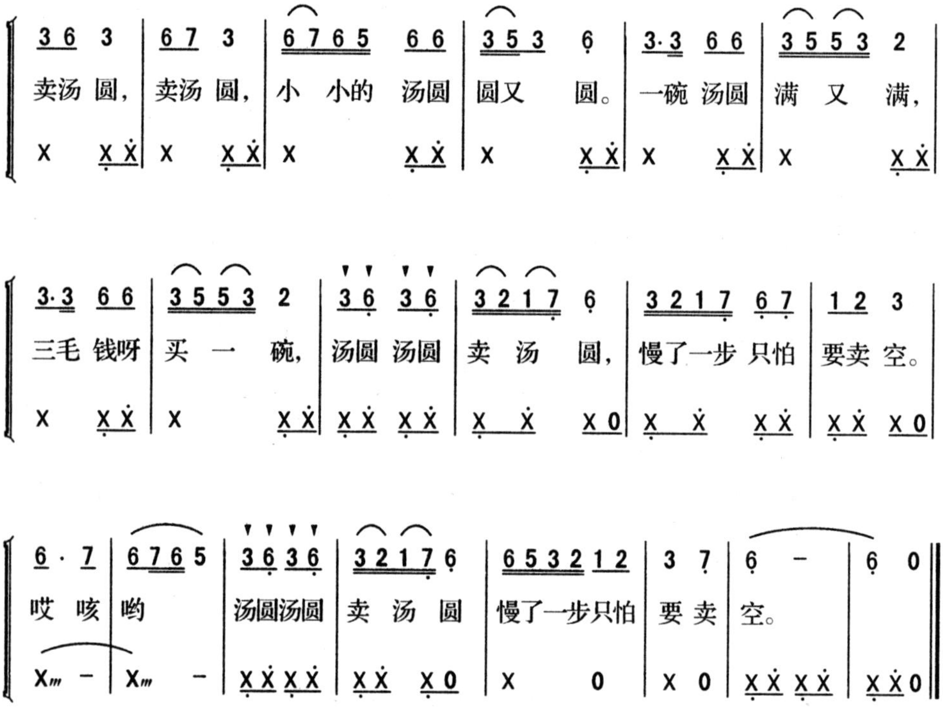

配器建议

X——铃鼓、碰铃。

X Ẋ——双响筒。

Xᵯ － | Xᵯ － |——铃鼓摇奏、碰铃奏第一拍。

【教育活动设计】

活动层次(一)

活动目标

1. 熟悉歌曲的旋律和内容,初步学会唱歌曲并能有表情地演唱。

2. 通过观看情境表演及参与讲述,理解、记忆歌词内容。

3. 初步感受和体验歌曲所带来的幽默、诙谐的愉快情绪,并将此情绪贯穿于整个活动之中。

活动准备

1. 幼儿已在角色游戏中玩过“卖汤圆”的游戏。

2. 准备“卖汤圆”的情境表演。

3. 教师准确、有表情地范唱。

4. 音乐《卖汤圆》(音频见 U 盘)。

活动过程

1. 两幼儿进行“卖汤圆”的情境表演(歌词渗透于两位表演幼儿的对话中)。

2. 在教师的引导下,幼儿讲述所看到的情境表演(教师注意让幼儿熟悉歌词)。

3. 幼儿听教师将情境表演的内容用歌声唱出来。

4. 幼儿跟随教师随音乐按歌曲中的节奏念歌词。

5. 幼儿学唱歌曲。在教师的提示下尽量通过吐字和气息的弹性来表现歌曲的诙谐、幽默。

(1) 跟随教师唱。

(2) 跟随弹奏的曲谱唱歌词。

(3) 男童和女童分组唱。

(4) 部分幼儿自愿在集体面前唱。

活动层次(二)

活动目标

1. 尝试并掌握随音乐进行打击乐演奏。
2. 在会唱歌曲的基础上,看节奏谱演奏乐曲。
3. 能学习控制自己敲击动作的幅度,力求让乐器发出悦耳的声音。

活动准备

1. 幼儿基本熟练掌握歌曲。
2. 幼儿认识双响筒,且会敲击,并知道$\underset{\cdot}{\underline{X}}\ \dot{\underline{X}}$表示双响筒的高低音。
3. 值日生在教师指导下,排好座位并摆放好铃鼓、碰铃、双响筒等乐器。
4. 音乐《卖汤圆》(音频见 U 盘)。

活动过程

1. 幼儿复习"活动层次(一)"学会的歌曲,唱出诙谐、幽默的情绪。

2. 幼儿一边看节奏谱,一边在教师的提示下,用拍手的方法,感知整首歌曲的节奏型。

3. 幼儿分声部练习演奏动作。

(1) 看节奏谱,在教师放慢速度演唱并用指挥动作提示的情况下,幼儿集体做相应演奏动作。

(2) 听音乐根据教师的指挥动作,幼儿集体做相应的演奏动作。

(3) 幼儿听音乐,在教师面向不同小组做不同演奏动作的条件下,学习迅速、准确地对教师的指挥做出相应的演奏动作。

(4) 在教师的指导和鼓励下,个别幼儿轮流担任指挥,用步骤"(3)"的方案指挥,其他幼儿按同一方案练习。

4. 幼儿分声部演奏乐器。

(1) 教师面向不同小组,用相应的乐器演奏动作指挥幼儿集体演奏。

(2) 在教师指示节奏谱并用眼神暗示下,幼儿集体演奏。

(3) 在教师指导下,全体幼儿学习用乐器演奏动作的指挥方法。

(4) 在教师不同程度的帮助下,个别幼儿担任指挥,全体幼儿练习。

5. 发展练习。

幼儿自由选择乐器进行打击乐演奏练习。

活动建议

供幼儿观看的节奏谱，即歌曲下面的节奏谱，另外绘制一张即可。

设计者：南京市逸仙小学附属幼儿园　李　漫

6. 抬　花　轿

【乐曲】

抬　花　轿

佚　名　词

火　风　曲

1=E　$\frac{2}{4}$

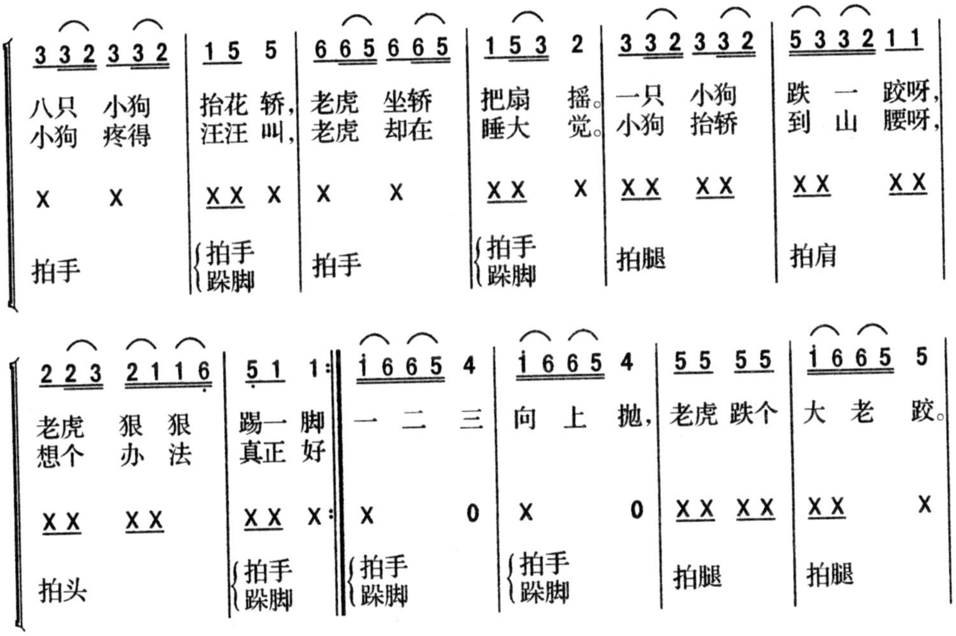

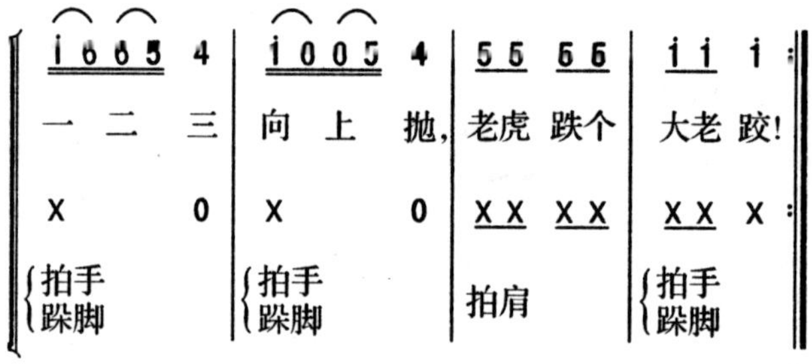

配器建议

拍手——铃鼓、碰铃、圆舞板。

拍手、跺脚——编制上的全部乐器加上大鼓、吊镲。

拍腿——碰铃。

拍肩——圆舞板。

拍头——铃鼓。

【教育活动设计】

活动层次(一)

活动目标

1. 在熟悉歌词的基础上，学唱歌曲，初步学会边唱边做表演动作。

2. 根据歌词内容创编“抬花轿”情节的表演动作。

3. 体验歌曲的内容与旋律所带来的愉快情绪，并将这一情绪贯穿于整个活动之中。

活动准备

1. 幼儿已熟练掌握歌词。

2. “抬花轿”图片四幅。

3. 音乐《抬花轿》。

活动过程

1. 幼儿学唱歌曲。

(1) 边看图片边念歌词。

(2) 倾听教师弹奏的歌曲旋律。

(3) 和教师一起随着歌曲旋律念歌词。

(4) 尝试将歌词填入曲调中唱出。

(5) 在教师的带领下唱歌曲。

(6) 练习唱歌曲。(此环节视幼儿掌握情况加以重复练习,次数与形式自定)

2. 幼儿边唱边表演。

(1) 在教师的启发下,根据歌词内容创编表演动作。

(2) 在教师暗示或直接建议下,完善创编的动作。

(3) 在教师直接建议下,利用两根长棍当作花轿来表演。(教师注意提醒幼儿掌握表演时情绪,不可太激动)

活动层次(二)

活动目标

1. 跟随音乐进行打击乐器演奏,并用合适的敲击力度表现歌曲的情趣。

2. 在原有随乐表演的基础上,将腿部动作的节奏型用拍手的方式抽取出来,并转换成身体动作谱,且设计出打击乐配器方案。

3. 在活动中既保持愉快的情绪,又集中注意看指挥。

活动准备

1. 幼儿能够熟练地边唱歌曲边表演,腿部动作要准确。

2. 值日生在教师指导下,排好座位并放置好铃鼓、碰铃、圆舞板、大鼓、吊镲等乐器。

3. 音乐《抬花轿》。

活动过程

1. 幼儿复习在"活动层次(一)"中创编出的歌表演。

2. 幼儿一边观看教师所做抬花轿的腿部动作,一边用拍手的方式将整套节奏型表达出来。

3. 幼儿在教师的引导下将整套节奏型转换成身体动作总谱。

4. 幼儿分声部练习身体动作总谱。

(1) 在教师放慢速度演唱歌曲，同时面向不同小组做不同动作的练习条件下，幼儿学习迅速、准确地对教师的身体动作暗示做出节奏动作反应。

(2) 随着音乐，根据教师指挥动作迅速、准确地做出节奏动作反应。

(3) 在教师指导鼓励下，个别幼儿轮流担任指挥并用步骤“(2)”的方案指挥，其他幼儿按同一方案练习。

5. 幼儿在教师的指导下探索歌曲的打击乐配器方案。

6. 幼儿分声部用乐器演奏。

(1) 教师指挥，幼儿集体演奏。

(2) 在教师指导下，全体幼儿练习一种指挥方案。

(3) 在教师不同程度的帮助下，个别幼儿担任指挥，集体练习。

7. 发展练习。

幼儿自由选择乐器演奏。

设计者：南京市逸仙小学附属幼儿园　李　漫

7. 苹果丰收

【乐曲】

苹果丰收

1=C $\frac{4}{4}$　　　　朝鲜族民间音乐

活泼、欢快、优美地

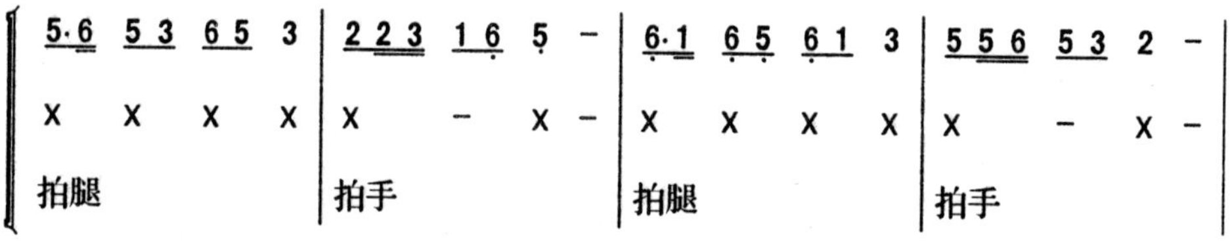

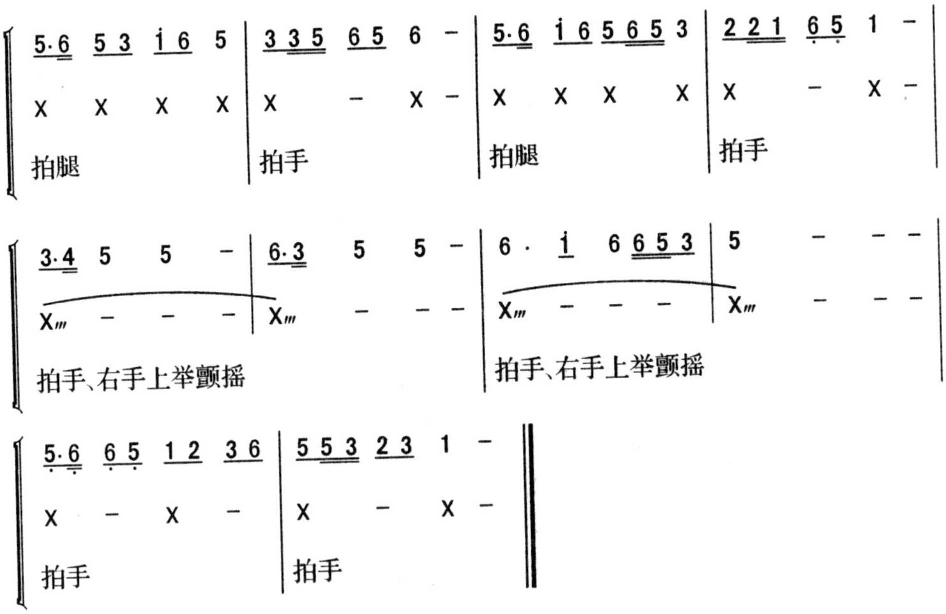

配器建议

拍手——幼儿看教师指挥即兴演奏。

摇手腕——摇铃鼓。

【教育活动设计】

活动层次(一)

活动目标

1. 通过去果园看果子的情节感受音乐欢快、优美的情绪。
2. 学习用身体动作有节奏地表现相应情节。
3. 能较大胆地按情节创编动作。

活动准备

1. 音乐《苹果丰收》(音频见U盘),果园背景图。
2. 能活动的"小朋友"教具。

活动过程

1. 幼儿通过观看果园背景图及教师操作活动教具“小朋友”，感受音乐。

2. 在教师的引导下创编身体动作。教师：“怎么去果园？到了果园以后怎么做？最后怎么回去？”

3. 教师再次操作教具并组织幼儿随乐把自己想出的动作按乐曲的节奏要求练习。

4. 在教师带领下幼儿随乐做创编的动作。

5. 在教师带领下幼儿分为三个小组做动作，一个小组做走的动作，一个小组做看天的动作，一个小组做摘苹果的动作，最后一句，全体幼儿一起边走边拍手。

6. 教师指挥，幼儿分声部做动作。

活动层次(二)

活动目标

1. 学会在原有身体动作的基础上，将身体动作的节奏型用拍手等方式表达出来。

2. 能根据已有的节奏型设计出打击乐的配器方案。

3. 会看指挥，并能较协调一致地演奏打击乐器。

活动准备

1. 幼儿已较熟练地随乐做身体动作。

2. 铃鼓、碰铃、圆舞板等打击乐器。

3. 音乐《苹果丰收》(音频见U盘)。

活动过程

1. 幼儿复习在“活动层次(一)”中创编的身体动作，看指挥分声部练习。

2. 幼儿一边观看教师做身体动作，一边用拍手的方式将身体动作的整套节奏型表达出来。

3. 幼儿在教师的引导下随乐拍手、拍腿、摇手腕，拍出整套节奏型。

4. 幼儿分声部拍手。将全班幼儿分成三组，教师有规律地指挥幼儿做拍手、拍腿等动作。

5. 幼儿在教师的引导下探索打击乐的配器方案。教师引导幼儿想想什么时候摇铃鼓较合适，什么地方用小铃、铃鼓、圆舞板演奏较合适。

6. 幼儿看指挥做模仿打击乐器演奏动作，正确做出拿乐器演奏的姿势。

7. 幼儿看指挥演奏打击乐器。

动作建议

[1～2 小节]——第一小节走步，一拍一步。第二小节做看天动作。

[3～8 小节]——同[1～2 小节]。

[9～12 小节]——每小节第一拍做摘果子动作。

[13～14 小节]——走步“回家”。

设计者：南京市商业幼儿园　李　明

8. 达坂城的姑娘

【乐曲】

达坂城的姑娘

1=F　$\frac{4}{4}$　　王洛宾　曲

热烈奔放地

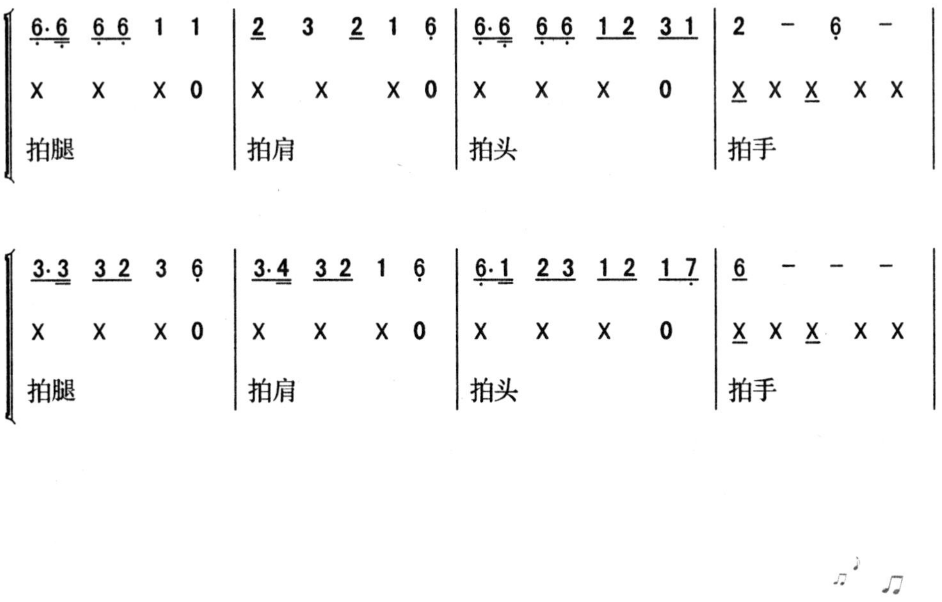

配器建议

拍腿——圆舞板。

拍肩——三角铁。

拍头——碰铃。

拍手——铃鼓,也可加上沙球。

【教育活动设计】

活动层次(一)

活动目标

1. 熟悉这首新疆民歌的曲调,了解作品的结构,初步感受新疆民歌的特殊风格。

2. 根据音乐情境,创编与歌曲内容、风格相适应的表演动作。

3. 能通过借鉴他人的动作来提高自己的动作创编能力。

活动准备

1. 幼儿通过倾听有关故事和观看录像了解新疆的风俗民情。

2. 有相应的新疆舞步的基础。

3. 音乐《达坂城的姑娘》(音频见 U 盘)。

4. 新疆帽、纱巾。

活动过程

1. 幼儿根据教师出示的新疆帽、纱巾等回忆新疆的风俗民情。

2. 幼儿欣赏教师在音乐伴奏下，戴上新疆帽，披上纱巾随乐翩翩起舞，初步感受乐曲的特殊风格。

3. 再次欣赏教师的舞蹈，并随音乐拍出 $\underline{X}\ X\ \underline{X}\ X\ X\ |$ 的节奏，进一步熟悉新疆乐曲的风格。

4. 幼儿边听音乐边拍出第三环节中练习过的节奏型，再次加深对新疆乐曲的感受。

5. 在教师提供的情境中，幼儿根据已有经验并结合音乐创编新疆舞组合(如进退步)。

6. 将动作与音乐相结合并练习。

(1) 教师慢速哼唱旋律，幼儿随乐动作。

(2) 由个别幼儿带做，教师中速哼唱。

(3) 个别幼儿随音乐伴奏带着大家一起做动作。

(4) 幼儿集体随乐练习组合动作。

活动层次(二)

活动目标

1. 将舞蹈动作转化为节奏动作，并初步学习用打击乐器演奏这首乐曲。

2. 尝试为既定的身体动作设计配器方案，并尽力表现音乐的强弱变化。

3. 提高协调地随乐演奏打击乐器的能力。

活动准备

1. 音乐《达坂城的姑娘》(音频见 U 盘)。

2. 铃鼓、碰铃、圆舞板等人手一件。

活动过程

1. 幼儿倾听音乐，复习“活动层次(一)”中创编的随乐动作。

2. 幼儿观看教师表演幼儿自己创编的舞蹈动作组合，并根据教师动作节奏的快慢，用拍手的方式表示。

3. 在教师指导下，幼儿将整套动作转换成整套节奏型，并随乐练习。

4. 幼儿分声部练习。

(1) 在教师放慢速度演唱旋律时，根据教师的指挥手势，幼儿分声部学习准确、迅速地拍出节奏型。

(2) 在教师按正常速度演唱旋律时，幼儿根据教师指挥快速反应。

(3) 在音乐伴奏声中，幼儿看教师指挥练习。

(4) 在教师鼓励下个别幼儿可轮流担任指挥。

5. 引导幼儿思考教师的提问，探索配器方案。

(1) X X X 0 | 处用什么乐器演奏？

(2) X X X X X | 处用什么乐器演奏？如何用这种乐器演奏？

6. 幼儿分声部演奏乐器。

(1) 在音乐伴奏中，教师指挥，集体演奏。

(2) 全体幼儿学习指挥动作。

(3) 个别幼儿在教师帮助下担任小指挥，集体演奏。

活动建议

1. 幼儿可自由选择乐器，并交换位置进行演奏。

2. 可在最后一拍时边拍乐器边喊“嗨”，从而达到高潮。

设计者：南京市商业幼儿园　史　莉

9. 花　狸　虎

【乐曲】

花　狸　虎

1=A $\frac{2}{4}$　　　　河北民间音乐

活泼、欢快、诙谐地

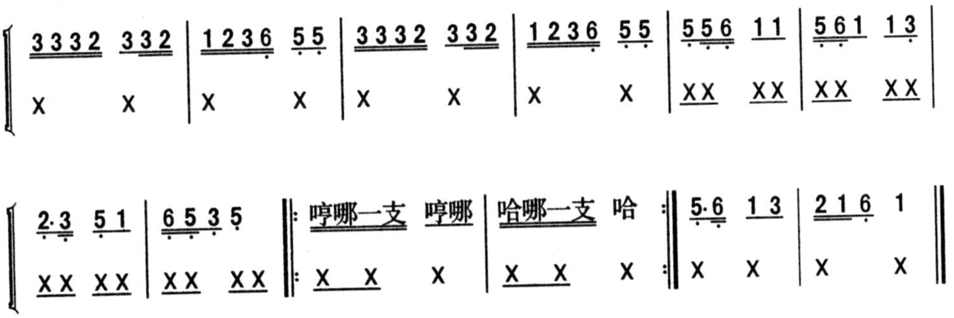

【教育活动设计】

活动层次(一)

活动目标

1. 初步学习舞蹈动作及跳法，复习、掌握弹簧步。
2. 能够在念白"| 哼哪一支 哼哪 | 哈哪一支 哈 |"处创编出手部的不同动作。
3. 引导幼儿初步体验乐曲欢快、诙谐的风格特点。

活动准备

音乐《花狸虎》(音频见 U 盘)。

活动过程

1. 幼儿欣赏音乐，感受乐曲欢快、活泼的情绪。教师："请大家来听一首音

乐，名字叫《花狸虎》。音乐好听吗？音乐中的| 哼哪一支 哼哪 | 哈哪一支 哈 |是表示快乐的欢呼声，我们也来学一学！”

2. 幼儿随音乐复习弹簧步。

3. 幼儿观看教师示范并步跳动作，并随音乐学习做这一动作。（注意要求幼儿跳时脚尖落地，轻起轻落）

4. 幼儿一边念“| 哼哪一支 哼哪 | 哈哪一支 哈 |”，一边随音乐练习动作。

5. 幼儿创编手上动作。（可以是手臂轮流向里画圈，或在头顶上拍手等，不过应与脚上跳的节奏相互协调）

6. 幼儿练习随乐舞蹈 1～2 遍。

7. 幼儿找个好朋友结伴跳舞。（一男一女，幼儿面对面跳舞，并步跳时，女孩子先向前，男孩子先向后，然后交换）

活动层次(二)

活动目标

1. 在掌握舞蹈动作的基础上，学习用打击乐器为乐曲《花狸虎》伴奏。

2. 能在念白处创编不同的节奏型（如X X X |），培养创造力。

3. 充分享受参与音乐创编过程的乐趣。

活动准备

1. 打击乐器：碰铃、圆舞板、铃鼓等人手一件。

2. 音乐《花狸虎》（音频见 U 盘）。

活动过程

1. 组织幼儿复习舞蹈《花狸虎》。

2. 幼儿一边观看教师表演舞蹈，一边根据教师的动作快慢拍手。

3. 幼儿看教师的指挥学习拍节奏型，并运用多种形式练习，逐步掌握。

（1）幼儿看教师指挥，分组拍节奏型 1～2 遍。

（2）拿乐器演奏 1～2 遍。

（3）在念白处创编不同的节奏型。

教师引导幼儿想一想在| 哼哪一支 哼哪 | 哈哪一支 哈 |处还可以怎么敲。

(4) 幼儿看教师指挥并进行演奏。

(5) 个别幼儿自愿到前面担任小指挥，全体幼儿演奏。

(6) 幼儿自由选择，交换乐器演奏。

动作和配器建议

[1～4 小节]——双手叉腰，原地复习弹簧步。

乐器——编制上的所有乐器。

[5～8 小节]——双手叉腰，原地小跑步向右转一圈。

乐器——碰铃或圆舞板。

[9 小节]——向前并步跳三下。

[10 小节]——向后并步跳三下。

乐器——铃鼓。

[11～12 小节]——原地拍手四下。

乐器——编制上的所有乐器。

设计者：南京市商业幼儿园　孙丹蕾

10. 采蘑菇的小姑娘

【乐曲】

采蘑菇的小姑娘

1=F $\frac{2}{4}$　　谷建芬　曲

活泼、欢快地

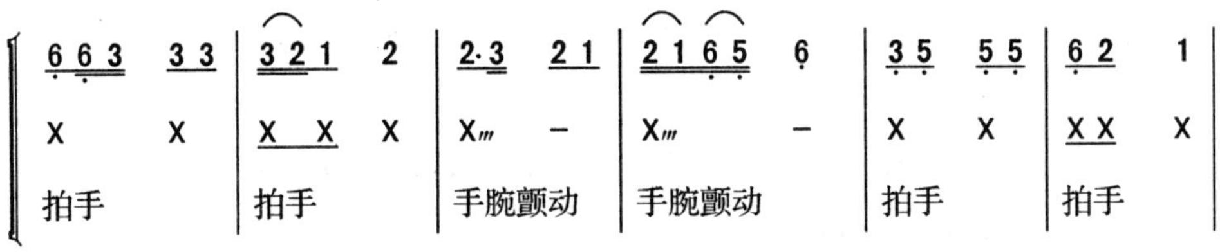

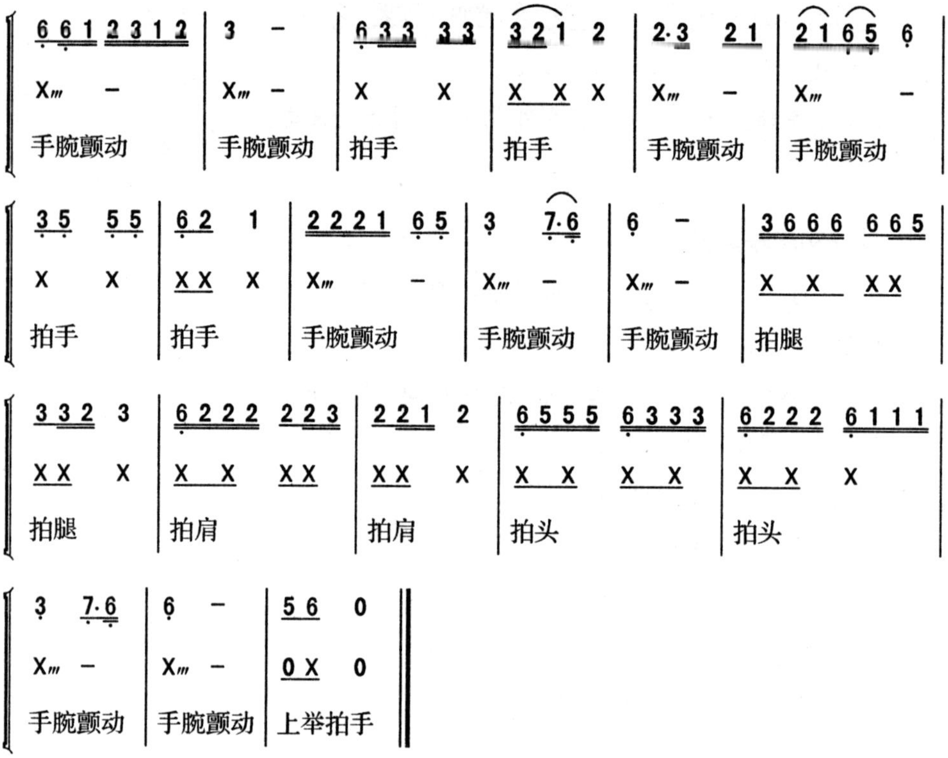

配器建议

拍手——小铃、圆舞板。

手腕颤动——铃鼓。

拍腿、拍肩、拍头——分别从三种乐器中任选一种。

上举拍手——编制上的全部乐器。

【教育活动设计】

活动目标

1. 感受乐曲欢快活泼的旋律和舞曲风格，欣赏教师的舞蹈动作，并从中了解乐曲结构。

2. 能根据教师的舞步和手部动作将舞蹈动作转化为身体动作总谱，并在教师指导下设计打击乐配器方案。

3. 用乐器为舞蹈伴奏，进一步渲染乐曲欢快、活泼的气氛。

活动准备

1. 小竹篓一个。

2. 小铃、圆舞板、铃鼓各若干。

3. 音乐《采蘑菇的小姑娘》。

活动过程

1. 幼儿欣赏教师舞蹈，了解舞蹈内容；认识音乐的结构，感受音乐的性质。教师舞蹈动作建议：教师身背小竹篓，双手叉腰。[1～4 小节]的动作：脚做踵趾小跑步动作，然后双手轮流打开看天；[5～10 小节]同[1～4 小节]的动作，反复四次；[18～23 小节]每两小节一个动作，分别在左前右三个方位采蘑菇；[24～25 小节]做擦汗动作；[26 小节]高兴地跳起拍手。

2. 教师分段弹奏乐曲，先让幼儿熟悉音乐节奏，再引导幼儿学习根据舞蹈的动作创编身体动作总谱。

(1) 幼儿跟随教师节奏做较慢的舞蹈动作，分段拍出节奏型。

(2) 听第一部分音乐，教师做踵趾小跑步，幼儿用跺脚尖动作踏出节奏型；教师做双手轮流打开看天动作，幼儿做摇两下手腕的身体动作。

(3) 能听出第二部分音乐有三句，并在教师引导下分别用三种身体动作来表示在三个方位采蘑菇的动作，如拍腿、拍肩、拍头。

(4) 在教师的引导下将擦汗动作归入“看天”一类的动作，做摇手腕动作。

(5) 最后一小节做高兴地跳起拍手的动作。

3. 幼儿跟随教师将身体动作总谱练熟。

4. 幼儿分声部练习身体动作。

5. 幼儿讨论配器方案。

(1) 在教师的启发引导下，将第一部分音乐([1～17 小节])摇手腕的动作确定为摇铃鼓，跺脚处可用另两种乐器演奏。

(2) 在教师的启发引导下，为第二部分音乐选用三种乐器轮流演奏。

(3) 乐曲末拍手处，需全体幼儿进行乐器齐奏。

6. 幼儿进行打击乐器演奏练习。

(1) 幼儿一边看教师指挥，一边做空手拿乐器演奏的模仿动作。

(2) 幼儿看教师指挥拿乐器演奏。

(3) 教师改变指挥方案，即兴指挥，幼儿按指挥要求演奏。

7. 请部分幼儿即兴表演舞蹈，其余幼儿看教师指挥进行演奏。同时，感受乐曲载歌载舞的欢快、活泼的气氛。

设计者：南京师范大学幼儿园　周　萍

11. 喜　洋　洋

【乐曲】

喜　洋　洋

1＝F　$\frac{2}{4}$　　　刘明源　曲

热烈、欢快地

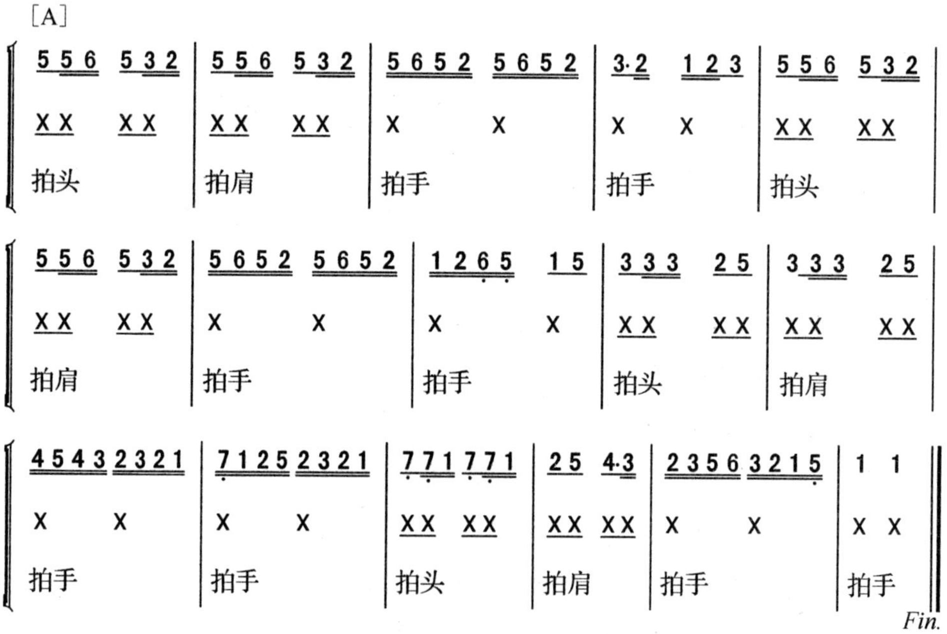

[间奏]　（ X X X　X X | X X X　X X ）|

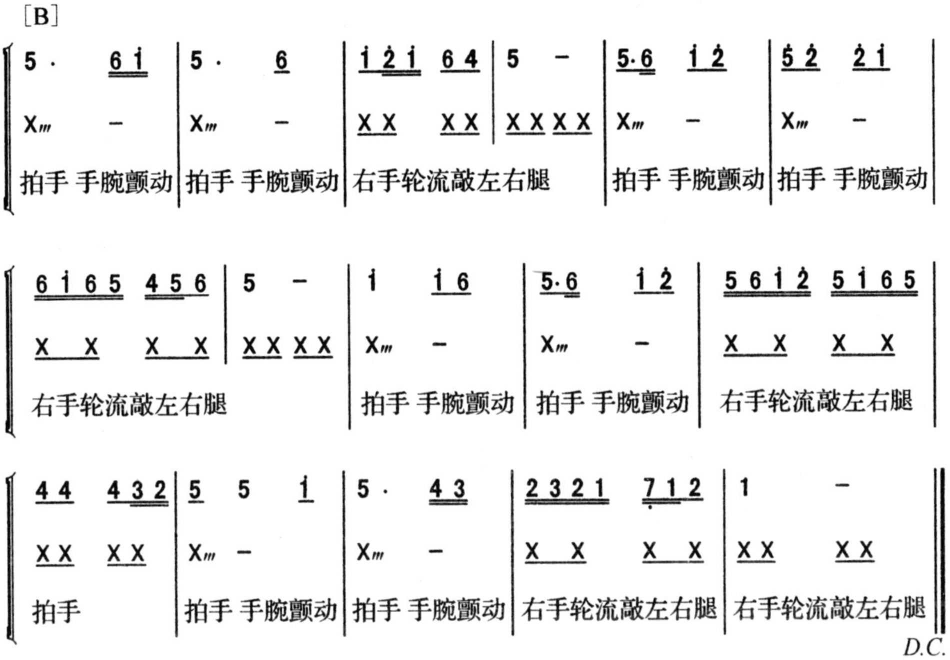

配器建议

拍头——小铃。

拍手——铃鼓。

拍肩——圆舞板。

手腕颤动——铃鼓。

右手轮流敲左右腿——双响筒。

【教育活动设计】

活动层次(一)

活动目标

1. 熟悉音乐的结构，感受乐曲[A]段所表现的一种敲锣打鼓、喜气洋洋的热闹气氛，[B]段所表现的一种俏皮逗乐的舞蹈情趣。

2. 根据歌曲的性质、结构和内容创编敲锣、敲鼓、打镲的节奏动作和躲藏的表演动作。

3. 自由结伴、合作表演所创编的动作，进一步体验乐曲喜气洋洋的情绪。

活动准备

1. 画有锣、鼓、镲和幼儿蒙眼捉迷藏的图片各一张。

2. 音乐《喜洋洋》。

活动过程

1. 幼儿谈论节日期间快乐的事情。

2. 幼儿欣赏音乐，在教师引导下了解音乐结构，跟着教师反复体会[A]段音乐中敲锣打鼓等的声音及热闹气氛、[B]段音乐逗乐的情趣，学习将画有锣、鼓、镲和幼儿蒙眼捉迷藏的图片与音乐进行匹配。

3. 幼儿在教师启发下创编节奏型。

(1) 幼儿听[A]段音乐，分辨乐句。

(2) 幼儿听[A]段音乐中第一句，在教师引导下将锣、鼓、镲匹配入句，再根据音乐的快慢，分别念出这三种乐器的声音和节奏，即为 咚咚 咚咚 | 锵锵 锵锵 | 哐 － 哐 － | 哐 － 哐 － | 。

(3) 幼儿跟随教师一边念节奏一边做相应乐器演奏的动作，完整练习[A]段。

(4) 幼儿听[B]段音乐，分辨乐句。

(5) 幼儿再听[B]段音乐中的第一句，引导幼儿创编逗趣情节。如两幼儿捉迷藏，一幼儿拍另一幼儿肩膀，然后迅速躲在其背后，再拍一下躲其背后，最后两人左右摆动做寻找状。节奏为 X〃 － | X〃 － | XX XX | XX XX |，动作为拍　躲 | 拍　躲 | (头)左右 左右 | 左右 左右 | (摇)。

(6) 幼儿跟随音乐，练习将[B]段动作完整表演。

4. 幼儿跟随教师听琴声将全曲完整表演，间奏处不动。

5. 幼儿听音乐完整地表演。

6. 幼儿自由结伴、合作表演，学习在间奏处找朋友。

活动层次(二)

活动目标

1. 在熟练掌握身体动作的基础上尝试跟随音乐进行打击乐器演奏，学习快速反应。

2. 在原有随乐动作的基础上，学习将表演动作转化为身体动作总谱。

3. 进一步练习按即兴做出的指挥手势进行演奏，反应敏捷、配合默契。

活动准备

1. 小铃、圆舞板、铃鼓、双响筒各若干，鼓一面、镲一副。

2. 音乐《喜洋洋》。

活动过程

1. 幼儿听音乐复习“活动层次(一)”中的表演动作。

2. 幼儿自由结伴，随乐表演动作。

3. 幼儿学习将随乐动作转化为身体动作总谱。

(1) 在教师引导下，听教师唱[A]段音乐，幼儿用拍身体三个部位(如拍头、拍肩、拍手)的动作来替代敲锣、敲鼓和打镲的动作。

(2) 在教师引导下，听教师哼[B]段音乐，幼儿用拍手和手腕颤动动作来替代拍肩、躲和左右摇头的动作。

(3) 幼儿在教师带领下听琴声将创编的身体动作总谱连贯地表演。

(4) 幼儿听音乐做身体动作总谱。

(5) 请个别幼儿带做，其他幼儿跟做，带做幼儿敲腿动作的方位与跟做幼儿的动作相反。

4. 幼儿分声部练习身体动作总谱。

(1) 讨论好分声部的方案，选出专门拍腿的幼儿，并在教师面向不同小组做不同节奏动作的练习条件下，幼儿做身体动作。

(2) 教师做指挥动作，随着音乐，幼儿做身体节奏动作，练习快速反应。

(3) 个别幼儿指挥，其他幼儿做身体节奏动作。

(4) 教师改变指挥方案，幼儿迅速、准确地做身体节奏动作。

5. 在教师的指导下幼儿探索配器方案。

6. 幼儿分声部练习打击乐器演奏。

(1) 幼儿练习敲击双响筒。幼儿先空手练习模仿动作，再轮流练习敲双响筒。

(2) 教师指挥，幼儿看指挥演奏。

(3) 在教师指导下，个别幼儿指挥，其他幼儿演奏。

(4) 教师即兴指挥，幼儿看指挥迅速、准确地做出反应。即兴指挥时一方面可以将摇铃鼓、敲小铃、击圆舞板三种乐器的演奏顺序打乱，另一方面可将这三种乐器进行两两组合。

(5) 幼儿尝试即兴指挥。可以先说出指挥方案，再进行指挥。

7. 幼儿进行发展的练习。

(1) 幼儿讨论鼓、镲添加的位置并练习。

(2) 幼儿自由选择乐器演奏。

设计者：南京师范大学幼儿园　周　萍

12. 快乐的啰嗦

【乐曲】

快乐的啰嗦

1=F　$\frac{2}{4}$

云南民间舞曲

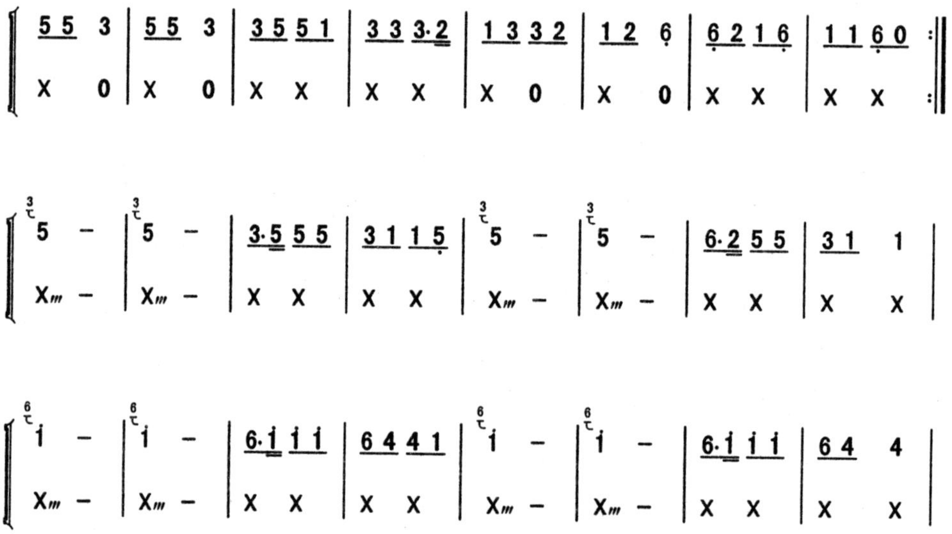

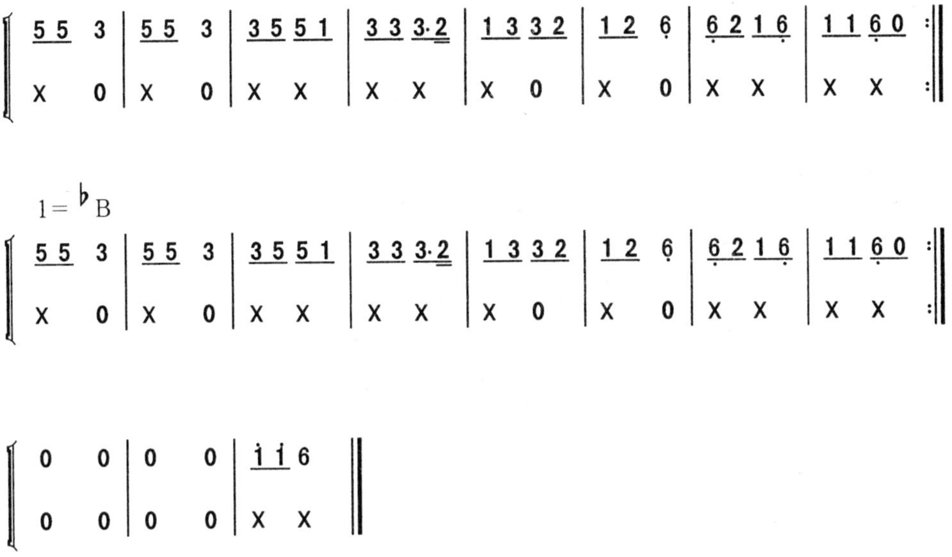

供幼儿使用的图谱

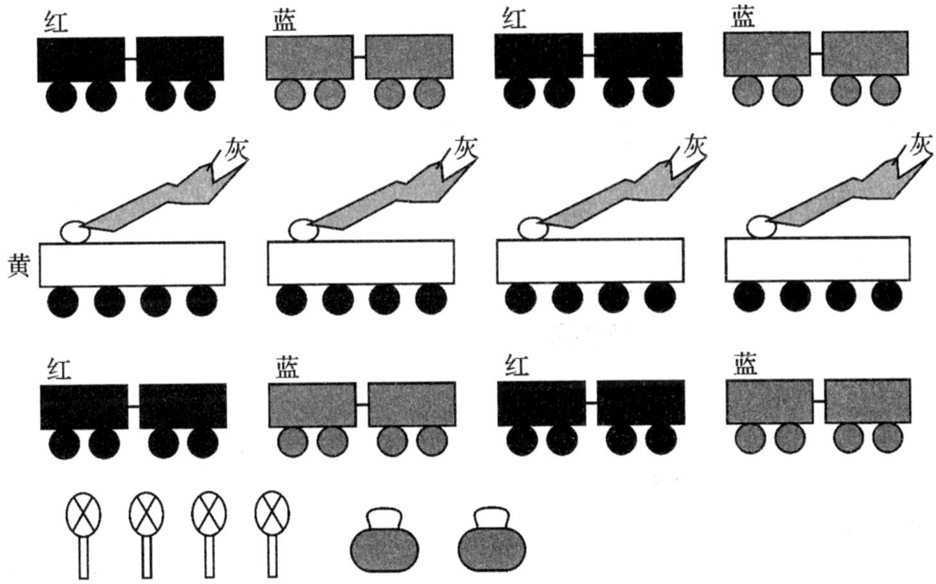

【教育活动设计】

活动层次(一)

活动目标

1. 通过语言提示,熟悉乐曲的旋律与结构。

2. 通过图谱、语音及身体动作(拍手),探索并表现节奏型X 0 | X 0 | X X | X X | 、X$_{m}$ - | X$_{m}$ - | X X | X X |和| 0 0 | 0 0 | X X ‖。

3. 在用语音表现乐曲节奏时,与集体保持和谐一致。

活动准备

1. 图谱、玩具火车。

2. 音乐《快乐的啰嗦》(音频见U盘)。

活动过程

1. 幼儿熟悉乐曲。

(1) 导入活动:出示小火车,引起幼儿的兴趣。“这是什么?”“它是怎么叫的?”(呜——轰隆轰隆)“听!小火车来了。”

(2) 幼儿边看教师指图谱,边听乐曲(X 0 | 指车厢,X X | X X | 指车轮,X$_{m}$- | 指车头冒的烟)。

2. 幼儿分析乐曲结构,学习节奏型。

(1) 教师指图谱中的“”并提问“这辆小火车是怎么叫的”(呜——呜——轰隆轰隆),学习节奏型X 0 | X 0 | X X | X X |。

(2) 幼儿分析“”的鸣叫声(呜——呜——轰隆轰隆),学习节奏型X$_{m}$ - | X$_{m}$ - | X X | X X ‖。

(3) 幼儿在教师语言暗示下,分析音乐的最后是“放行李”,节奏型为0 0 | 0 0 | X X ‖。

(4) 幼儿看教师指图谱并和教师一起用语音模仿火车叫声,念节奏型。

(5) 幼儿用拍手表示节奏型。(火车吐烟处X$_{m}$-| 手的动作可以是单手或双手上举摇动)

(6) 教师指图谱,幼儿拍节奏型。

(7) 个别幼儿指图谱,其他幼儿拍节奏型。

活动层次(二)

活动目标

1. 学习用打击乐器为乐曲伴奏。

2. 能根据不同的节奏型选择适合的打击乐器进行演奏。

3. 能正确使用打击乐器并看指挥演奏。

活动准备

1. 图谱、打击乐器(碰铃、铃鼓、圆舞板若干)。

2. 音乐《快乐的啰嗦》(音频见U盘)。

活动过程

1. 幼儿集体拍节奏,再次欣赏乐曲。

2. 幼儿分声部练习。

(1) 根据图谱中色块的不同,将幼儿分成三组,如第一组红色,第二组蓝色,第三组吐烟,看指挥拍节奏,黄色大家一起拍。

(2) 幼儿根据教师的指挥拍节奏。

(3) 幼儿换小组随音乐练习拍节奏,全面了解乐曲结构。

3. 幼儿进行乐器演奏。

(1) 幼儿讨论配器方案,如红色——碰铃,蓝色——圆舞板,吐烟处——铃鼓,黄色——全部乐器。

(2) 幼儿看指挥,演奏打击乐器,注意检查拿乐器的方法是否正确。

(3) 幼儿交换乐器演奏。(根据幼儿掌握的情况,有重点地分段练习)

设计者:南京市建邺区实验幼儿园　沈　瑜

13. 小 牧 民

【乐曲】

小 牧 民

1=F $\frac{2}{4}$

佚 名 词

活泼地

杨永华 曲

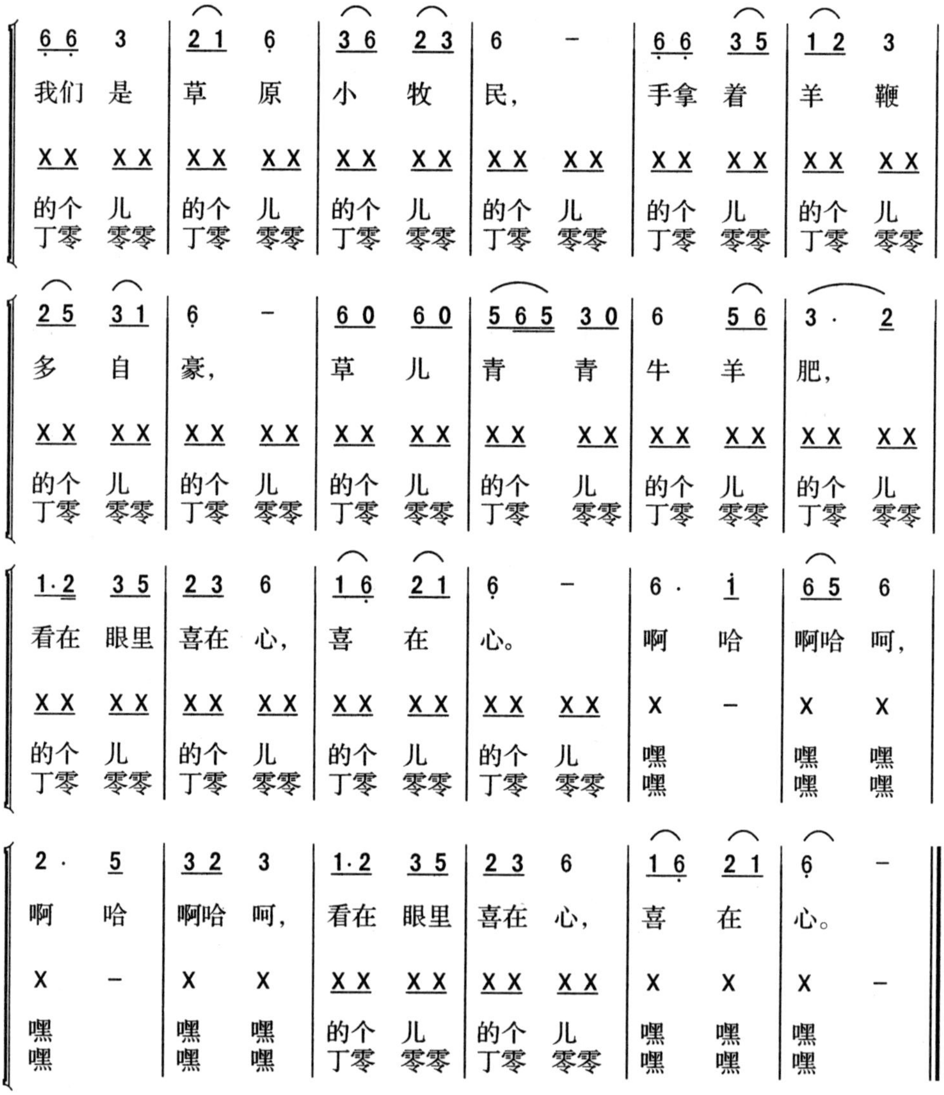

配器建议

的个儿——双响筒或木鱼。

丁零零零——串铃或铃鼓(击奏边框)。

嘿——编制上所有乐器加上大鼓和镲。

【教育活动设计】

活动层次(一)

活动目标

1. 在熟悉歌曲的旋律及内容的基础上,进一步感受歌曲欢快的特点,练习节奏型 X X X X ｜,初步掌握语音总谱。

2. 学习根据歌曲的内容与情景,创编语音总谱。

3. 初步感受和体验小牧民快乐的情绪并体验用不同的声响模仿“马跑”形象的快乐。

活动准备

1. 幼儿已会唱歌曲《小牧民》。

2. 在常识活动中,指导幼儿认识有关牧民的生活及劳动内容。

3. 立体玩具“小马”,“小马”脖子上套一串串铃。

活动过程

1. 在教师的语言引导下,幼儿回忆有关草原牧民生活及劳动的情景,随教师的琴声,有表情地演唱歌曲。

2. 幼儿一边看教师操作玩具“小马”,一边注意倾听“小马”跑动时脖子上串铃发出的响声。

3. 在教师语言的提示及教具操作的暗示下,幼儿创编与“马跑”节奏及串铃音色节奏相匹配的语音总谱,表现马蹄声、串铃声及欢呼声。

4. 组织练习二声部语音节奏,教师一个声部,全体幼儿一个声部,分别念马蹄的节奏和串铃的节奏,欢呼声大家齐念。

5. 幼儿跟随慢速的琴声,在教师的带领下,将整套语音总谱完整地连起来念，并能将“嘿”声念得有力。

6. 幼儿一边随教师的琴声有节奏地念语音节奏，一边感受小牧民快乐的情绪并体验语音节奏带来的快乐。

活动建议

幼儿创编的语音，只要是类似马蹄或马铃声音的都应获得教师的肯定，如“哒哒哒哒”“哗哗哗哗”等，但在采用时应考虑用音色好听、幼儿容易发音、易跟上音乐速度的。

活动层次(二)

活动目标

1. 在掌握语音总谱的基础上，学习根据语音节奏的音色及特点，选择相应的打击乐器，能看指挥演奏乐器，学习使用双响筒。

2. 在语音总谱的提示下，能初步记住配器方案，进一步了解语音总谱与乐器演奏的关系。

3. 在乐器演奏中，能注意倾听同伴乐器的声音，较好地控制手中乐器的音量，感受声音和谐的美。

活动准备

1. 幼儿已较熟练地掌握语音总谱。

2. 铃鼓、串铃、双响筒、木鱼若干(与幼儿人数相等)，大鼓 1～2 面，大镲 1～2 副。

活动过程

1. 在教师的带领下，幼儿完整地念语音总谱；在教师的提示下，注意控制语音节奏的力度和速度。

2. 在教师的提问及乐器演示下，幼儿通过比较，学习将乐器与语音总谱联系起来。在教师的哼唱伴奏下，尝试演奏，感受演奏的音响效果。

(1) 教师：“马蹄的声音用什么乐器来表现?”通过教师的示范，幼儿轮流学习使用双响筒。

(2) 教师：“马铃的声音用什么乐器来表现?”

(3) 教师:“嘿的欢呼声用什么乐器来表现?”

3. 在速度较慢的琴声伴奏下,幼儿根据配器方案演奏打击乐器;在教师的语言提醒下,能注意控制打击乐器的音量,使整体效果保持和谐。

4. 幼儿听较快的歌曲,一边看教师指挥,一边演奏打击乐器。

活动层次(三)

活动目标

1. 在掌握语音总谱及学会演奏乐曲的基础上,学习用自制乐器进行打击乐活动。

2. 对乐器音色有一定的敏感性,在比较的基础上,能分辨常见乐器与自制乐器音色的类似性,并进行演奏。

3. 乐意参加自制乐器及演奏,体验创造性学习的快乐。

活动准备

1. 每人自制一种乐器,如钥匙串、可乐瓶沙球、易拉罐响筒等。

2. 将幼儿自制乐器进行分类,以便集中配器时使用(也可以组织幼儿按自制乐器的音色进行分类)。

活动过程

1. 幼儿一边看教师指挥,一边复习“活动层次(二)”学习的打击乐活动,在教师身体动作的暗示下,能注意控制乐器演奏的音量。

2. 幼儿在教师的启发下,学习将自制乐器与打击乐器比较。教师敲奏打击乐器,幼儿演奏并倾听手中自制乐器,然后找出与教师手中乐器音色相似的乐器并匹配。

3. 幼儿在教师指挥动作及语言提示下,一边听教师哼唱,一边按前面的配器方案用自制的乐器演奏。

4. 幼儿一边听琴声伴奏,一边用自制乐器演奏。

5. 幼儿一边听歌曲,一边用自制乐器演奏,在演奏中体验创造性学习的快乐。

设计者:南京市北京东路小学附属幼儿园　陈一平

14. 苹果送给老师尝

【乐曲】

苹果送给老师尝

1=^{b}E $\frac{3}{8}$ 　　　　　　韩芝云　改编

优美、热情地

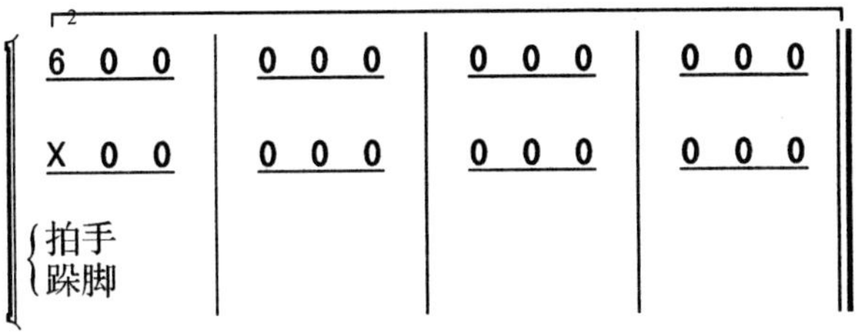

高低音鼓节奏型

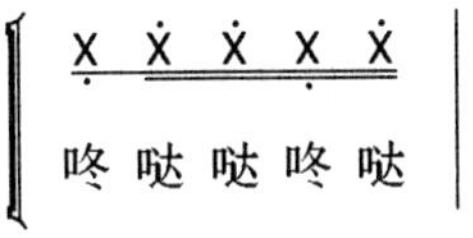

第二段结尾节奏总谱

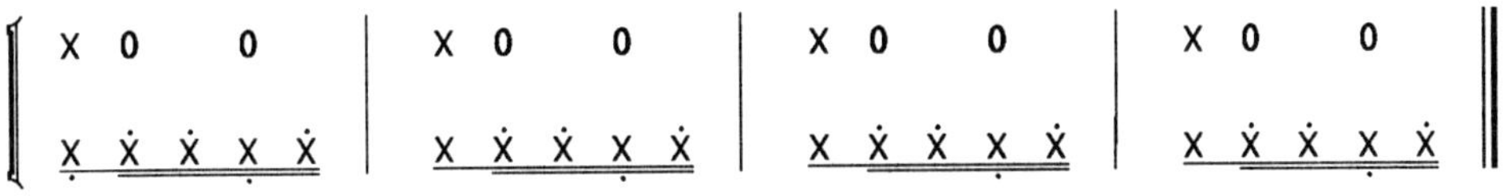

配器建议

头顶翻手腕花——碰铃。

肩上翻手腕花——圆舞板。

体前翻手腕花——铃鼓。

体侧翻手腕花——大鼓。

拍手——全体乐器。

颤摇手腕——铃鼓摇奏。

咚——大鼓、低音鼓(或双响筒的低音筒)。

哒——高音鼓(或双响筒的高音筒)。

【教育活动设计】

活动层次(一)

活动目标

1. 熟悉乐曲,学习跟着音乐的节奏用优美、柔和并具有朝鲜族舞蹈风格的翻手腕花动作来感受和表现乐曲的情绪。

2. 探索翻手腕花的不同姿态，并在教师的帮助下将四种不同翻手腕花动作按自上而下的顺序组织起来。

3. 在集体练习舞蹈动作时尽力避免自己的手臂动作影响旁边的同伴。

活动准备

1. 朝鲜族幼儿跳舞的挂图或录像。

2. 音乐《苹果送给老师尝》(音频见U盘)。

活动过程

1. 跟随熟悉的音乐，复习已学过的手腕翻花的舞蹈或韵律动作组合。

2. 幼儿集体讨论，根据自上而下的顺序要求选出四种双手同时翻手腕花的姿态。

3. 幼儿观看教师提供的朝鲜族舞蹈挂图及教师的带有朝鲜族舞蹈风格的动作示范；倾听教师关于朝鲜族音乐的简单介绍及作品录音；体验朝鲜族舞蹈和音乐的特殊风格。

4. 幼儿跟随音乐及示范(可由教师或个别幼儿担任示范者)完整地练习全套动作。

(1) 全体练习。

(2) 志愿者表演，其他人观看。

(3) 全体练习。

活动层次(二)

活动目标

1. 跟随音乐用优美柔和的动作和对乐器演奏音色的感受来表现音乐的情绪及风格。

2. 讨论如何按乐器音色的高低感觉将四种乐器的先后顺序与四种手腕花的先后顺序一一联系起来。

3. 进一步学习有克制的演奏，尽力表现乐曲既优美又热情的风格。

活动准备

1. 碰铃、圆舞板、铃鼓若干，大鼓一面。

2. 音乐《苹果送给老师尝》(音频见 U 盘)。

活动过程

1. 幼儿跟随乐曲复习在“活动层次(一)”中已初步掌握的身体动作总谱。

2. 教师与幼儿共同讨论如何按乐器音色的高低感觉将四种乐器的先后顺序与四种手腕花的先后顺序一一联系起来。

3. 教师与幼儿共同讨论如何将[17 小节]以后的舞蹈动作转变为用相关乐器演奏。

4. 在教师示范的乐器演奏动作暗示下,幼儿跟随乐曲完整地做全部乐器演奏的模仿动作。

5. 在教师指挥动作的暗示下,幼儿分声部做乐器演奏的模仿动作,或直接用真实的乐器演奏。

6. 幼儿各声部自由交换乐器,在教师或幼儿志愿者的指挥下完整地演奏。

活动层次(三)

活动目标

1. 学习完整地演奏乐曲,初步掌握高低音鼓配合奏出的特殊节奏型 $\underline{\underline{\underset{\cdot}{\mathrm{X}}\ \dot{\mathrm{X}}\ \dot{\mathrm{X}}\ \underset{\cdot}{\mathrm{X}}\ \dot{\mathrm{X}}}}\ |$。

2. 在语音总谱的帮助下,探索独立地用两个动作来表现该特定节奏型的方法及用两人合作的演奏来表现该特定节奏型的方法。

3. 在探索和练习高低音鼓配合演奏的过程中,在探索和练习高低音鼓与整个乐队配合演奏的过程中,力争配合协调并体验配合协调的舒适感。

活动准备

1. 碰铃、圆舞板、铃鼓若干,大鼓一面,高低音鼓各一面。(高低音木鱼各一个,或双响筒一个)

2. 音乐《苹果送给老师尝》(音频见 U 盘)。

活动过程

1. 幼儿复习在“活动层次(二)”中已初步掌握的演奏方式。

2. 幼儿跟随教师的示范学习并练习语音总谱：

X X X X X
咚 哒 哒 咚 哒

3. 幼儿在教师引导下讨论如何用两个动作以及两人配合的动作来表现该节奏型。

4. 幼儿在教师的指挥下跟随音乐练习，各人独立做两个动作或两组配合做两个动作。

5. 幼儿指挥，教师将高低音鼓演奏配入整个演奏中。

6. 幼儿指挥，教师指导个别志愿者将高低音鼓的演奏配入整个演奏中。

活动建议

在以后的复习活动中，高低音鼓的演奏者可逐渐独立。

设计者：南京师范大学教育科学学院　许卓娅

(三) 外国音乐作品教育活动设计

小班

樱　　花

【乐曲】

樱　花

$1={}^{b}E$　$\frac{4}{4}$　　　　　　　　　　　　　日本民歌

宁静、舒缓地

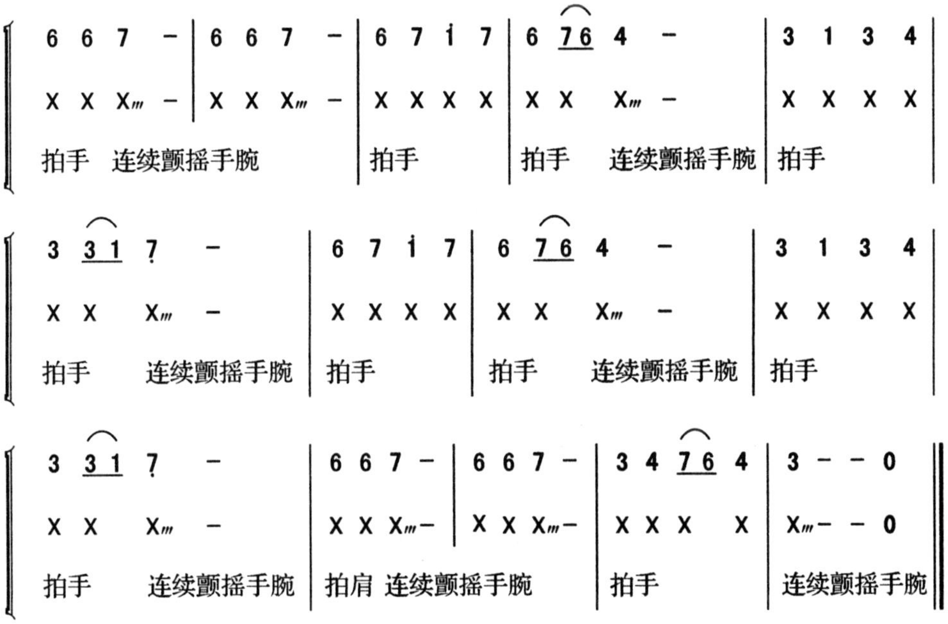

配器建议

拍手——小铃。

拍肩——小铃、铃鼓(发展练习时加入吊镲)。

连续颤摇手腕——轻摇铃鼓。

【教育活动设计】

活动层次(一)

活动目标

1. 熟悉乐曲的旋律,感受日本民歌的风格,初步学会随乐曲做舞蹈表演动作。

2. 注意观察教师的示范动作,能较准确地进行模仿,表现出舞蹈的风格。

3. 在乐曲宁静、舒缓旋律的感染下,能全身心地投入活动。

活动准备

1. 幼儿已看过日本舞蹈。

2. 音乐《樱花》(音频见U盘)。

3. 教师已会跳一段日本舞蹈。

活动过程

1. 幼儿仔细倾听乐曲《樱花》,感受日本民歌宁静、舒缓的风格。

(1) 幼儿听一遍乐曲后,听教师介绍日本舞蹈的风格。

(2) 幼儿再听一遍乐曲,边听边拍出节奏,体验乐曲宁静、舒缓的情绪。

2. 幼儿欣赏教师跳日本舞蹈。

3. 幼儿模仿日本舞蹈的动作。

(1) 幼儿跟随教师做动作。

(2) 个别幼儿模仿做动作。

(3) 全体幼儿随音乐表演日本舞蹈。(在整个练习活动中教师应始终提醒幼儿注意体验和表现乐曲的异国情调及宁静、舒缓之美)

活动层次(二)

活动目标

1. 尝试跟随音乐进行打击乐演奏。

2. 在掌握舞蹈动作的基础上,能用拍手的方式提取节奏型,并设计出打击乐配器方案。

3. 学习看指挥较准确地演奏,并能努力表现乐曲宁静、舒缓的情绪。

活动准备

1. 已能够较熟练地随乐曲做舞蹈动作。

2. 值日生在教师的指导下放置好小铃、铃鼓、吊镲等打击乐器。

3. 音乐《樱花》(音频见U盘)。

活动过程

1. 全体幼儿随乐曲《樱花》跳日本舞蹈。(提醒幼儿:动作应缓慢、伸展,符合乐曲风格)

2. 在教师的提示、引导下,幼儿用拍手的方式为乐曲创编整套节奏型动作,再在教师的暗示或直接建议下,将整套的节奏型动作完善并与乐曲的演奏结合起来。

3. 教师哼唱乐曲。在无动作暗示的情况下,幼儿将整套节奏型动作与音乐结合起来并逐步练熟。

(1) 教师带做并哼唱乐曲。

(2) 个别幼儿带做,教师弹琴伴奏。

(3) 个别幼儿带做,使用音乐伴奏。

(4) 全体幼儿随音乐拍出节奏型。

4. 在教师的引导下,幼儿将整套节奏型转换成身体动作谱。

5. 幼儿分声部练习,掌握身体动作谱。

(1) 教师哼唱,同时面向不同小组做不同身体动作。幼儿学习对教师的动作暗示做出身体动作反应。

(2) 教师用模仿乐器演奏的动作指挥幼儿分声部练习。

(3) 幼儿担任指挥,全班幼儿练习看指挥分声部做乐器演奏动作。

6. 幼儿分声部进行乐器演奏。

(1) 教师指挥,幼儿分声部练习演奏乐器。

(2) 幼儿在熟悉节奏型的基础上,交换乐器演奏。

(3) 请个别自愿要求指挥的幼儿担任指挥,幼儿集体用乐器演奏。

7. 发展练习。

在结束句 6 6 7 - | 6 6 7 - | (拍肩动作)那里添加吊镲的演奏。

设计者:南京市逸仙小学附属幼儿园　张　昱

中班

1. 土耳其进行曲

【乐曲】

土耳其进行曲

1=C $\frac{2}{4}$

[德]贝多芬　曲

轻快的行进风格

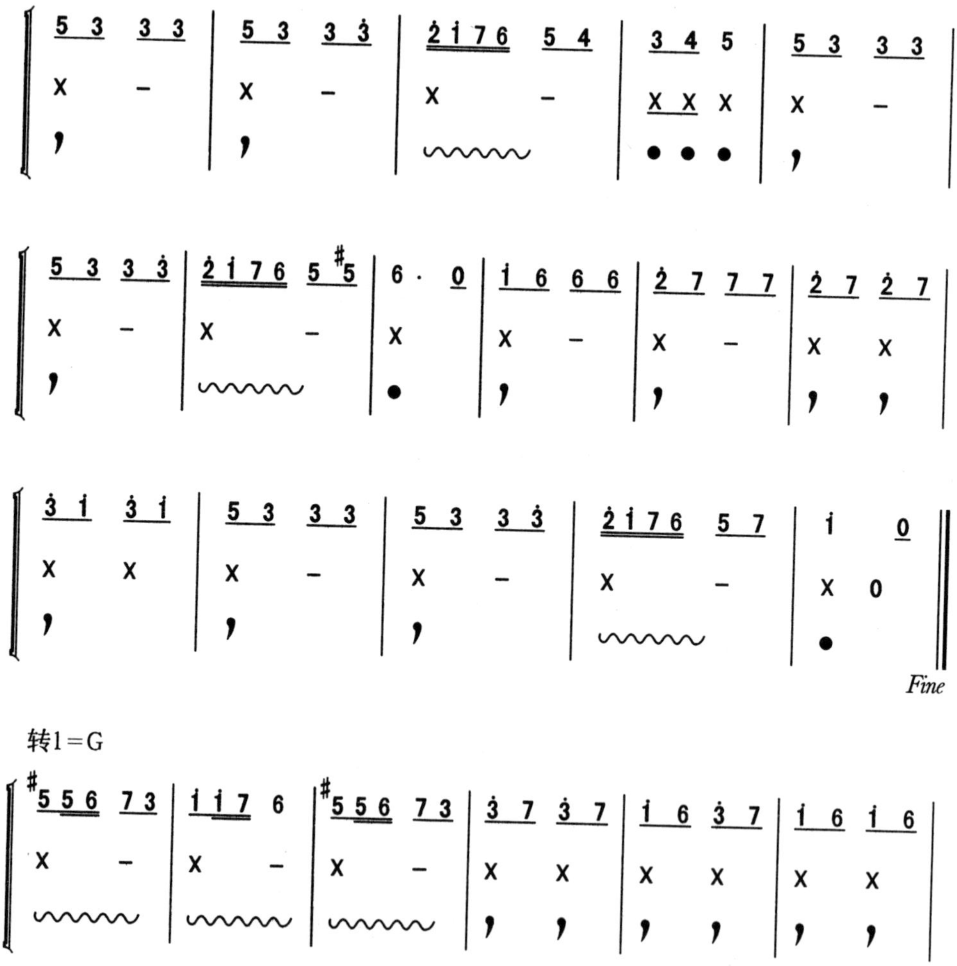

转1=C

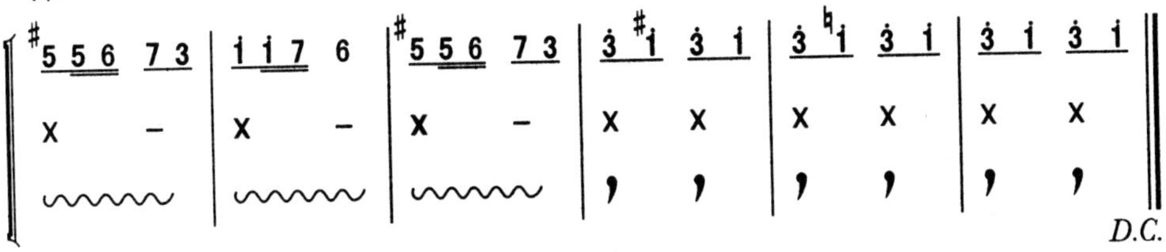

配器建议

，——碰铃（或三角铁）、大鼓、吊钹。

● ——圆舞板（或木鱼、响板）。

～～～ ——铃鼓（或串铃、沙球）。

供幼儿使用的图谱

【教育活动设计】

活动目标

1. 学习用打击乐器演奏乐曲。

2. 学习在看、听、说、演奏之间建立一种感觉上的联系，找出相应的图形，并用嘴巴模仿乐器发出的声音。

3. 学习看指挥，分声部演奏乐器。

活动准备

1. 图形乐谱。

2. 圆舞板、碰铃、铃鼓若干，大鼓一面、吊钹一副。

3. 音乐《土耳其进行曲》(音频见 U 盘)。

活动过程

1. 幼儿为图形选择乐器。

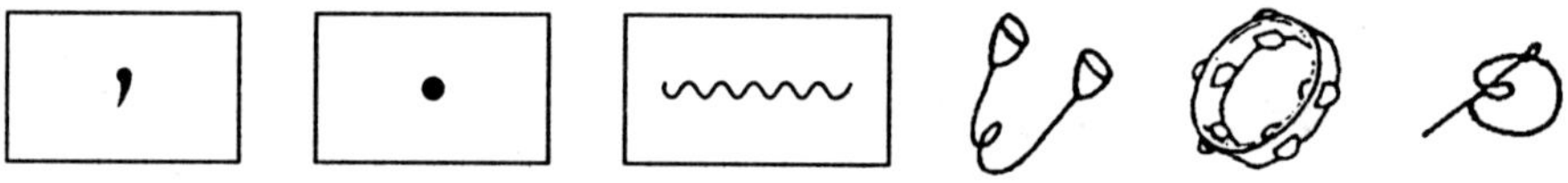

幼儿观察教师出示的卡片和乐器，根据教师演奏乐器时发出的不同声音将乐器与图形一一相配。

2. 幼儿为乐器选择模仿性语音。

(1) 幼儿根据教师演奏乐器时发出的不同声音，用嘴巴创造出模仿性语音与乐器声一一相配。如碰铃声——“叮”，圆舞板声——“咔”，铃鼓声——“哗啦啦啦啦啦”等。

(2) 幼儿根据教师出示的卡片，迅速地用选定的模仿性语音做出反应。

3. 幼儿熟悉图形总谱。

(1)教师指着图形总谱，幼儿随着音乐伴奏边看边有节奏地用选定的模仿性语音朗读总谱。

(2) 幼儿边听音乐，边看总谱跟着教师朗读。(音乐伴奏声不能太响)朗读的音色尽量模仿乐器的音色，不跟着旋律唱模仿性语音。

4. 幼儿看指挥分声部练习。

(1) 幼儿分成三个声部，在教师的指挥下进行朗读练习。(教师用演奏乐器的动作指挥)幼儿边做自己这一声部的乐器演奏动作，边听音乐，同时轻声朗读自己这一声部的模仿性语音。

(2) 掌握较快的幼儿可代替教师指挥全体幼儿进行练习。

5. 幼儿演奏乐器并进行发展练习。

(1) 教师用演奏乐器的模仿动作指挥，幼儿持乐器进行练习。

(2) 幼儿观察出示的大鼓和吊钹，倾听、辨别它们发出的声音，教师从音长和音色两个方面要求幼儿指出它们分别可与前三种图形中的哪一种相配。再加入这两种乐器，进行演奏。

（3）幼儿在教师用手击节奏型的方法指挥下演奏乐器。

（4）个别幼儿自愿用手击节奏型的方法指挥，在教师的鼓励下其他幼儿自由选择乐器演奏。

活动建议

完不成的活动过程可分散到以后的活动中逐步完成。

设计者：南京师范大学教育科学学院　许卓娅

2. 荷　包　蛋

【乐曲】

荷　包　蛋

1＝F　$\frac{2}{4}$　　　　选自《儿童智慧音乐》

活泼地

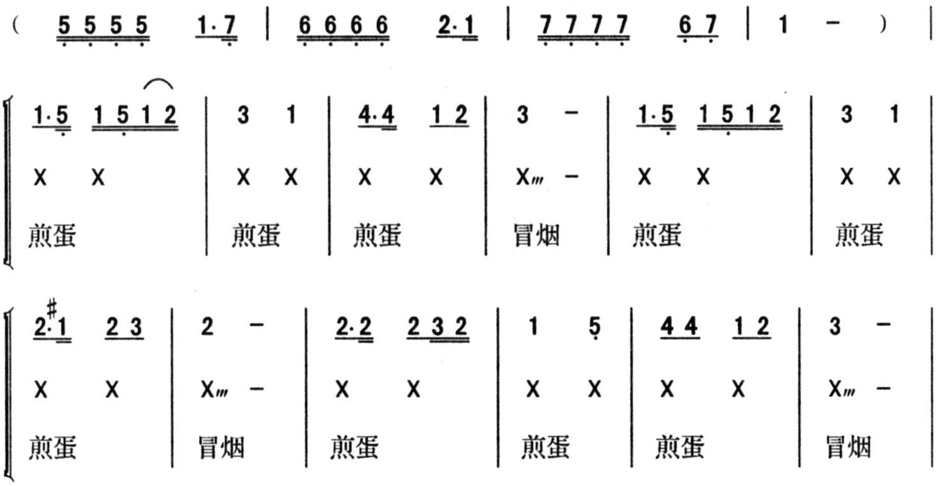

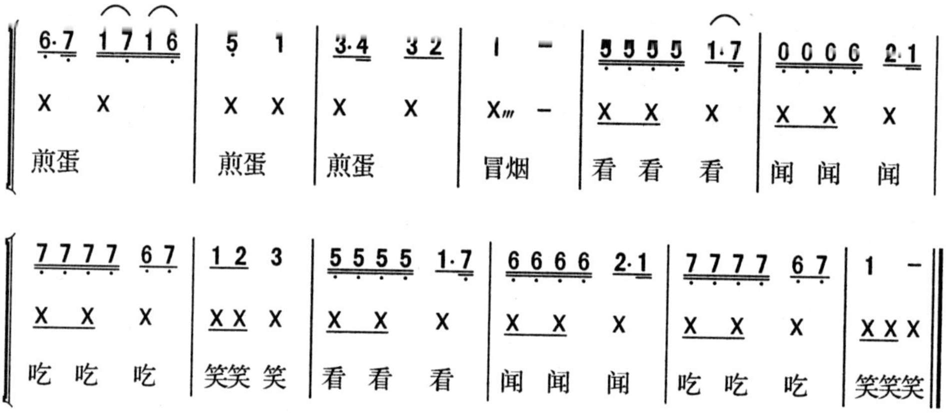

配器建议

煎蛋——小铃和圆舞板。

冒烟——铃鼓(连续摇奏)。

看看看——小铃。

闻闻闻——圆舞板。

吃吃吃——铃鼓。

笑笑笑——编制上的全部乐器。

供幼儿使用的图谱

【教育活动设计】

活动目标

1. 初步熟悉音乐旋律，学习用打击乐器演奏乐曲；初步能自下而上较协调地连续摇铃鼓。

2. 能根据已有的煎荷包蛋的经验，创编有关的身体节奏动作，在教师动作的暗示下，拍出相应的节奏型 X X | X 0 |，并能根据脸谱中夸张的五官暗示轮流分奏和齐奏。

3. 知道用合适的力度敲击小鼓和铃鼓。

活动准备

1. 幼儿观察过成人煎荷包蛋的过程。

2. 一张荷包蛋制作的图谱。

3. 值日生在教师的指导下排好座位，并放好铃鼓、小铃和圆舞板。

4. 音乐《荷包蛋》。

活动过程

1. 幼儿在教师的语言指导下，观察图谱，初步理解图谱的含义。

2. 幼儿在教师的指导下，一边看图谱，一边根据煎荷包蛋的已有经验，创编身体节奏动作。

在教师的建议下，确定其中一种，集体进行练习。

(1) 教师："我们用什么动作来表示'煎蛋'？"

(2) 教师："'冒烟'可以用什么动作表示？"

(3) 教师："'看看看'用什么动作表示？'闻闻闻'用什么动作表示？"

3. 幼儿边听教师哼唱，边把创编的动作连起来。

4. 幼儿边看教师指图，边完整随音乐做身体节奏动作。

5. 幼儿在教师的带领下边听音乐边做身体节奏动作。

6. 幼儿边看教师用身体动作指挥，边分声部练习身体节奏动作。

7. 幼儿在教师的指导下，根据动作的特点，选择打击乐器，并尝试演奏，感受演奏的整体效果。

(1) 教师:"'煎荷包蛋'我们用什么乐器?"

(2) 教师:"'冒烟'动作我们用什么乐器?"

8. 幼儿在教师的指挥下,慢速、完整地演奏乐曲。

9. 幼儿边看教师指挥,边听音乐演奏乐曲。

设计者:南京市北京东路小学附属幼儿园　马　岚

大班

1. 桑塔·露琪亚

【乐曲】

桑塔·露琪亚

1=G $\frac{3}{4}$　　　　意大利民歌

优美、抒情地

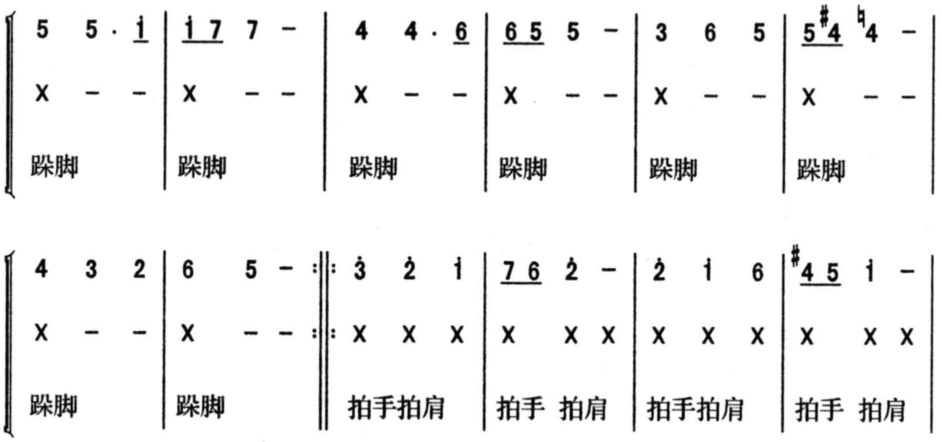

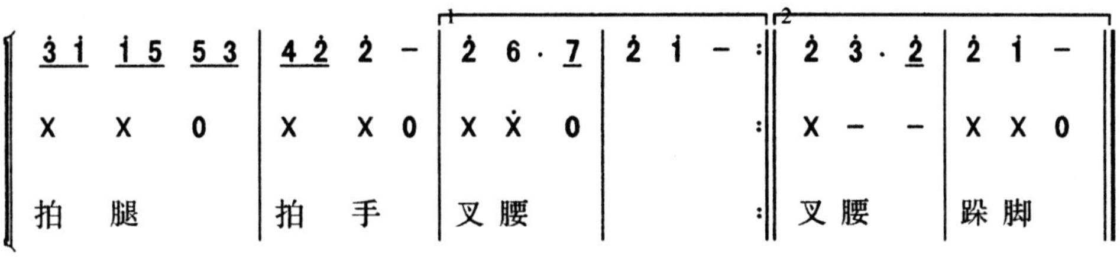

配器建议

跺脚——编制上的全部乐器。

拍手——三角铁。

拍腿——圆舞板。

叉腰——铃鼓。

拍肩——圆舞板、三角铁。

【教育活动设计】

活动目标

1. 根据游戏拍出相应节奏型，并在此基础上初步学习用打击乐器演奏《桑塔·露琪亚》。

2. 学习按相应的节奏型为乐曲设计配器方案。

3. 在演奏过程中注意倾听整体音响。

活动准备

1. 幼儿看过划船比赛，自己划过船。

2. 音乐《桑塔·露琪亚》（音频见U盘）。

活动过程

1. 设置情境，导入活动。

端午节到了，人们举行划船比赛。只见河面上停了三条大船。比赛开始了，第一条船上的人边划边喊号子：“划！划！”第二条船上的人听见了，他们也喊起来：“一二三！加油啊！”第三条船上的人听见大家都在喊号子，他们也“嗷嗨！嗷嗨！”地喊起来。在号子声中三条船同时到达终点，大家一起欢呼：“嗷——

嗷——”

2. 幼儿熟悉音乐旋律，并与情境相匹配。

3. 幼儿学玩游戏。

将幼儿分成三队，分别为红队（第一条船）、黄队（第二条船）、蓝队（第三条船），幼儿边游戏边发出“划！划！”“一二三！加油啊！”“嗷嗨”的喊声。

4. “各条船”上的幼儿将自己这一组的节奏型喊出，并集体练习。

X - - | X - - | X - - | X - - |

X X X | X X X | X X X | X X X |

X X - | X X - | X X - | X X - |

5. 幼儿练习在喊号子处拍出节奏型。

6. 幼儿回到座位上，看教师的指挥集体拍出相应节奏。

7. 幼儿分声部练习。

(1) 幼儿根据教师的指挥，学习准确地拍出节奏。

(2) 在教师的指导和鼓励下，个别幼儿轮流担任指挥。

8. 幼儿在教师的引导下讨论配器方案。

(1) X - - | 处用何种乐器演奏？

(2) X X X | 处如何演奏？

(3) X X - | 处如何演奏？

(4) 在结尾 X - - | X X 0 | 处应如何做效果才会好？

9. 幼儿用讨论好的方案进行演奏。

(1) 教师指挥，幼儿集体演奏。

(2) 幼儿学习指挥方案。

(3) 教师帮助个别幼儿进行指挥，其他幼儿集体演奏。

10. 幼儿可自由交换乐器演奏。

设计者：南京市商业幼儿园　史　莉

2. 铁匠波尔卡

【乐曲】

铁匠波尔卡

1=D $\frac{2}{4}$　　　　　　　　[奥]约瑟夫·施特劳斯　曲

轻松、活泼地

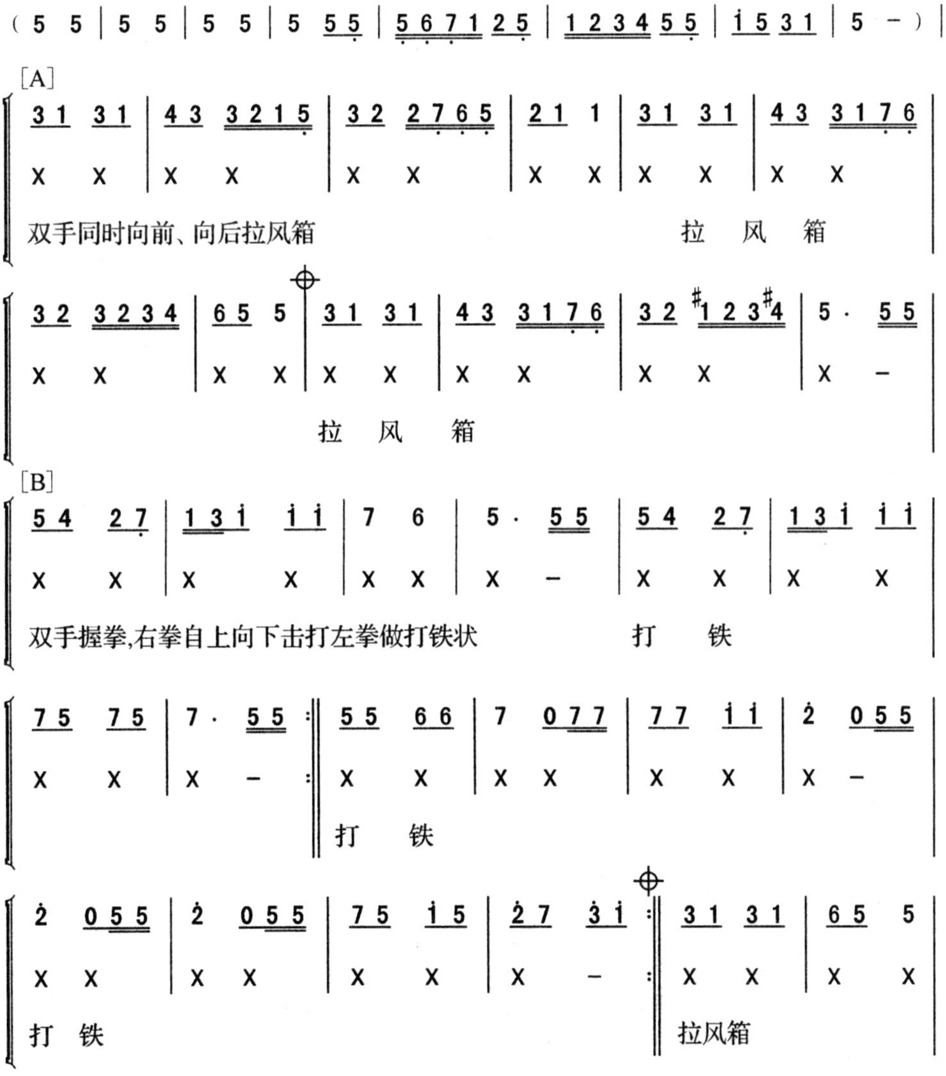

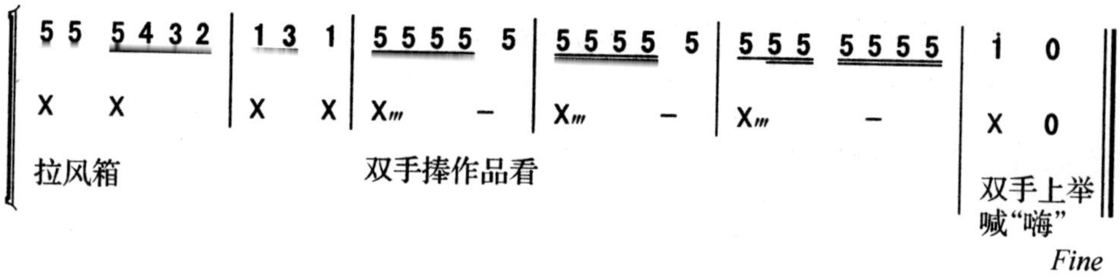

配器建议

拉风箱——铃鼓、圆舞板。

打　铁——碰铃、三角铁。

看作品——铃鼓、小镲、碰铃、三角铁。

嗨——编制上的全部乐器。

【教育活动设计】

活动层次(一)

活动目标

1. 熟悉乐曲的旋律和内容,感受乐曲轻快活泼的性质,能有节奏地做拉风箱、打铁等身体动作。

2. 根据情境和双圈舞的要点,探索双人合作拉风箱和打铁的动作。

3. 感受和体验“打铁工人”劳动时的精神面貌,两人合作时注意保持身体的稳定性和动作力度。

活动准备

1. 组织幼儿观看关于“打铁”的录像,了解打铁工人的劳动过程。

2. 音乐《铁匠波尔卡》。

活动过程

1. 幼儿观看录像。

2. 幼儿创编空手拉风箱和打铁的动作,经教师选择后进行练习。

3. 幼儿倾听[A]段、[B]段音乐,有节奏地跟随音乐做拉风箱和打铁的动作。

4. 幼儿完整倾听音乐,根据情节在引子和尾声处创编系围裙、卷袖子和看作品的动作。

5. 幼儿随完整的音乐做动作。

6. 在教师的引导下，幼儿探索双人合作拉风箱和双人分角色（分别做打铁者和铁块）做打铁的动作。

7. 幼儿围成双圈，学习双圈《铁匠舞》。

[A]段：双人合作拉风箱。

[B]段：前半部分，外圈做打铁者，内圈做铁块；后半部分，两者交换。

活动层次（二）

活动目标

1. 认识三角铁、小镲，初步学习其打击乐器的演奏方案，能用铃鼓、碰铃、圆舞板、三角铁、小镲有节奏地为乐曲伴奏。

2. 根据动作内容和乐器音色为乐曲编配乐器。

3. 进一步练习看指挥，有控制地进行演奏。

活动准备

1. 乐器（三角铁、铃鼓、碰铃、圆舞板、小镲）放好，座位排成马蹄形。

2. 音乐《铁匠波尔卡》。

活动过程

1. 幼儿复习双圈《铁匠舞》。

2. 幼儿倾听碰铃、铃鼓和圆舞板的音色，选择能发出像打铁声音的乐器替换打铁动作。

3. 幼儿认识三角铁，知道其名称，倾听其音色，用来配打铁动作。初步学习三角铁的打击方法。

4. 幼儿为拉风箱动作配上铃鼓、圆舞板。

5. 幼儿在教师的示范、指挥下，整体练习以手势模仿打击乐器的动作（配乐）。

6. 幼儿分声部配乐练习以手势模仿打击乐器的动作。

7. 幼儿用乐器演奏。

8. 幼儿学习尾声处乐器的打击方法。

（1）教幼儿认识小镲，并学习打小镲的方法。

（2）幼儿用摇铃鼓和打小镲表现作品。

（3）幼儿创编“嗨”处的合奏方案。

9. 全体幼儿拿全部乐器，听完整配乐，看指挥演奏。

设计者：南京师范大学幼儿园　陈文华

3. 爵士进行曲

【乐曲】

爵士进行曲

1=F $\frac{4}{4}$　　　　选自《世界名曲 8》

有精神地　　　　海文音像出版社

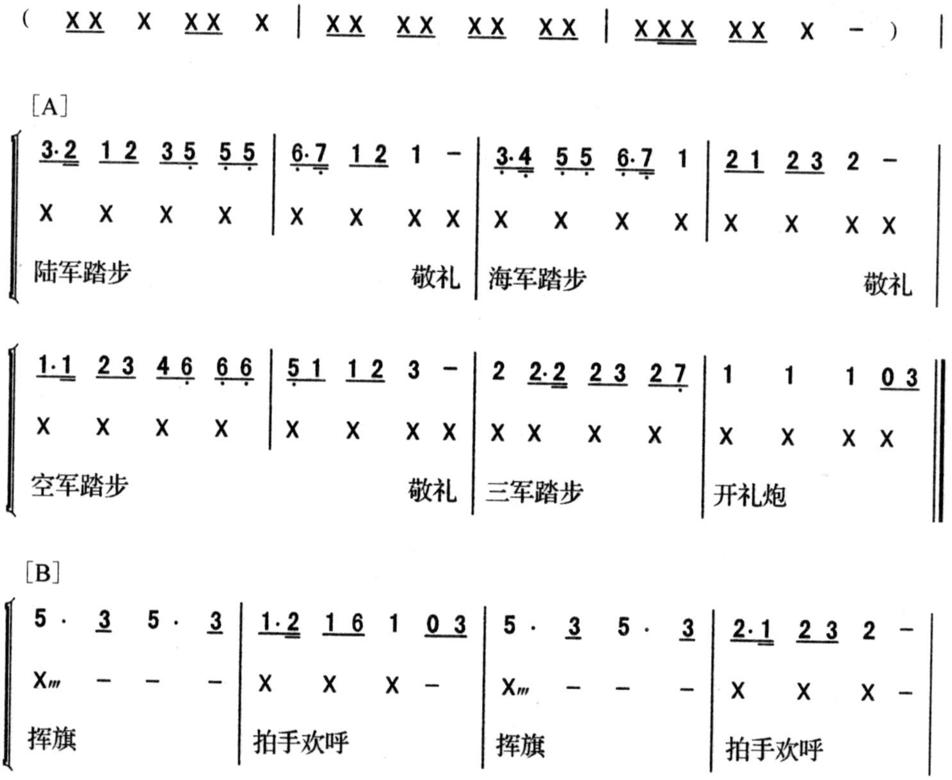

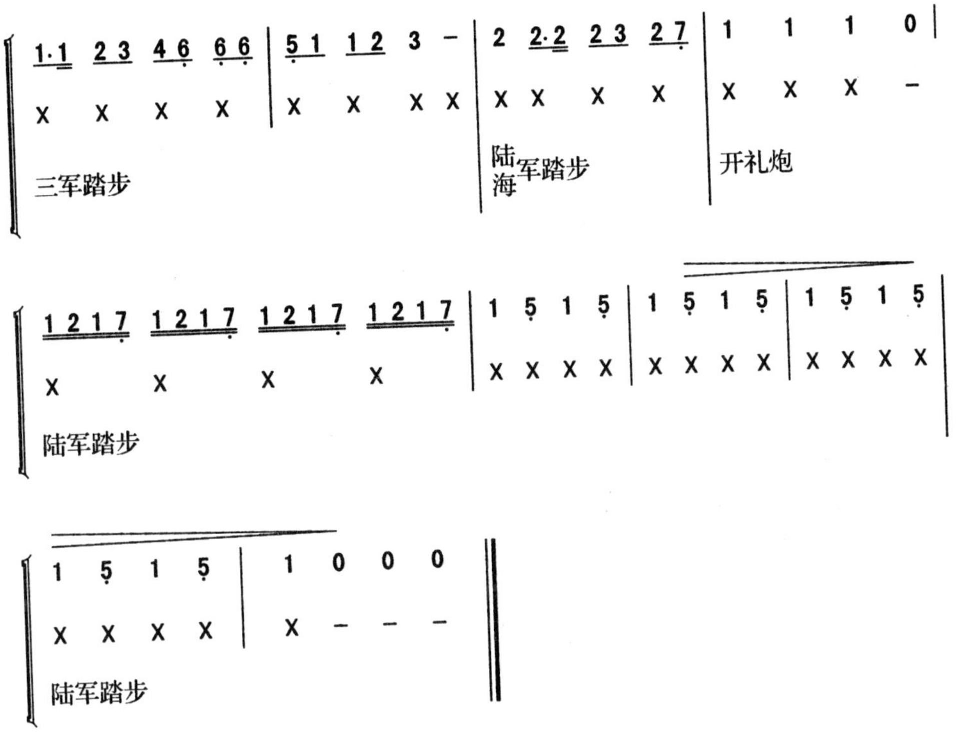

大鼓、镲配器谱

1=F $\frac{4}{4}$

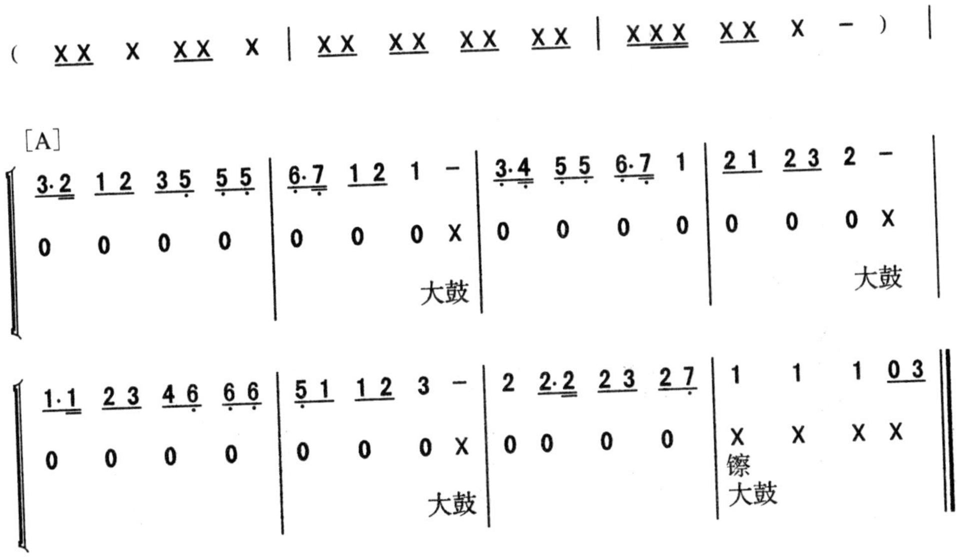

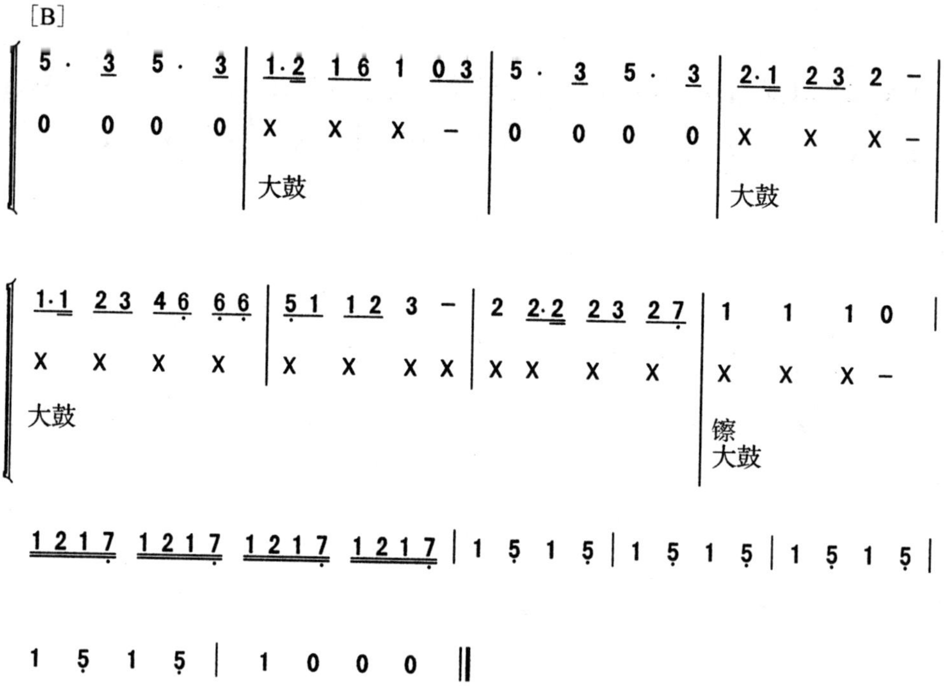

配器建议

陆军踏步——碰铃。

敬礼——大鼓。

海军踏步——圆舞板。

空军踏步——铃鼓。

开礼炮——全体乐器加镲和大鼓。

挥旗——铃鼓(在胸前连续摇奏)。

拍手欢呼——碰铃、圆舞板。

供幼儿使用的图谱

陆军绿色衣　海军蓝领白衣　空军白色衣

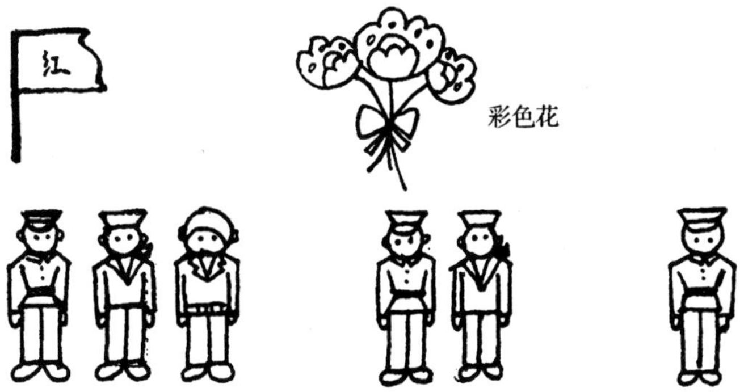

【教育活动设计】

活动层次(一)

活动目标

1. 熟悉乐曲的旋律和结构,能用模仿解放军的动作表现乐曲的变化。
2. 能依据图谱的变化及自身的经验,创编模仿解放军的动作。
3. 做模仿动作时,能控制动作的幅度和力度,不发出过响的声音。

活动准备

1. 图谱一张。
2. 音乐《爵士进行曲》(音频见 U 盘)。

活动过程

1. 出示图谱,教师讲解,让幼儿理解各种符号的含义。

2. 幼儿边看教师指图谱,边完整欣赏一遍音乐,在教师的语言提示帮助下感受乐曲结构的变化。

3. 幼儿看图谱、听音乐并拍出音乐节拍,继续熟悉乐曲旋律和节奏。

4. 在教师逐句提问下,幼儿运用已有的关于解放军的知识经验创编有关模仿动作,并整理成动作谱。

5. 幼儿在教师带领下随音乐做模仿动作。

(1) 幼儿听教师哼唱乐谱,在教师带领下完整做模仿动作。

(2) 幼儿听音乐并在教师带领下完整做模仿动作。

6. 在教师指图谱帮助下听音乐,并分声部做模仿动作。

活动层次(二)

活动目标

1. 在熟悉乐曲旋律和结构的基础上，能看教师的指挥为乐曲伴奏，初步感受并用乐器演奏表现渐弱的尾奏音乐。

2. 能根据模仿动作的变化，选择并记忆乐器分配方案及演奏步骤。

3. 注意倾听他人演奏，保持集体演奏时声音的和谐统一。

活动准备

1. 碰铃、圆舞板、铃鼓若干(与幼儿人数相等)，大鼓一面、镲一副。

2. 音乐《爵士进行曲》(音频见U盘)。

活动过程

1. 幼儿看图谱并分声部做节奏动作，在教师唱谱帮助下用动作表现尾奏音乐的渐弱，并注意看教师手势以整齐地结束演奏。

2. 在教师的启发下，幼儿讨论、选择配器方案；在教师帮助下记忆演奏步骤。教师引导幼儿回答下列问题：

(1)“陆海空三队要用三种不同的乐器，用哪些？”

(2)“一队一队走来，乐器怎么演奏？三队一起呢？”

(3)“挥旗可以用什么乐器？拍手欢呼呢？”

(4)“三队减成两队、两队减成一队怎么演奏？”

3. 根据教师示范，幼儿在胸前摇、拍铃鼓，并在教师唱谱帮助下练习[B]段第一和第二句的乐器演奏方法。

4. 看教师用乐器动作指挥，幼儿边听音乐边做动作。

5. 幼儿看指挥来为乐曲伴奏。

6. 幼儿倾听教师加入大鼓后的演奏，并记住大鼓加入的位置，同时全体幼儿看指挥演奏。

7. 在教师帮助下能力较强的幼儿尝试敲大鼓，教师加入镲演奏，幼儿记住镲加入的位置，全体幼儿演奏。

8. 在教师帮助下幼儿尝试打镲。

9. 幼儿看指挥进行即兴变换配器来演奏。

设计者：南京市北京东路小学附属幼儿园　俞燕婷

4. 拨　弦

【乐曲】

拨　弦

1=C $\frac{2}{4}$　　　　[德]德立勃　曲

轻快、诙谐地

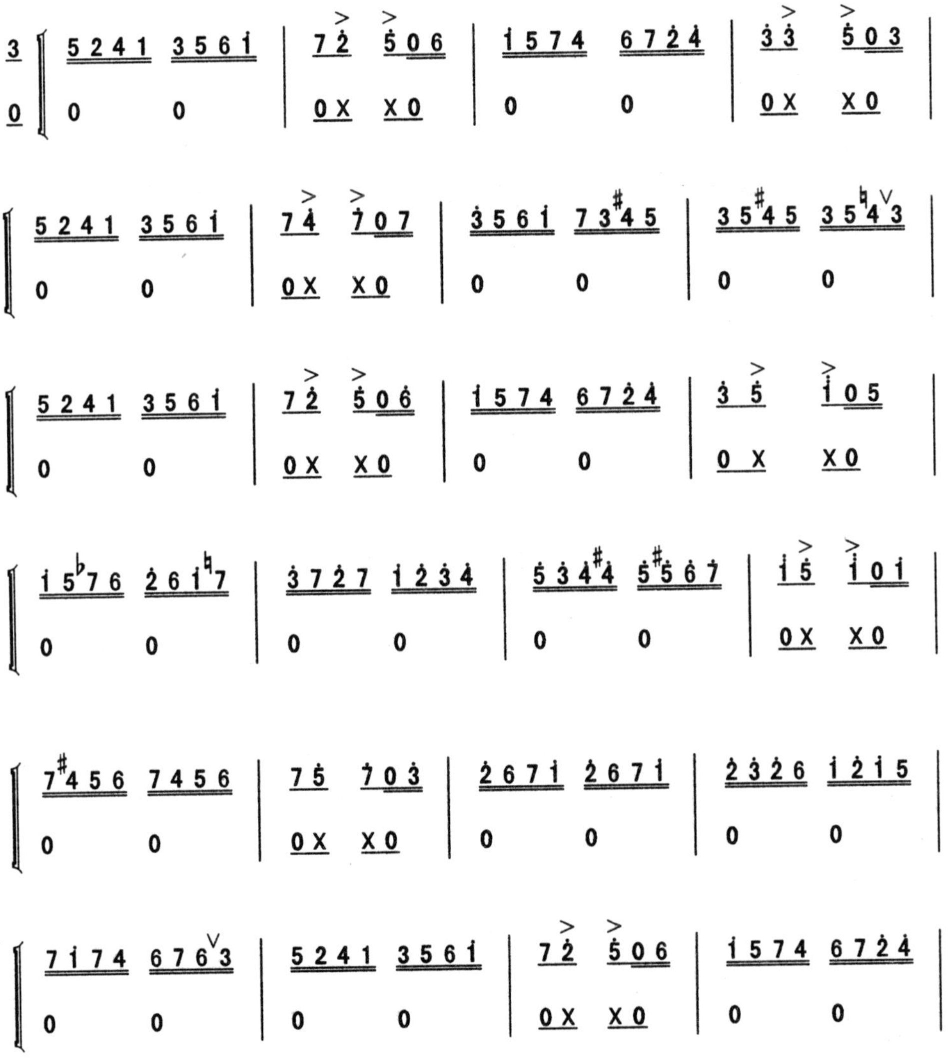

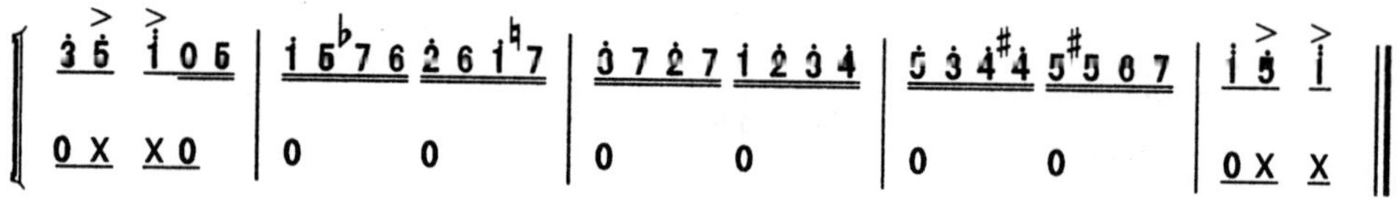

供幼儿使用的图谱

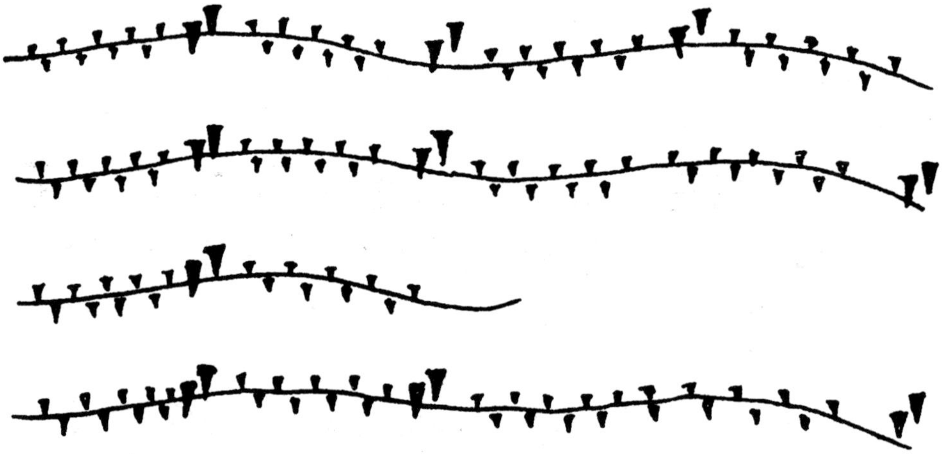

【教育活动设计】

活动层次(一)

活动目标

1. 欣赏及熟悉乐曲结构,体验乐曲轻快、诙谐的风格。

2. 通过观察了解小提琴的拉弦与拨弦的声音有什么不同;通过图谱的提示了解乐曲中重音出现的规律,并尝试用自己创造的嗓音重音体验重音出现的乐趣,反应游戏的想象情节。

3. 根据游戏的情境和音乐的提示进行和停止进行;在用嗓音发重音时不喊叫;进行时不挤在一起,不故意跌倒,不推搡、干扰他人。

活动准备

1. 供幼儿使用的图谱(如上)。(最好是彩色的,第二、第四行色彩应相同。所有重音处色彩应相同)

2. 音乐《拨弦》(音频见U盘)。

3. 笨老狼指偶或木偶一个。

4. 关于“聪明孩子和笨老狼”的故事一则。

故事大意

聪明孩子要穿过黑森林去姥姥家，但必须跟在熟悉森林的笨老狼后面才不会迷路。笨老狼的眼睛和耳朵都有毛病。笨老狼停下来仔细听和看时，聪明孩子只要不动不发出声音，笨老狼就不会发现。后来，聪明孩子终于到了姥姥家。

活动过程

1. 幼儿听教师讲故事，了解聪明孩子在笨老狼回头观察动静时应该怎么做。

2. 幼儿倾听教师播放的音乐，并同时观看教师用手偶或木偶在图形乐谱中所做的表演。重音处笨老狼做回头看的动作，初步了解音乐的结构和乐趣。

3. 幼儿跟随教师的哼唱做游戏。（走和停的游戏）教师扮演笨老狼，全体幼儿扮演聪明孩子，音乐结束时幼儿不动，教师上位。

4. 幼儿跟随教师播放的音乐做游戏。

5. 幼儿在教师引导下，通过讨论自由创编吓唬笨老狼的声音，如狗叫声、放枪声、猎人的咳嗽声等。

6. 在游戏中加入幼儿创编的重音。

特别说明或建议

活动过程的第五和第六环节可以在其他音乐课的复习程序或日常、游戏活动中进行。

活动层次（二）

活动目标

1. 学习用打击乐器表现乐曲中重音的乐趣。

2. 用快速反应练习的方式进一步把握音乐的结构。

3. 能集中注意力，努力确保反应准时正确；在高度紧张和兴奋的条件下有克制地演奏，让乐器发出的声音不难听。

活动准备

1. 碰铃、响板、铃鼓若干，大鼓一面、大钹一副。

2. 音乐《拨弦》(音频见 U 盘)。

活动过程

1. 幼儿和教师一起跟随音乐玩“快速反应”游戏：教师在重音处击掌，在其他地方双手食指伸出轻轻点。在各乐句开始处，教师双手左右分开。若即将击掌，教师双手逐渐向内靠拢。在教师的提问暗示下，幼儿应自动发现“双手向内靠拢”是即将击掌的一种信号。

2. 教师戴上头饰扮演笨老狼，教师用“走向谁的家，谁就用乐器模仿开枪或狗叫声吓唬笨老狼”的游戏情境来指挥幼儿进行乐器演奏的快速反应练习。在乐曲的第四句，教师要面向全体幼儿指挥所有声部，包括大鼓和大钹一起演奏。

3. 在幼儿能够比较熟悉地进行快速反应后，教师可采用“假装”走向某个声部，后来又突然转向另一声部，或“假装”迷路，原地转圈，后来又突然面对某个声部的方法来提高幼儿参与活动的挑战性。

活动建议

在幼儿(或部分幼儿)能力达到一定发展水平时，可让能胜任的幼儿开始尝试担任指挥。

设计者：南京师范大学教育科学学院　许卓娅

5. 玩偶进行曲

【乐曲】

玩偶进行曲

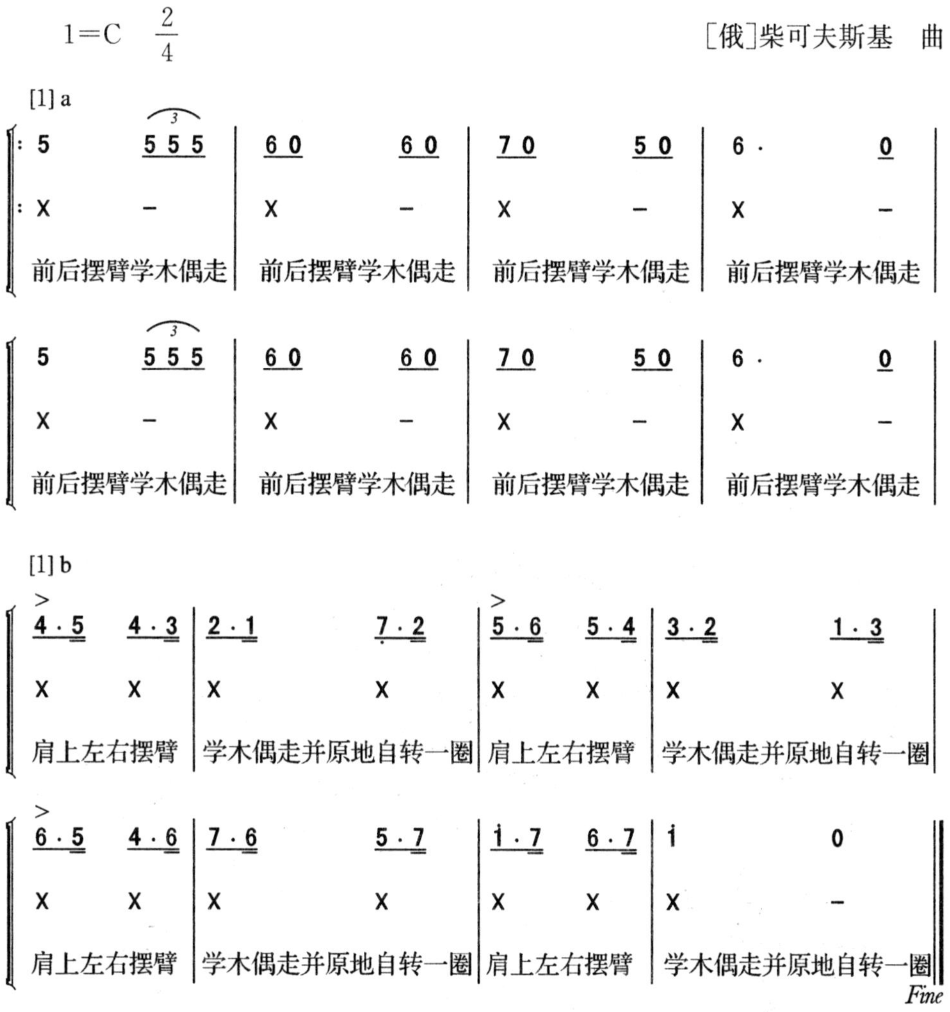

[?]

1̇	7654	3	3434	2	2323	1 2 7̣ 1	6̣
X⫽	–	X⫽	–	X⫽	–	X⫽	–

拍手，连续颤摇手腕并扭动身体

1̇	7654	3	3434	2	2323	1 2 7̣ 1	6̣
X⫽	–	X⫽	–	X⫽	–	X⫽	–

拍手，连续颤摇手腕并扭动身体

D.C.

配器建议

前后摆臂学木偶走——碰铃。

肩上左右摆臂——响板。

学木偶走并原地转圈——铃鼓。

拍手——编制上的全部乐器。

颤摇手腕并扭身体——铃鼓。

供幼儿使用的图谱

（注意：木偶可以移动，为[1]；为[2]）

【教育活动设计】

活动层次(一)

活动目标

1. 在体验小木偶活泼可爱与滑稽有趣的情况下，熟悉乐曲欢快的旋律。

2. 根据乐曲欢快的旋律，创编小木偶的动作。

3. 大胆地在同伴面前表现小木偶可爱的形象，轻松愉快地参与活动。

活动准备

图谱、音乐《玩偶进行曲》（音频见U盘）。

活动过程

1. 教师讲故事：小木偶奇奇要到外婆家玩，天下起雨来了，小木偶怕弄湿脚，踩在小石子上走，走了一会，他看到地上有些蘑菇，便采了几个，准备给外婆尝一尝，他继续往前走，不一会儿就到外婆家了。

2. 幼儿一边观察教师出示的图谱，一边倾听乐曲，感受乐曲轻松愉快的旋律。

3. 个别幼儿指图谱，进一步熟悉乐曲，并准确拍出乐曲句首。

4. 幼儿随乐曲创编小木偶的动作，感受小木偶活泼可爱、滑稽有趣的形象，鼓励幼儿大胆地在同伴面前表演。

5. 教师与幼儿共同创编节奏，并将小木偶的动作较完善地与乐曲结合起来。

6. 幼儿跟随教师将整套动作与乐曲结合并逐步练熟。

(1) 教师带着幼儿做动作。

(2) 个别幼儿带同伴做小木偶动作，教师进行辅导。

活动层次(二)

活动目标

1. 在学习完整地用动作表现乐曲的基础上，尝试用打击乐器为乐曲进行伴奏。

2. 根据教师的动作暗示，进行轮奏、分奏、齐奏。

3. 练习做小指挥，当乐器不用时能不发出声音。

活动准备

1. 碰铃、响板、铃鼓若干。

2. 音乐《玩具进行曲》(音频见 U 盘)。

活动过程

1. 幼儿复习“活动层次(一)”中小木偶的动作。

2. 根据教师做的小木偶动作，幼儿用拍手的方式将节奏型提取出来。

3. 幼儿在教师的引导下，将整套节奏型转换成身体动作总谱。

4. 幼儿分声部练习身体动作总谱。

(1) 教师放慢速度唱谱，幼儿在教师身体动作暗示下，分小组做出相应的节奏动作。

(2) 根据教师的指挥动作，准确地做出节奏动作。

(3) 鼓励个别幼儿轮流担任小指挥。

5. 与幼儿共同商讨打击乐配器方案。

6. 教师指挥，幼儿进行轮奏、分奏和齐奏。

7. 在教师不同程度的帮助下，个别幼儿轮流担任小指挥。

8. 幼儿自由选择乐器进行演奏。

设计者：河海大学幼儿园　李　锋　万小洁

6. 波基上校进行曲

【乐曲】

波基上校进行曲

1=♭E $\frac{4}{4}$

［英］肯耐·约翰·奥尔福德 曲

光荣自豪地

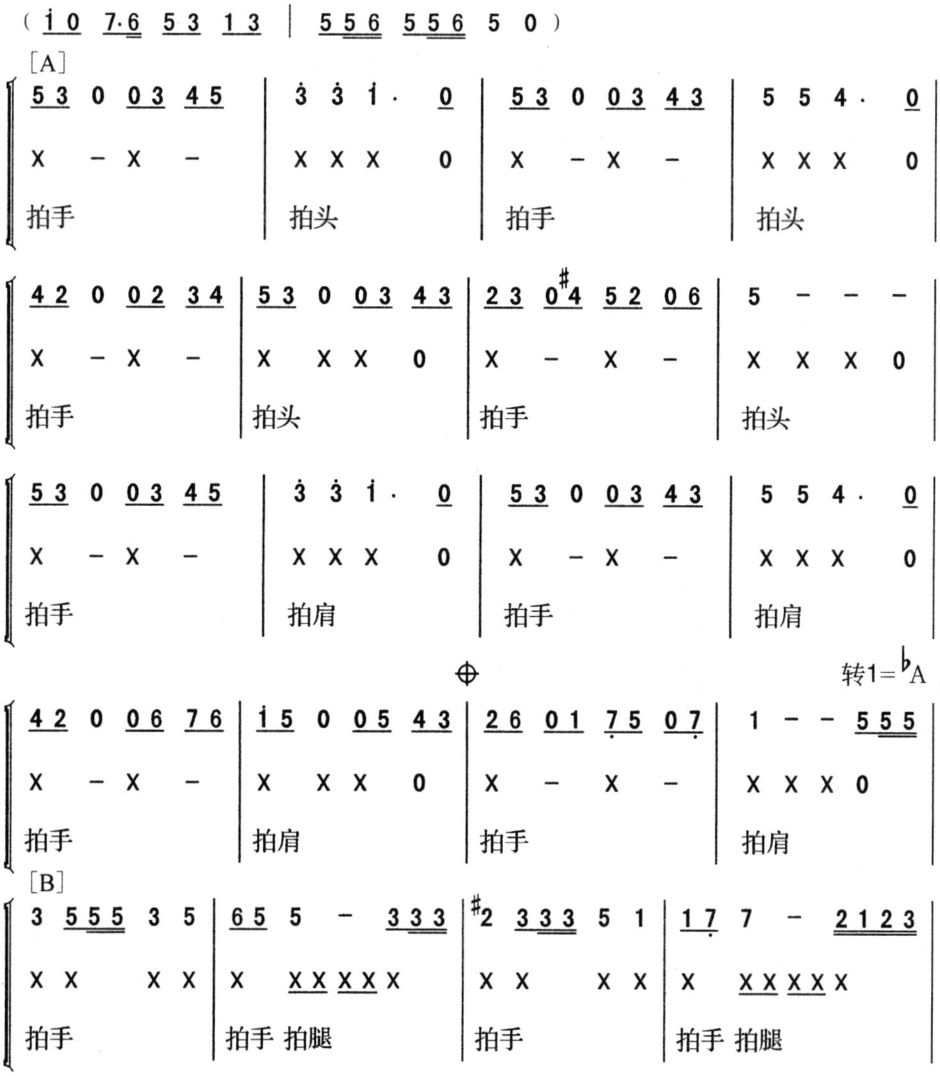

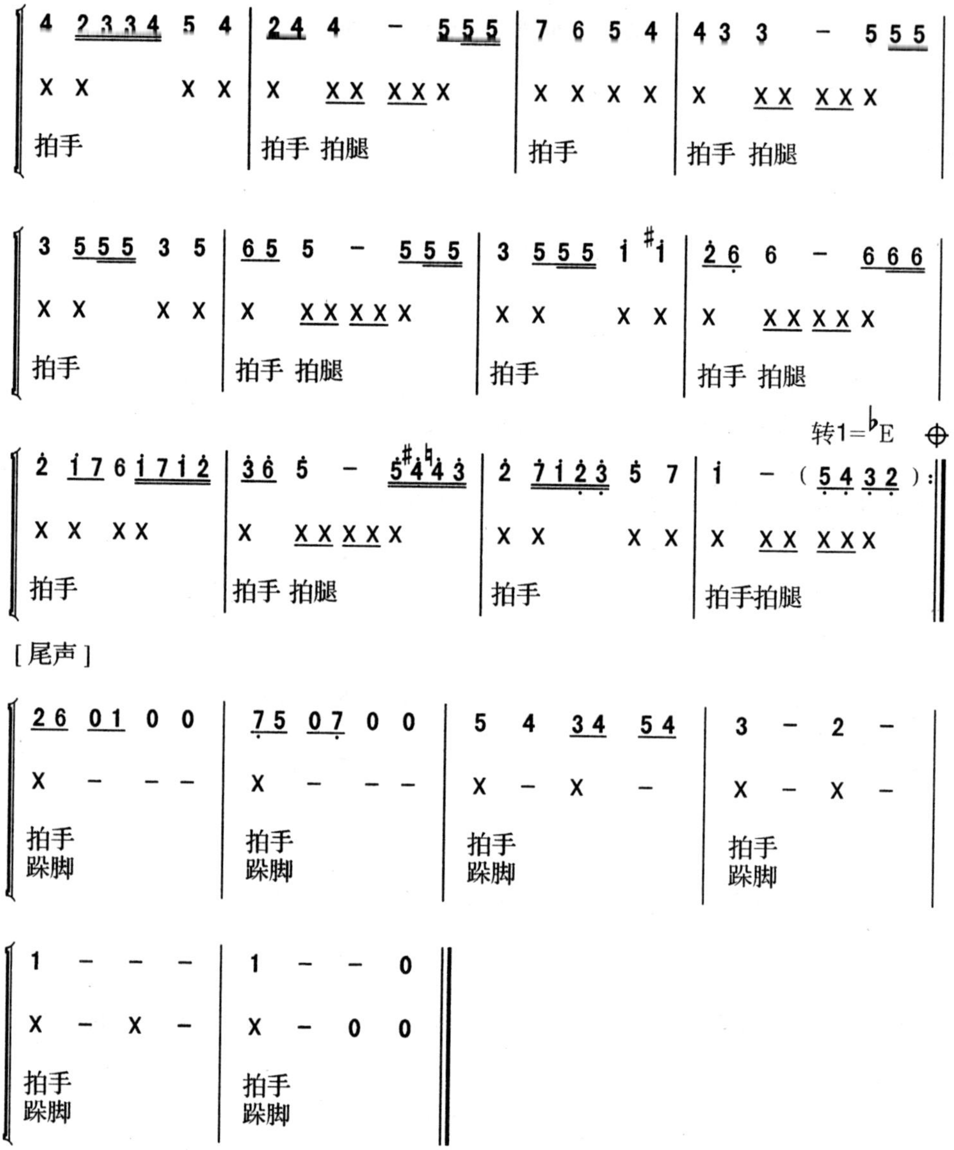

配器建议

(1) 每部分换一种音色,举例如下。

[A]——碰铃;[B]——圆舞板;再现[A]+尾声——铃鼓。

(2) 由两种音色组成一个节奏型,举例如下。

X　—　X　—　|　X X　X　0　|

碰铃　　　　　　　圆舞板

X　X　X　X　|　X　X X　X X　X　|

铃鼓　　　　　　铃鼓　碰铃

（3）由三种及以上音色组成一个节奏型，举例如下。

X　—　X　—　|　X X　X　0　|

大鼓　　碰铃　　铃　鼓
圆舞板

X　X　X　X　|　X　X X　X X　X　|

铃鼓　　　　　　铃鼓　碰　铃
圆舞板

（4）配器时应注意相同部分音色处理要相同，同一部分变化要有规律，不能每一分句都不相同。

供幼儿使用的图谱

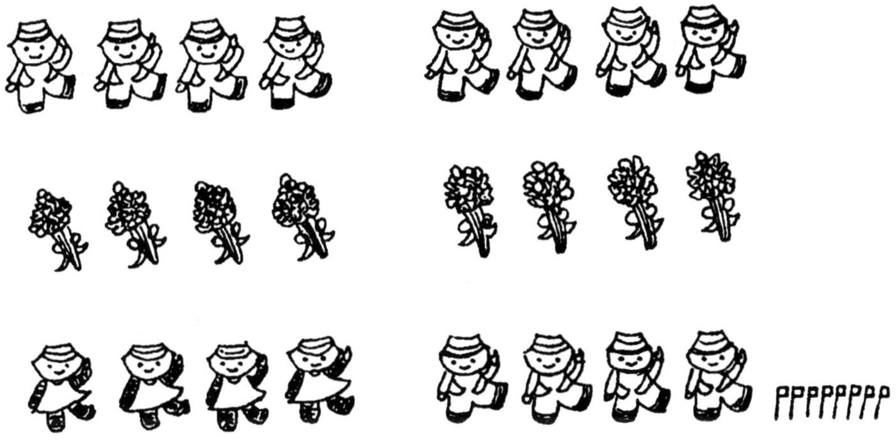

【教育活动设计】

活动层次（一）

活动目标

1. 熟悉乐曲的旋律和内容，感受乐曲的进行曲风格，初步学会随乐曲有节奏地做有关的节奏表演动作。

2. 在图谱的暗示下，根据乐曲的结构和性质，创编有节奏的动作，如拍手、拍腿等。

3. 激发幼儿感受并体验胜利归来的喜悦心情和无比光荣的精神状态，学习用积极的精神状态来参与整个学习过程。

活动准备

1. 了解有关战争年代战士打胜仗归来的故事。
2. 通过各种参与性活动，加深对所谓胜利归来的感性认识和情绪体验。
3. 音乐《波基上校进行曲》(音频见 U 盘)。
4. 图片(有关战士打胜仗回来的)。

活动过程

1. 幼儿在教师的引导下回忆有关革命战士打胜仗归来的情景。

2. 幼儿一边观察教师出示的图片，一边倾听乐曲并同时感受图片中的形象和乐曲中所表现的胜利归来的情景。

3. 幼儿有节奏地随音乐拍手，进一步熟悉乐曲的结构、风格和乐曲所表现的精神状态。

4. 全体幼儿跟随音乐有节奏地拍手、拍腿、拍头、拍肩等，通过自己的动作来感受和表现乐曲的内容、节奏和风格。

5. 在教师有重点地提示有关乐曲内容的前提下，幼儿创编有关的节奏动作，再在教师的暗示或直接建议下完善整套动作并随乐曲进行练习。

6. 幼儿跟随教师一起将整套动作与音乐结合起来逐步练熟。

(1) 教师带做。

(2) 个别幼儿带做，教师提醒。

(3) 全体幼儿一起随音乐表演。

活动层次(二)

活动目标

1. 学习在原有随乐动作表演的基础上进行打击乐演奏。
2. 根据图谱变化探索各种不同的配器方法。

3. 看教师的即兴指挥做出快速反应。

活动准备

1. 幼儿已经能够较熟练地随音乐做集体表演动作。

2. 在教师的指导下幼儿能排好座位并安置好打击乐器。

3. 音乐《波基上校进行曲》(音频见U盘)。

活动过程

1. 幼儿复习在“活动层次(一)”中创编出的随乐动作。

2. 幼儿一边观看教师所做的随乐动作,一边用拍手的方式将随乐动作的整套节奏型抽取出来。

3. 幼儿在教师的引导下将整套节奏型转换成身体动作总谱。

4. 幼儿分声部练习身体动作总谱。

(1) 在教师放慢速度演唱乐曲旋律,同时面向不同小组做不同动作的条件下,幼儿学习迅速、准确地对教师的身体动作暗示做节奏动作反应。

(2) 根据教师的指挥动作,幼儿迅速、准确地做节奏动作反应。

(3) 在教师指导和鼓励下,个别幼儿轮流担任指挥。

5. 在教师指导下,幼儿学习根据图谱的变化探索各种不同的配器方案,如“配器建议”所示,并能根据图中男、女兵的区别改变乐器的匹配。

6. 幼儿分声部进行乐器演奏练习。

(1) 教师指挥幼儿集体演奏。

(2) 在教师指导下全体幼儿练习一种指挥动作方案。

(3) 在教师不同程度的帮助下,幼儿看教师的即兴指挥用乐器来演奏。

(4) 鼓励幼儿担任小指挥,练习即兴指挥。

7. 发展练习。

(1) 在“欢呼胜利、挥舞红旗”结束处,添加大鼓和镲的演奏。

(2) 幼儿自由选择,交换乐器演奏。

设计者:河海大学幼儿园　杨　瑞　汤　卫　蔡　洪

7. 海滨之歌

【乐曲】

海滨之歌

1=♭A 6/8

［日］成田为三 曲

稍慢 优美地

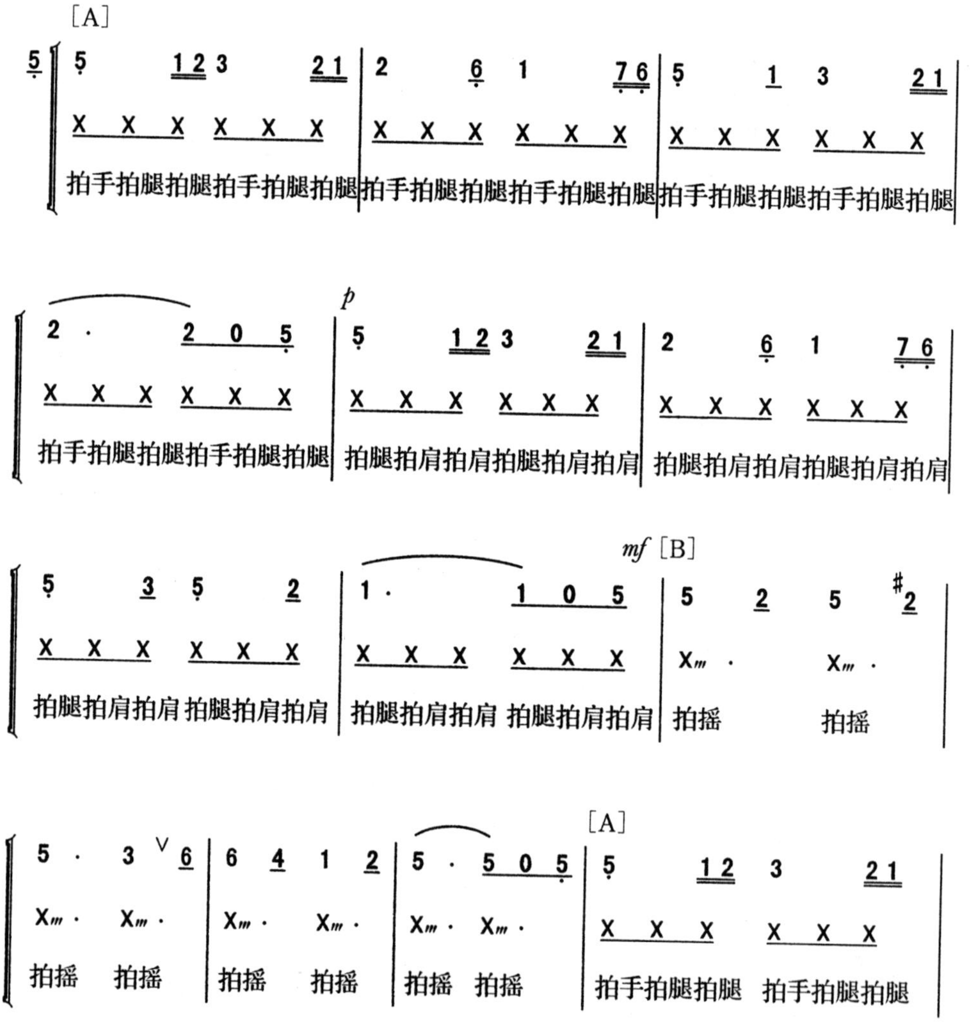

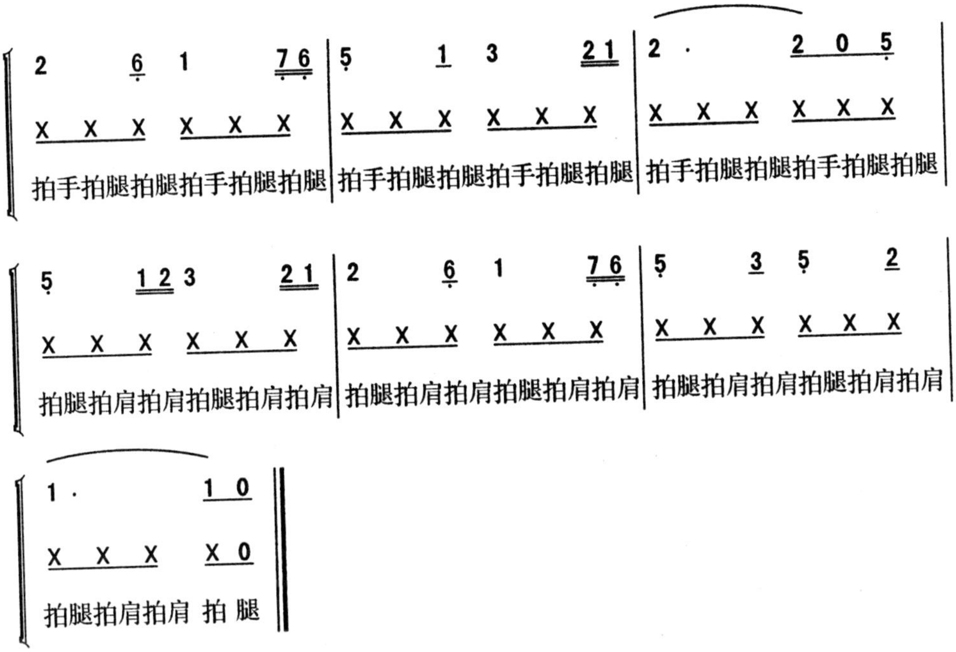

配器建议

拍手——铃鼓。

拍腿——圆舞板。

拍肩——小铃。

拍摇——铃鼓拍摇。

【教育活动设计】

活动层次(一)

活动目标

1. 感受舞曲的三段体结构,学习按拍子的强弱编配身体动作。
2. 通过图片提示,想象幅度不同的动作,表现乐曲结构。
3. 在分段舞蹈时,学习控制自己舞步的方向,不与别人相撞。

活动准备

1. 学过基本动作:“三步”,即三拍子舞步。

2. 图片三张。([A]段两张,[B]段一张)

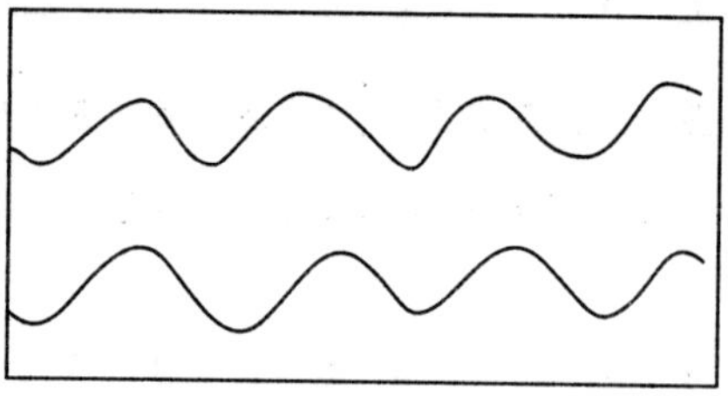

[A]段

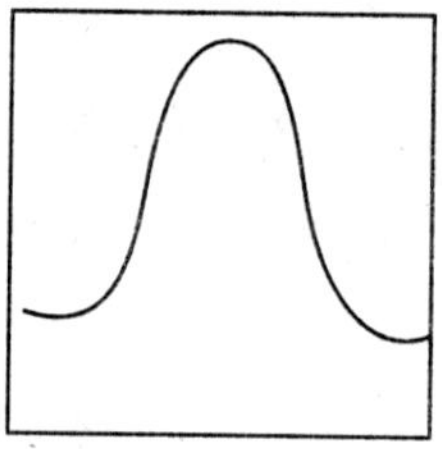

[B]段

3. 音乐《海滨之歌》(音频见U盘)。

活动过程

1. 幼儿边倾听音乐边看教师指图片,了解乐曲的性质和结构。

2. 幼儿学习听音乐指图片。通过多次的指图练习,幼儿明确乐曲的乐段和乐句。

3. 经过教师的提问、讲解,幼儿知道图片与音乐是相对应的。(第一段与第三段音乐相同,图片也相同;第二段用大波浪表示音乐由弱转强;图片的长短表示音乐的长短,也就是第一和第三张图片长,第二张短)

4. 幼儿听音乐并用动作幅度的大小来表示乐曲的乐段和强弱(小幅度,原地动作表现[A]段音乐的平稳;行进动作表现第二段的起伏)。注意控制“三步”的舞步方向,练习舞蹈时不与其他人相撞。

5. 幼儿学习按拍子的强弱,为各段音乐设计不同的身体动作,如第一和第二句为拍手、拍腿,第三和第四句为拍腿、拍肩,如曲谱所示。

6. 在教师的带领下,幼儿完整地练习以上动作。

7. 由个别幼儿带领集体做以上练习,教师做不同程度的指导。

活动层次(二)

活动目标

1. 用铃鼓、小铃、圆舞板演奏乐曲,并在强拍处添加大鼓、钹的演奏。

2. 讨论、探索各种乐器的配器方案,并尝试进行集体演奏。

3. 看指挥协调一致地演奏。

活动准备

1. 熟悉乐曲的结构，会熟练地做打击乐身体动作。

2. 大鼓一面、钹一副。

3. 小铃、铃鼓、圆舞板若干。

4. 音乐《海滨之歌》(音频见 U 盘)。

活动过程

1. 幼儿练习听音乐做身体动作。

(1) 集体练习听音乐做身体动作。

(2) 分组练习做身体动作。

2. 幼儿自由选择乐器来代替以上身体动作。如铃鼓代替拍手，圆舞板代替拍腿等。

3. 幼儿看指挥演奏乐曲。

(1) 在教师的指挥下，幼儿用小铃、铃鼓、圆舞板演奏乐曲。

(2) 个别幼儿学当小指挥，指挥大家演奏，教师给予不同程度的指导。

(3) 教师引导幼儿讨论新的配器方案，并指挥幼儿练习演奏。

(4) 幼儿学当指挥，即兴指挥大家按新的配器方案演奏，教师进行不同程度的指导。

4. 幼儿练习大鼓、钹的演奏。

(1) 教师出示大鼓、钹，幼儿讨论在乐曲什么地方添加大鼓、钹演奏。(在强拍处)

(2) 请两名幼儿敲大鼓、钹，其他幼儿徒手练习在强拍处演奏。

5. 幼儿用五种乐器完整地演奏乐曲。(教师指挥)

6. 幼儿调换座位演奏。

设计者：南京师范大学幼儿园　王战卫

8. 水仙花圆舞曲

【乐曲】

水仙花圆舞曲

1=D $\frac{3}{4}$

［英］弗兰克林　曲

优雅、轻快、俏皮地

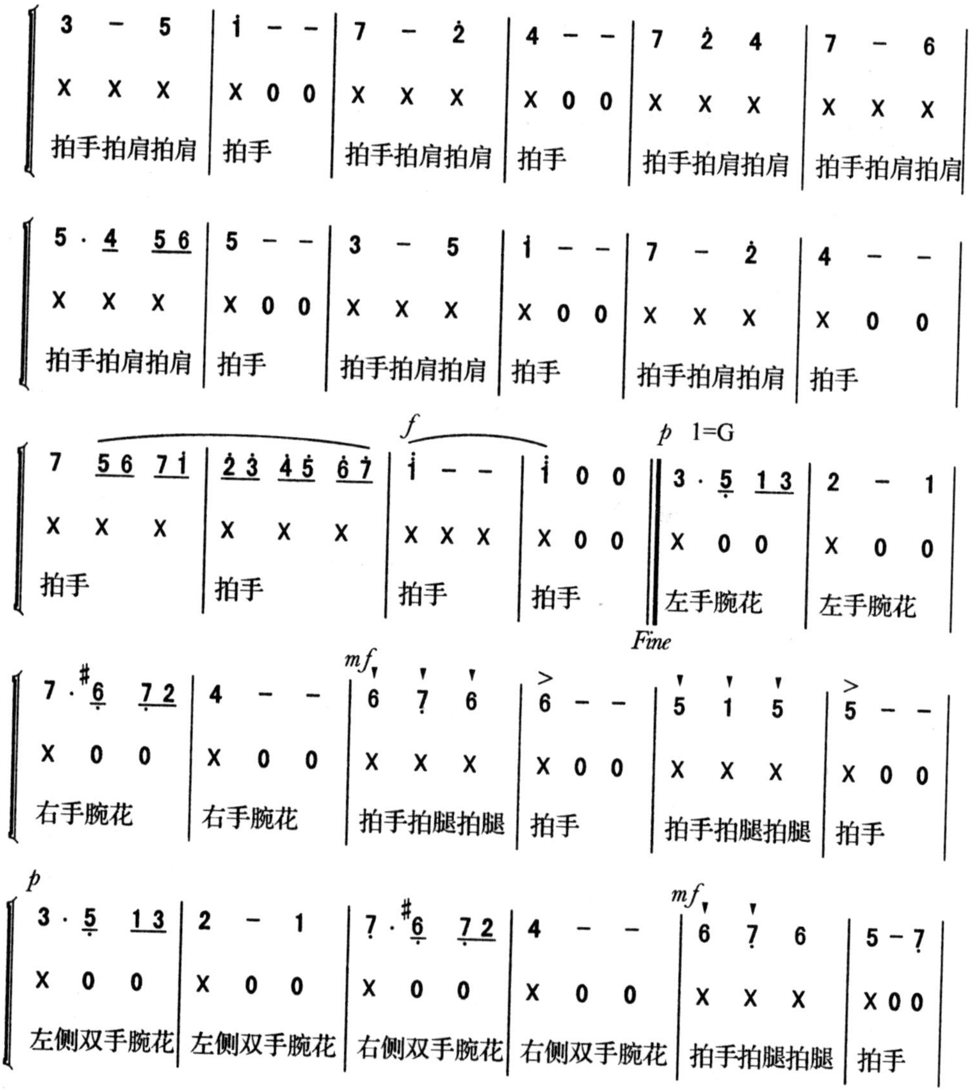

1 · $\underset{\cdot}{7}$ <u>1 2</u> | 1 0 0 ‖

X X X | X

拍手拍腿拍腿 | 拍手

D.C.

配器建议

拍手——全体乐器。

拍肩——钹和大鼓。

左手腕花——三角铁或碰铃。

右手腕花——响木或木鱼。

左侧双手腕花——三角铁与铃鼓。

右侧双手腕花——响木与铃鼓。

拍腿——三角铁、响木与铃鼓。

供幼儿学习指挥用的假想乐器排列图

指挥动作参考图

(1)从头上方向下向外画

(齐奏)

(2)从胸前向前向外画

(三角铁、铃鼓、响木)

(3)从胸前向左向外画

(左侧一种乐器)(两种乐器)

(4)从胸前向右向外画

(右侧一种乐器)(两种乐器)

乐器排列方案建议图

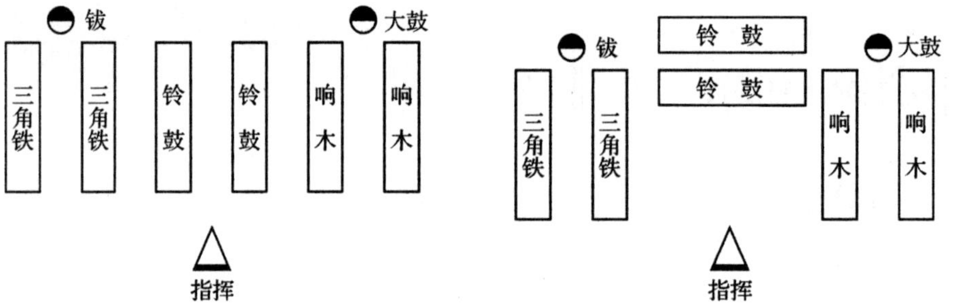

【教育活动设计】

活动层次(一)

活动目标

1. 学习身体动作总谱,掌握带有大量休止的节奏语汇,并体验休止轻松俏皮的趣味。

2. 细致地观察、模仿教师的示范,在模仿动作时注意观察、理解和体验动作的乐趣。

3. 学习睛如何让眼睛顺着手势看去,为将身体动作总谱转化为指挥动作做好准备。

活动准备

1. 幼儿欣赏过该乐曲并有随乐曲跳舞的经验,能够理解和表达乐曲优雅、轻快、俏皮的乐趣。

2. 音乐《水仙花圆舞曲》(音频见 U 盘)。

活动过程

1. 幼儿复习舞蹈。

2. 幼儿观察教师的示范动作。(教师做镜面示范动作)

3. 幼儿模仿教师的示范动作。

4. 幼儿在教师提示下独立再现这套动作。

活动层次(二)

活动目标

1. 学习指挥并看指挥演奏这首乐曲。

2. 按教师提供的假想乐器排列图进行指挥练习。

3. 指挥和演奏时都能尽力表现乐曲特殊的乐趣，注意不发出刺耳的声音。

活动准备

1. 供幼儿学习指挥用的假想乐器排列图、指挥动作参考图、乐器排列方案建议图。

2. 三角铁、响木、铃鼓若干，大鼓一面，钹一副。

3. 音乐《水仙花圆舞曲》(音频见 U 盘)。

活动过程

1. 幼儿复习身体动作组合。

2. 幼儿观察教师出示的假想乐器排列图，在教师的指挥动作带领下随音乐练习指挥动作。(教师背对幼儿，用与幼儿相同的动作方向示范和提示)

3. 幼儿边看教师指挥边随音乐完整地演奏。

4. 加入幼儿演奏的大鼓和钹。

5. 全体幼儿在教师提示下边看幼儿志愿者指挥，边随音乐演奏。

设计者：南京师范大学教育科学学院　许卓娅

9. 木瓜恰恰恰

【乐曲】

木瓜恰恰恰

1=F $\frac{2}{4}$

印尼民歌

诙谐有趣地

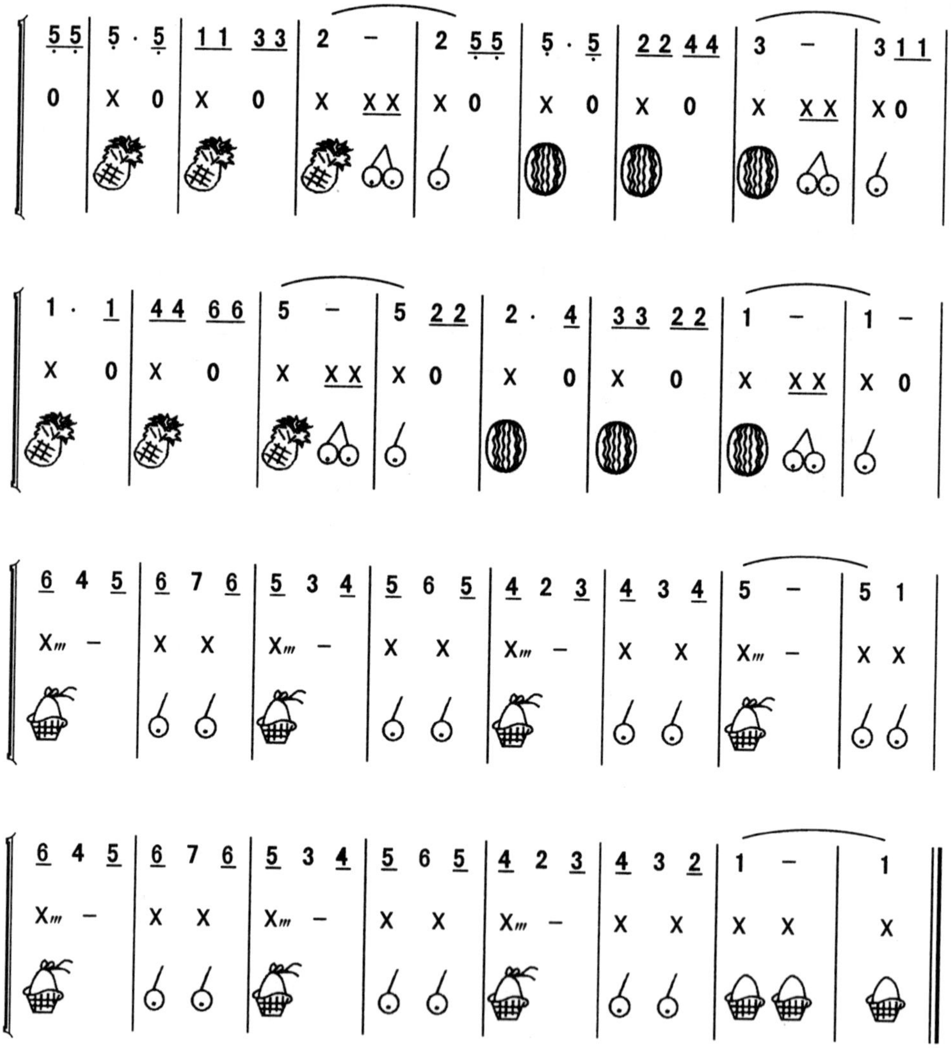

配器建议

——碰铃或三角铁。

——铃鼓拍奏。

——圆舞板或碰铃。

——铃鼓颤摇。

——编制上的全部乐器。

供幼儿使用的图谱

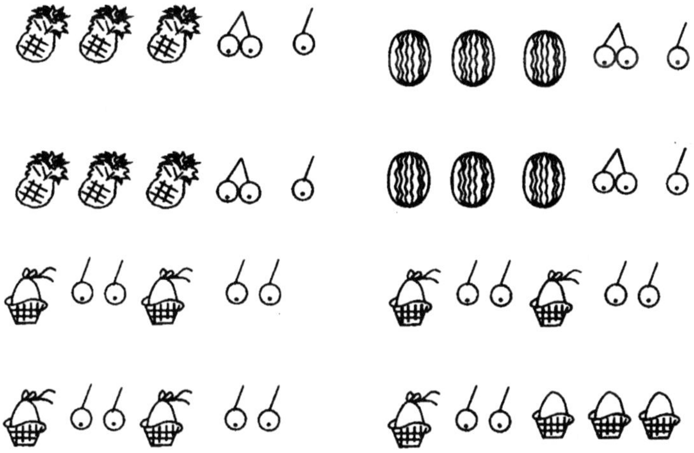

【教育活动设计】

活动层次(一)

活动目标

1. 根据图谱拍出相应节奏型,初步感受印尼歌曲的风格,熟悉音乐的结构。
2. 在前四句句末,随音乐节奏边拍 X X X | 边念“恰恰恰”。
3. 在活动中与教师进行目光交流,体会师幼合作的快乐。

活动准备

1. 画有各种水果及果篮的图谱。

2. 音乐《木瓜恰恰恰》(音频见 U 盘)。

3. 幼儿已了解有关印尼的风俗民情以及生活习惯。

活动过程

1. 幼儿回忆有关印尼的风俗民情。

2. 幼儿看图谱,说出图谱上的物体名称,重点了解"木瓜"。

3. 幼儿随教师指图谱拍手,教师指得快就拍得快,教师指得慢幼儿就拍得慢。

4. 幼儿倾听音乐,熟悉乐曲结构,并将音乐与图谱相匹配。

5. 幼儿根据音乐随教师指图谱拍节奏。

6. 幼儿在教师引导下听出前四句音乐每一句末的 X $\underline{XX}$ | 节奏,并随乐练习念、拍"恰恰恰"。

7. 教师指图谱,幼儿随乐拍节奏,并在前四句句末念出"恰恰恰",与教师进行目光交流,体会合作的快乐。

活动层次(二)

活动目标

1. 进一步熟悉和把握印尼乐曲的性质和风格,在此基础上学习打击乐。

2. 学习根据已有节奏型,为该乐曲设计打击乐器演奏方案。

3. 进一步学习保持自己声部,并与其他声部协调一致。

活动准备

1. 铃鼓、碰铃、圆舞板等打击乐器人手一件。

2. 图谱。

3. 音乐《木瓜恰恰恰》(音频见 U 盘)。

活动过程

1. 幼儿完整倾听音乐,进一步熟悉音乐结构。

2. 在教师的提示下幼儿看图谱拍节奏,在"恰恰恰"处边念边拍 X $\underline{XX}$ | 。

3. 请一名幼儿当小老师并指图谱，其余幼儿拍节奏。

4. 幼儿分声部练习。

(1) 在教师放慢速度演唱歌曲旋律声时，根据教师面对不同小组的动作，幼儿学习迅速、准确地用相应节奏动作表示。

(2) 在音乐伴奏下，幼儿根据教师指挥迅速做出节奏动作反应。

(3) 在教师的暗示或提醒下，个别幼儿担任指挥集体练习。

5. 幼儿根据预定的节奏方案设计出配器方案。

(1) “菠萝”处可用什么乐器演奏？“木瓜”处可用什么乐器演奏？

(2) “带飘带的果篮”处可用什么乐器什么方法演奏？

(3) “樱桃”处可用什么乐器演奏？

6. 幼儿分声部演奏乐器。

(1) 在音乐伴奏下，教师指挥，幼儿演奏。

(2) 个别幼儿上前指挥，集体练习打击乐器演奏。

活动建议

1. 个别幼儿即兴指挥，集体演奏。

2. 全体幼儿自由选择，交换乐器演奏。

设计者：南京市商业幼儿园　史　莉

河海大学幼儿园　梅迎春　曹　俊

10. 安娜波尔卡 I

【乐曲】

安娜波尔卡

1=F $\frac{2}{4}$

[奥]约翰·施特劳斯　曲

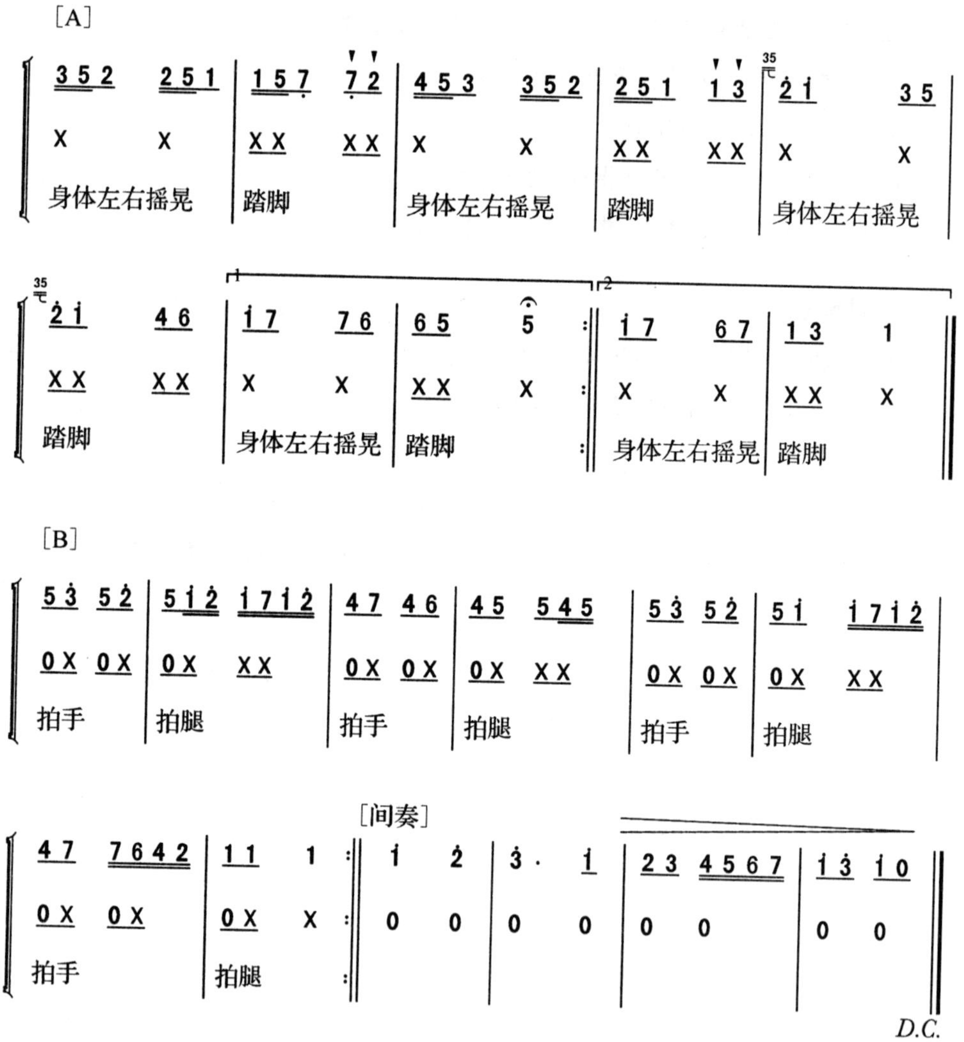

配器建议

身体左右摇晃——碰铃和三角铁。

踏脚——圆舞板。

拍手——铃鼓。

拍腿——沙球。

供幼儿使用的图谱

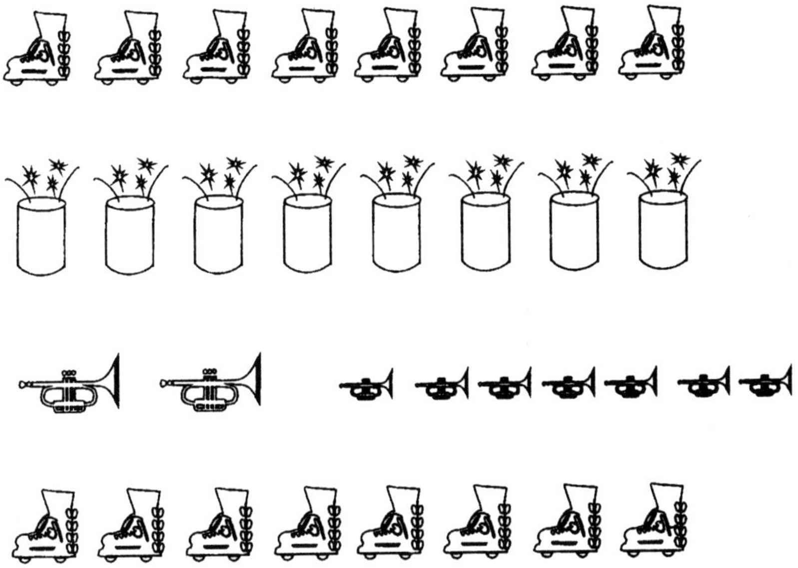

图谱说明

一个轮子表示身体向一个方向摇动一下。

一个蝴蝶结表示踏一下脚。

烟花放射状表示拍手。

小烟花表示拍腿。

幼儿静听音乐，感受时值。

【教育活动设计】

活动层次(一)

活动目标

1. 熟悉乐曲的旋律,感受乐曲的舞蹈风格,初步学会随乐曲有节奏地做相关节奏表演动作。

2. 在图谱的暗示下,根据乐曲的结构和节奏,创编表现溜冰、放烟火的表演动作。

3. 体验乐曲轻松、欢快的气氛,并将这种情感融入整个学习过程中。

活动准备

1. 了解溜冰的动作以及节日的狂欢情景。

2. 图谱。

3. 音乐《安娜波尔卡》(音频见 U 盘)。

活动过程

1. 幼儿在教师的引导下,谈谈溜冰的感受,回忆节日的欢快气氛。

2. 幼儿一边观察教师的图谱,一边倾听乐曲,感受乐曲所表达的活泼、轻松和强劲有力的性质。

3. 幼儿有节奏地随乐曲拍手,再次熟悉乐曲的结构和性质。

4. 在教师有重点的提示下,随教师的唱谱,创编有关的节奏表演动作。

5. 在图谱及教师语言的暗示下,幼儿将整套动作与音乐进行结合,逐步熟练。

(1) 教师带做,幼儿参与。

(2) 个别能力较强的幼儿带做。

(3) 全体幼儿随音乐表演。(在整个练习活动中教师应始终提醒幼儿注意体验并表现乐曲的风格)

活动层次(二)

活动目标

1. 继续感受乐曲活泼、轻松以及强劲有力的性质,并学习打击乐演奏。

2. 在原有随乐动作表演的基础上和在图谱的暗示下拍出节奏型，并进一步学习按即兴做出的指挥手势进行演奏。

3. 在整个活动中，根据音乐的不同性质，表现轻松活泼、强劲有力等不同的情绪。

活动准备

1. 幼儿已经能够比较熟练地随乐曲做集体表演动作。

2. 值日生在教师指导下排好座位并安置好铃鼓、碰铃、圆舞板、沙球、三角铁。

3. 音乐《安娜波尔卡》(音频见U盘)。

活动过程

1. 幼儿在图谱的暗示下复习创编的表演动作。

2. 幼儿用拍手的方式拍出乐曲的节奏型。

3. 幼儿在教师的引导下将整套节奏型转换成身体动作总谱。

4. 幼儿分声部练习身体动作总谱。

(1) 在教师放慢音乐，同时面向不同的小组做不同动作的练习条件下，幼儿学习迅速、准确地对教师的身体动作暗示做出节奏动作反应。

(2) 幼儿学习根据教师的指挥动作迅速、准确地做出节奏动作反应。

(3) 在教师指导和鼓励下，个别幼儿轮流担任指挥，集体练习。

5. 幼儿分声部进行乐器演奏。

(1) 教师指挥，幼儿集体演奏。

(2) 教师即兴变换指挥方案，幼儿练习。

设计者：河海大学幼儿园　蔡　洪　刘海燕　柴娟娟

11. 安娜波尔卡Ⅱ

【乐曲】

安娜波尔卡

1=G $\frac{2}{4}$　　　　［奥］约翰·施特劳斯　曲

欢快、优美地

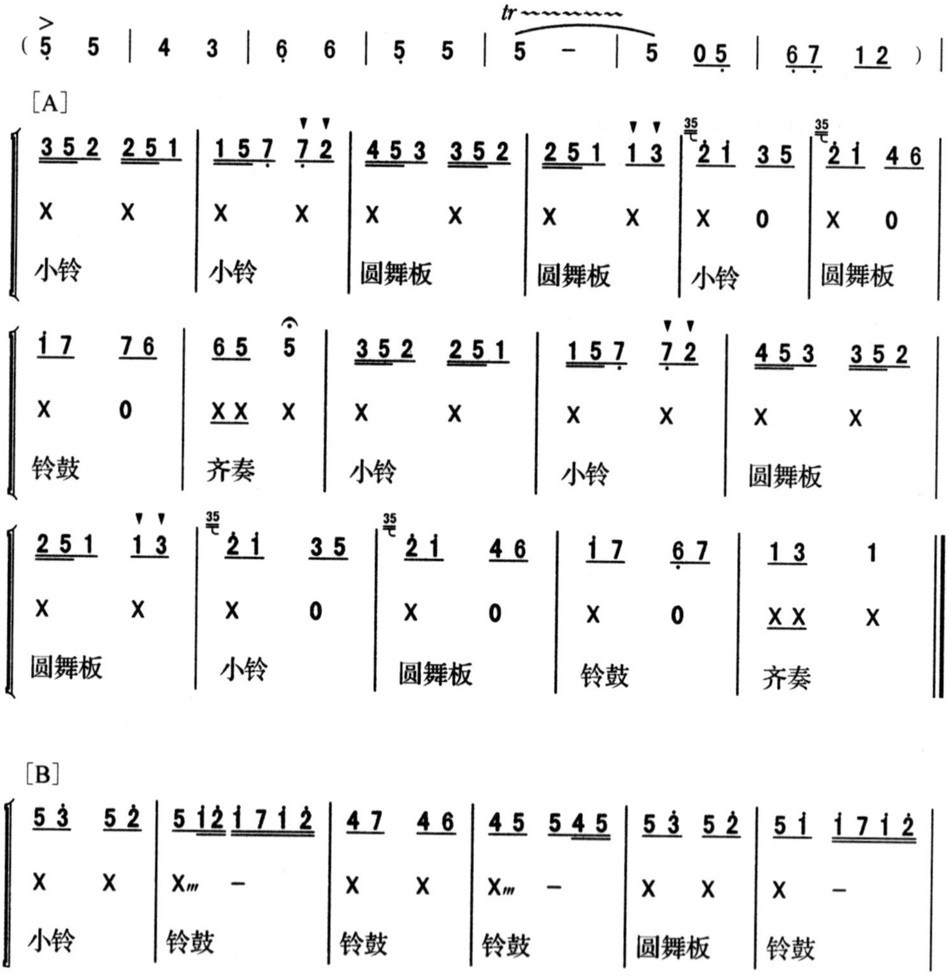

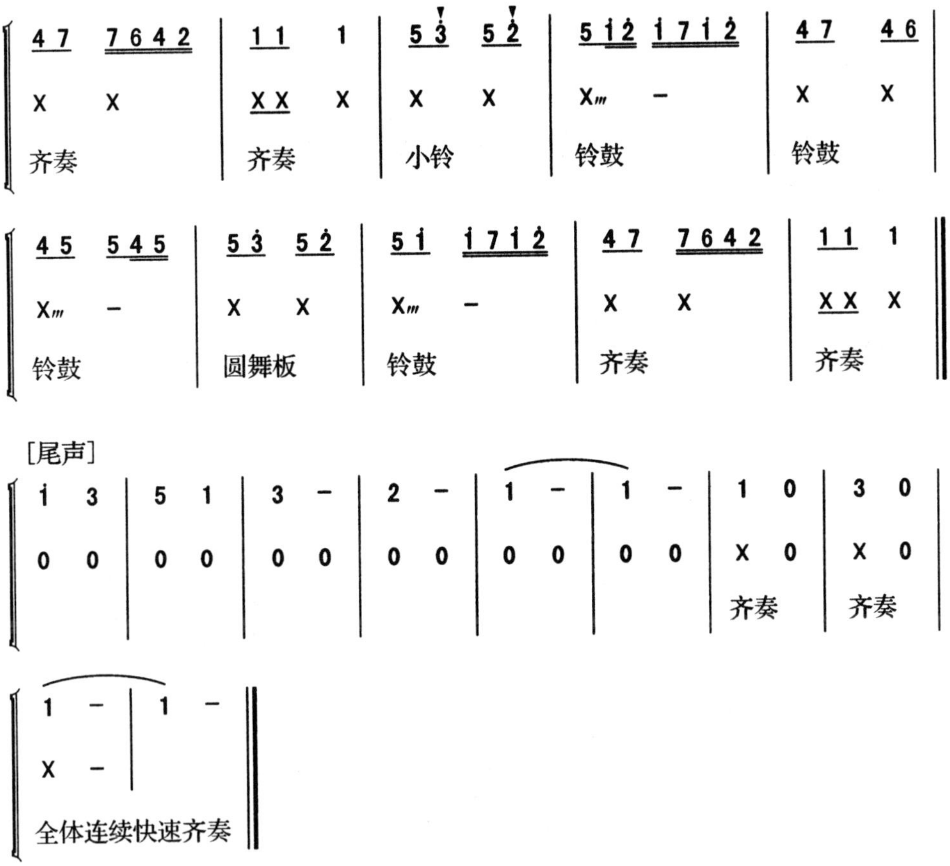

配器建议

(红)——小铃。

(黄)——圆舞板。

(蓝)——铃鼓。

——铃鼓摇奏。

(红黄蓝)——编制上的全部乐器。

★——加入大鼓。

供幼儿使用的图谱

故事(解说图谱用)

魔术师的魔法屋里住着许多皮球娃娃，有一天，他们趁魔法师不在家，偷偷地溜出来看一看魔法师。红皮球看一看，不在；黄皮球看一看，不在；蓝皮球看一看，不在。大家一起高兴地跳出来。

大家一起高兴地跳起舞。红皮球跳了个舞，滚走了；黄皮球跳了个舞，滚走了；蓝皮球跳了个舞，滚走了。

【教育活动设计】

活动目标

1. 熟悉乐曲旋律，初步掌握演奏的节奏型，能看指挥演奏打击乐。

2. 根据图谱及图谱中符号的形象特征，尝试配器，并借助教师的指挥动作，奏出相应的节奏型。

3. 在乐曲尾声处，能控制手中的乐器，在结尾处整齐演奏。

活动准备

1. 图谱一张。

2. 音乐《安娜波尔卡》(音频见U盘)。

3. 事先请幼儿将座位及铃鼓、小铃、圆舞板、大鼓等乐器放好。

活动过程

1. 教师出示图谱,指图谱讲述故事内容。

2. 幼儿边看教师指图谱,边欣赏音乐,初步熟悉乐曲旋律及结构。

3. 幼儿随音乐根据教师指图谱动作的暗示拍出相应节奏型。(通过教师强调指图谱的大幅度动作引起幼儿对变化、转折部分的注意)

(1) [A]段第一乐句末速度须放慢。

(2) 根据图谱中符号的形象特征,想出单手抖动手腕表现皮球滚走的快速节奏型。

(3) 幼儿练习双手高举抖动来表现音乐的结束处。

4. 幼儿看图谱,学习演奏乐曲和指挥演奏。

(1) 幼儿根据图谱颜色特征,在教师指挥下练习分声部徒手演奏。

(2) 幼儿根据图谱符号的形象特征,尝试配器。

(3) 幼儿看教师用击节奏型的方法指挥,演奏乐器。

(4) 在教师的指导下,个别幼儿指挥演奏。

5. 根据图谱及情节需要加入大鼓增加气氛,增强音乐效果。

6. 自由选择,交换乐器演奏。

活动建议

在幼儿熟练演奏乐器的基础上,可用指挥法变换配器方案,如红皮球——圆舞板,黄皮球——铃鼓,蓝皮球——小铃等。

设计者:南京市北京东路小学附属幼儿园　张　琴

12. 拉德斯基进行曲

【乐曲】

拉德斯基进行曲

1=C $\frac{2}{4}$

［奥］约翰・施特劳斯　曲

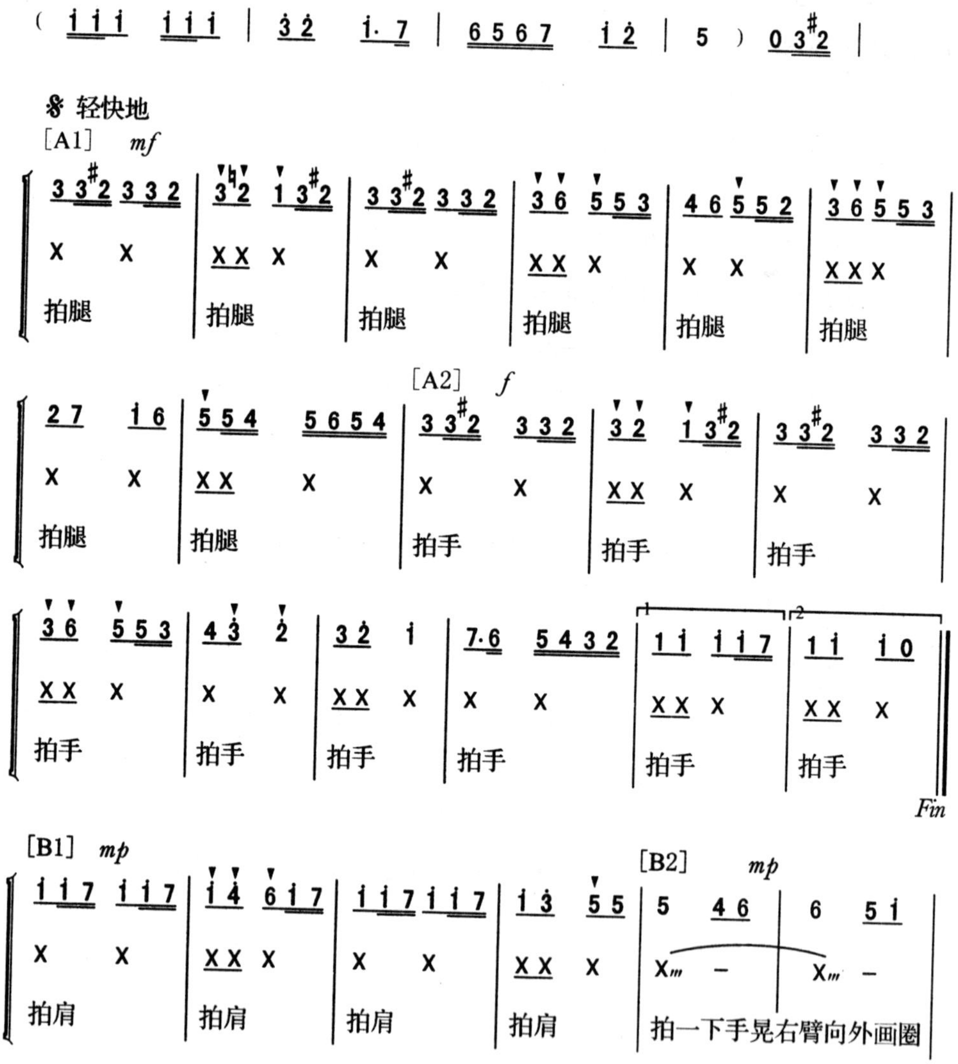

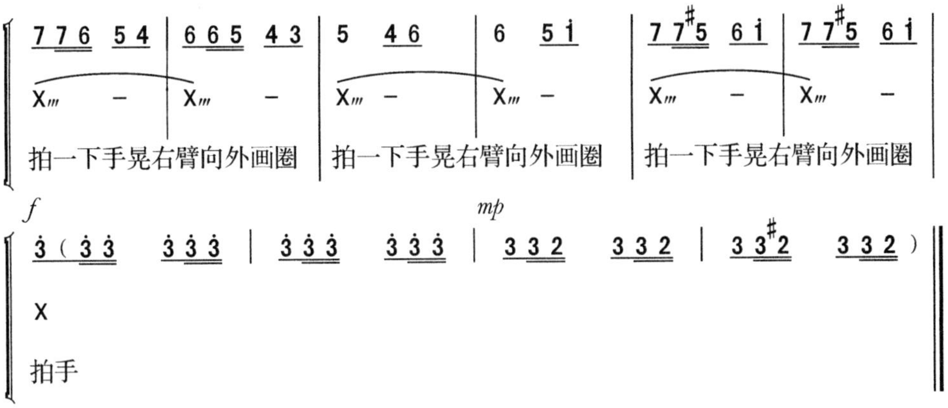

配器建议

方案一：

拍腿——两种音色的乐器一起演奏。

拍手——三种音色的乐器一起演奏。

拍肩——一种乐器演奏。

拍一下手晃右臂向外画圈——单指铃鼓的演奏。

方案二：

先将节奏型 X　X | X X X | 分解成以下两种。

X　X | ——一种音色。

X X X | ——另一种音色。

再按[A1][A2][B1]的结构进行重复但有变化的安排，或者将节奏型分解成三种音色或四种音色。

三种音色——第一小节两种，第二小节一种。

四种音色——第一小节两种，第二小节两种。

供幼儿使用的图谱

【教育活动设计】

活动层次(一)

活动目标

1. 欣赏并熟悉乐曲的结构，体验乐曲轻快诙谐的情绪，进一步理解和把握节奏型：X X | $\underline{XX}$ X|。

2. 利用图谱理解乐曲的结构和特点，在教师帮助下为乐曲创编身体动作总谱。

3. 看指挥合作表演，积极为动作创编提供建议，注意倾听、吸取他人的意见。

活动准备

1. 供幼儿使用的图谱。

2. 音乐《拉德斯基进行曲》(音频见U盘)。

活动过程

1. 幼儿观看教师提供的图谱并倾听音乐。

2. 幼儿和教师一起讨论图谱及乐曲的结构。

3. 幼儿一边看图谱和听音乐，一边做简单的节奏动作。

4. 幼儿讨论如何用简单的身体节奏动作来为乐曲创编一套韵律动作组合。

5. 幼儿在教师(或幼儿志愿者)的带领下随音乐练习创编的韵律动作组合。

6. 幼儿在教师或个别幼儿指挥者的暗示下分组练习上述韵律动作组合。

活动层次(二)

活动目标

1. 学习用打击乐器演奏该乐曲,进一步体验用不同音色组合方式来表现节奏型 X X | XX X | 的趣味。

2. 看指挥演奏乐器或看即兴指挥演奏乐器。

3. 集中注意力,尽力奏出轻松而有弹性的音色。

活动准备

1. 供幼儿使用的图谱。

2. 碰铃、响板、铃鼓若干,吊钹一副。

3. 音乐《拉德斯基进行曲》(音频见U盘)。

活动过程

1. 幼儿复习在“活动层次(一)”中已初步掌握的韵律动作组合。

2. 幼儿学习打击乐器演奏。

(1) 看教师指挥,分声部合奏。

(2) 交换乐器演奏。

(3) 在教师帮助下看幼儿志愿者指挥合奏。

(4) 在[B2]处加入吊钹的演奏。

3. 幼儿在教师的引导下观看图谱,进一步讨论可以用何种新的配器方案(具体参见“配器建议”方案二)进行演奏。

4. 幼儿志愿者在教师帮助下尝试用各种新方案即兴指挥演奏。

活动建议

1. 活动过程第四步骤以后的内容可以构成“活动层次(三)”,也可以分散到各个综合活动的复习环节中一一完成。

2. “配器建议”方案二提供的建议较复杂,复杂化的程度也可根据本班幼儿具体水平而定,没有基础的班组不一定要进行。

3. [B2]的节奏型、音色也都可以重新考虑，但应特别注意每次活动不宜变化太多，否则幼儿会感到困难，演奏效果也不会好。

设计者：南京师范大学教育科学学院　许卓娅

（根据南京军区司令部幼儿园、河海大学幼儿园的原创活动设计）

13. 卡门序曲

【乐曲】

卡门序曲

1=A　$\frac{2}{4}$　　　　[法]比才　曲

热烈地

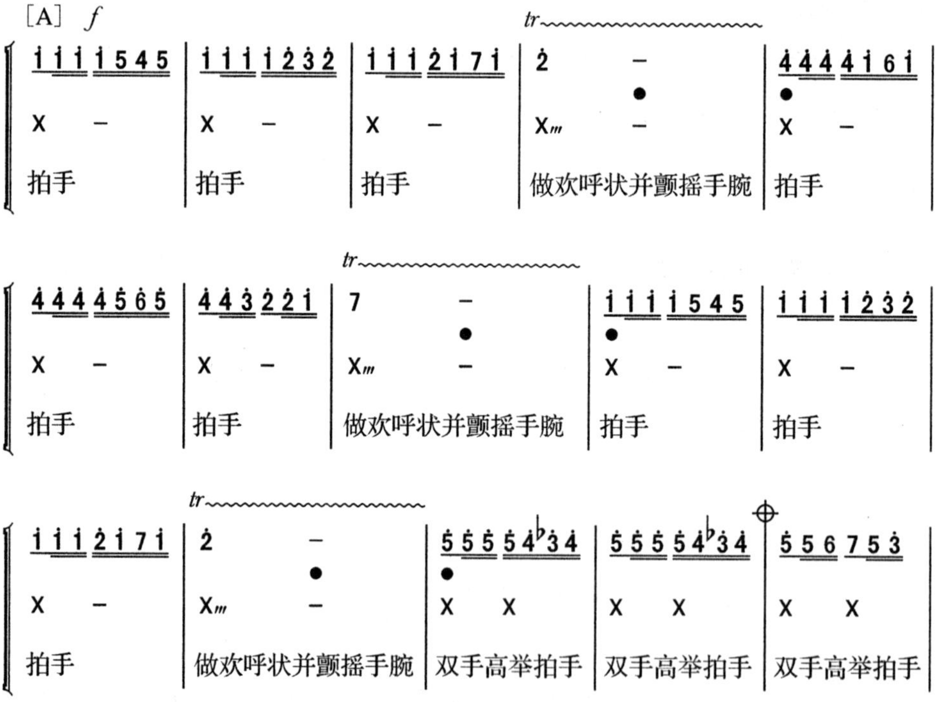

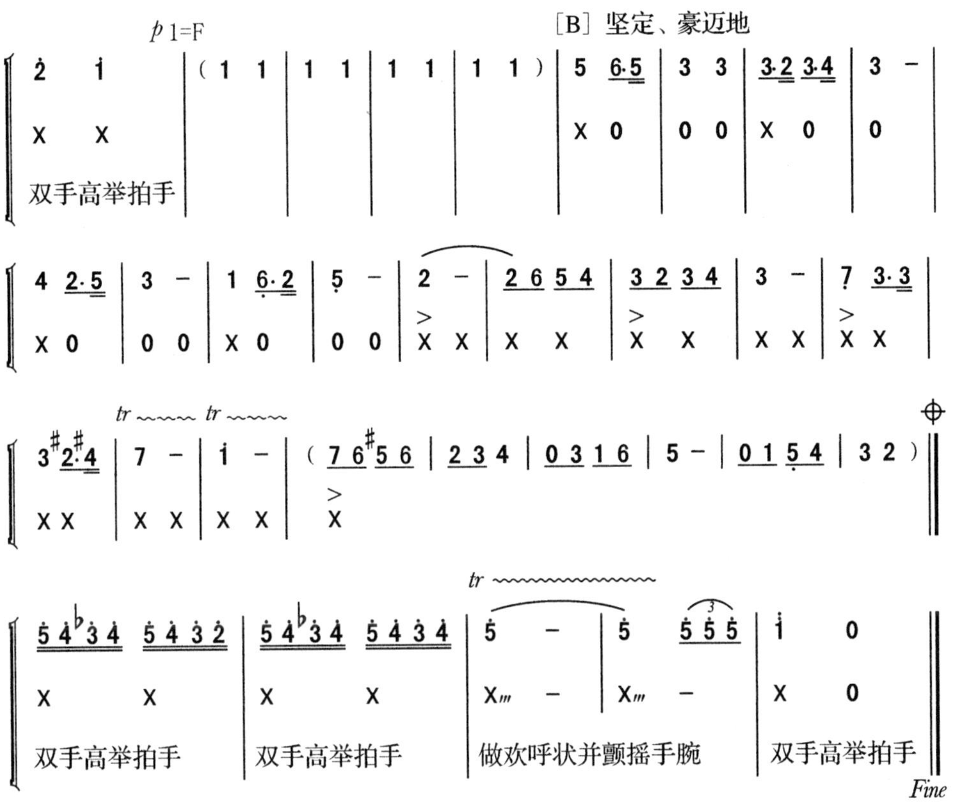

配器建议

拍手——全部小型乐器。

双手高举拍手——编制上的全部乐器(含大鼓和吊钹)。

做欢呼状并颤摇手腕——铃鼓或全体摇响乐器。

记号“●”——大鼓和吊钹。

供幼儿使用的图谱

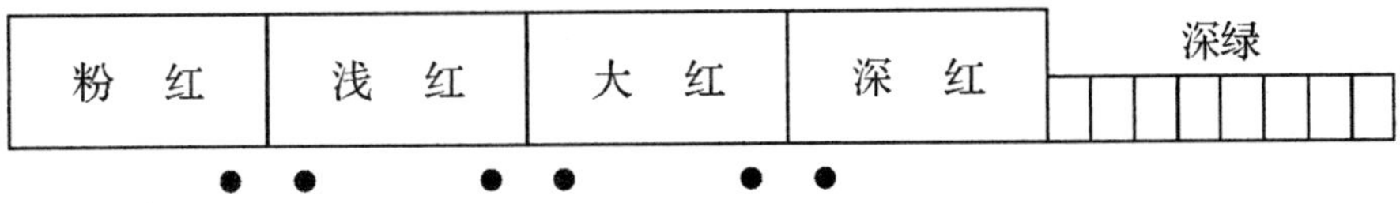

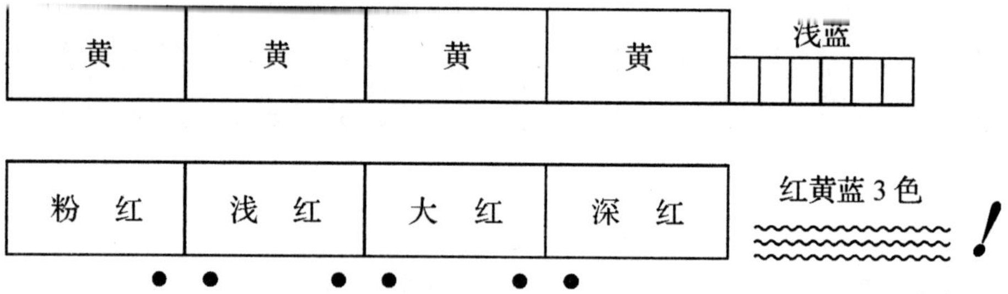

（注意：“●”记号为大鼓和吊钹的特殊记号，只在需要教幼儿演奏时才另外贴上去）

【教育活动设计】

活动目标

1. 欣赏并熟悉乐曲的结构，体验乐曲热情豪放的气势。

2. 利用图谱理解乐曲的结构和特点，学习看即兴指挥演奏，并知道等待间奏。

3. 注意力集中，反应迅速，演奏热情而不过分。

活动准备

1. 有关西班牙斗牛活动的相关情况资料等，便于让幼儿获得观看斗牛和参与斗牛的心理体验。

2. 铃鼓、响板、碰铃若干，大鼓一面、吊钹一副。

3. 音乐《卡门序曲》（音频见 U 盘）。

4. 图谱一幅。

活动过程

1. 幼儿观看教师用一小块红布或红皱纸模拟表演斗牛。教师用一只手做成牛头状，另一只手挂红布或红纸表演斗牛情境，引发幼儿对活动的兴趣。

2. 幼儿聆听教师用“啦啦啦”的发音法演唱[B]段斗牛士的音乐主题，并尽力记住这个主题。

3. 幼儿欣赏、熟悉音乐，并随音乐做动作。

(1) 看图谱听音乐：幼儿在倾听整首音乐的同时，看教师在图谱上移动的手势，并辨认出在中部出现的音乐就是刚才听教师唱过的斗牛士主题音乐。

(2) 在教师的提问引导下，讨论如何用简单的身体动作表现以下场面。

①观众欢呼，给斗牛士加油的场面。

②斗牛士斗牛的场面。

(3) 跟随教师边听[A]段音乐，边做教师创编的动作。在[B]段音乐处自由做自己想出的斗牛动作，两拍一次。

4. 看教师指挥，幼儿练习随音乐演奏。

(1) 全曲演奏中注意[B]段音乐的以下两处。

X	0	0	0
全部小型乐器			

。

>X	X	X	X
响板 铃鼓 碰铃		碰铃	碰铃

。

(2)（有条件的班级）交换乐器，[B]段处看教师即兴指挥，配器和节奏型均可改变。

(3)（有条件的班级）加入大鼓和吊钹合作演奏。

设计者：南京师范大学教育科学学院　许卓娅

14. 匈牙利舞曲

【乐曲】

匈牙利舞曲第五号（节选）

1=♭B　$\frac{2}{4}$　　　　[德]勃拉姆斯　曲

($\dot{3}$ 0 3 | ♯4 ♯5 | 6 6 ♯5 6 | 7 6 5 7 7) |

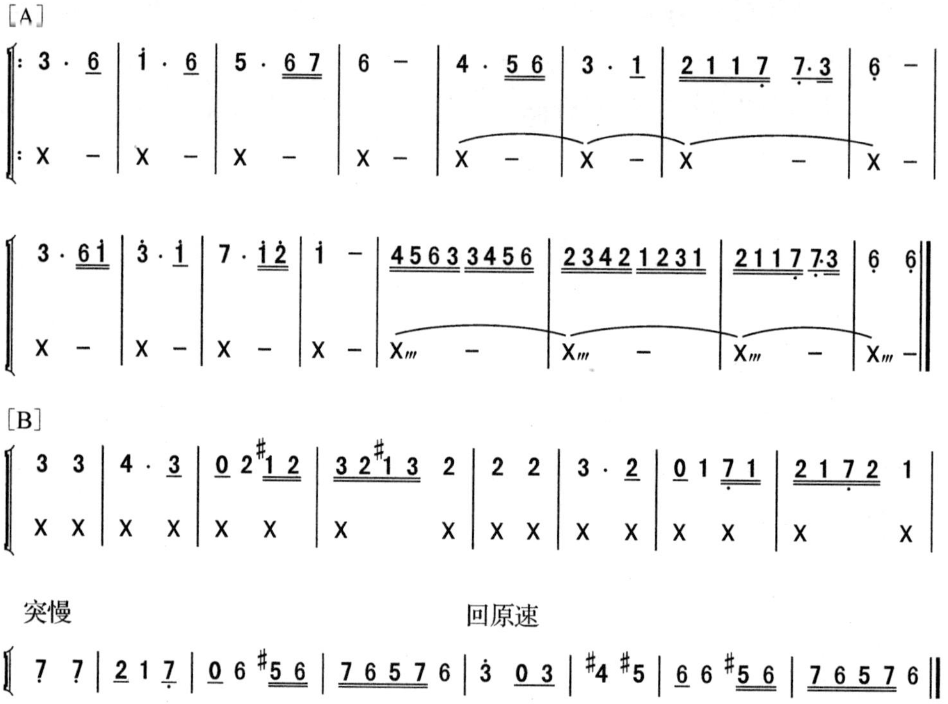

【教育活动设计】

活动层次(一)

活动目标

1. 能随乐句变化有节奏地跳集体舞。
2. 与同伴的动作配合要协调,并保持适当距离。
3. 学习用目光交流,享受目光交流带来的快乐。

活动准备

1. 音乐《匈牙利舞曲第五号》(节选,音频见 U 盘)。
2. 女童人手一条红手帕。

活动过程

1. 幼儿站成双圈队形,里、外圈面向圈内站好。

2. 幼儿学习集体舞蹈。

(1) 学习移动一个位置交换舞伴的方法：女童手指身边的舞伴→向前指一个舞伴→教师检查幼儿完成情况→碎步向前移动一个舞伴→加入手的动作。

(2) 听教师唱[A]段音乐，里、外圈幼儿同时学习原地踏步动作。

(3) 听音乐，练习[A]段动作。

(4) 倾听[B]段音乐，男、女童轮流学习自己的动作。教师提示幼儿注意目光交流。

(5) 学习行礼动作。

(6) 听音乐，练习[B]段动作。

3. 完整听[A][B][A]段音乐并跳舞。

4. 女童右手拿红手帕，完整练习[A][B][A]段动作。

活动层次(二)

活动目标

1. 在学会集体舞的基础上，学习用铃鼓和小竹板合作演奏打击乐。

2. 能将舞蹈动作节奏转化为节奏型。

3. 能控制敲击乐器的力度，以保持与集体声音协调一致。

活动准备

1. 音乐《匈牙利舞曲第五号》(节选，音频见U盘)。

2. 椅子分左、右两边纵队摆放，数量与幼儿人数相等。

3. 乐器准备：铃鼓，数量与女童人数相等，放在左边椅子下。自制小竹板，数量是男童人数的四倍，放在右边椅子下。

4. 已学会自制小竹板。

活动过程

1. 幼儿站在场地中间复习“活动层次(一)”中学过的双圈集体舞。

2. 幼儿学习打击乐器演奏(女童坐左边，男童坐右边)。

(1) 看教师跳舞，幼儿将舞蹈动作节奏转换为节奏型。教师提醒幼儿：向前移动时不拍手，和教师一起做摇手动作。

(2) 在教师的带领下，听音乐拍节奏型，行礼时不动。

(3) 看教师指挥，分声部（所分声部与跳舞时分角色方式一致）拍节奏。

(4) 看教师指挥，拿乐器演奏。教师提醒幼儿轻轻拍、摇铃鼓。

3. 恢复双圈队形，幼儿边敲击乐器，边跳集体舞。

动作建议

[前奏]

幼儿站成双圈，里圈男童，外圈女童，所有幼儿双手叉腰，同时面向圈内站好。

[A]段

[1～4 小节]——里圈男童双手上举，两手拇指与食指、中指做拍手状，其余手指自然张开，双脚原地踏步，每小节一次。外圈女童右手五指并拢，轻拍左肩，双脚原地踏步，每小节一次。

[5～8 小节]——里圈男童双手叉腰，保持不动，外圈女童右手上举，手腕自然转动，轻摇红手帕，小碎步向前移动至前一位舞伴身旁。

[9～12 小节]——动作同[1～4 小节]。

[13～16 小节]——动作同[5～8 小节]。

[B]段

[1～4 小节]——男童双手上扬轻拍手指，每拍一下，女童不动。

[5～8 小节]——女童右手轻拍左肩，每拍一下，男童不动。

[9～12 小节]——女童半蹲，双手摆在身体两边呈行礼状。男童左手背在身后，右手按在胸前，弯腰呈行礼状，均保持不动。

[13～16 小节]——男、女童恢复面向圈内、双手叉腰站立状。

设计者：南京市游府西街幼儿园　赵　倩　唐　茸　陈薇薇　徐　玲

15. 双头鹰进行曲

【乐曲】

双头鹰进行曲

1=E $\frac{2}{4}$ ［奥］瓦格纳 曲

铿锵、雄壮地

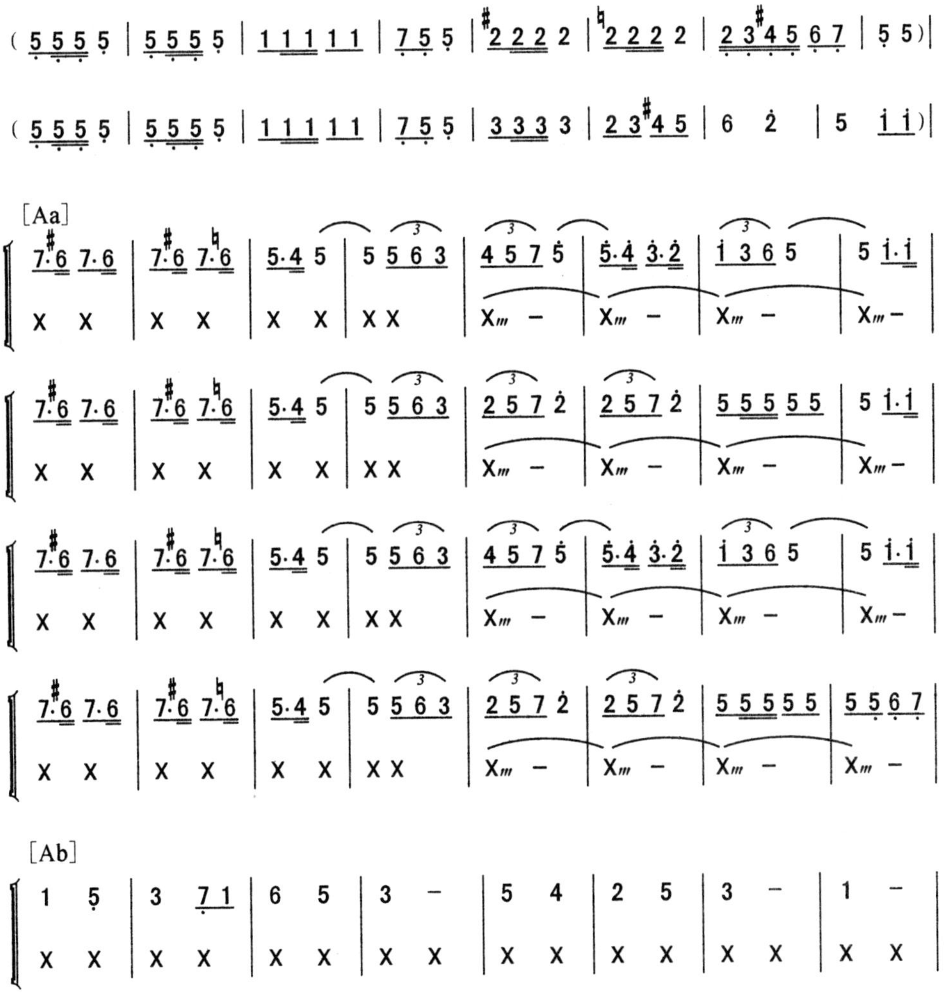

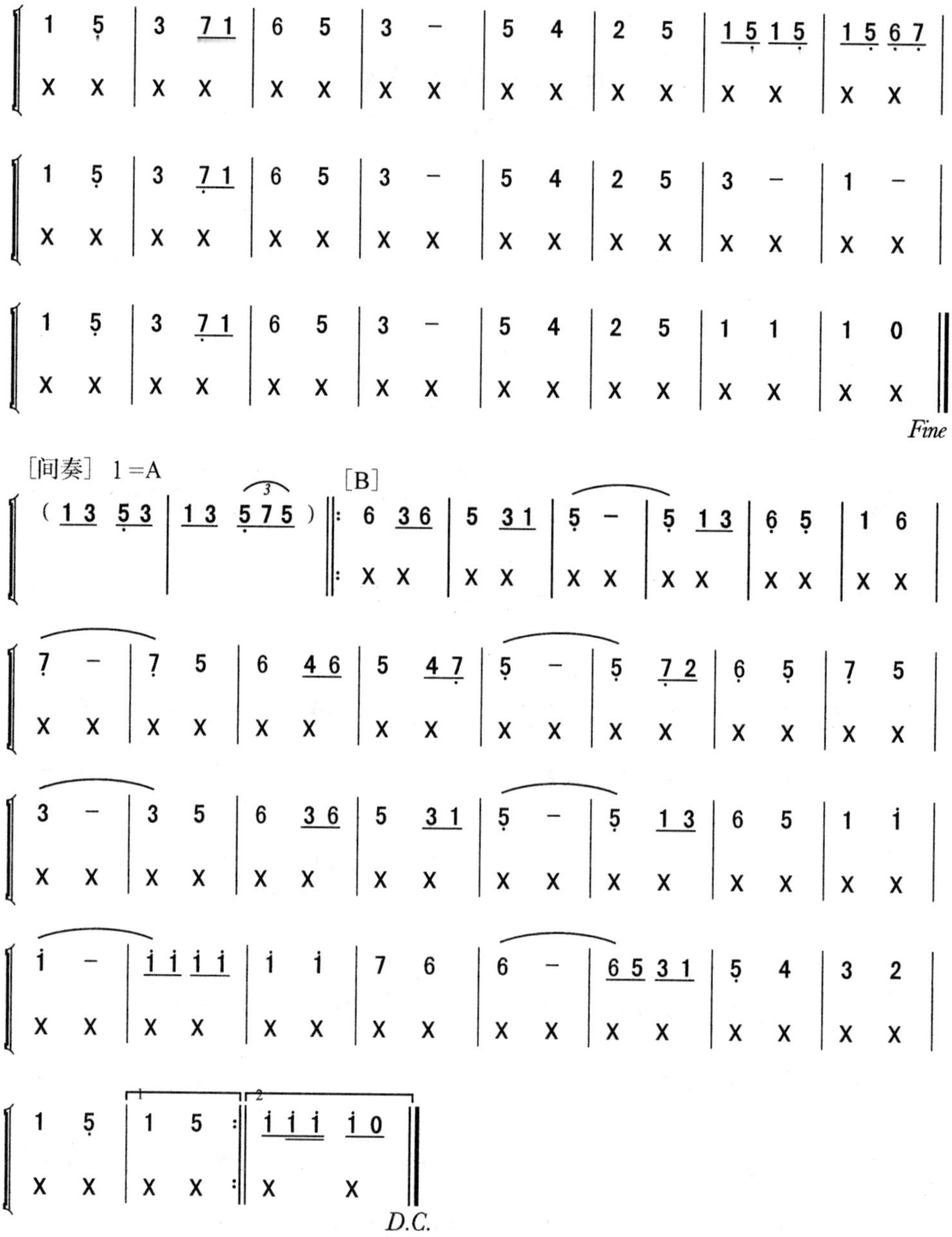
Fine
[间奏] 1=A
[B]
D.C.

【教育活动设计】

活动层次(一)

活动目标

1. 能按《双头鹰进行曲》音乐节奏跳《士兵的舞》,从而熟悉音乐结构,并能按乐句、乐段做动作。

2. 能将体育活动中变换队形的方式迅速迁移到集体舞的队形变换中。

3. 体会乐曲的铿锵雄伟,并用动作、体态表现。

活动准备

1. 红、绿、黄、蓝 4 种颜色飘带,数量各为幼儿总人数的四分之一,按 4 队的颜色分别系于颈上。

2. 椅子排成方阵队形(见“动作建议”)。

3. 音乐《双头鹰进行曲》。

活动过程

1. 幼儿欣赏音乐,体验音乐的情绪。

听音乐想象是什么人在干什么,随音乐做一做动作。

2. 幼儿学习[A]段动作及队形。

(1) 在教师的引导下,全体幼儿学习同伴做的踏步、敬礼、扛枪走等动作。

(2) 跟随[A]段音乐做相应的动作。

(3) 在教师介绍[Ab]段队形变化的要求后,听教师的口令练习走队形。

(4) 随[A]段音乐完整做出[A]段动作并变换队形。

3. 学习[B]段动作及队形变化。

(1) 在教师启发下编出指挥前进与后退的“旗语”动作,并随乐集体练习。

(2) 红队先指挥黄队进退,然后黄队指挥红队进退。按照红、黄两队互相指挥的方法,绿队和蓝队练习互相指挥进退。

(3) 随[B]段音乐完整地练习。

4. 幼儿完整地练习《士兵的舞》。

(1) 了解再现[Ab]段的队形变化后,练习一队一队地加入。

(2) 随乐完整地表演《士兵的舞》。

(3) 在教师提出保持体态的要求后，有表情地、完整地随音乐表演。

动作建议

座位及队形见下图。

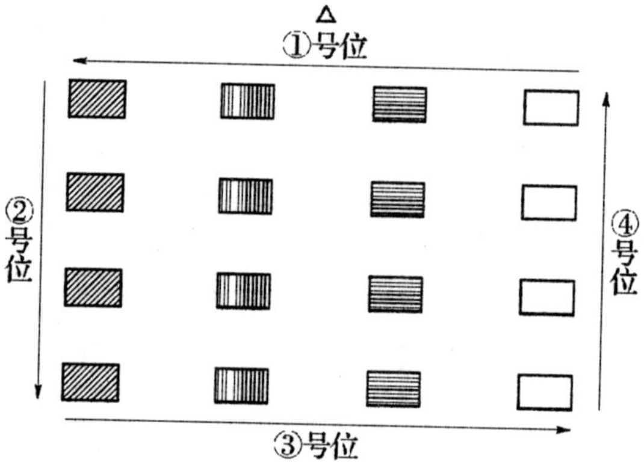

（注意：“△”代表教师的位置；“□”代表红队。“▤”代表绿队。“▥”代表黄队。“▨”代表蓝队）

［引子］

站在椅子右侧，双脚分立，抬臂吹号。每 4 小节音乐换一个方向吹号，左右两侧交替吹。

［Aa］段

［1～4 小节］——原地摆臂踏步。

［5～8 小节］——第一拍立正，右手举至头右侧敬礼并保持。

［9～32 小节］——同上。

［Ab］段

［1～8 小节］——红队扛枪左转弯走至①号位后踏步，其余队立正。

［9～16 小节］——红队、绿队左转弯走，红队走至②号位，绿队走至①号位。

［17～24 小节］——红队、绿队、黄队左转弯走，红队走至③号位，绿队走至②号位，黄队走至①号位。

［25～32 小节］——4 队同时左转弯走，红队至④号位，绿队至③号位，黄队至②号位，蓝队至①号位。

[间奏]

4 队面向中心站好。

[B]段

[1～16 小节]——红队打“旗语”指挥黄队前进或后退。

[1～4 小节]——红队右手上举至头顶并保持，表示前进。黄队踏步向前。

[5～8 小节]——红队右手上举至头顶并保持，表示继续前进。黄队继续踏步走至红队前。

[9～12 小节]——红队左手放下并保持，表示后退。黄队从原路后退。

[13～16 小节]——红队右手放下并保持，表示继续后退。黄队继续后退至原位。

[17～32 小节]——黄队打“旗语”指挥红队进退，动作同上。

重复[B]段

绿队指挥蓝队进退，再蓝队指挥绿队进退，动作同上。

再现[引子]

4 队切断分队走回椅子右侧。

再现[Aa]段

动作同前面[Aa]段。

再现[Ab]段

[1～8 小节]——红队扛枪原地踏步走，其余队立正。

[9～16 小节]——红队、绿队扛枪原地踏步。

[17～24 小节]——红队、绿队、黄队踏步。

[25～32 小节]——全体踏步。最后一节最后一拍结束后全体双臂上举并说“嘿”。

活动层次(二)

活动目标

1. 在掌握舞蹈音乐旋律、节奏的基础上，学习用乐器演奏。
2. 在学习探索过程中，知道动作可以提示如何累加与轮流演奏。
3. 在行进演奏的过程中，控制演奏的力度，与集体的保持一致。

活动准备

1. 碰铃、铃鼓、圆舞板、沙球，数量各为幼儿人数的四分之一。

2. 音乐《双头鹰进行曲》。

3. 乐队的指挥棒。

4. 椅子排成方阵队形，同“活动层次(一)”。

活动过程

1. 幼儿复习《士兵的舞》。

2. 幼儿学习[B]段的演奏。

(1) 随音乐将挥旗的动作转换成拍手的动作。

(2) 按照挥旗的顺序，看指挥进行轮奏。

(3) 随乐将被指挥者的进退转换成轮流拍手的动作。

(4) 看指挥的左右手，随音乐进行二声部的演奏。

3. 幼儿练习完整的演奏。

(1) 在教师的提示下，知道轮到谁走，谁就演奏，并随[A]段音乐，看指挥进行演奏。

(2) 看指挥完整地演奏。

(3) 随音乐，按舞蹈的队形，边行进边演奏乐器。

(4) 在军乐队指挥棒的指挥下进行演奏。

设计者：南京市游府西街幼儿园　茆　宁　殷惠茹　黄　莹

16. 雷　神

【乐曲】

雷　神

1=F　$\frac{2}{4}$　　　　选自《雄壮进行曲》

朝气蓬勃地

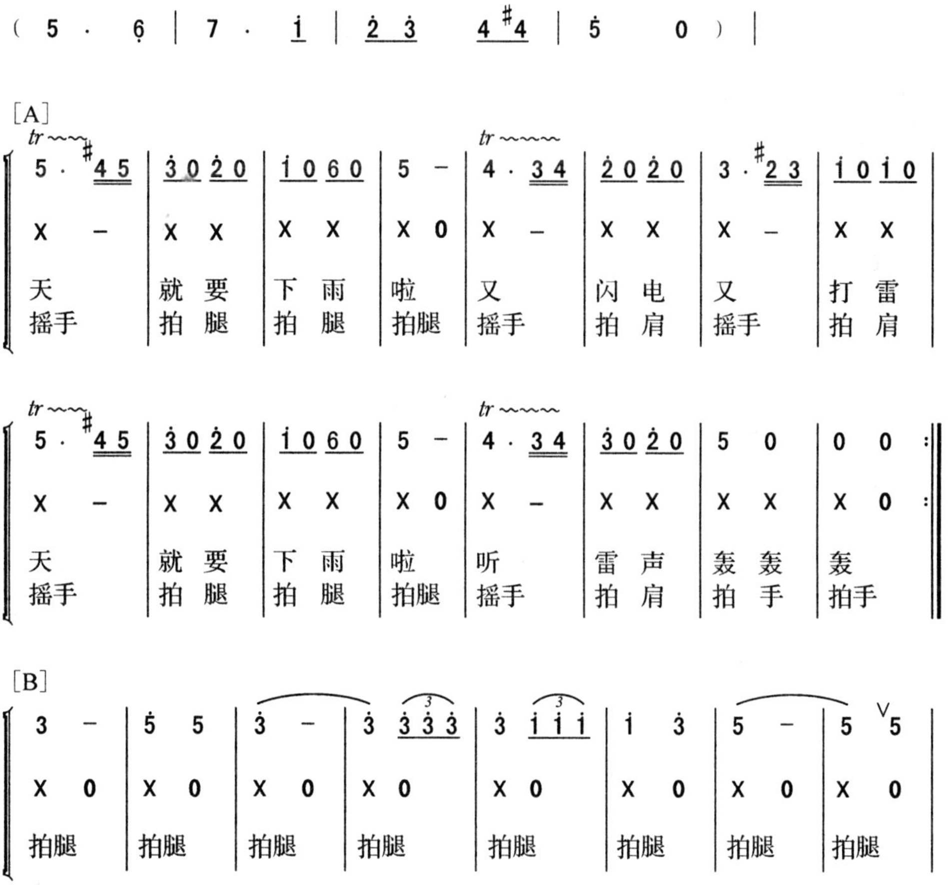

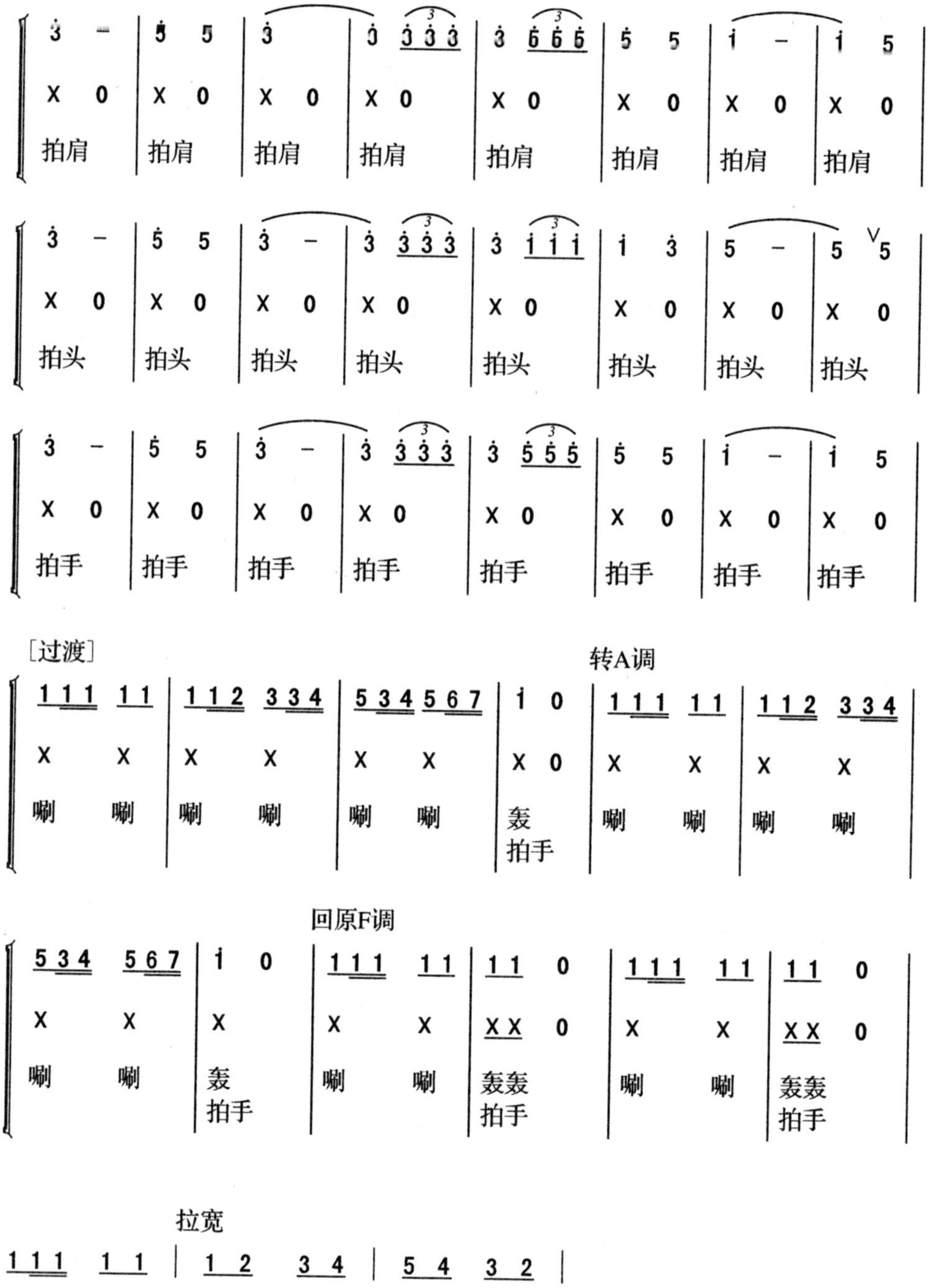
拍肩
拍头
拍手
[过渡]
转A调
唰
轰
拍手
回原F调
轰轰
拉宽

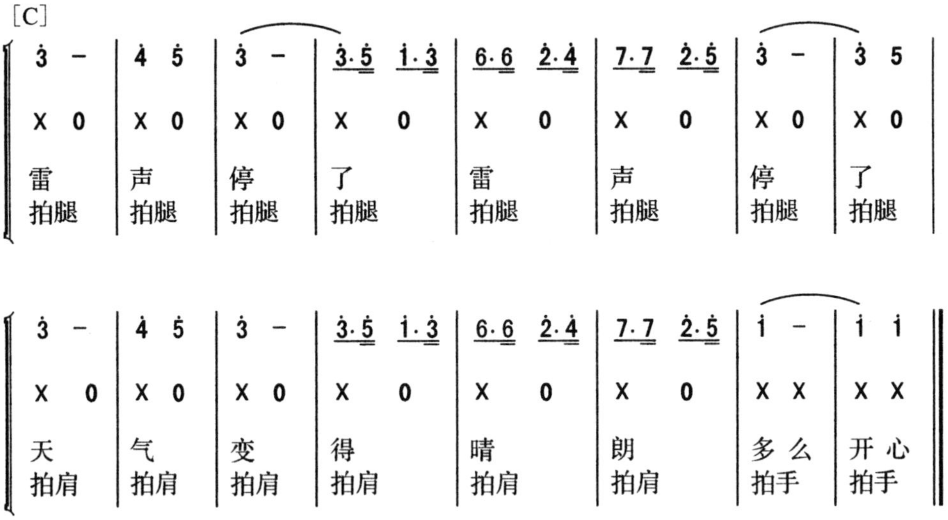

配器建议

摇手——铃鼓(摇奏)。

拍腿——碰铃。

拍肩——圆舞板。

拍头——铃鼓(拍奏)。

拍手——编制上的全部乐器。

【教育活动设计】

活动层次(一)

活动目标

1. 熟悉乐曲的旋律及特点,了解乐曲所表现的形象内容,初步掌握身体动作总谱。

2. 根据教师的语言及音乐形象,记忆总谱中的节奏及结构。

3. 初步感受和体验乐曲中欢快的情绪。

活动准备

音乐《雷神》(音频见 U 盘)。

活动过程

1. 教师通过讲述根据音乐语言创编的故事，引起幼儿的活动兴趣。

2. 在指导幼儿倾听音乐的过程中，教师用提问的方式引导幼儿将故事中的情节与音乐相匹配。

3. 教师示范，幼儿随音乐边念语音总谱，边做身体动作。

4. 幼儿学习动作。

(1) 教师示范后，问幼儿看到了哪些动作，在幼儿回答并做出动作后，教师给这个动作配上语音谱，并引导全体幼儿练习。幼儿以同样的方法学习其他动作。

(2) 幼儿跟随教师在语音提示下学做身体动作。

(3) 幼儿听音乐，在教师的语言及音乐形象的暗示下，将整套身体动作连起来做，在教师夸张动作的提醒下注意音乐的转换部分。

(4) 与教师一起跟随音乐做身体动作(不用语音进行自我提示)。

活动层次(二)

活动目标

1. 在掌握语音总谱和身体动作的基础上，学习用打击乐器为乐曲伴奏。

2. 能根据总谱的结构及教师指挥动作的暗示合奏。

3. 在演奏中能较好地控制自己的乐器，使自己的乐器与同伴的乐器一齐发出和谐的声音。

活动准备

1. 较熟练地掌握身体动作总谱。

2. 碰铃、圆舞板、铃鼓若干(各为幼儿人数的三分之一)，大鼓一面。

3. 音乐《雷神》(音频见 U 盘)。

活动过程

1. 幼儿听音乐练习身体动作。

(1) 听音乐前奏，说出乐曲的名字。

(2) 听音乐，与教师一起做身体动作。

(3) 分声部做身体动作。

①听教师慢速哼唱乐谱，尝试练习。

②看教师的指挥听音乐练习，熟悉乐器转换部分的顺序。

2. 幼儿听音乐并用打击乐器演奏。

（1）幼儿使用打击乐器演奏，在教师的指挥及眼神暗示下较好地进行乐器转换。

（2）个别幼儿在教师的指挥及音乐形象的暗示下用大鼓演奏。

设计者：南京军区南京实验幼儿园　方敬春

17. 蓝色多瑙河

【乐曲】

蓝色多瑙河

1＝A　$\frac{3}{4}$　　　　　　　　　　　　［奥］约翰·施特劳斯　曲

pp　慢起、逐渐上原速

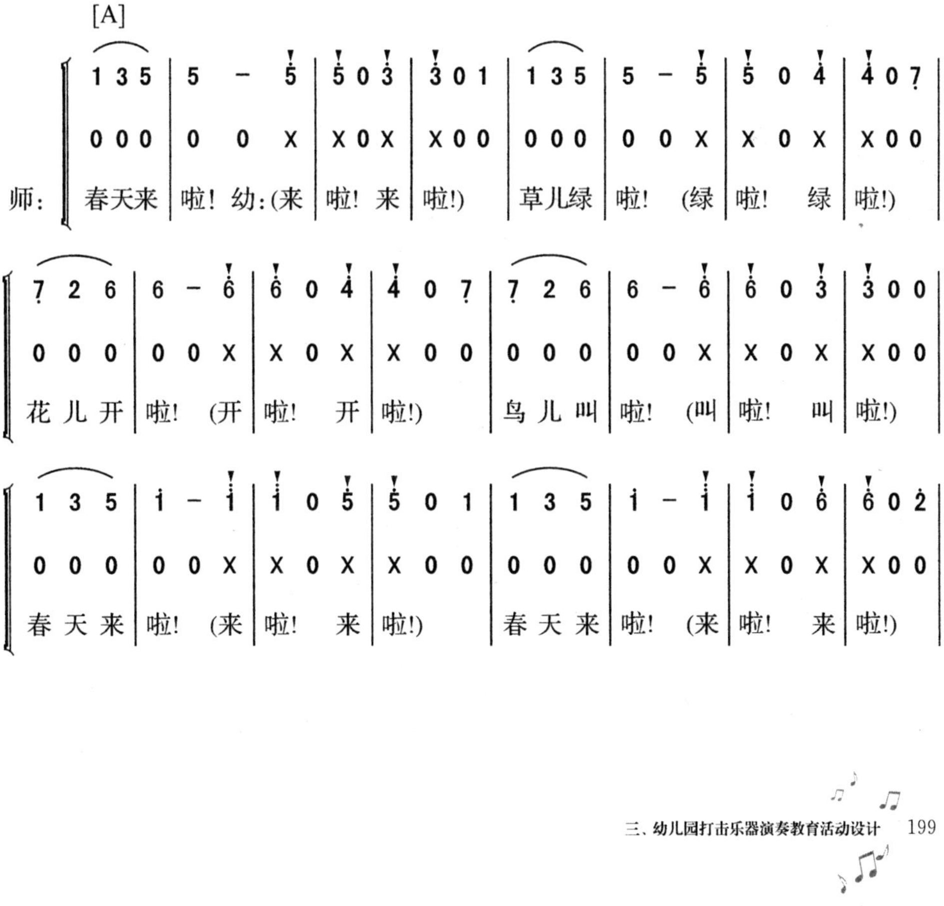

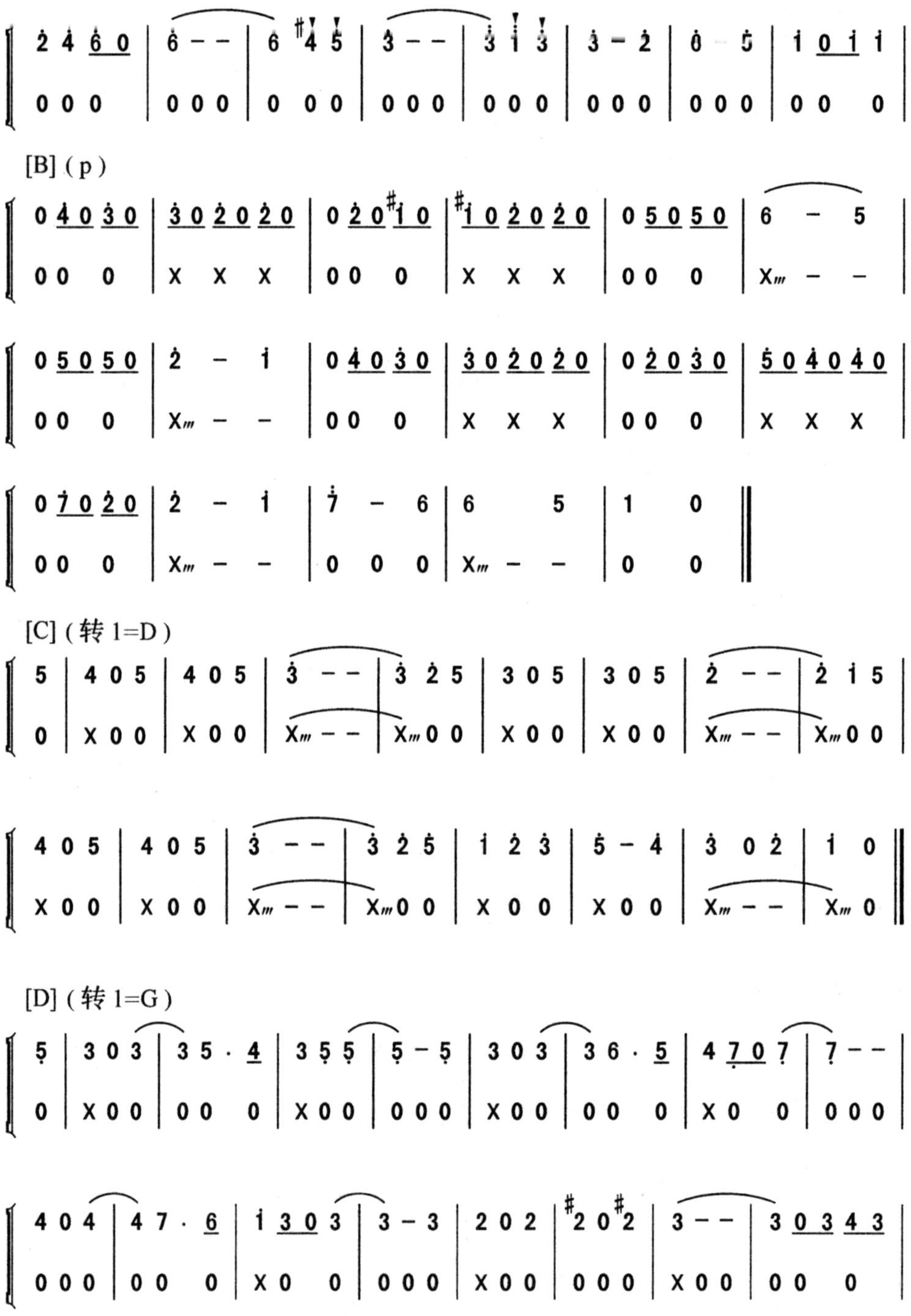
[B] (p)
[C] (转 1=D)
[D] (转 1=G)

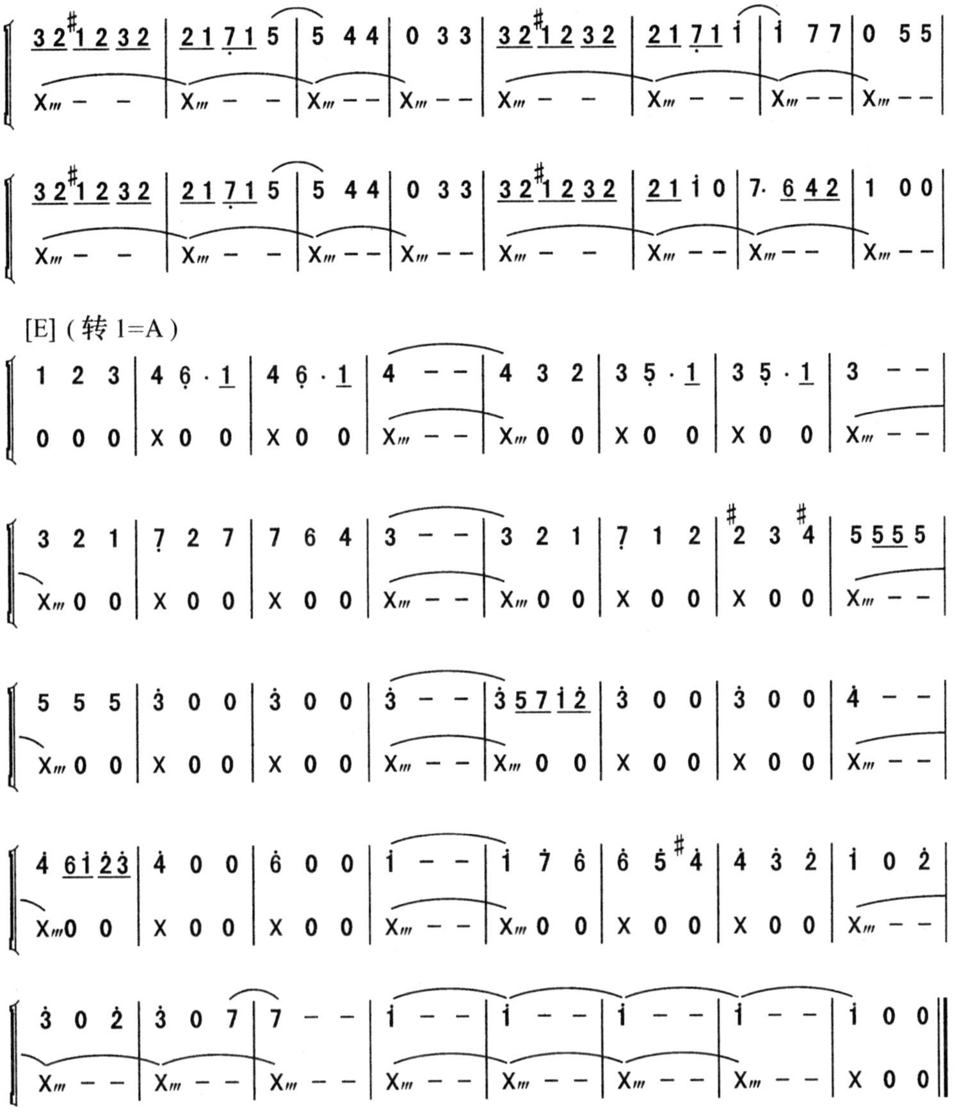

【教育活动设计】

活动层次(一)

活动目标

1. 通过“春天”游戏感受乐曲的优美，体验圆舞曲的节奏特点和旋转特点。

2. 学习按角色和情节创编与音乐相配的造型与动作。

3. 在活动中体验交流的愉快，大方投入地表演，真心地交流。

活动准备

音乐《蓝色多瑙河》(音频见 U 盘)。

活动过程

1. 幼儿倾听教师描述美丽的春天。

教师："春天来啦！小草、小花都长出来啦！春风吹，春雨洒，小草和小花都欢快地跳起了舞，互相拥抱，庆祝、欢迎春姑娘的到来！"

2. 幼儿欣赏音乐。

(1) 幼儿安静地倾听音乐，教师用简练的语言提示音乐的进行。

(2) 幼儿边听音乐，边用不妨碍他人的动作自己进行表演。

(3) 教师整理动作，幼儿随音乐练习(注意动作节奏要准确)。

3. 幼儿分段随乐练习，重点练习[B]段、[E]段。

4. 幼儿创编[D]段中的造型动作，并随乐练习。

5. 幼儿分角色完整地随乐表演。教师在参与的同时，应努力在活动过程中不断营造生气勃勃的音乐气氛。

活动层次(二)

活动目标

1. 在学会游戏的基础上，学习用打击乐器为乐曲《蓝色多瑙河》伴奏。

2. 根据游戏动作拍奏出乐曲的整套节奏型，并探索如何用三角铁和铃鼓演奏出连续的长音。

3. 学习控制自己演奏乐器的力度，使乐器发出的声色能表达乐曲情绪。

活动准备

1. 人手一件碰铃、圆舞板、三角铁、铃鼓中的一种乐器。

2. 音乐《蓝色多瑙河》(音频见 U 盘)。

活动过程

1. 幼儿随乐复习游戏。

2. 幼儿观看教师做游戏，根据动作快慢拍出相应的节奏型（凡双手伸出摇动的动作，幼儿与教师做同样的动作；教师转动时，幼儿用自己创编的手臂或手腕转动动作表现）。

3. 幼儿拍节奏型。

（1）看教师指挥拍出整套节奏型。

（2）看指挥分声部拍手两遍。

4. 幼儿学习随音乐进行乐器演奏。

（1）探索什么样的动作适宜用什么样的乐器演奏和如何表现。学习三角铁滚奏的方法。

（2）拿乐器看指挥，演奏两到三遍。幼儿演奏时，教师应注意用体态语言暗示幼儿敲击乐器的力度。

（3）待幼儿基本熟练后，可交换乐器演奏。

动作和配器说明

[A]段（幼儿面向教师散点站好）

[1～24 小节]——教师念前半句，幼儿回应后半句，并在两侧拍手，具体见总谱。

[25～32 小节]——全体幼儿原地蹲下。

[B]段（男童扮“小草”，女童扮“小花”，教师扮“春姑娘”）

[1～4 小节]——“小草”生长（男童手臂依次向上伸展，模仿“小草”破土而出的情景）。教师可用语言提示：“喝水（停住不动），长长长！喝水，长长长！”

乐器——三角铁、小铃鼓或圆舞板。

[5～8 小节]——“小草”随风左右摇摆两次（每两小节一次）后，手背在身后站好。

乐器——铃鼓摇奏（颤摇手腕演奏）。

[9～12 小节]——“小花”生长，同[1～4 小节]。

乐器——同[1～4 小节]。

[13～16 小节]——“小花”摇摆，同[5～8 小节]。

乐器——同[5～8 小节]。

[C]段(幼儿静止不动)

[1～4 小节]——“春姑娘”在幼儿间走(节奏见总谱)。

乐器——碰铃、圆舞板或三角铁。

[5～8 小节]——“春姑娘”伸出手臂与幼儿打招呼。(幼儿也伸出手臂回应)

乐器——铃鼓颤摇手腕演奏。

[9～16 小节]——同[1～8 小节]。

乐器——同[1～8 小节]。

[D]段

[1～16 小节]——幼儿与教师随音乐节奏身体左右摇动,注意姿态要优美(节奏见总谱)。

乐器——碰铃或三角铁。

[17～20 小节]——“小草”原地转一圈,在最后一拍摆出一个造型并保持不动。

[21～24 小节]——“小花”原地转一圈,动作同[D]段[17～20 小节]。

[25～32 小节]——同[17～24 小节]。

乐器——三角铁滚奏或铃鼓颤摇手腕演奏。

[E]段

[1～16 小节]——幼儿结伴。(走,走,打招呼)找到朋友后可原地做动作(节奏详见总谱)。

乐器——同[C]段[1～4 小节]。

[17～20 小节]——面对朋友,左右摆动身体,然后两人抱在一起做问候状(节奏详见总谱)。

[21～32 小节]——同[E]段[17～20 小节]。

[33～40 小节]——双手上举碎步上位,最后一拍拍手结束。

乐器——编制上的所有乐器齐奏。

设计者:南京市商业幼儿园　孙丹蕾

(四) 表演游戏作品教育活动设计

小班

1. 情境表演游戏“泡泡嘣嚓嚓”

【故事及游戏最终玩法】

在一座城堡里，住着一位巨人和许多泡泡精灵。每当巨人喊“泡泡嘣呀嘣呀嘣嚓嚓”时，泡泡精灵就会被唤醒。当巨人喊“吹吹吹泡泡，吹出一个大泡泡”时，泡泡精灵就会变出造型各异的大泡泡并和巨人狂欢。等巨人再次喊“泡泡嘣呀嘣呀嘣嚓嚓”时，泡泡精灵就会逐渐变小而消失。

【乐曲】

泡泡嘣嚓嚓

1=C $\frac{2}{4}$

成 媛 填词

佚 名 曲

[A](声音渐强)

	①	②		③	④		⑤	⑥
0 0	0 0 0 0	0 X X	0 0	0 0 0 0	0 X X	0 0	0 0 0 0	0 X X
泡泡	嘣呀嘣呀	嘣嚓 嚓，	泡泡	嘣呀嘣呀	嘣嚓 嚓，	泡泡	嘣呀嘣呀	嘣嚓 嚓，

	⑦	⑧
0 0	0 0 0 0	0 X X
泡泡	嘣呀嘣呀	嘣嚓 嚓。

[B]

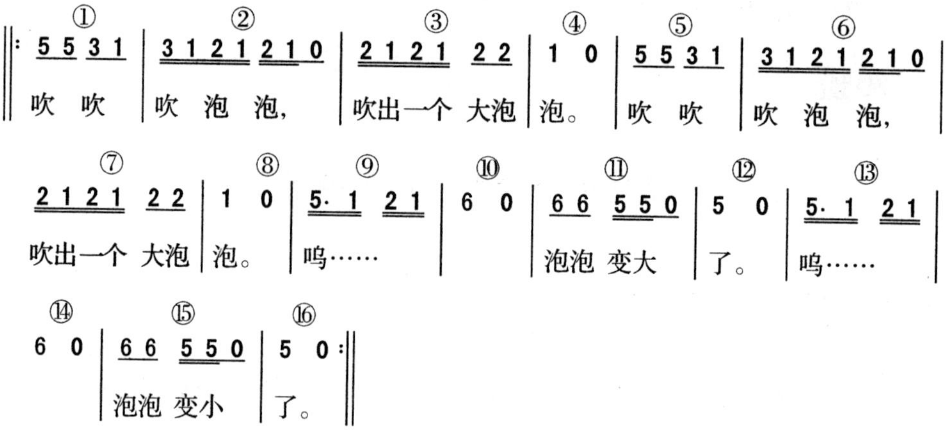

[A′](声音渐弱)

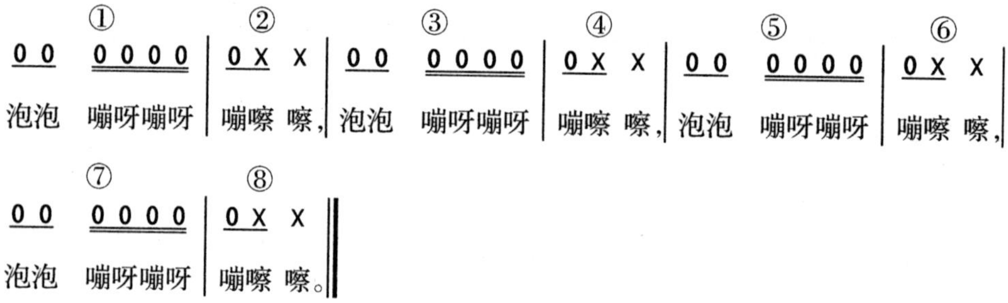

动作建议

[A]段

只要念到“嚓嚓”处，就拍两下手。

[B]段

[1～2 小节]——将双手放至嘴边，一拍一下地表现吹泡泡状。

[3～4 小节]——用身体动作自由表现出大泡泡的姿态。

[5～6 小节]——动作同[1～2 小节]。

[7～8 小节]——动作同[3～4 小节]。

[9～10 小节]——双臂自然上举，高过头顶，随音乐做快速转手腕的动作。

[11～12 小节]——摆出一个大泡泡的姿态后，随音乐左右各摇摆两下。

[13～14 小节]——动作同[9～10 小节]。

[15～16 小节]——摆出一个小泡泡的姿态后，随音乐左右各摇摆两下。

[A′]段

动作同[A]段。

演奏方法

[A]段

教师扮演巨人，手持一次性塑料袋演奏，表现唤醒泡泡精灵的情节。

[B]段

[1～2 小节]“吹泡泡”处——铃鼓敲击四下。

[3～4 小节]“变泡泡”处——手持铃鼓，用身体动作自由表现各种大泡泡的姿态。

[5～6 小节]——演奏方法同[1～2 小节]。

[7～8 小节]——演奏方法同[3～4 小节]。

[9～10 小节]“呜……” 处——双臂上举，手持铃鼓合拍地摇奏。

[11～12 小节]“泡泡变大了”处——手持铃鼓重敲四下。

[13～14 小节]——动作同[9～10 小节]。

[15～16 小节]“泡泡变小了”处——手持铃鼓轻敲四下。

[A′]段

教师手持一次性塑料袋演奏，表现泡泡逐渐消失的情节。

【教育活动设计】

活动目标

1. 初步感知音乐 ABA′的结构与特点，学习跟随[B]段音乐，尝试用铃鼓表现重与轻的力度，参与打击乐器演奏。

2. 能借鉴教师身体幅度的变化，尝试用轻重不同的演奏力度表现声音的强与弱，并能用不同身体姿态表现泡泡变大、变小的状态。

3. 在活动中体验与教师进行互动演奏所带来的乐趣。

活动准备

1. 铃鼓(数量与幼儿人数相等)。

2. 一次性塑料袋三到四个。

3. 音乐《泡泡嘣嚓嚓》(音频见 U 盘)。

活动过程

1. 教师边讲述《巨人与泡泡精灵》的故事,边表演“巨人吹泡泡”的游戏情节,帮助幼儿感知音乐 ABA′的结构及身体动作总谱。

2. 教师启发幼儿用身体动作一拍一下地表现[B]段泡泡变大、变小的不同姿态。

3. 教师哼唱“呜……泡泡变大了”与“呜……泡泡变小了”时,幼儿尝试边做上举转动手腕的动作,边拍手四下。

4. 教师启发幼儿尝试用摇奏铃鼓的方式表现“呜……”处的节奏;同时,能在“泡泡变大、变小”处,尝试用铃鼓一拍一下地表现轻敲、重敲的演奏方法。

5. 教师引导幼儿跟随[B]段音乐,尝试用铃鼓摇奏、轻敲、重敲的同时,能兼顾表现泡泡变大、变小时的不同身体幅度。

6. 教师一边有节奏地念[A]段歌词,一边用塑料袋吹出泡泡状,并摩擦发声,表现[A]段句末“嚓嚓”处的演奏方法,引导幼儿观赏并感受塑料袋参与演奏的奇特效果。

7. 教师引导幼儿学习听[A]段、[B]段音乐,尝试扮演泡泡,手持铃鼓,与扮演巨人而手持塑料袋的教师共同演奏,表现“巨人吹泡泡”的游戏情节。

8. 教师表演“塑料袋漏气渐渐变小”的情节,引导幼儿进一步感知[A′]段音乐所表现的“泡泡越变越小直至没有”的游戏情节。

9. 教师与幼儿分别扮演巨人与泡泡的角色,跟随[A′]段音乐,表演巨人用塑料袋碰到泡泡时,扮演泡泡的幼儿就要用动作表现出变小、消失的姿态。

10. 教师拿塑料袋扮演巨人,幼儿拿铃鼓扮演泡泡,跟随整首音乐,表演“巨人唤醒泡泡—巨人吹泡泡—泡泡逐渐变小”的游戏情节。

设计者:南京市北京东路小学附属幼儿园　成　媛

2. 情境表演游戏“洗澡啦”

【故事及游戏最终玩法】

天气好热，兔子跳跳要去河边洗澡，在洗澡的路上可能会遇到谁呢？

幼儿戴手铃，在音乐的第一和第二小节，边拍手边走步，表现“去洗澡”的游戏情节；在音乐的第三和第四小节，静止不动，表现“小心大野狼”的游戏情节；第五至第八小节，重复第一至第四小节的动作；第九至第十六小节，在身体的不同部位抖动手腕，晃动手铃，表现“痛痛快快洗澡”的游戏情节。

【乐曲】

洗　澡　啦

1=B $\frac{2}{4}$　　　　佚　名　词曲

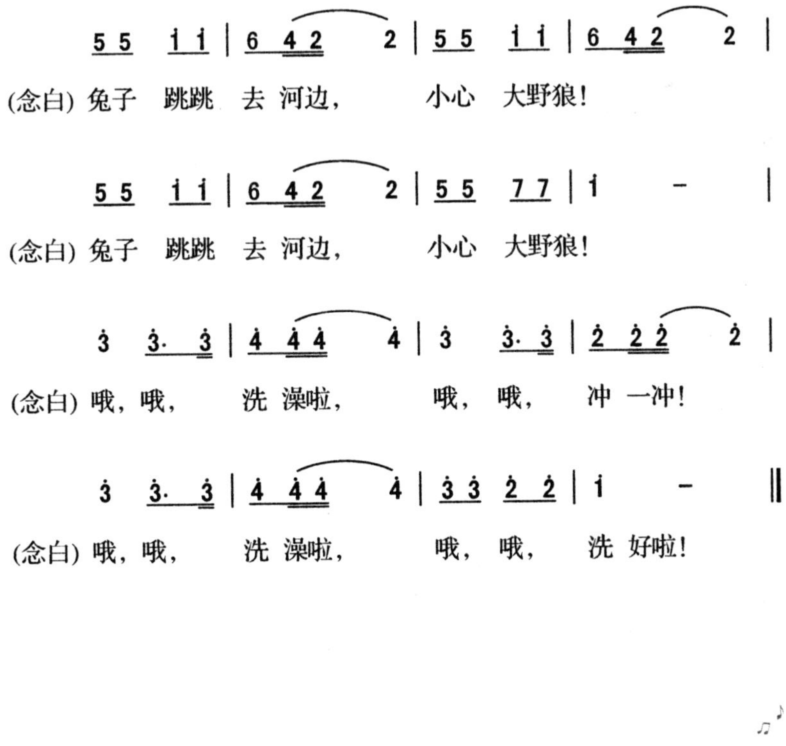

动作建议

[1～2 小节]——一拍一下拍手。

[3～4 小节]——竖起一只手的食指，靠近嘴边，做“嘘”的动作。

[5～8 小节]——重复[1～4 小节]的动作。

[9～10 小节]——双手举至头顶，边抖动手腕，晃动手铃，边向身体两侧打开。

[11～12 小节]——在身体的任意部位抖动手铃，做洗澡状。

[13～16 小节]——重复[9～12 小节]的动作。

【教育活动设计】

活动目标

1. 初步感受乐曲欢快的旋律与节奏，在教师动作、语言的提示下，学习用手铃一拍一下地演奏与暂停演奏表现乐曲的[A]段。

2. 在教师的引导下，尝试创编冲洗不同部位的动作来表现[B]段音乐的故事情节。

3. 体验与同伴共同游戏的快乐。

活动准备

1. 手铃(幼儿人手一个，教师一个)。

2. 剪辑好的音乐《洗澡啦》(音频见 U 盘)、手提电脑、音响。

3. 兔子手偶一个。

活动过程

1. 教师出示兔子手偶，讲述兔子去河边洗澡的故事，激发幼儿欣赏音乐的兴趣。

2. 幼儿完整欣赏一遍音乐，教师操作兔子手偶，跟着音乐做相应的动作。

(1) 幼儿倾听音乐，教师操作兔子手偶。

(2) 引导幼儿说出或模仿看到的动作。

3. 教师在音乐的伴奏下，边念儿歌边操作兔子手偶，通过提问帮助幼儿初步了解音乐中的故事情节，并徒手练习[A]段的动作。

(1) 听音乐，教师边念儿歌边表演。儿歌内容：“兔子跳跳去河边，小心大野狼！”“哦，哦，洗澡啦，哦，哦，冲一冲！”

(2) 请幼儿说出或模仿看到的动作，理解动作的含义。

(3) 在教师的带领下，幼儿练习[A]段的动作。

4. 在教师带领下，幼儿听音乐做动作。

(1) 在教师带领下，幼儿坐在座位上听音乐边念儿歌边做动作。

(2) 反馈[B]段的练习情况，带领幼儿练习[B]段的动作，调动幼儿的情绪。

(3) 再次听音乐，带领幼儿徒手、移动地完整练习。

5. 教师出示手铃，引导幼儿边听音乐边表演，重点练习[A]段一拍一下地演奏与暂停演奏。

(1) 幼儿尝试自己戴手铃，并摇一摇手铃，感受手铃的声音。

(2) 教师带领幼儿练习在“小心大野狼”时控制住手铃不发出声音。

(3) 在教师带领下，幼儿坐在座位上边听音乐边演奏手铃。

(4) 在教师带领下，幼儿散点站立，戴着手铃完整练习。

6. 在教师引导下，幼儿尝试创编洗身体的不同部位的动作，进一步感受[B]段音乐。

(1) 幼儿散点站立，教师边问幼儿边洗一洗幼儿说到的部位。

(2) 在教师带领下，幼儿完整地做游戏。

设计者：南京市北京东路小学附属幼儿园　徐雯雯

3. 益智—找规律游戏“快乐的小青蛙”

【故事及游戏最终玩法】

故事：小青蛙与妈妈一下一下地跳出门去玩啦！小青蛙与妈妈玩躲猫猫的游戏。小青蛙捉到了小虫子，啊呜啊呜吃了起来！

游戏化演奏方法参考如下。

[A]段音乐：幼儿一拍一次地用双手击奏铃鼓。

[B]段音乐：表演“躲猫猫”游戏。幼儿双手拿铃鼓，一拍用铃鼓遮住自己的脸，一拍放下铃鼓，交替进行。

[C]段音乐：表演“捉虫子吃”，幼儿两拍一次地用手做捉虫子的动作，两拍两次地用双手击奏铃鼓，交替进行。

【乐曲】

小 跳 蛙

1=C $\frac{4}{4}$　　　　彭钧 曲

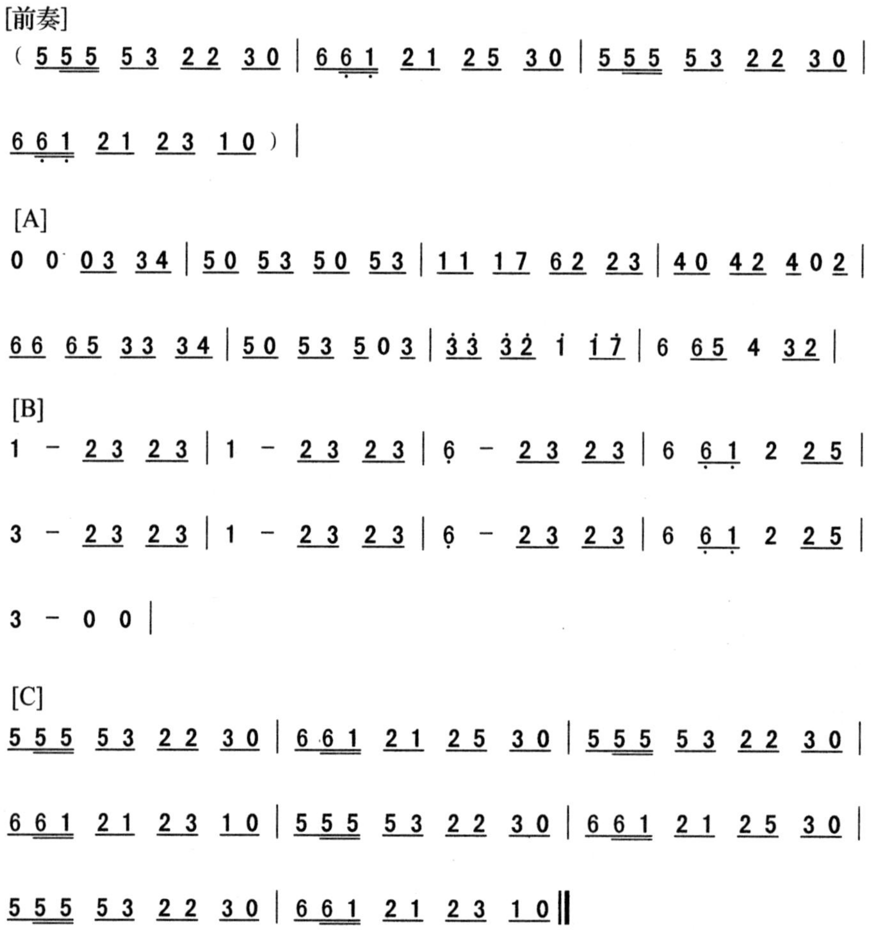

【教育活动设计】

活动目标

1. 熟悉音乐旋律，随乐做表演动作，并尝试用铃鼓随乐一下一下地演奏。

2. 通过找害虫的游戏情境及教师的语言提示，能随乐用乐器表现青蛙跳和吃虫子，用动作表演躲猫猫和捉虫子情节。

3. 体验乐器演奏活动带来的快乐，并努力合乐演奏乐器。

活动准备

1. 拴好绳子的铃鼓17个，气球伞1个。

2. 音乐《小跳蛙》。

3. 池塘大图1张(见图1)，虫子小图4张(见图2、图3)，隐藏在池塘大图里。稻田图片9张(见图4、图5、图6)：5张黄底图，画有非虫类图案；4张蓝底图，画有虫子图案。

活动过程

1. 幼儿围成半圆形坐在椅子上，乐器放在椅子底下。教师简单讲述故事。

2. 教师带领幼儿随乐做完整的身体动作。跳跃的动作用上肢象征性代替。每一遍结束后，教师以“点兵点将”游戏，决定哪位幼儿在“池塘里”找虫子，该幼儿就要到池塘大图(图1)上找虫子(图2或图3)。这个游戏玩2～3遍。

3. 教师引导幼儿拿出铃鼓并挂在脖子上，随乐使用铃鼓进行敲击和躲猫猫游戏。随乐做一遍游戏后，教师再以“点兵点将”游戏决定哪位幼儿在“池塘里”找虫子(图2或图3)。

4. 配班教师模仿农民伯伯给青蛙妈妈打电话，请小青蛙们帮忙在稻田里(图4)捉虫子。教师带领幼儿完整随乐演奏与表演。每遍结束后，教师请幼儿去翻一张稻田图片(图5)。这个游戏玩2～3遍后，教师引导幼儿观察虫子生活在什么颜色的稻田里。幼儿发现虫子都生活在蓝色的稻田中。教师归纳小结。

5. 幼儿再次完整随乐演奏1遍，教师引导幼儿有目的地找虫子。

6. 教师引导幼儿有规律地翻剩下的稻田图(图6)，并总结归纳图片。

7. 出示气球伞(彩色荷叶)，教师请每位幼儿找到“荷叶”的一边跪下，随乐边表演边演奏一遍。在[B]段“躲猫猫”的游戏处，幼儿可以抓住气球伞的边缘，利用气球伞进行“躲猫猫”游戏。随乐游戏结束后，可以请幼儿在“彩色荷叶”上跳一跳。

8. 有序送还乐器。

【附录：教学图片】

图 1

图 2

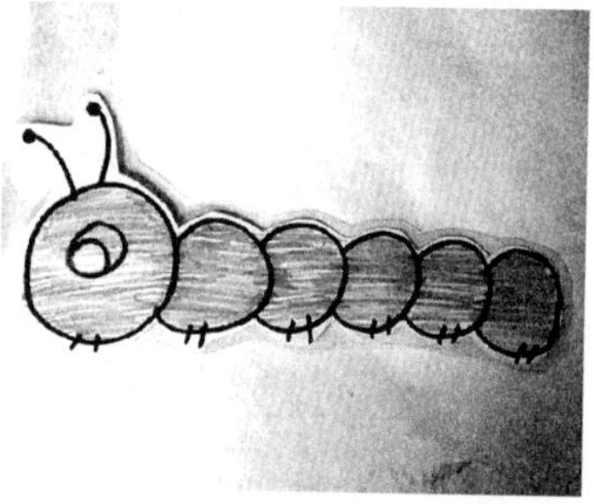

图 3

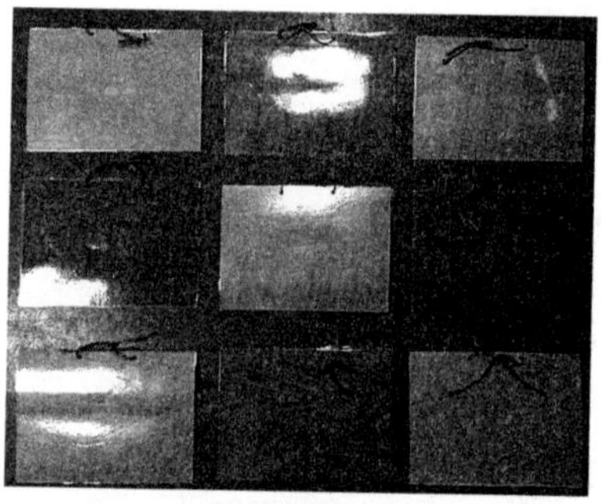

图 4

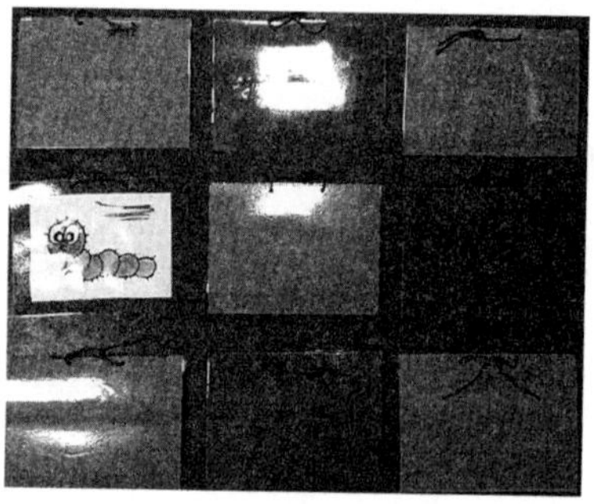

图 5

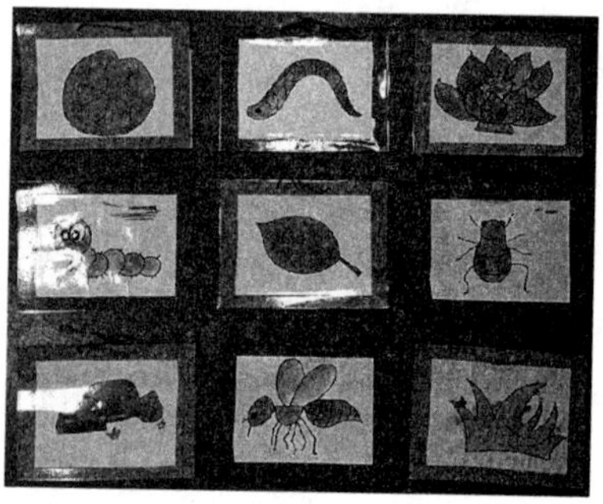

图 6

设计者：南京师范大学幼儿园　刘倩倩

4. 玩东西—乐器游戏 “小红帽”

【游戏最终玩法】

[1～16 小节]为一拍一下，[17～20 小节]以两小节为一个单位做散响，[20～24 小节]两手从两边由下往上落在左耳边，手心相对地做睡觉状。

【乐曲】

小 红 帽

1=D $\frac{2}{4}$

巴西歌曲

赵金平 陈小文 译词

张宁 译配

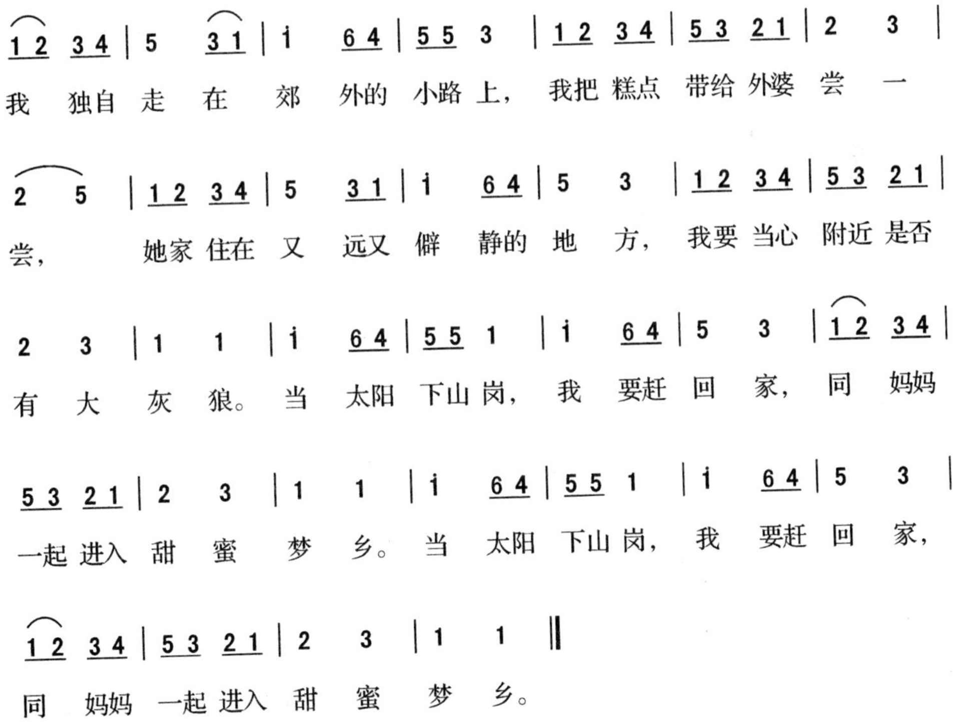

【教育活动设计】

活动目标

1. 在学会《小红帽》歌曲的基础上，将身体动作转化为节奏型，并用乐器进行演奏，敲出单响和散响。

2. 在游戏情境下，自由探索铃鼓的不同演奏方法并大胆尝试各种可以让铃鼓发出声音的方法。

3. 带领伙伴用自己创造的不同演奏方法演奏，体验成功的快乐。

活动准备

1. 欣赏过小红帽的故事。

2. 已学会歌曲《小红帽》及表演动作。

3. 乐器：铃鼓、圆舞板、木鱼。

活动过程

1. 幼儿复习歌曲《小红帽》并做身体动作。

2. 教师做一下动作，幼儿就拍一下手。请幼儿尝试将身体动作转化为节奏型。

3. 教师出示乐器（铃鼓），介绍乐器名称。

4. 幼儿从椅子底下把铃鼓拿出来并试着敲一敲，看看怎样才能发出好听的声音。教师引导幼儿探索铃鼓的不同演奏方法，鼓励幼儿探索各种可以让铃鼓发声的方法。

5. 请几名幼儿演示自己想出来的演奏方法，幼儿集体学习。

6. 教师选取其中一种幼儿演奏的方法，带领大家为《小红帽》歌曲伴奏。在“当太阳下山岗”到“进入甜蜜梦乡”时一直拿着乐器做原来的身体动作，自然摇出散响的效果。

7. 个别幼儿上来用自己探索出来的演奏方法带领全体幼儿为歌曲伴奏。

8. 再次演奏乐器，幼儿可以用乐器选择自己喜欢的方法为歌曲伴奏。

设计者：南京市游府西街幼儿园　黄　悦

5. 情境表演—猜谜游戏“小小魔法师”

【故事及游戏最终玩法】

小小魔法师跟着魔法老师走进了神秘的魔法森林。他们东瞧瞧西看看，发现了一个魔法盒。魔法盒里会变出什么呢？让我想一想，赶快拿出魔法棒来变一变：“乌拉拉拉，乌拉拉拉，变、变、变！”变出什么呢？是好吃的巧克力，是好玩的小汽车，还是……

【乐曲】

森林狂想曲（改编）

1=G $\frac{4}{4}$　　　　吴金黛　改编

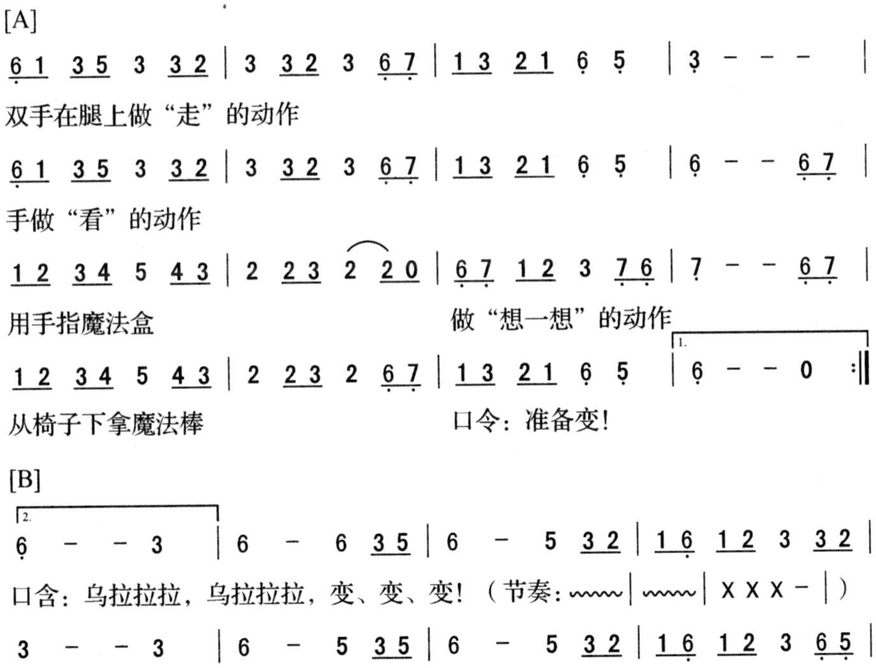

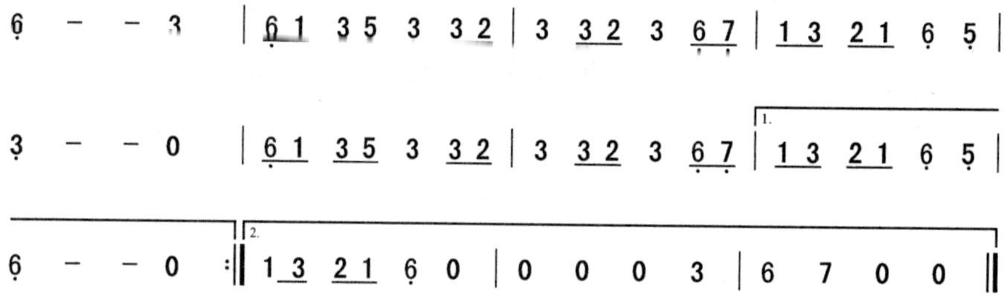

【教育活动设计】

活动目标

1. 在故事的帮助下，用表演游戏动作熟悉乐曲的节奏和结构，将棒铃或沙锤假想成魔法棒，参与[B]段变魔法的演奏。

2. 在魔法语言“乌拉拉拉，乌拉拉拉，变、变、变！”的帮助下，学习用魔法棒演奏节奏型﹏﹏ | ﹏﹏ | X X X - |。

3. 知道轻拿轻放棒铃或沙锤，和大家一起说咒语并用乐器变魔法。

活动准备

1. 改编乐曲《森林狂想曲》(改编，音频见 U 盘)。

2. 棒铃 16 个，沙锤 16 个。

3. 魔法帽 1 顶，装有各种有趣物品的魔法盒 1 个。

活动过程

1. 教师在音乐的伴奏下讲故事。在讲故事的过程中，教师注意故事、语音语调与音乐的匹配。故事讲到“变出什么呢?”时，教师手持魔法盒走到幼儿面前，请个别幼儿猜测盒子里会有什么东西。

2. 教师扮演魔法师，完整地合乐示范动作、念魔法咒语“乌拉拉拉，乌拉拉拉，变、变、变！”，完成从盒子里变出东西的表演，引导幼儿在观察后反馈：老师是怎么变的？说了什么咒语？

3. 教师再次示范，引导幼儿再次细致观察[B]段变魔法部分，说出共变了几次，并学一学用手指魔法棒演奏﹏﹏ | ﹏﹏ | X X X - |节奏型和说“乌拉拉拉，乌拉拉拉，变、变、变！”魔法咒语。

4. 幼儿扮演小小魔法师并跟随魔法老师，完整地合乐做一遍表演动作。这次，教师故意在表演结束时没有从盒子里拿出东西，引导幼儿反思："为什么没有变出来？""是不是每个人都用魔法棒指着盒子变的？""是不是每个人都念咒语并做动作？"

5. 教师出示两种乐器（棒铃和沙锤），告诉幼儿这是会发出声音的魔法棒，引导幼儿认识并在[B]段尝试自己使用自选的乐器表演节奏型。

6. 教师继续扮演魔法老师，和幼儿一起使用乐器完整地演奏一遍，在最后表演结束时，教师手持魔法盒走到一个表演得最认真的幼儿面前，请他从魔法盒里拿出一个东西，激发幼儿参与的兴趣。

7. 教师退出，鼓励幼儿自己用乐器完整地演奏一遍。

设计者：南京市游府西街幼儿园　周　瑾

6. 情境表演游戏"蔬菜汤"

【故事及游戏最终玩法】

活动的一开始，教师装扮成厨师，引导幼儿进入烧蔬菜汤的游戏情境。在烧汤的过程中，引导幼儿一遍一遍地练习节奏。当幼儿掌握音乐的节奏后，先增加打击乐器，并按照"徒手练习—用木勺＋泡沫垫演奏—用蛙鸣筒演奏—站在地板上演奏"的顺序逐一练习；再让幼儿替换不同的打击乐器演奏，从而烧出不同的蔬菜汤，最后进行肢体韵律游戏。

【教育活动设计】

活动目标

1. 运用多种乐器，尝试演奏节奏型 X X X X | 。
2. 在游戏情境下，探索不同物品的打击方法，感受打击物品的多样性。
3. 体验打击乐的乐趣，喜欢参与集体打击乐。

活动准备

1. 木勺和泡沫垫(摆成圆形)。

2. 蛙鸣筒、蔬菜玩具、桌子、小猫手偶。

3. 音乐《一百只老鼠》(片段,音频见 U 盘),曲谱略。

活动过程

1. 全体幼儿呈半圆形坐定。教师戴上围裙扮演大厨师,面前放一个菜篮子,里面装上萝卜、南瓜、青菜、大葱等。教师拿出一个萝卜,引导幼儿用语言描述:萝卜是红红的、大大的……教师引导:“我们一起来烧个萝卜汤喝。”由此,引导幼儿在故事情境下,感受音乐的节奏型,并根据幼儿的熟练情况让他们练习几次。

2. 教师邀请幼儿一起来练习烧汤的本领,徒手练习节奏型 1～2 次。在活动过程中,教师要用游戏化的情境吸引幼儿,可用一些指导语,如:“摸一摸小肚子,看看吃饱了没有?”“舔一舔小嘴巴,真好喝啊!”

3. 配乐徒手练习节奏 1～2 次。

4. 教师出示小猫手偶:“小猫被香香的蔬菜汤引来了,它想要喝鲫鱼豆腐汤,小朋友们变成小厨师,为小猫烧汤喝。”幼儿围坐在泡沫垫前,形成一个圆圈,泡沫垫是豆腐,幼儿用木勺和泡沫垫进行配乐演奏。

5. 替换演奏乐器,蛙鸣筒作“鲫鱼”,引导幼儿“先刮一刮鱼鳞,再切一切,放进锅里烧汤”,然后配乐演奏。

6. 替换为站在地板上演奏,创设情境“如果再加点小葱就更好喝了”,幼儿再次配乐演奏。

7. 配乐情境表演,“烧成一锅大杂烩”。引导幼儿将身体变成蔬菜,跟着音乐的节奏进行韵律表演。

8. 自主收拾场地,安放和归还乐器。

设计者:南京市第一幼儿园　刘　婵

7. 乐器探索—情境表演游戏
“小老鼠上灯台”

【游戏最终玩法】

唱歌曲《小老鼠，上灯台》，师幼用筷子随歌曲节奏一下一下敲击酸牛奶罐子，在歌曲最后一句，将罐子放在筷子的顶端，快速地摇动使其发出声音，歌曲结束，将罐子抱在怀里，不发出声音。

【乐曲】

小老鼠，上灯台

1=C $\frac{2}{4}$　　　　佚　名　词曲

5 5 3 | 5 5 3 | 5 5 3 | 5 6 5 | i i i | i 6 i 5 |

小 老 鼠　上 灯 台　偷 油 吃　下 不 来　喵 喵 喵　猫 来　了

5553 223 | 1 － ‖

叽里咕噜 滚 下　来。

【教育活动设计】

活动目标

1. 能够自由探索奶罐敲击和摇奏的方法，并结合歌曲边唱边进行表演。
2. 能根据歌曲的情节，匹配奶罐敲击和摇奏的演奏方法。
3. 能够积极参与游戏，较好地控制奶罐发出的声音和节奏。

活动准备

1. 幼儿每人一只空奶罐，一根长约 15 厘米的小木棒(一次性筷子)。

2. 幼儿已学会演唱歌曲《小老鼠，上灯台》。

3. 一只贴有小老鼠形象的奶罐。

活动过程

1. 教师通过提问帮助幼儿认识奶罐和小木棒，尝试、探索敲击发声的方法。

2. 幼儿介绍让小奶罐发声的方法：用小木棒敲击奶罐的底部，能发出一下一下的声音。将奶罐套在木棒上，摇动小木棒，使套在小木棒上的奶罐也跟着摇动，从而发出连续的声音。

3. 师幼讨论：奶罐的声音像什么？（敲击声：像脚步、像下雨、像打鼓……摇奏声：像刮风、像摇铃、像跑步……）

4. 师幼结合讨论情景练习打节奏。幼儿在听到教师的语言后用相应的演奏方法进行演奏。如“下小雨啦……”（幼儿用击奏的方法表示）“刮大风啦……”（幼儿用摇奏的方法表示）“风停了！”（幼儿将奶罐按住，使其不再发出声音）

5. 教师出示贴有小老鼠形象的奶罐，结合歌曲情节，引导幼儿练习与之相匹配的演奏方法。用敲击的方法一下一下地表现小老鼠往上爬的情节；将奶罐顶在小木棒上表示小老鼠躲到了灯台上，教师引导幼儿练习“在大猫来的时候，将奶罐快快地套到小木棒上”。启发幼儿用摇奏的方式表现小老鼠“叽里咕噜滚下来”。

6. 师幼结合歌曲《小老鼠，上灯台》，边唱边进行摇奶罐的演奏。

7. 教师引导幼儿替换歌曲中“偷×吃”的内容反复进行游戏。教师提醒幼儿注意节奏的掌握及小猫来时要将奶罐套好。

设计者：南京市第一幼儿园　张晓勤

中班

1. 情境表演游戏“玛丽摘香蕉”

【故事及游戏最终玩法】

玛丽是一只爱吃香蕉的小猴子，她来到山坡，找香蕉、摘香蕉、捡香蕉、煮香蕉、吃香蕉……最后，她还要再来些甜甜的香蕉，看来她还真是一只馋嘴的小猴子呢！别忘了在唱到“Hi-Lan’dey”时用小乐器为玛丽伴奏、加油哦！

【乐曲】

玛丽摘香蕉

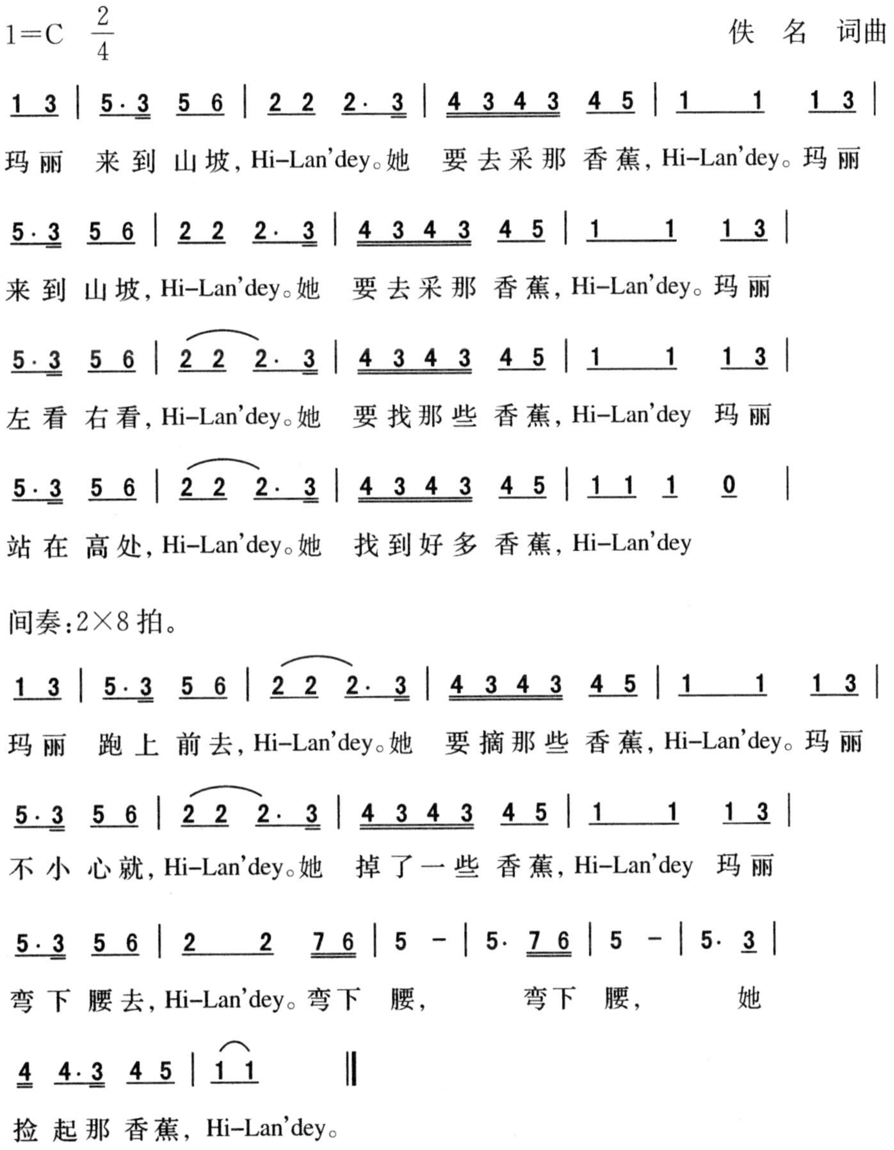

间奏：2×8拍。

自由舞蹈：4×8 拍。

动作建议

根据歌词做相应的表演动作，在唱到“Hi-Lan' dey”时按照 | X X X 0 | 的节奏型敲击乐器即可。

【教育活动设计】

活动目标

1. 初步感受歌曲《玛丽摘香蕉》的欢快情绪，尝试用简单的乐器演奏来参与故事表演，体验故事的趣味性。

2. 注意倾听音乐，发现音乐中的重复部分“Hi-Lan' dey”，并用铃鼓演奏表现 | X X X 0 | 的节奏，尝试用身体不同部位敲击铃鼓。

3. 积极参与活动，大胆地在集体中表达自己的体验。

活动准备

1. 铃鼓(幼儿人手一个)。

2. 歌曲《玛丽摘香蕉》(音频见 U 盘)、手提电脑、音响。

3. 教师用铃鼓一个。

4. 教师用猴子胸饰一个。

活动过程

1. 教师戴猴子胸饰与幼儿打招呼，引起幼儿倾听歌曲的兴趣。

2. 第一遍倾听歌曲，引导幼儿初步熟悉歌曲的风格，带领幼儿学说“Hi-Lan' dey”，帮助幼儿初步了解乐曲的主要节奏型 | X X X 0 | 。

(1) 倾听音乐。

(2) 教师提问，引出“Hi-Lan' dey”一词，并带领幼儿有节奏地边说“Hi-Lan' dey”边做“加油”的动作。

3. 第二遍听音乐，教师带领幼儿边听音乐边在“Hi-Lan' dey”处拍手，进一步感受乐曲的主要节奏型 | X X X 0 | 。

4. 教师清唱歌曲一遍，帮助幼儿进一步理解歌曲内容，重点带领幼儿练习“弯下腰”“好甜好甜”“嗯哼”等处的唱词和动作。

5. 第三遍听音乐，幼儿在教师动作、语言的提示下，学习敲击铃鼓表现乐曲的主要节奏型 | X X X 0 | 。

(1) 教师示范铃鼓的正确握法，再清唱一句，并带领幼儿练习轻轻地拍击铃鼓鼓边。

(2) 幼儿听音乐，在教师动作、语言的提示下，学习敲击铃鼓来表现乐曲的主要节奏型 | X X X 0 | 。

6. 第四遍听音乐，在教师的动作的带领下，幼儿尝试用简单的表演动作表现音乐的情节，并敲击铃鼓表现乐曲的主要节奏型 | X X X 0 | 。

7. 在教师的引导下，幼儿探索用敲击身体不同部位的方式演奏铃鼓，进一步熟悉乐曲的主要节奏型 | X X X 0 | 。

8. 教师带领幼儿完整听音乐并进行表演。

设计者：南京市北京东路小学附属幼儿园　徐雯雯

2. 玩乐器—玩东西游戏“爆米花”

【故事及游戏最终玩法】

玉米在锅里跳呀跳，玉米在锅里跳呀跳，快要熟咯。玉米在锅里翻来翻去，翻来翻去。最后“砰”的一下，你们猜玉米变成了什么啊？

游戏玩法如下。

所有的幼儿做小玉米，随乐模仿爆米花的样子玩游戏。

[A]段

双手在身体的任何一个部位做：跳，跳，翻；跳，跳，翻；跳，跳，翻；跳，跳，翻。

[B]段

继续用双手在身体的这个部位做连续的“跳跳跳跳跳跳……”，然后休止，在音乐的最后一拍做一个可爱的爆米花造型。

A、B两位教师玩爆米花游戏。

跳：两位教师用手向上拍沙袋；翻：A教师将沙袋抛向B教师，然后B教师将沙袋抛向A教师。

连续跳：两位教师双手快速抛接沙袋，然后休止，在音乐的最后一拍，举着沙袋做一个造型。

【乐曲】

爆　米　花

1=C $\frac{4}{4}$　　　　奥尔夫音乐

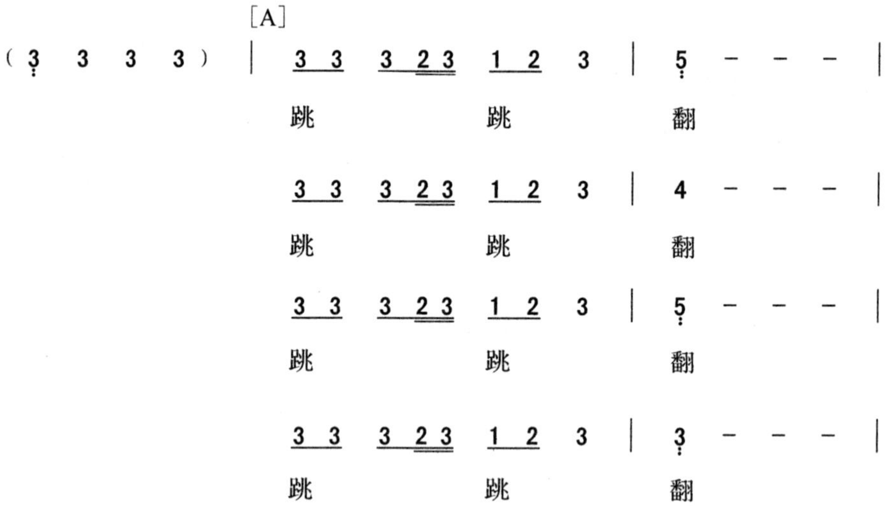

[B]

3 5 6 5　3 5 6 5　3 5 ♭6 5　3 5 ♭6 5 | 3 5 6 5　3 5 6 5　3 5 ♭6 5　3 5 ♭6 5 |

连续做：　跳　跳　跳　跳　跳　跳……

3565 3i 3565 3i | 35 3i 35 3i | 3̇ - - 2 | 1 2 3 4 | 4 - - 5i ‖

休止　　　　　　　　　　　　　　　　　　　　　　爆米花造型。

配器说明

跳的动作——圆舞板。

翻的动作——沙球。

造型——圆舞板和沙球合奏。

【教育活动设计】

活动目标

1. 学习用身体动作和乐器表现音乐断顿和连续的节奏、音响效果。

2. 通过倾听和比较，尝试为断顿和连续的节奏匹配合适的乐器来演奏，尝试运用非常规性乐器演奏。

3. 在最初的合作演奏过程中，努力与同伴协调，达成一致。

活动准备

1. 沙袋两个。

2. 圆舞板和沙球各若干个。

3. 生活中的乐器：笔、木质套盒，装有沙子、木球的塑料瓶子若干。

4. 音乐《爆米花》(音频见 U 盘)。

活动过程

1. 教师与幼儿共同分享有关爆米花制作的过程，然后教师讲述关于玉米变成爆米花的故事。

2. 教师引导幼儿尝试用双手当作小玉米，在身体的某个部位做玉米跳跃和翻滚的动作。教师与幼儿一起完整地倾听音乐，并在身体的这个部位做相应的爆米花跳和翻滚的动作，关注幼儿在音乐的最后一拍做的造型的准确性。

3. 幼儿迁移身体部位使用经验，用身体的不同部位进行游戏。幼儿在教师动作的引导下，尝试在随乐动作的过程中分辨跳的节奏的不同，有时一下下跳跃，有时连续跳跃。

4. 幼儿继续迁移用身体不同部位表现爆米花跳跃、翻滚动作的经验。教师重点关注幼儿在音乐的结尾处表现出的不同爆米花造型。个别幼儿尝试带领大家随乐做动作。

5. 幼儿倾听圆舞板、沙球的不同音响效果，为跳跃的动作和翻滚的动作匹配乐器。教师用身体动作表现爆米花，幼儿尝试用乐器合作演奏。

6. 幼儿尝试从生活中的乐器选择音色合适的进行匹配并演奏。幼儿发现生活中的乐器在敲击方法上的不同。例如，各种笔和木质的盒子，更能演奏出一下下敲击的声音；装有沙子和木球的塑料瓶子，比较容易演奏出连续的声响。幼儿尝试看教师的表演，并使用生活中的乐器演奏 2～3 遍。教师注意关注幼儿使用生活中的乐器敲击出一下下和连续两种不同的音响效果。

7. 幼儿尝试做小指挥，指挥大家演奏乐曲。

8. 两个教师使用沙袋玩“爆米花”的游戏，在游戏过程中，指挥幼儿演奏生活中的乐器。

设计者：南京师范大学幼儿园　周　洁

3. 情境表演—玩乐器游戏
“小青虫和大公鸡”

【故事】

我是一只小青虫，头戴一顶小草帽。大公鸡也出门了，他说：“我是一只大公鸡，起得早，没吃饱。”当小青虫遇到了一只大公鸡，会发生什么有趣的事情呢？

【乐曲】

匈牙利舞曲第五号

1＝A $\frac{2}{4}$　　　　　　　　［德］勃拉姆斯　曲

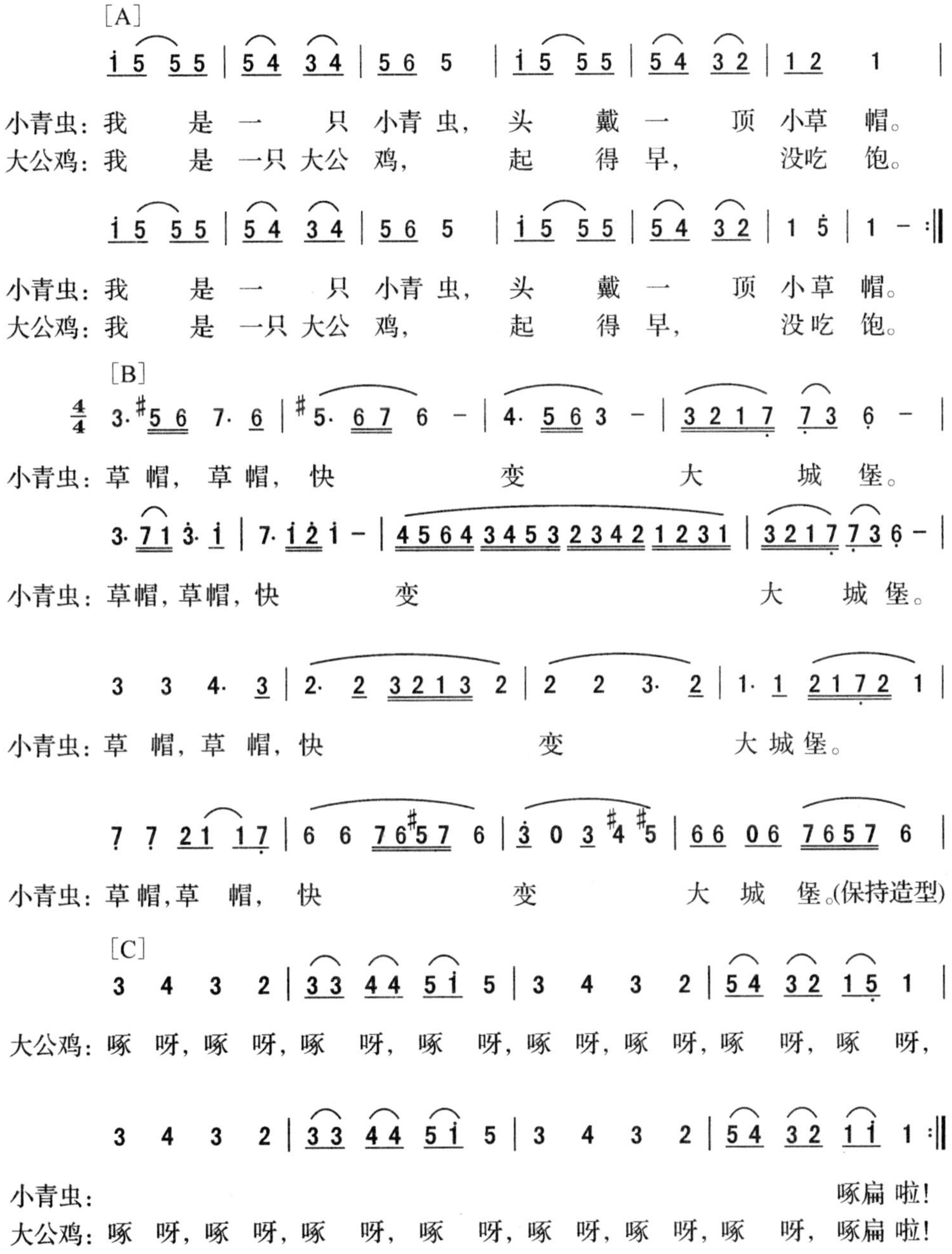

配器和动作建议

小青虫——铃鼓。

大公鸡——小铃。

[A]段

[1～13小节](小青虫)—— 双手做小青虫的小脚，一小节一下，在膝盖上弹跳。铃鼓一下下随乐敲击。

[14～26小节](大公鸡)——双手做大公鸡的脚，一小节一下，双手做向前走的动作。小铃一下下随乐敲击。

[B]段

[27～28小节](小青虫)——拍头两下(一小节一下)，双手向上向两边伸展开，同时转动手腕(2小节)。铃鼓拍两下，然后摇动一圈。

[29～30小节]——重复[27～28小节]的动作及乐器动作。

[31～32小节]——重复[27～28小节]的动作及乐器动作。

[33～34小节]——第一拍，拍一下手，再做房子状，然后休止。第一拍击打铃鼓，再手持铃鼓做帽子状，然后休止。

[C]段

[35～36小节](大公鸡)——双手手心相对，握紧，食指伸出，做小鸡嘴巴状，一拍一下。小铃一拍一下敲击。

[37～38小节]——重复[35～36小节]的动作。小铃一拍一下敲击。

[39～40小节]——重复[35～36小节]的动作。小铃一拍一下敲击。

[41～42小节](大公鸡)——继续一拍一下做小鸡嘴巴啄虫状。最后一小节的节奏：X X X | ，小铃随动作节奏敲击。小青虫最后一个小节与大公鸡合奏。

【教育活动设计】

活动目标

1. 感受故事《小青虫和大公鸡》情节与音乐段落、图谱的匹配，初步尝试用铃鼓和小铃分角色表现故事情节。

2. 在教师的引导和故事图谱的提示下，运用小青虫散步、大公鸡散步、草帽变城堡、大公鸡啄城堡的情节为故事设计演奏方案。

3. 感受音乐诙谐幽默的曲风及故事中小青虫念咒语与大公鸡啄城堡的逗乐情趣。

活动准备

1. 欣赏过《小青虫和大公鸡》的故事，对于故事内容比较熟悉。

2. 音乐《匈牙利舞曲第五号》(音频见 U 盘)，图谱。

3. 乐器：铃鼓、小铃。

活动过程

1. 教师说故事，并和幼儿共同看图谱复习儿歌。

2. 教师引导幼儿创编、提取小青虫散步的动作。教师与幼儿共同倾听音乐，并用上肢动作表现小青虫走路变成大城堡的动作，感受音乐的节奏，大公鸡部分的音乐做休止。游戏进行两次，使幼儿基本熟悉并通过图谱记清小青虫的动作顺序。

3. 师幼尝试分角色用身体动作表演故事。教师扮演大公鸡，幼儿扮演小青虫，边完整听音乐边用动作表现音乐。教师采用“点兵点将”的游戏，点数、累加幼儿尝试和教师共同扮演大公鸡角色的人数，多次进行游戏，直至小青虫人数和大公鸡人数相等。幼儿通过多次的观察与尝试，逐步记忆大公鸡的动作。

4. 教师尝试退出，幼儿分别扮演小青虫和大公鸡，随乐用动作表演。

5. 教师引导幼儿尝试讨论配器：幼儿首先观察小铃和铃鼓，发现铃鼓的外形和小青虫的草帽有相似之处。提问：小青虫变成一顶大草帽可以用什么乐器演奏？(铃鼓。小铃用来表现公鸡的尖嘴巴)幼儿尝试坐在椅子上分组扮演小青虫和大公鸡，并演奏乐器(1～2 遍)。

6. 幼儿分组，部分扮演小青虫，部分扮演大公鸡。小青虫先起立，找到合适的位置站立。每只大公鸡找一个小青虫朋友，面对面站好。幼儿站立着边表演边演奏乐器。

7. 幼儿再次玩游戏。教师关注幼儿在游戏过程中两两互动的情况，尤其注意大公鸡使用小铃对着小青虫身体的不同部位做啄的动作，提醒幼儿可以有互动，但不能有真正的触碰。

8. 幼儿自己收拾、整理乐器。教师：“请小青虫、大公鸡轻轻将小乐器送回家。”

【附录：教学图谱】

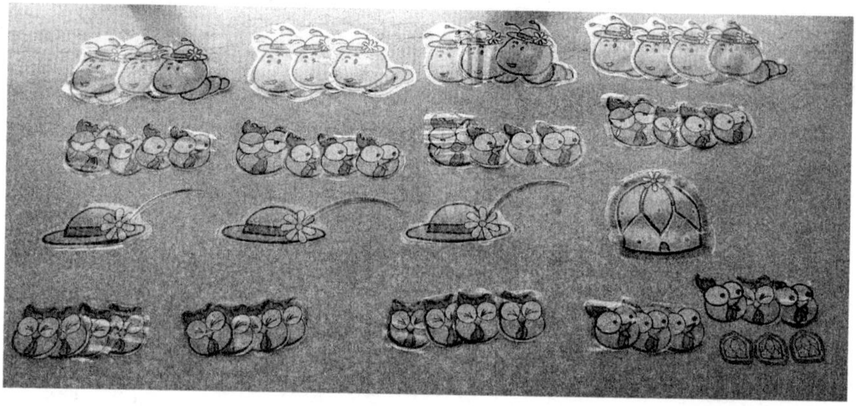

设计者：南京师范大学幼儿园　周　洁

4. 输赢—抢椅子游戏“库企企”

【游戏最终玩法】

[A]段：全体幼儿围着排成圆形的椅子走，双手交替做开火车动作，在[间奏]处开始抢椅子，抢不到的人就是带头人。[B]段：在“库企企”的地方做各种创编的动作，抢到椅子的人拿起椅子上的乐器演奏，音乐循环时再次开火车。游戏循环进行。

【乐曲】

库　企　企

1=A $\frac{2}{4}$　　　　佚　名　曲

[A]

5·5 6·6 | 5·5 1̇ 7 6 | 5·5 4 3 2 | 3 1 2 3 | 5·5 6·6 | 5·5 1̇ 7 6 |

5·3̇ 2̇·2̇ | 1̇ – |

[间奏]

5 – | 6 – | #6 – | 7 – | 5 – | 6 – | #6 – | 7 – |

[B]

库　库 | 库企　企 | 库　库 | 库企　企 ||

【教育活动设计】

活动目标

1. 进一步熟练地跟随音乐做动作，在[A]段开火车、[B]段争座位的游戏基础上，用在[A]段即兴替换动作、[B]段即兴演奏乐器的新方法玩游戏。

2. 在担任指挥时，尝试根据“库 库 | 库企 企”的节奏，即兴创编自己喜欢的动作，并带领同伴一起做。

3. 在玩游戏的过程中，按照音乐的要求有克制地玩游戏，努力做到：不提前争抢椅子，不碰倒椅子，不把乐器弄在地上。

活动准备

1. 幼儿已经学会随乐做简单的开火车动作，即幼儿椅子围成大圆，幼儿在圆外围着大圆走，在[A]段双手连续做开火车动作，在[间奏]处抢椅子，在[B]段做拍手动作。

2. 音乐《库企企》(音频见 U 盘)。

3. 铃鼓、串铃和响板的总数量与幼儿人数相同。

活动过程

1. 幼儿坐成大圆形，事先把乐器放在椅子下面。在教师的带领下复习第一课时的游戏“开火车”，根据幼儿熟练情况玩 1～2 遍。

2. 教师邀请幼儿探索创编“库企企”处的动作，引导幼儿想一想“库企企”的地方，除了拍手，还可以做哪些有趣的动作。

3. 教师即兴指挥幼儿轮流当“火车头”，一个接一个做自己创编的“库企企”动作。

4. 全体幼儿围着自己的椅子站在圆外，按照新的游戏规则玩游戏。在“库企企”的地方，带头人要做自己创编的动作，其他的人要跟着带头人做动作。这个游戏玩 2～3 遍。

5. 在教师的引导下，全体幼儿随乐加入乐器演奏。抢到椅子的幼儿在“库企企”的地方用乐器演奏，抢不到椅子的带头人就做动作。教师根据现场幼儿的动作创编情况提升总结，及时帮助幼儿积累创编经验。这个演奏进行 2～3 遍。

6. 幼儿自主收拾场地，做到将乐器轻轻地、整齐地放回篓子里。

设计者：南京市游府西街幼儿园　付海霞

5. 领袖模仿游戏“谁是舞王”

【游戏最终玩法】

[A]段：双手张开空 4 拍，然后拍 4 下乐器，一拍一下单响演奏。在“一起来舞蹈”处选择一名“舞王”并与之交换位置，其他幼儿连续散响演奏。舞会开始了，舞王要选择下一任舞王，谁的舞跳得好谁就会被选上台跳舞。[B]段：根据舞王的动作变造型，舞王要我们跟着他学动作。[A]段音乐重复：舞王再次找下一任舞王。

【乐曲】

快乐星猫

1=D $\frac{2}{4}$　　庄锦斌　词

活泼、跳跃地　　陆琦　曲

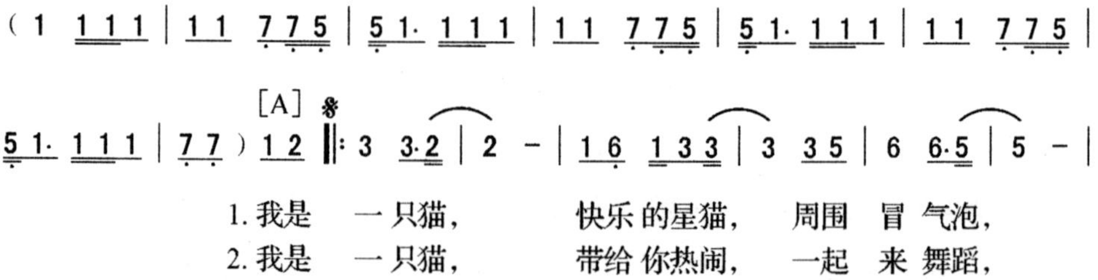

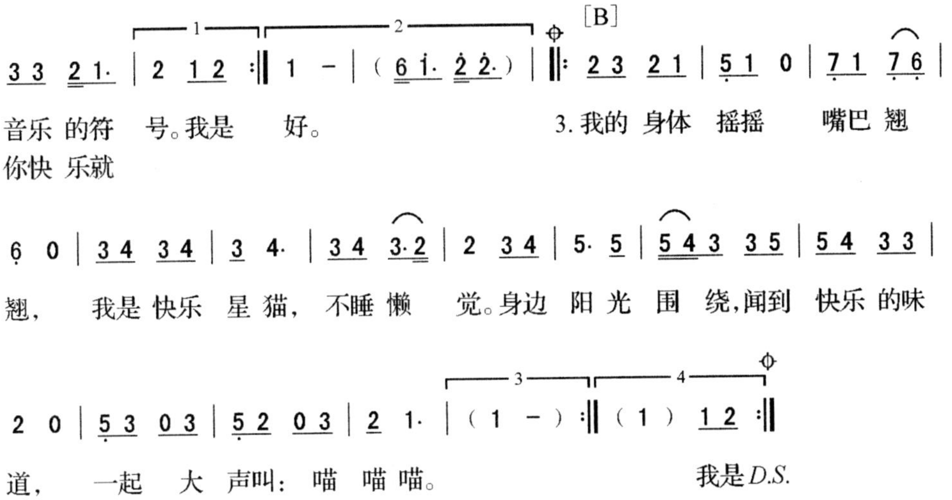

【教育活动设计】

活动目标

1. 进一步感受歌曲的节奏，在找舞王的游戏情境中跟随音乐的节奏和结构演奏乐器和做游戏，感受音乐欢快和高兴的气氛。

2. 在[B]段迁移生活中的动作经验，创编舞王的动作，并尝试用乐器表现。

3. 游戏的时候能控制好乐器，知道把乐器交给前一任舞王才能表演。

活动准备

1. 课前已经熟悉简单的身体动作；[A]段空 4 拍，再拍 4 下手，循环。[B]段拍 4 下手，做一个双手拇指指自己的“真棒”造型。

2. 音乐《快乐星猫》。

3. 铃鼓、沙锤人手一个。

活动过程

1. 幼儿坐成半圆形，铃鼓、沙锤分别放在椅子底下。在教师的带领下复习身体动作，感受音乐欢快、高兴的气氛。

2. 教师示范[A]段并和幼儿讨论，让幼儿了解在“一起来舞蹈”这一句的时候要选定舞王，被选到的舞王要站到中间做动作，等再唱到“一起来舞蹈”这句时舞王再去选下一任舞王。

3. 教师引导幼儿完整地随[A]段、[B]段、[A]段、[B]段、[A]段音乐做游戏,提醒个别幼儿一定要在“一起来舞蹈”这一句选好舞王,并交换位置。根据幼儿熟练情况,这个游戏进行 1～2 遍。

4. 教师邀请幼儿探索音乐的哪些地方可以用乐器演奏,怎么演奏。分教师部分清唱和完整随乐两种形式来引导幼儿尝试随乐匹配、演奏乐器。注意重点引导幼儿关注一下一下动作、连贯动作与乐器演奏的关系,并匹配相应乐器。

5. 教师带领幼儿边游戏边演奏。做舞王的幼儿用动作指挥其他幼儿演奏乐器,结束后针对活动中舞王交换乐器的问题,讨论什么时候交换乐器好,怎么能快速地在“一起来舞蹈”这一句唱完时完成交换。这个游戏进行 1～2 遍。

6. 教师引导幼儿在[B]段拍手处不变动作,但创编后半句的动作,并再次随乐游戏、演奏,增强游戏的趣味性。这个部分进行 2～3 遍。

7. 幼儿交换乐器再次玩游戏。

设计者:南京市游府西街幼儿园　付海霞

6. 情境表演—玩乐器游戏
“煎鸡蛋”

【游戏最终玩法】

幼儿两两面对面,各自拿一只串铃当煎鸡蛋的道具,把对方身体部位当成锅进行演奏。[A]段音乐模仿煎鸡蛋步骤中的打鸡蛋动作,第一小节把串铃当作鸡蛋敲击两下小锅,模仿煎鸡蛋中敲蛋壳的动作,然后用巧劲抹一下串铃,模仿掰开鸡蛋的动作,如此循环整个段落。[B]段音乐模仿煎鸡蛋步骤中的撒佐料(盐、醋、胡椒等)以及正反两面煎鸡蛋的动作。第一小节将串铃横向摆放,当成佐料瓶子并控制力度地摇奏,模仿在鸡蛋上面撒佐料的动作,然后将串铃当作“鸡蛋”正反两面在锅里煎三下,模仿正反两面煎鸡蛋的动作,如此循环整个段落。整个步骤完成后将[A]段、[B]段再大循环一次,换个身体部位当锅并再次演奏以增加游戏趣味。[A′]段和尾声大家把串铃当成道具筷子，夹起煎好的鸡蛋，情绪欢快地合乐表演吃鸡蛋。

【乐曲】

切分音时钟

1＝D $\frac{4}{4}$　　　　　　　　　　　　　　　　　　　[美]安德森　曲

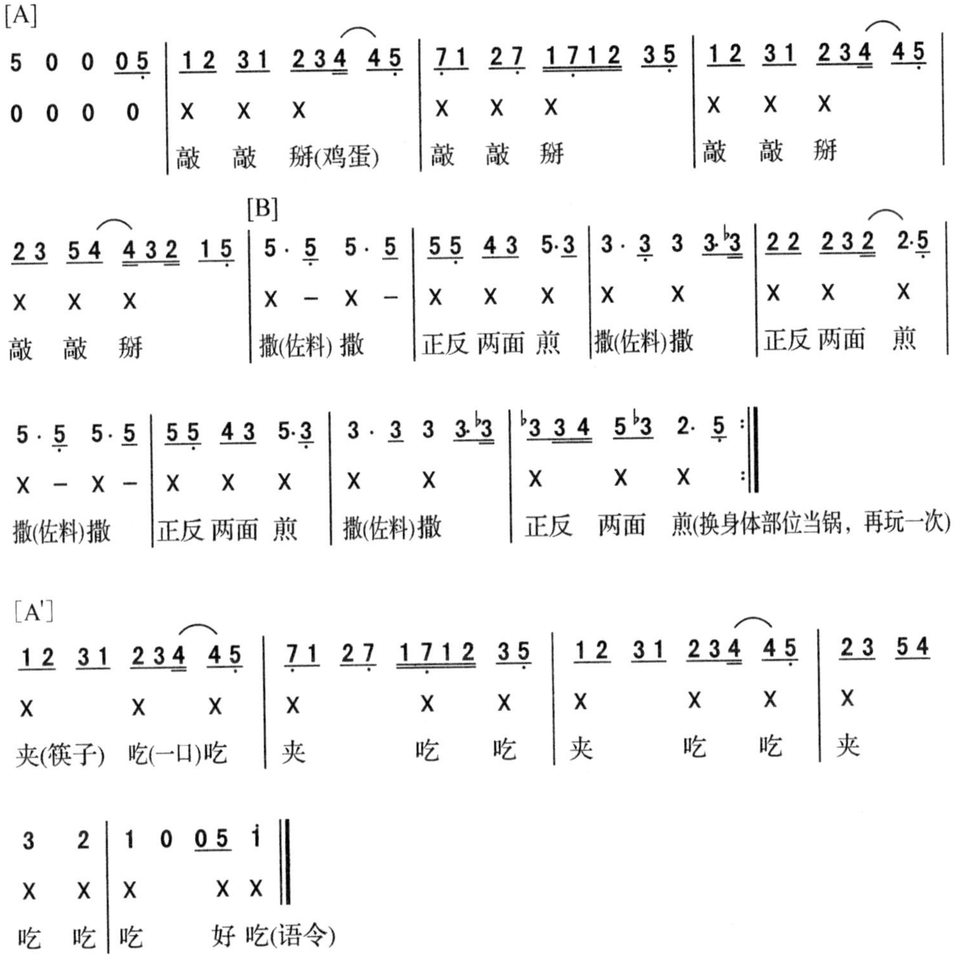

【教育活动设计】

活动目标

1. 在熟悉律动的基础上，探索如何将串铃的单响和散响用于表现煎鸡蛋的步骤，将煎鸡蛋的游戏动作转变为两人合作进行乐器演奏。

2. 尝试控制力度地演奏，表现敲打鸡蛋和撒佐料，并迁移个人演奏经验，学习如何与同伴合作进行演奏。

3. 在两人互为锅的合作演奏中，用“锅不举太高、乐器轻轻敲击”来配合同伴，使对方感到合作起来很舒适。

活动准备

1. 第一课时已经初步熟悉故事及表演动作。

2. 音乐《切分音时钟》(音频见 U 盘)。

3. 每名幼儿人手一个串铃。

4. 座位呈半圆形布置。

活动过程

1. 幼儿坐在座位上，乐器放在椅子底下。在教师的带领下随乐复习表演动作。根据幼儿的熟练情况练习 1～2 次。

2. 教师邀请幼儿拿乐器探索怎样才能演奏出“轻轻敲打鸡蛋”以及如何表现“撒佐料”这一精细动作。

3. 教师做律动动作，幼儿用手指当乐器初步练习完整地演奏乐曲 1～2 次。

4. 教师引导幼儿用乐器敲击自己身体部位，来练习完整地演奏乐曲 1～2 次。

5. 教师引导幼儿进行两两合作演奏乐器游戏。把用自己的两个身体部位当锅，转换为把对方身体部位当锅来演奏 1～2 次。

6. 幼儿两两合作，重新选择两个身体部位当作锅来演奏煎鸡蛋 2～3 次。(注意:趣味性加强，难度也有所提升了。教师需指导幼儿选择适合当锅的身体部位，并提醒幼儿敲打的动作要轻巧，以便提高演奏游戏的质量以及体验人际交往的快乐)

7. 归还和安放乐器。

设计者:南京市游府西街幼儿园　欧阳砚冰

7. 情境表演—玩乐器游戏
“快乐鞋匠”

【故事及游戏最终玩法】

米格爷爷答应小约翰在圣诞节前给他妈妈做一双最柔软最漂亮的鞋子当作礼物。明天就是平安夜了，现在天色已经慢慢变暗，米格爷爷立刻点上油灯，系上围裙，戴上眼镜，他选了一块柔软而厚实的小鹿皮，用大剪刀沿着鞋样前前后后、左左右右地剪皮子。剪好皮子，用锥子和针线把厚厚的皮子仔仔细细地缝在一起。接着，在鞋底上刷上胶，把鞋底和鞋面粘贴起来。最后，钉上鞋跟和鞋掌。你们看，一双最柔软最漂亮的新鞋子就做好了。

【乐曲】

铁匠波尔卡

1=D 2/4　　　　[奥]约瑟夫·施特劳斯　曲

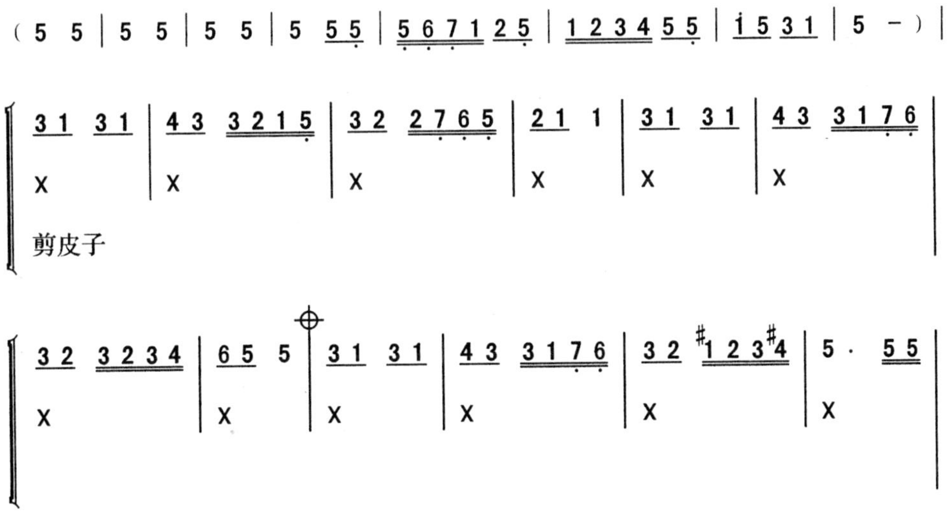

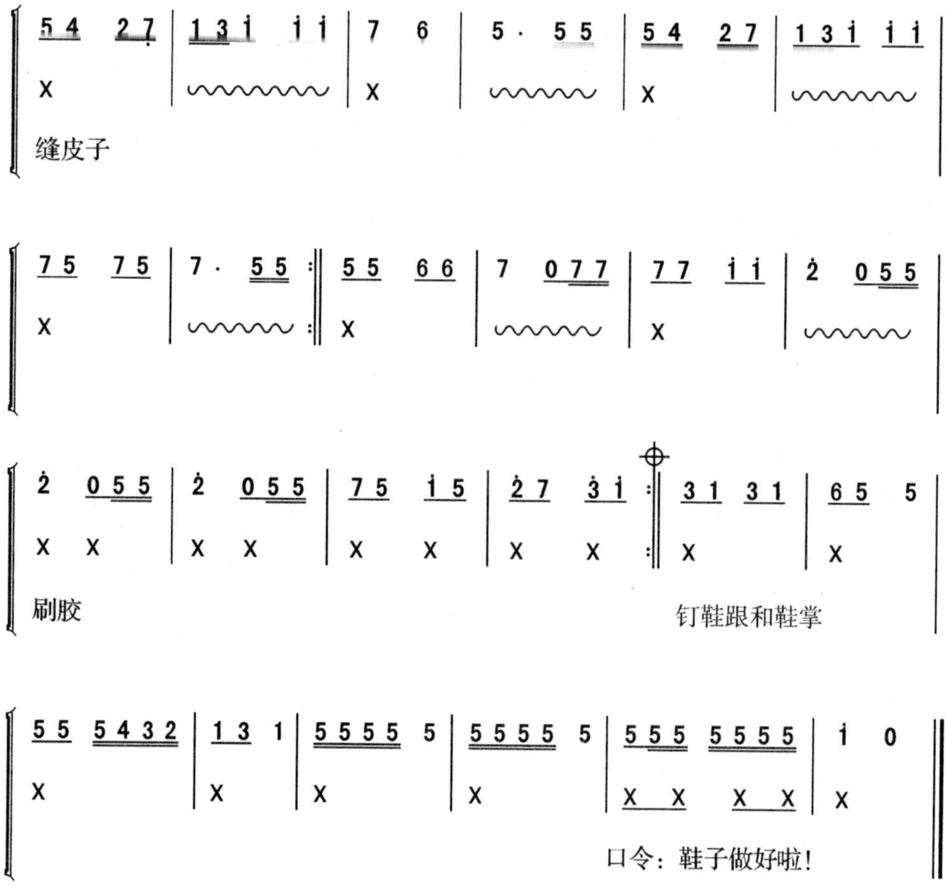

配器建议

剪皮子——小铃或圆舞板。

缝皮子——串铃。

刷胶——铃鼓。

钉鞋跟和鞋掌——圆舞板或小铃。

胸牌

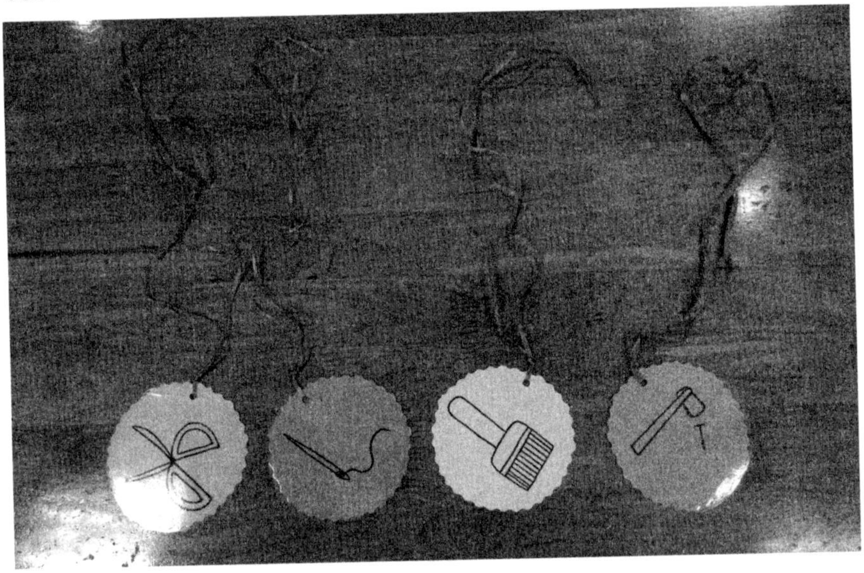

【教育活动设计】

活动目标

1. 根据故事中米格爷爷做鞋的步骤(剪、缝、刷胶、钉)设计身体律动动作,感知乐曲的节奏和结构。

2. 迁移已有的乐器演奏经验,尝试根据表演动作、音色或外形等标准设计配器方案。

3. 在游戏中能用语言表达自己的配器方案,愿意接纳同伴的意见并体验帮助别人的快乐。

活动准备

1. 音乐《铁匠波尔卡》。

2. 做鞋流程小图片:剪皮子、缝皮子、刷胶、钉鞋跟和鞋掌、一双做好的鞋子。(其中剪皮子、缝皮子、刷胶、钉鞋跟和鞋掌的小图片做成可挂的胸牌)

3. 乐器:串铃、铃鼓、圆舞板、小铃。全班幼儿每人一件。

活动过程

1. 教师用配乐故事引出活动,帮助幼儿了解活动情景。

2. 教师引导幼儿回忆观摩做鞋活动的经历，幼儿说到什么做鞋步骤，教师就把相应的图片放在黑板上，并且引导幼儿用简单的动作表现剪皮子、缝皮子、刷胶、钉鞋跟和鞋掌。

3. 全体幼儿在教师的带领下完整地跟着音乐表演1～2遍，在第二次表演时，教师引导幼儿用“使劲”的表情、动作演绎米格爷爷辛劳的工作状态。

4. 教师出示乐器，引导幼儿说出乐器的名称，并请幼儿倾听乐器发出的声响效果和看演奏的动作，强调哪些乐器能发出连续的声音(散响)，哪些乐器能发出干脆的声音(单响)。

5. 教师扮演米格爷爷，幼儿思考米格爷爷在剪皮子、缝线、刷胶、钉钉子时会发出怎样的声音、做了什么动作和使用了什么工具，并请幼儿说一说这些可以用什么乐器进行表现，并说出为什么。

6. 教师请刚才说得好的幼儿(能说出用什么、为什么用的幼儿)戴胸牌，分别当剪皮子队长、缝皮子队长、刷胶队长、钉鞋跟和鞋掌队长，用自己设计的乐器演奏方法完整地合乐表演，其他幼儿做米格爷爷的表演动作。

7. 教师扮演米格爷爷用动作表演指挥，幼儿选择自己支持的队长和乐器参与演奏1遍。在选择过程中要求每队都要有人参与，如果哪队没有人支持，教师可以用“刷胶队没有人怎么行，不刷上足够的胶，鞋子可做不牢，谁愿意来帮忙?”这样的语言，激励幼儿参与演奏。

8. 请个别幼儿扮演米格爷爷进行指挥，其他幼儿换乐器演奏1～2遍。

设计者：南京市游府西街幼儿园　周　瑾

8. 乐器探索—情境表演游戏
“小矮人挖宝藏”

【故事及游戏最终玩法】

森林里有一群可爱的小矮人，他们每天都要出去挖宝藏。他们一下一下地挖。咦？一颗钻石，赶紧装起来。换个地方继续挖，他们又一下一下地挖。嗯？发现一颗化石。

活动一开始，教师化身为小矮人的师父，引导幼儿进入小矮人挖宝藏的游戏情境，在挖宝藏的过程中，引导幼儿一遍一遍地练习节奏。当幼儿掌握音乐的节奏后，开始增加打击物，徒手练习敲击黑板、小椅子、地板，熟练掌握敲击节奏后将黑板替换为锅盖，小椅子替换为垃圾桶，地板替换为玻璃瓶。幼儿在游戏中，通过敲击不同的生活物品感受打击物的多样性及体验打击的乐趣。

【教育活动设计】

活动目标

1. 利用生活物品敲击，尝试演奏节奏型 X X X X |。

2. 在游戏情境下，感受打击物品的多样化。

3. 学会根据游戏情境交换乐器，用合适的力度演奏。

活动准备

1. 锅盖、酒瓶、垃圾桶、木棒若干。

2. 座椅摆成半圆形，两块大黑板，垃圾桶及酒瓶四散在地板上并放置在两块黑板后。

3. 音乐《钟表店》片段，曲谱略。

活动过程

1. 幼儿坐在摆成半圆形的座位上倾听音乐。教师："老师这儿有一段音乐说的也是小矮人挖宝藏的故事，我们一起来听一听。"引导幼儿在故事情境下，感受音乐的节奏型，根据幼儿的熟练情况练习1～2次。

2. "小矮人是怎么挖宝藏的啊？"幼儿边听音乐边观看教师做的动作。（注意提示幼儿一下一下地挖，在腿上练习一遍）

3. "现在我把身体变成一座小山，"教师手指头顶，"这是山顶。"教师用手指肚子："这是……"（启发幼儿回答"这是山腰"，若幼儿答不出，教师说出）教师用手指脚："这是……"（启发幼儿说出"这是山脚"）"我们现在到我们的身体小山上挖一挖吧。"幼儿分别在头顶、肚子、脚上练习。

4. 幼儿在不同地方练习敲击的动作。教师唱谱，幼儿坐在椅子上练习一次，熟悉节奏后分别在黑板、椅子、地板上练习。(若幼儿敲击得过响,可用提示语:“嘘!挖的时候可得轻点儿,大灰狼就藏在那森林里!可千万别把它给吵醒了。”)

5. “哦。告诉你们啊,这是盖形藏宝洞、筒形大金矿,还有玻璃水晶瓶。”教师引入锅盖、垃圾桶、啤酒瓶,邀请一名幼儿和小矮人师父一起单独尝试一次。

6. 集体尝试随乐敲击两次。“你们还想不想再挖一次?记住噢,只有敲准音乐的小矮人,宝藏才会出现。”最后一次宝藏从黑板后飞出,小矮人们放下手上的工具抬着宝藏回家了。

设计者:南京市第一幼儿园　魏　婉

大班

1. 情境表演—猜谜—快反游戏“老鼠娶亲”

【故事及游戏最终玩法】

故事:老鼠要结婚了,它的新娘是谁呢?让我们一起来说一说。(儿歌)

游戏玩法:[A]段音乐两拍一次地演奏——老鼠们出门寻找失踪的新娘。[B]段音乐边说儿歌边表演——老鼠新郎请求盖头下面的新娘伸出爪子和尾巴给自己看一看。尾声奏出连续震奏并渐强的声音——老鼠新郎紧张地等待最后掀开盖头的结果,到底盖头下面是不是自己的新娘呢?

玩法:幼儿扮演新郎,自选一种乐器,拿相同乐器的幼儿站在一起。

[A]段:幼儿随乐边一下一下地敲击乐器边随教师向前行进至新娘面前。

[B]段:幼儿面向新娘,随乐边说儿歌边做身体动作。

尾声:幼儿随乐演奏出连续响的声响,教师“点兵点将”,音乐结束时点到的新郎选择一个房间掀开新娘的盖头。如果新娘是敌人,新郎则快速跑回座位,新娘若是老鼠,则带着新娘回家。

【乐曲】

瑞典狂想曲

1=C $\frac{2}{4}$

[瑞]雨果·阿尔芬　曲

罗　敏　词

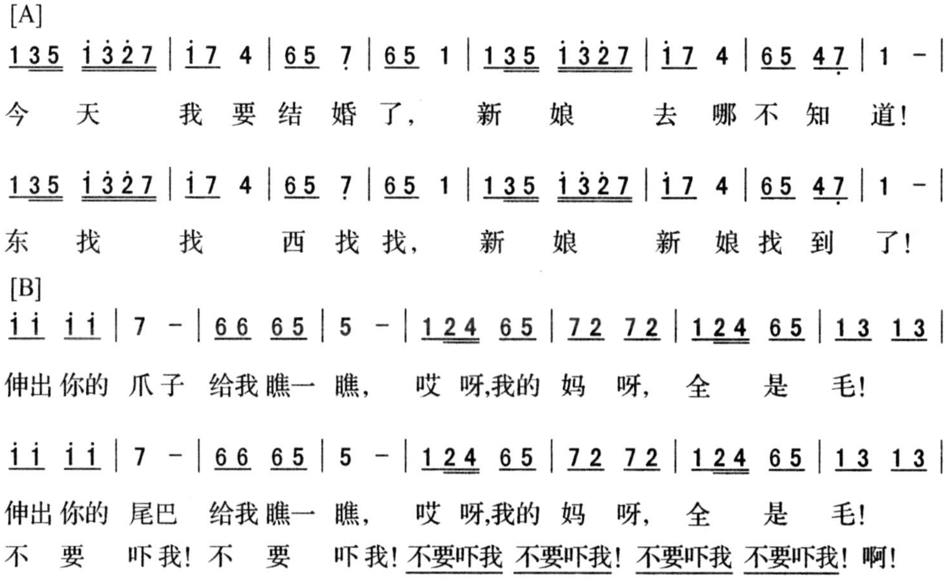

【教育活动设计】

活动目标

1. 初步感受音乐旋律，学习用语音、动作和生活中的物品为乐曲伴奏。

2. 在老鼠娶亲的游戏情境累加过程中，迁移说唱儿歌、使用乐器的经验，用说奏的方式表现乐曲，并探索断顿、连续两种不同声响的演奏方法。

3. 在找新娘、娶亲掀盖头的游戏中，体验寻找新娘及寻找结果的不确定性带来的期待和惊喜。

活动准备

1. 第一课时已经初步熟悉故事、儿歌及表演动作。

2. 音乐《瑞典狂想曲》(音频见U盘)。

3. 薯片筒、鹅卵石、积木、小木棍、搓衣板若干(见图 1)。

4. 教具(见图 2):将 3 个篮子竖起来固定在小椅子上,每个篮子里放一个盖着红纱巾的毛绒玩具(见图 6),第一个是狼(见图 7)、第二个是猫(见图 8),第三个是老鼠(见图 9),每个篮子里放一张标有 1、2、3 号的板子(见图 3、图 4、图 5)。

活动过程

1. 幼儿坐在座位上,教师讲述故事,并带领幼儿边复习儿歌边做[B]段和尾声的动作;然后带领幼儿跟着音乐边说儿歌边做[B]段和尾声的动作。(1 遍)

2. 教师请幼儿扮演老鼠新郎,提问"新郎高兴时会做什么动作?"再请幼儿创编[A]段动作:拍手,并带领幼儿随乐边念儿歌边完整做动作。(1 遍)

3. 游戏:找盖着盖头的新娘。(3 遍)

教师边出示道具(见图 1),并依次揭开盖在篮子上的红纱巾,边引入情境"这里有 3 座房子,分别是几号房? 房子里会有盖着盖头的新娘吗?"(见图 3、图 4、图 5)

教师带领幼儿随乐边念儿歌边做表演动作,在尾声处随意摸幼儿的头做"点兵点将"游戏,音乐结束时被摸到头的幼儿选择一座房子,打开门。教师引导幼儿观察:"里面是盖着盖头的新娘吗?"邀请一个幼儿选择一座房子(鞋盒),将其打开,看里面是否有盖着盖头的新娘(见图 6)。(共玩 3 遍)

4. 出示物品,进行断顿、连续两种不同演奏声响的演奏方式的探索。教师出示物品(见图 1),引入情境"我们要敲敲打打接新娘了,敲敲打打需要什么?"请幼儿认识生活中的"乐器",然后让幼儿自选一种"乐器",拿相同"乐器"的幼儿坐在一起。教师请幼儿自由探索断顿、连续声响的演奏方法,并请幼儿示范演奏。教师小结:一下一下敲击或一下一下刮能发出断顿的声音,摩擦、快速敲击、快速刮能发出连续响的声音。

5. 游戏:娶亲掀盖头。

教师带领幼儿边随乐演奏边按逆时针方向向前行走,在尾声处用"点兵点将"的方法请一个幼儿将 1 号房里新娘的红盖头揭开(见图 7),看看新娘是谁,若是敌人,教师提示揭盖头的新郎发出信号"快跑呀"。其余幼儿快速带着"乐器"跑回到自己的座位上。(1 遍)

第二次游戏同前,新郎掀开 2 号房里新娘的盖头(见图 8)。(1 遍)

第三次游戏同前,新郎掀开 3 号房里新娘的盖头(见图 9)。(1 遍)

教师引导幼儿观察 3 号房的新娘,并把新娘接回家。

【附录:道具图】

图 1

图 2

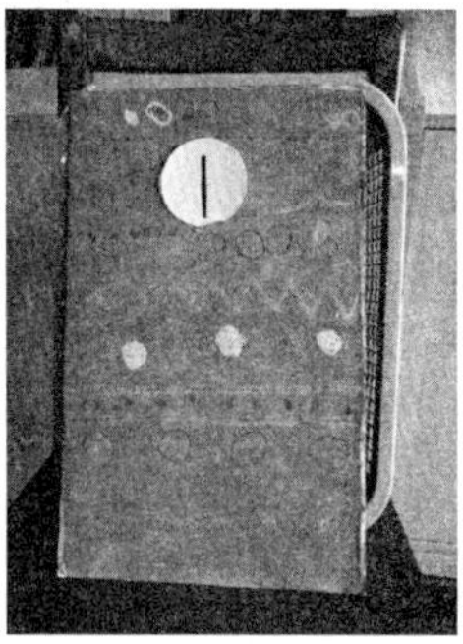

图 3

图 4

图 5

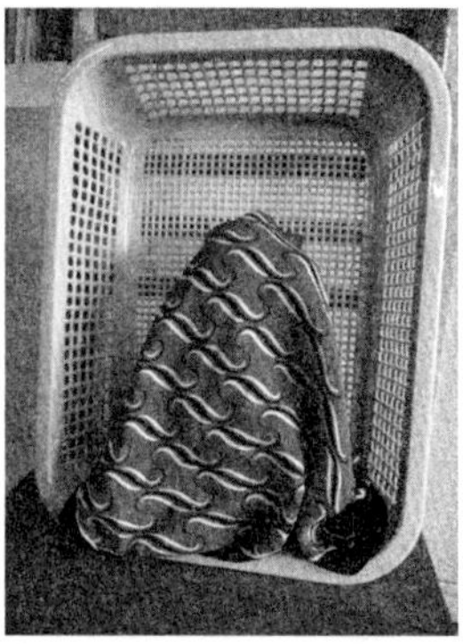

图 6

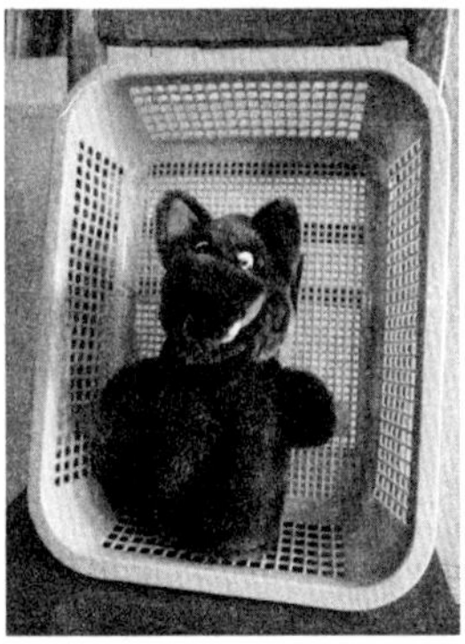

图 7

图 8

图 9

设计者:南京师范大学幼儿园　罗　敏

2. 情境表演游戏“我们到你家去敲门”

【故事及游戏最终玩法】

今天，乐器王国要开音乐会，乐器们都去参加，每当他们高兴地演奏的时候，就会听到一个奇怪的声音(教师敲鼓：咚咚咚)。他们就一起停下来听呀听，看呀看，发现什么也没有。这时，他们就高兴地跳起舞来。然后，乐器们又开始演奏了，这时奇怪的声音又出现了……

【乐曲】

我们到你家去敲门

1=A $\frac{4}{4}$

♩=100

佚 名 曲

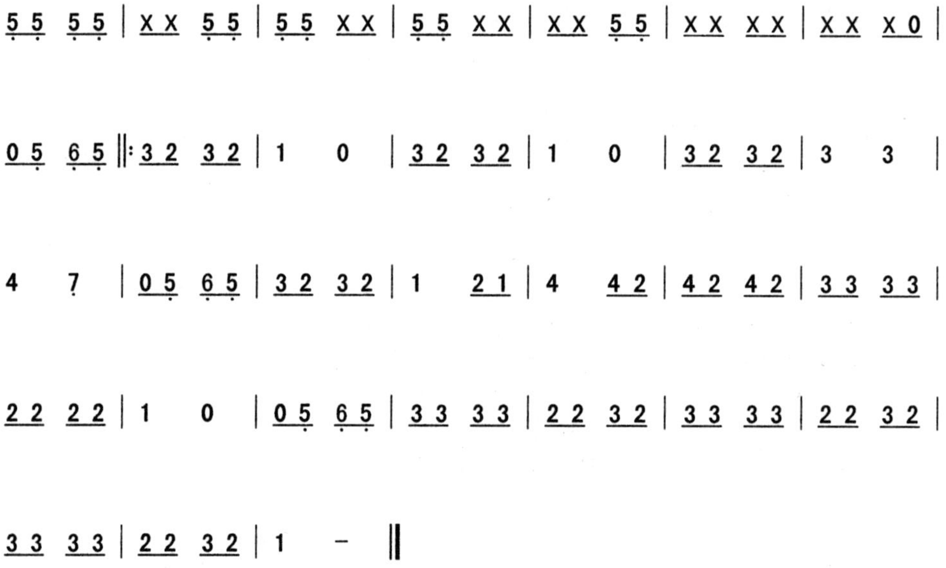

【教育活动设计】

活动目标

1. 初步熟悉音乐旋律，感受美国乡村音乐的风格，能随音乐合拍地用身体动作进行演奏。

2. 注意看教师的指挥动作，理解指挥的动作含义，能较迅速地做出演奏反应。

3. 体验将游戏、律动和打击乐合在一起的乐趣。

活动准备

1. 椅子摆成马蹄形；按人数多少用 3 个筐准备 3 种不同的乐器：铃鼓、小铃、串铃；一面鼓放在前面，并用布盖上。

2. 3 种乐器的数量分别为幼儿人数的三分之一。

3. 音乐《我们到你家去敲门》。

活动过程

1. 幼儿坐成马蹄形，教师通过表演简单的律动，随着音乐拍手 6 次，在每句的句末处摆一个造型，帮助幼儿熟悉[A]段音乐。(5 遍)

2. 通过提问了解幼儿对律动动作结构的理解，让幼儿知道在每句第七拍的时候停下并摆造型，然后教师再次表演简单的律动，幼儿在座位上继续熟悉[A]段音乐和舞蹈动作。(1 遍)

3. 教师邀请幼儿一起在场地中间跳舞，继续熟悉[A]段音乐的旋律。(1 遍)

4. 教师出示各种乐器(铃鼓、小铃、串铃)，让幼儿选择自己喜欢的乐器。幼儿站在场地中间，用手中的乐器练习一下一下拍的动作，欢迎教师的到来。

5. 教师引导幼儿用手拍击乐器并在场地中间表演舞蹈，继续感受[A]段音乐的旋律。

6. 教师引导幼儿用乐器拍击身体的不同部位并在场地中间表演舞蹈，舞蹈结束后，幼儿按乐器的种类分类坐，并将乐器收到自己椅子的下面。

7. 教师通过讲小故事，让幼儿了解整首音乐的简单结构。教师：“今天，乐器王国要开音乐会，乐器们都去参加，每当他们高兴地演奏的时候，就会听到一个奇怪的声音(教师敲鼓：咚咚咚)。他们就一起停下来听呀听，看呀看，发现什么也没有。这时，他们就高兴地跳起舞来。然后，乐器们又开始演奏了，这时奇怪的声音又出现了……”“奇怪的声音在什么时候出来的?”(每当他们一起演奏乐器时就会出现)

8. 教师带领幼儿完整地欣赏一遍音乐，教师用布将鼓遮住，在每句的句末用敲3下鼓的形式帮助幼儿辨别敲门的声音。

9. 教师引导幼儿创编“听呀听”“看呀看”的动作，并带着乐器一起做“看”和“听”的动作，尽量控制住乐器不发出声音，练习2～3遍。

10. 教师带领幼儿通过乐器演奏来表现故事情节，教师敲鼓，幼儿站在自己座位旁敲自己的乐器并表演，整首乐曲所有的乐器一起敲，所有的乐器一起停。

11. 通过观看教师的指挥，学习分乐器演奏，先是大家一起敲，当鼓对着哪种乐器敲，哪种乐器就停止敲奏。先徒手练习，再拿乐器一起演奏。（徒手演奏1遍，拿着乐器演奏1遍）

12. 幼儿交换乐器，再次进行游戏。

设计者：南京市北京东路小学附属幼儿园　马　岚

3. 乐器探索—配器探索游戏“餐具交响曲”

【游戏最终玩法】

碗、餐盘、饭盒、筷子是幼儿日常生活中常见的餐具，不少幼儿在进餐时喜欢用筷子敲击餐具，颇有兴致地聆听它们独特的声音。在“餐具交响曲”这个活动中，幼儿可以根据图谱一拍一下地敲击相应的餐具，当对音乐熟悉并能够较熟练地演奏餐具后，幼儿就可以尝试创编自己的配器方案，尽情地感知餐具的音色，体验探索的快乐！

【乐曲】

餐具交响曲

1=C $\frac{4}{4}$　　　　佚　名　曲

3 3　3 2 1　2 1· 1 | 3 3　3 2 1　3 2· 2 | 3 3　3 2 1　2 1· 1 |

2 2 2 2　6 7　1　– ‖

图谱

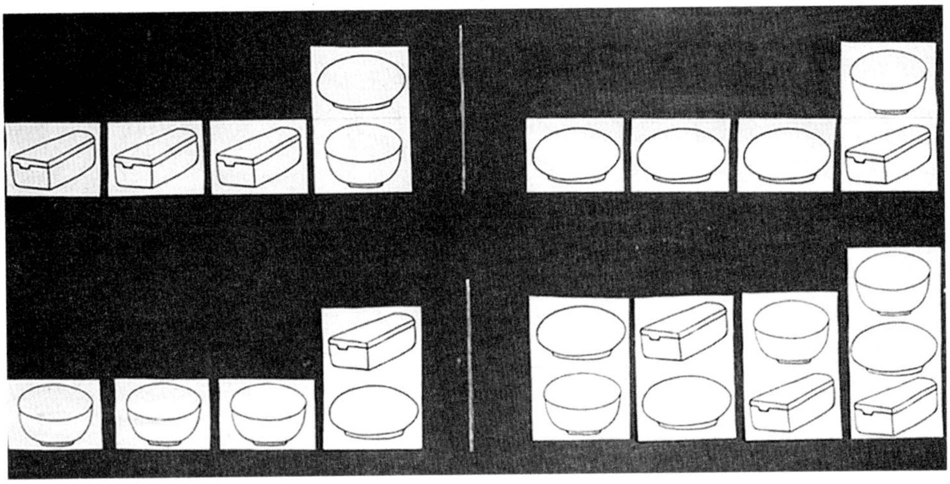

【教育活动设计】

活动目标

1. 知道碗、餐盘、饭盒、筷子等餐具可以当作乐器使用。在教师引导下，学习看图谱，并与他人合作进行演奏。

2. 尝试迁移有关打击乐器的配器经验，以 3 人为一小组创编新的配器方法。

3. 体验与他人合作玩游戏的快乐。

活动准备

1. 幼儿已熟悉音乐。

2. 音乐《餐具交响曲》、手提电脑。

3. 图谱。

4. 教师演奏材料 1 套。（碗、餐盘、饭盒各 1 个，筷子 1 双）

5. 小组演奏材料 5 套。（每一套包括：碗、餐盘、饭盒各 1 个，筷子 3 根）

6. 小组操作材料 5 套。（每一套包括：底板一张，碗、餐盘、饭盒小图标各 3 张）

7. 地垫 16 块、盖布 7 块。

活动过程

1. 师幼边听音乐边用拍手的形式感知音乐的旋律与节奏。

2. 出示餐具，教师完整演奏，引起幼儿兴趣。

(1) 教师展示餐具，用餐具随乐曲完整演奏，引导幼儿知道餐具还可以当乐器使用。

(2) 在教师带领下，幼儿学习各餐具的敲击方法，重点练习敲碗。

3. 幼儿学习看图谱演奏。

(1) 教师引导幼儿观察图谱，理解图谱中符号的含义。

(2) 在教师指导下，幼儿尝试看指挥，根据图谱演奏。

(3) 教师指图谱，集体听音乐演奏。

4. 幼儿改编图谱，创造性地演奏。

(1) 教师示范改编图谱，帮助幼儿理解操作方法，并指挥幼儿演奏新的图谱。

(2) 幼儿分 3 人一组来改编图谱，尝试合作演奏。

(3) 展示改编后的图谱，小组表演。

5. 结束环节，激发幼儿进一步尝试的愿望，鼓励幼儿在家中寻找可以敲击的物品，为乐曲伴奏。

设计者：南京市北京东路小学附属幼儿园　徐雯雯

4. 乐曲结构探索游戏“大马告诉我”

【乐曲】

大马大马告诉我

1＝F $\frac{2}{4}$

望安　词

潘振声　曲

徐坚强　配伴奏

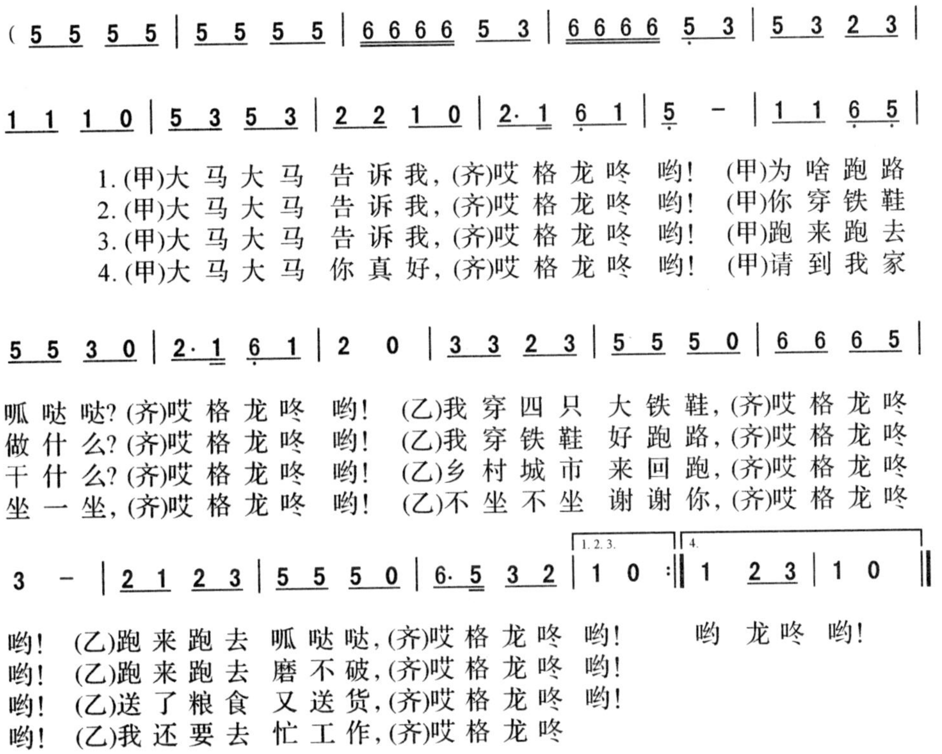

[提示：这首一段体歌曲，由四个乐句构成。曲调基本上用节奏重复的手法发展而成。演唱这首分节歌曲，情绪要愉快。“哎格龙咚哟”，要注意不同节奏（X· X X X | X － | X· X X X | X －‖）的变化]

【教育活动设计】

活动目标

1. 初步学习歌曲，并能够较准确演唱“哎格龙咚哟”中的附点音符，感受并尝试表现歌曲中活泼、愉快的情绪。

2. 在图谱的引导下，知道歌曲的结构是由“问”和“答”两部分组成的，且歌曲每一句后面都有“哎格龙咚哟”。

3. 体验与教师接唱和接奏的乐趣。

活动准备

1. 图谱(提示歌词内容的)、磁铁、磁性黑板。

2. 伴奏音乐《大马大马告诉我》。

3. 沙球、圆舞板、串铃数量基本相同，保证每名幼儿有一件。

活动过程

1. 教师通过问题“你们认识马吗？你们知道它的哪些事情呢？”来调动幼儿已有经验，使幼儿已有经验与将要学习的任务联系起来。接着，教师引出今天的学习任务：一会儿老师唱的歌曲《大马大马告诉我》中有个小朋友对大马特别好奇，他有许多问题要问它，你们听听，他都问了什么问题，大马是怎么回答的，这些问题你们能回答他吗？

2. 教师清唱《大马大马告诉我》的第一段歌曲后提问：小朋友问了大马什么问题？大马怎么回答的呢？接着，教师清唱第二遍，让幼儿验证自己的答案。最后，教师出示第一段音乐的图谱，帮助幼儿理解图谱与歌词的关系并梳理第一段歌词，带领幼儿学习演唱“哎格龙咚哟”这句歌词。

3. 教师用和第一段相同的方法学习第二段后，引导幼儿发现歌曲每一句的后面都是“哎格龙咚哟”的音乐结构。教师和幼儿讨论：如何用拍手或拍腿的方式来表现“哎格龙咚哟”？最后，教师带领幼儿练习：教师演唱问题和答案，幼儿用动作接奏每一句的“哎格龙咚哟”。

4. 教师引导幼儿预测：这次小朋友有可能会问什么样的问题呢？第三段和前面两段哪里有可能相同？教师清唱，让幼儿验证自己的预测，接着教师边出示图谱边演唱歌曲，让幼儿再次验证。

5. 教师提问：这首歌除了每一句后面都是“哎格龙咚哟”外，还有什么规律呢？由此，引导幼儿发现前两句是问题，后两句是回答；第一到第三段的第一句开始都是“大马大马告诉我”。

6. 教师引导幼儿预测：第四段还是这样吗？每一句后面都有“哎格龙咚哟”吗？第一句是不是“大马大马告诉我”？前面两句是问题，后面两句是回答吗？接着，教师开始清唱并让幼儿验证。之后，教师边演唱歌曲边出示第四段音乐的图谱，帮助幼儿梳理第四段歌词。最后，教师指图谱并演唱歌曲，幼儿用动作接奏“哎格龙咚哟”。

7. 教师请幼儿用自选乐器沙球、圆舞板或串铃来表现“哎格龙咚哟”。幼儿与教师将四段歌曲完整接唱。

设计者：南京市北京东路小学附属幼儿园　吴邵萍

5. 小组合作配器“五只小青蛙”

【活动设计方案】

此活动需要分两个课时完成，建议将活动过程 1～7 环节作为课时一；8～15 环节作为课时二。

课时一设计方案：初步学唱歌曲，重点学习用拍手动作表现“数青蛙”“嗯，咂咂咂”“呱呱”处的节奏并尝试跟随歌曲 5 段歌词进行歌表演。课时二设计方案：在熟悉歌曲的基础上，根据“图谱 3”，学习以小组合作的方式，画出用木鱼、沙球、小铃这三种乐器进行配器的方案，最终能用相应的小组合作配器方案，将“图谱 4”中青蛙数量递减的节奏，用相应的乐器进行完整演奏。

【乐曲】

五只小青蛙

1=C $\frac{2}{4}$

马来西亚民歌

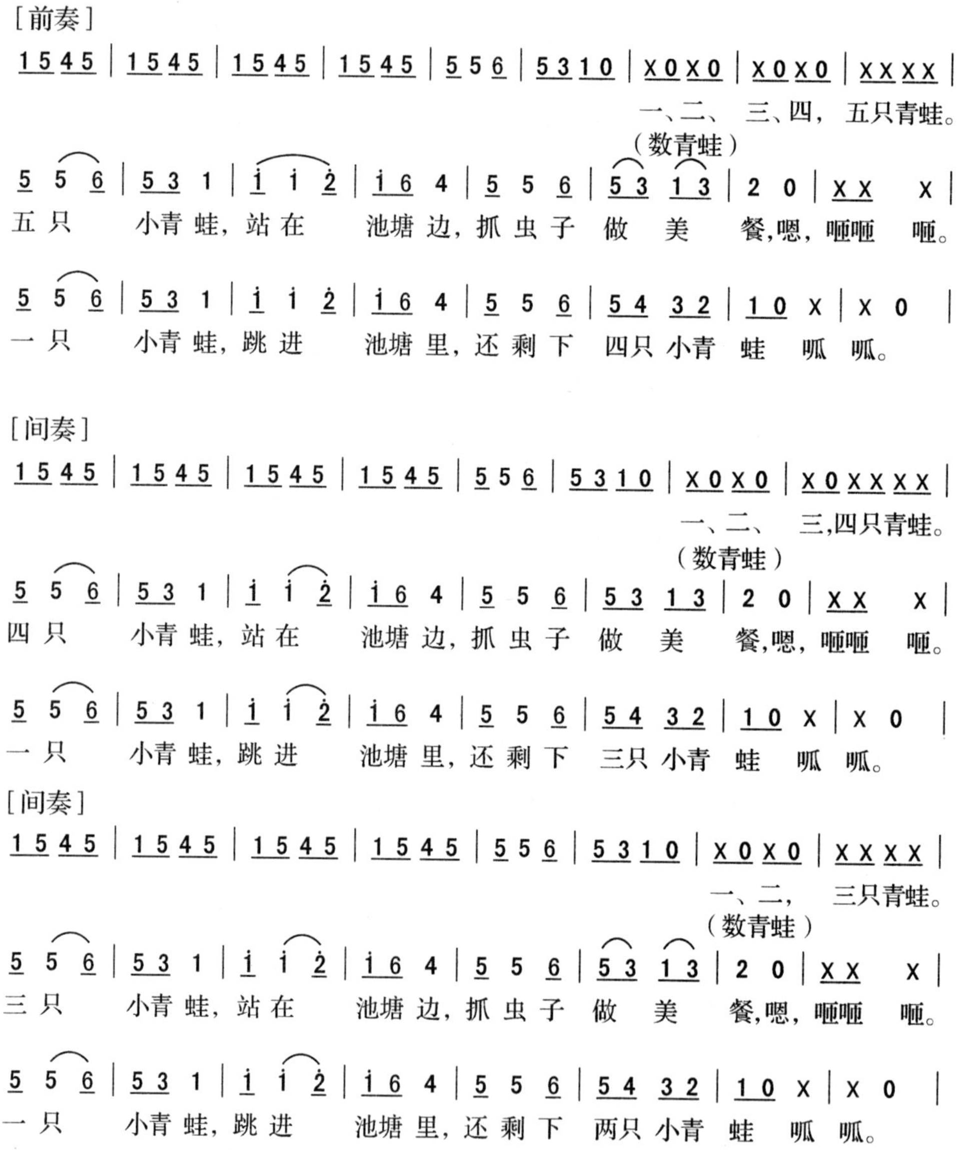

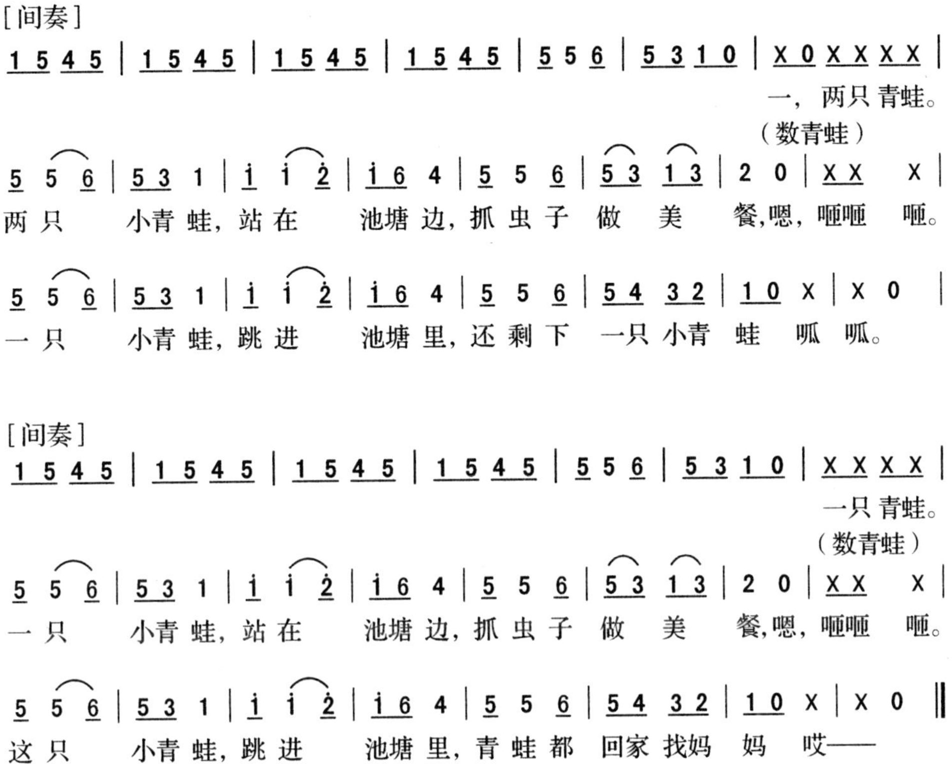

歌表演动作建议

1. “嗯，呱呱呱”处：“嗯”处可以表现出吃饱后用手抹一下嘴的动作。“呱呱呱”处则可做“拍三下手”的动作。

2. “呱呱”处：可以用拍手动作予以表现。

3. “一只小青蛙，跳进池塘里”部分：可以先做“伸出一根手指头”的动作，当唱到“跳”时，就做“跳”的动作。

4. 歌曲其他部分动作：双手五指张开于肩膀前，表现小青蛙的样子，跟随音乐的节奏左右摇动身体。

【教育活动设计】

活动目标

1. 在歌表演的基础上，学习以小组为单位，合作使用三种乐器为歌曲《五只小青蛙》配伴奏，并能较连贯地演奏。

2. 能借助对“数青蛙”处配器方案的讨论，了解为歌曲配器与记录配器的方法。

3. 合作配乐时，能进行协商、共同尝试，体验合作演奏带来的挑战与成就感。

活动准备

1. 图谱如下。

图谱 1

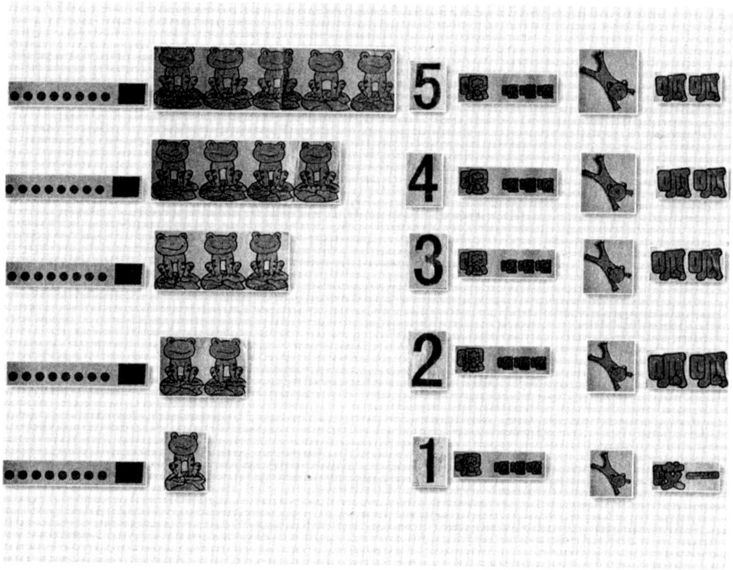

图谱 2

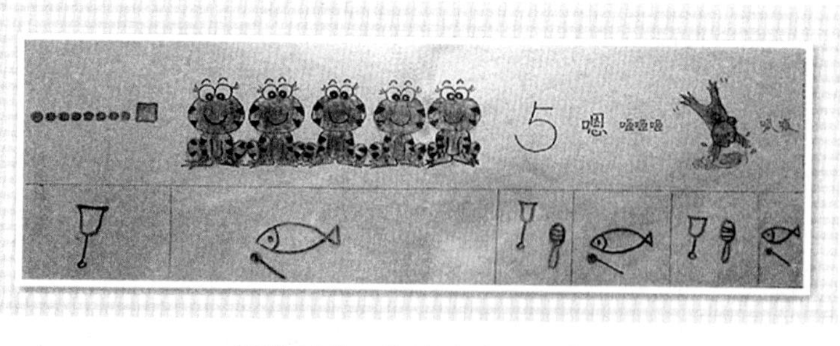

图谱 3(共 3 份，每个小组 1 份)

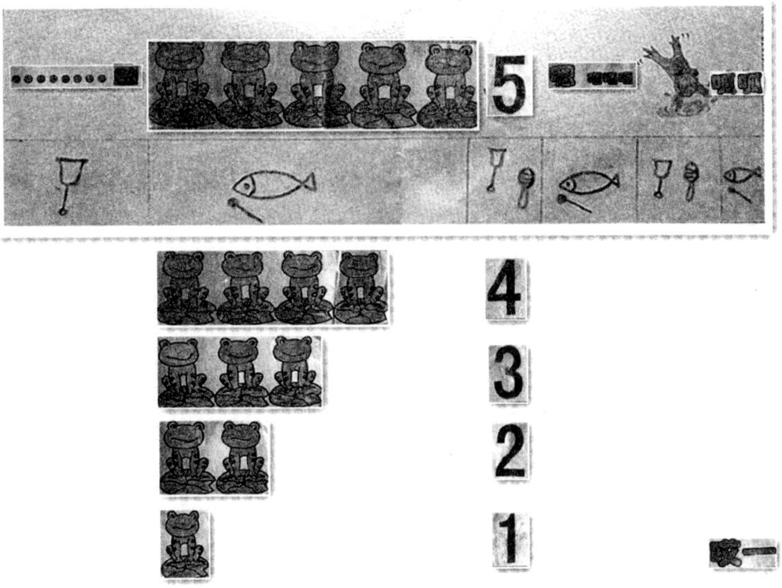

图谱 4

2. 乐器：木鱼（6 个）、沙球（6 个）、小铃（6 个）。

3. 上课幼儿共 18 人，以保证每 6 个人为一个小组。

4. 幼儿有过合作协商及共同完成统一任务的经验，理解“分工合作”的含义。

5. 音乐《五只小青蛙》。

活动过程

1. 教师引导幼儿观察“图谱 1”中青蛙的数量，练习用“一、二、三、四、五只青蛙”的节奏数青蛙。

2. 教师一边指“图谱 1”，一边演唱歌曲第一段，引导幼儿初步感知歌曲旋律及歌词。

3. 教师再次清唱歌曲第一段，重点感知“嗯，咂咂咂”与“呱呱”处的节奏型，并尝试用拍手动作拍出“数青蛙”“嗯，咂咂咂”及“呱呱”处的节奏。

4. 教师引导幼儿跟随歌曲第一段，练习在“数青蛙”“嗯，咂咂咂”及“呱呱”处用拍手动作拍节奏。

5. 教师引导幼儿尝试扮作“小青蛙”边唱歌，边做相应表演动作，进一步感知“数青蛙”“嗯，咂咂咂”及“呱呱”处的节奏。

6. 教师引导幼儿边观察“图谱 2”，边欣赏完整歌曲，进一步感知并发现青蛙数量逐步递减的规律。

7. 教师引导幼儿观察“图谱 2”中所有的“·········”符号，理解其在歌曲中代表“前奏与间奏”的作用，并跟随音乐完整表演歌曲《五只小青蛙》。

8. 教师出示“图谱 3”，引导幼儿根据所提供的乐器（木鱼、沙球和小铃），集体讨论、交流“数青蛙”处的配器方案。

9. 教师用画简笔画的方法示范画乐器图标，以确定配器方案，同时引导幼儿尝试用选定的乐器演奏“数青蛙”处的节奏。

10. 教师引导幼儿发现歌曲中“嗯，咂咂咂”和“呱呱”处也可参与配器，激发幼儿尝试合作设计配器方案的愿望。

11. 教师提出合作配乐要求，引导幼儿学习分组进行配器活动。

合作配器的要求参考如下：

（1）每组要有木鱼、沙球、小铃这三种不同的乐器，但每人手里只能拿一种乐器。

（2）先协商用三种乐器配器的方案，再确定记录配器方案的人员。

（3）最后能将配器的方案集体合作演奏出来。

12. 教师引导幼儿围绕上述配器要求进行分组，并在规定的时间内商量、演奏自己小组的配器方案。

13. 教师按先后顺序，邀请各组分别将协商好的配器方案（见“图谱 3”）放在黑板上，并轮流尝试在集体中合作表演本组的配器方案，并反思与同伴合作时遇到的困难。

14. 教师引导幼儿在三组配器方案中，挑选一种稍有难度的配器方案，尝试看教师的指挥进行集体演奏。

15. 教师引导幼儿观察“图谱 4”，讨论青蛙数量逐步递减（四、三、二、一只青蛙）的演奏方法，并尝试借鉴上述小组协商的配器方案进行集体演奏。

设计者：南京市北京东路小学附属幼儿园　成　媛

6. 合作游戏“喜羊羊和灰太狼”

【故事及游戏最终玩法】

灰太狼和它的狼族兄弟们想通过乔装打扮来捉小羊们，可是小羊们识破了它们的计谋，不仅逗弄了狼群，最后还用麻醉枪将狼群给打倒了。

［A］段做灰太狼乔装打扮、召唤狼群的动作。［B］段做羊村中不同小羊的标志性动作。［C］段做羊逗狼、狼抓小羊的动作。

【乐曲】

孤独的牧羊人

［美］哈默斯坦　词

［美］罗 杰 斯　曲

戈　漪　译配

1＝E　$\frac{2}{4}$

欢快、活泼地

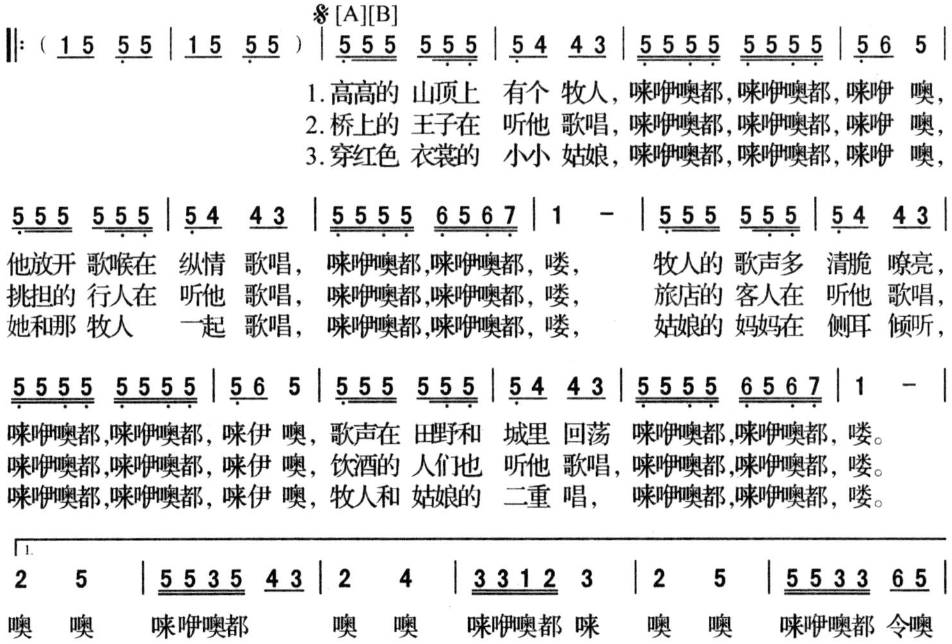

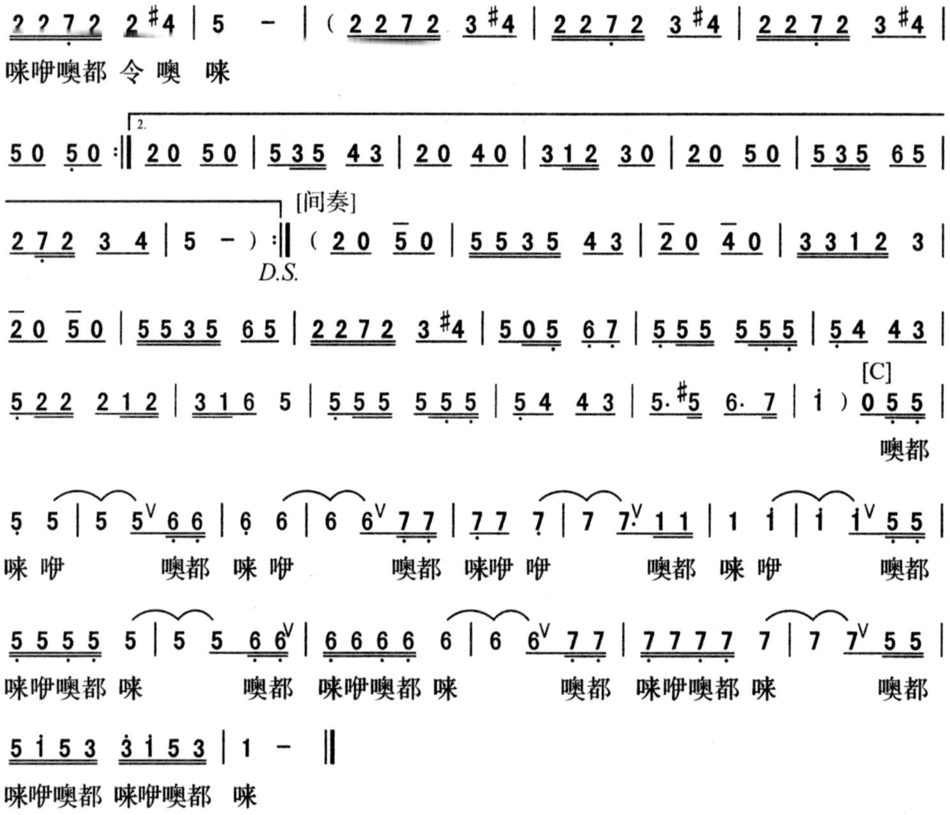

动作建议

[A]段

[1～2 小节]——听音乐做狼走的动作。

[3～4 小节]——做两下梳头的动作。

[5～6 小节]——听音乐做狼走的动作。

[7～8 小节]——做两下磨牙的动作。

[9～10 小节]——听音乐做狼走的动作。

[11～12 小节]——在脸上做两下点面粉的动作。

[13～14 小节]——听音乐做狼走的动作。

[15～16 小节]——做照镜子的动作。

[17～18 小节]——双手上举，做挥手召唤狼族同伴的动作。

[19～20 小节]——做转圈的动作。

[21～24 小节]——同[17～20 小节]。

[B]段

[1～2 小节]——听音乐做羊走的动作。

[3～4 小节]——做喜羊羊动脑筋的动作。

[5～6 小节]——听音乐做羊走的动作。

[7～8 小节]——做美羊羊化妆的动作。

[9～10 小节]——听音乐做羊走的动作。

[11～12 小节]——做沸羊羊有力气的动作。

[13～14 小节]——听音乐做羊走的动作。

[15～16 小节]——做表现暖羊羊胖胖的动作。

[29～30 小节]——听音乐做羊走的动作。

[31～32 小节]——做懒羊羊吃东西的动作。

[33～34 小节]——听音乐做羊走的动作。

[35～36 小节]——做慢羊羊走路的动作。

[37～40 小节]——做四下狼走的动作。

[41～44 小节]——拍一下手，右手伸出去做逗狼的动作，并说“来呀”。反复一次。

[45～48 小节]——同[37～40 小节]。

[49～52 小节] ——先拍一下手后，右手伸出去做逗狼的动作，同时说“来呀”。接着拍三下手后，做打枪的动作，同时说“准备好，砰”。

【教育活动设计】

活动目标

1. 在初步熟悉“喜羊羊和灰太狼”音乐游戏的基础上，学习用乐器做表演道具为游戏伴奏。

2. 尝试用乐器的不同演奏方法演奏“散响”音效，表现声音的延长，初步感知配器和游戏动作的关系。

3. 能在活动中体验相互配合、合作游戏的乐趣。

活动准备

1. 第一课时已经初步熟悉故事和表演动作。

2. 音乐《孤独的牧羊人》。

3. 铃鼓、碰铃、串铃和响板，上述乐器幼儿每人任选其中一个，鱼形木鱼的数量与幼儿人数相等。

活动过程

1. 幼儿坐在排成马蹄形的座位上，鱼形木鱼放在椅子底下。教师讲述故事，帮助幼儿回忆游戏"喜羊羊和灰太狼"，引起幼儿参与的兴趣。

2. 教师邀请部分幼儿扮演狼，引导幼儿听音乐分角色玩游戏，帮助幼儿进一步熟悉音乐的结构。(1 遍)

3. 教师出示鱼形木鱼，引导幼儿尝试演奏鱼形木鱼来表现游戏中关于灰太狼的情节。通过提问引导幼儿用鱼形木鱼做道具为灰太狼乔装打扮，并邀请个别幼儿讲述并示范。(1 遍)

4. 教师引导幼儿演奏鱼形木鱼为"狼走"伴奏。(1 遍)

5. 教师引导幼儿听[A]段音乐，边演奏边表演"灰太狼装扮"的情节。演奏完后请幼儿将乐器放于椅子下。(2 遍)

6. 教师邀请幼儿分组选择多种乐器表现有关羊的情节，并帮助幼儿明确在"羊走路"的时候演奏乐器，接着做一做羊的标志性动作。(2 遍)

7. 教师引导幼儿探索如何将乐器作为小羊的道具进行表演。教师："手中的乐器除了能做懒羊羊的'棒棒糖'外，还可以做什么用呢?"(1 遍)

8. 教师邀请幼儿根据选择的乐器，分角色进行游戏。(1 遍)

9. 教师引导幼儿用乐器的不同演奏方法演奏"散响"音效，表现[C]段音乐中"逗狼"的情节。在与幼儿讨论的过程中，引导幼儿发现不仅可以用摇奏的方法来表现"来呀"中"呀"字长长的声音，还可以用连续快速敲击的演奏方法表现"逗狼"情节。(2 遍)

10. 教师带领幼儿分角色完整演奏 1 遍。

11. 幼儿自主收拾场地，归还和安放乐器。

设计者：南京市北京东路小学附属幼儿园　刘晶

7. 情境表演—玩乐器游戏“吹气球”

【故事及游戏最终玩法】

你们见过吹气球时和突然放气后气球的样子吗？猜猜气球是怎么变大的？如果我突然把气球的气放掉，会出现什么情况呢？

游戏玩法：幼儿扮演气球，将双手摆放在胸前，手心相对，围成一个小圆，表示气球。

[A]段音乐：幼儿双手随音乐一拍一下，做逐渐变大的动作。在音乐的最后一个小节，停住不动。

[B]段音乐：幼儿表现气球突然放气后的状态。整个身体随音乐做任意转圈飞舞的动作，在音乐的最后一个小节，将整个身体蜷缩起来，表示气球已经瘪了。

【乐曲】

吹气球

1=C $\frac{2}{4}$

帆 帆 曲
周 洁 词

[A]

3 1 | 5 5 3 | (5656 5656 | 5 5 3 |)

吹 呀 吹 气 球，

4 2 | 4 4 6 | (4545 4545 | 4 4 3 |)

吹 呀 吹 气 球，

6 5· | 6 5· | 5 · 4 3 2 | 1 – |

气 球 气 球 气 球 变 大 了。

[B](幼儿用动作表现气球放气时在天上飞舞的动作)

1̇76 5432 | 1̇76 5432 | 1̇76 5432 | 1̇76 5432 |

1̇76 5432 | 1̇76 5432 | 1 - ‖

【教育活动设计】

活动目标

1. 幼儿两两合作学习用身体动作和乐器表现气球吹气、放气的方式和音响效果。

2. 通过观察气球吹气、放气,感受其节奏,尝试用乐器表现断顿和连续的节奏。

3. 感受气球变化和与同伴合作表达的快乐。

活动准备

1. 小铃、铃鼓、圆舞板若干,大鼓一面,音乐《吹气球》。

2. 气球一个。塑料瓶子、塑料勺子、塑料小球;石头、铅笔、金属勺、金属盒及其他一些幼儿搜集的生活物品。

活动过程

1. 教师讲述故事,再出示气球皮。教师演示气球吹气一下下变大的状态和突然放气后气球的状态。幼儿发现气球吹气是一下一下变大的,放气后,气球会在天上飞舞,然后迅速变小。

2. 师幼共同听音乐,教师扮演吹气球的人,按照节奏念歌词,幼儿扮演气球,尝试用自己的双手按照音乐节奏,做气球一下下变大和突然放气时连续、自由旋转的动作。教师反馈幼儿的动作,幼儿再次练习。

3. 在两到三次随音乐做动作的游戏过程中,教师注意引导幼儿从手臂开始,逐步加入腿、整个身体,甚至是脸部表情的动作,并逐渐提升到幼儿用整个身体表现音乐。在这个过程中,教师需要重点引导幼儿关注在音乐结束,气球的状态是瘪的时,身体动作应该如何表现。

4. 教师出示多种乐器,幼儿尝试自主选择一种乐器,用不同的方法表现出一下下有节奏和连续的音效。教师反馈幼儿使用乐器的方法，并归纳幼儿敲击乐器的方式。反馈幼儿的演奏时，教师引导幼儿发现当气球慢慢瘪掉时，乐器的声音应该有什么样的变化（乐器敲击声响的变化：逐渐变轻）。

5. 教师和幼儿共同随音乐做两次游戏，教师扮演气球，幼儿使用乐器表现气球的状态。

6. 幼儿两两结伴，分别用动作、乐器进行演奏。幼儿两两自主商量，一人用身体动作做指挥，另一个人用乐器表现气球。教师关注、反馈幼儿两两合作中的问题：如何倾听音乐，准确地表演和演奏，相互讨论，解决问题，再次合作演奏。

7. 变换音乐的节奏，教师用动作表现，幼儿努力跟上教师的节奏，用乐器演奏歌曲，感受音乐节奏变快或变慢带来的快乐！

设计者：南京师范大学幼儿园　周　洁

8. 情境表演—玩乐器游戏 “机器人的商店”

【故事及游戏最终玩法】

我是机器人商店的老板，最近我进了一批运动型机器人。他们可厉害了，会做各种各样的运动，你们知道机器人做运动是什么样子的吗？现在，你们猜猜，我是什么样的运动型机器人（教师做一个运动型机器人的动作）？当机器人用的时间比较长了，电池会出现什么故障呢？然后又会发生什么呢？

【乐曲】

机　器　人

1=D $\frac{4}{4}$

美国乡村音乐

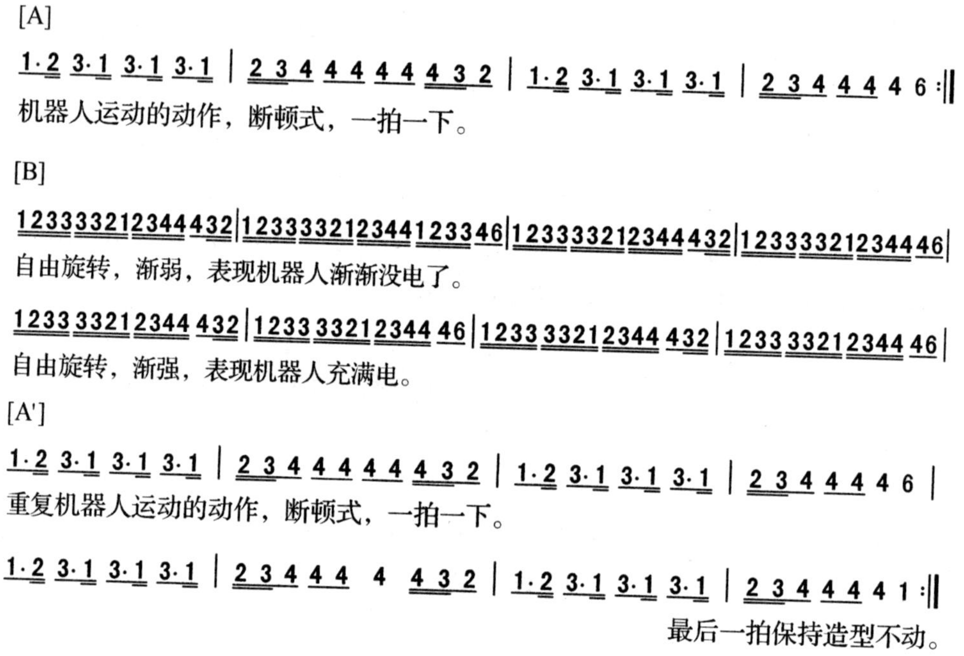

配器建议

幼儿自由选择一种乐器。

[A]段：敲击出一拍一下的声音。

[B]段：用不同的方法(可以使用刮、摩擦、快速连续敲击等)发出连续的声响。

[A′]段：重复[A]段的动作，在音乐的最后一拍保持造型不动。

【教育活动设计】

活动目标

1. 感受乐曲的均匀节奏与痉挛性节奏，学习用身体动作模仿机器人做运动及电量变化的状态，并用乐器表现出不同的音响效果。

2. 迁移生活经验，观察图片并相互模仿，大胆想象并表现机器人运动时的动作。尝试根据音乐[B]段的音响变化，有控制地演奏乐器。

3. 在参与音乐游戏过程中，感受努力模仿机器人动作的快乐。

活动准备

1. 有关运动项目的图片 8 张，小鼓 2 个，螺纹单响筒 8 个，指镲 10 副。

2. 整首音乐《机器人》和分别录制的[A]段、[B]段音乐（音频见 U 盘）。

活动过程

1. 教师做一个机器人运动的动作，幼儿猜测教师是谁，做什么运动。教师讲述故事后，引导幼儿完整地随音乐做某一个运动型机器人的动作，注意表现动作的断顿感。在[B]段，大家一起休止，倾听音乐。这个环节练习两次。

2. 幼儿迁移经验，创编[A]段机器人运动的动作。倾听音乐，创编不同的机器人的运动状态并练习。教师尽量注意将幼儿创编出来的运动动作改编成上肢的运动动作，便于幼儿用稳定的动作感受音乐。

3. 幼儿完整地随音乐做游戏，[B]段仍然保持休止状态。教师引导幼儿在做动作的过程中发现[B]段音乐的音量变化。猜测在[B]段音乐中机器人的电池电量发生了什么样的变化，并在单独倾听[B]段音乐的过程中，尝试用动作表现机器人电量逐渐不足和电量逐渐增强的状态，感受音乐的连贯性及强弱变化。

4. 教师出示乐器，继续创设情境：这是机器人的遥控器。幼儿选择一种乐器，尝试敲击出断顿（一下下）和连续两种不同音效。

5. 教师做运动型机器人的身体动作，幼儿观察教师的动作，尝试使用自己的乐器，在[A]段一下下敲击乐器，在[B]段随音乐做连续性敲击的动作，并随音乐将乐器的音量调小再逐渐调大。到了[A′]段后，继续一下下敲击乐器，在音乐的最后一拍敲出最强的声音，然后自由做一个散架的动作。

6. 幼儿自由选择做机器人（动作表现）或遥控器（乐器表现）的角色，尝试随音乐做游戏。如果时间允许，可以交换角色再次随音乐做一遍游戏。

设计者：南京师范大学幼儿园　周　洁

9. 情境表演—玩乐器游戏
“切分音时钟”

【故事】

有一个顽皮的时钟，他上了发条，会发出什么样的声音呢？他的时针和分针是怎么走动的呢？当闹铃响起来的时候，还可能发生什么有趣的事情呢？

【乐曲】

切分音时钟

1=D $\frac{4}{4}$ [美]安德森 曲

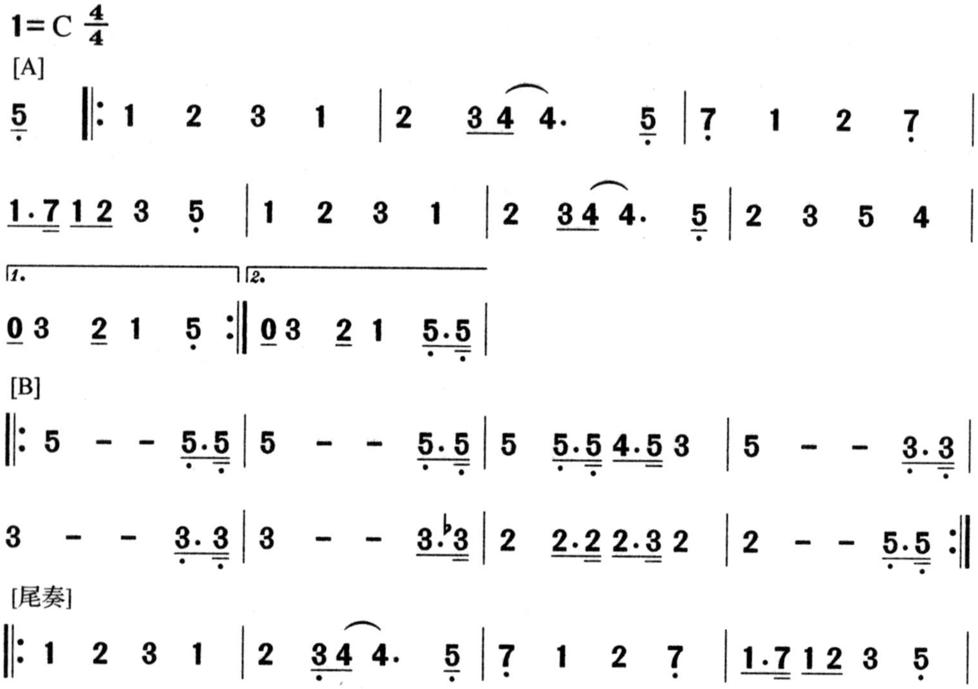

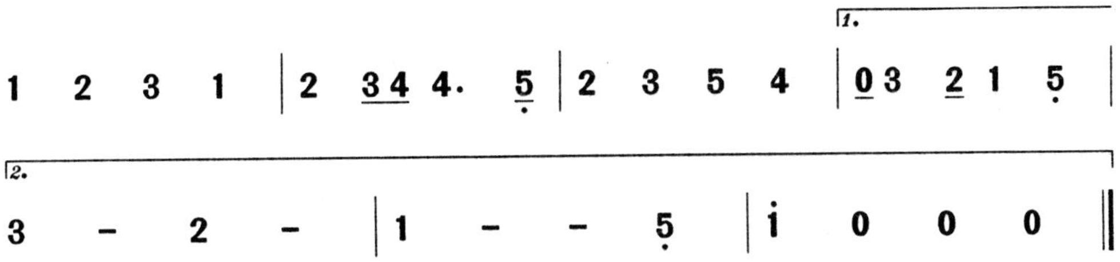

动作建议

[A]段

[1～8 小节]——两大臂架起，小臂随乐左右摆动，一拍一下，在每个乐句的最后一句两手臂合作，即兴摆出一个时针和分针的位置造型。

[B]段

[9～16 小节]——[9 小节]，双手相对，手心相对，手掌向上，快速抖动，从小腹至肩部。[10 小节]重复[9 小节]的动作。[11～12 小节]，双手叉腰，随乐左右摆动身体，然后做休止状。[13～16 小节]重复[9～12 小节]的动作。

[A]段

[17～24 小节]——重复[1～8 小节]的动作。

尾奏

[25 小节]——前三拍休止，最后一拍做闹钟散架的自由造型。

配器建议

双响筒、三角铁。

[A]段

[1～8 小节]——双响筒，一拍一下。

[B]段

[9～16 小节]——[9 小节]，左右快速敲击三角铁两边一次；[10 小节]重复[9 小节]的动作。[11～12 小节]休止。[13～16 小节]重复[9～12 小节]的动作。

[A]段

[17～24 小节]——双响筒，一拍一下。

尾奏

[25 小节]——前三拍休止，最后一拍两种乐器合奏。

【教育活动设计】

活动目标

1. 欣赏音乐《切分音时钟》，感受乐曲的 ABA 结构，在进行身体动作模仿的基础上，使用双响筒和三角铁为乐曲伴奏。

2. 通过观察实物，迁移生活经验，尝试用身体动作合乐表现时钟上发条、钟摆晃动的动作。尝试根据不同的时间，用倾斜身体摆出不同的钟摆造型。

3. 感受用身体动作模仿生活实物的幽默与快乐，体验使用乐器伴奏时的音响效果。

活动准备

1. 双响筒、三角铁若干，小棍，小闹钟一个，时钟钟面一个。

2. 音乐《切分音时钟》(音频见 U 盘)。

3. 幼儿分成两组，两组幼儿面对面坐着。

4. 幼儿观看过有关时钟钟摆摇晃的录像，对时针、分针摆放有一定的经验。

5. 幼儿空手模仿过双响筒的演奏动作，并空手模仿过三角铁连续敲击。

活动过程

1. 教师出示小闹钟，并给其上发条，幼儿感受并用语言表现其上发条的声音。教师讲述关于闹钟的故事。

2. 教师示范钟摆摆动的动作，并和幼儿共同随乐做动作：[A]段做钟摆摆动的动作，[B]段和尾奏保持休止倾听的状态。幼儿反馈[A]段钟摆摆动的状态，并尝试用自己的手臂模仿教师的动作。在随乐练习两遍动作后，幼儿逐步熟悉钟摆的运行方式和音乐的节奏。

3. 教师和幼儿共同完整地倾听两遍音乐并玩钟表游戏。幼儿重点练习[A]段的动作，教师引导幼儿回忆钟面的时针和分针，并努力尝试在[A]段音乐的每个乐句最后即兴摆出时针和分针的造型。教师做[B]段音乐的动作，尝试用双手交替模仿闹钟响和闹钟的得意状态，玩两遍左右。

4. 完整倾听两遍音乐，教师和幼儿交换角色，幼儿用动作表现[B]段音乐，教师用动作表现[A]段音乐，并在倾听中发现尾奏的奇怪之处，猜测故事的结尾：闹钟究竟怎么样了?(闹钟散架了)幼儿尝试坐在椅子上用身体动作表现"闹钟散架了"。

5. 再次完整地倾听音乐,教师和幼儿合作,在尾奏处共同用身体动作表现闹钟散架的状态。

6. 教师出示双响筒和三角铁,敲击双响筒,用小棍绕圈敲击三角铁。幼儿倾听两种乐器的不同音色,分别将其与钟表行走和闹钟闹铃的音色匹配。

7. 幼儿分成两组,一组使用双响筒,一组使用三角铁,合作演奏两遍左右。教师用模仿时钟走和闹铃响的身体动作指挥幼儿演奏。教师重点关注[B]段音乐处双手叉腰的动作,幼儿的乐器虽然休止了,但可以引导两组幼儿用眼神、表情和体态进行互动,感受互动演奏和表演的乐趣!

8. 如果幼儿的节奏比较准确,兴趣比较浓厚,可以邀请一名幼儿和教师共同用身体动作指挥大家演奏一遍乐器。

设计者:南京师范大学幼儿园 周 洁

10. 情境表演—猜谜游戏 "嘻哈农场"

【故事及游戏最终玩法】

寒冷的冬天,一群奶牛正在吃草,它们吃呀、吃呀、吃呀、吃呀。农场主抱着牛奶罐走来了,走呀、走呀、走呀、走呀。一阵风吹来,奶牛对农场主说:"刮风了! 刮风了! 冻死了,冻死了!"奶牛大胆地向农场主提了一个要求,农场主也向奶牛提了一个要求。会是什么要求呢?

游戏玩法如下。

[A]段

第一遍(奶牛吃草):双手手心对自己,在嘴前一拍一下做吃草状。

第二遍(农场主来了):双手同时在腿上一拍一下地走。

[B]段

奶牛:"天呐(双手手臂向上伸直),好冷呀(手臂屈肘,双手握拳放胸前不动并做寒冷状)!”

[C]段

[1～8 小节]:奶牛说“毛毯”;农场主说“牛奶(一个字一拍,同时说八次)”;奶牛与农场主手臂同时向胸前伸直,双手一拍一下做握拳、放开的要东西状。

[9～12 小节]:两个角色同时说“不给、不给、不给,(双手放在胸前,手心向外,左右晃动,三次)嗯……哼(做石头剪刀布的动作)”,如果农场主赢了,奶牛就把牛奶罐里的牛奶倒给农场主;如果奶牛赢了,农场主就将整个身体变成一张毛毯,拥抱奶牛;如果出的动作一样,就相互击掌。

【乐曲】

嘻哈农场

$1={}^{\flat}A$ $\frac{4}{4}$　　　　佚 名 曲

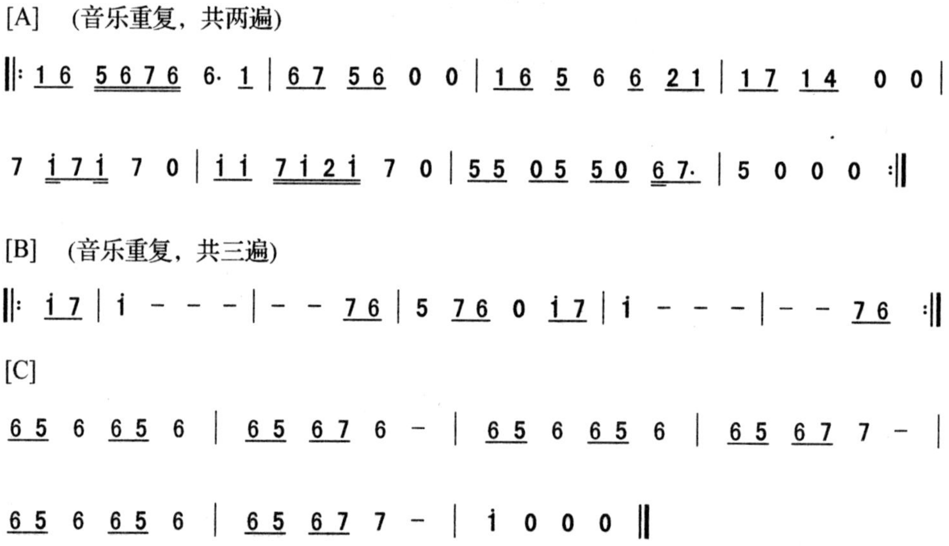

配器建议

[A]段

第一遍(奶牛),一拍一下敲击铃鼓。

第二遍(农场主),一拍一下敲击牛奶罐。

[B]段

奶牛手上举摇铃鼓，两拍后放胸前定住不动。

[C]段

两个角色同时做动作，奶牛一拍一下敲击铃鼓。

农场主一拍一下敲击牛奶罐。

【教育活动设计】

活动目标

1. 在感受乐曲旋律，熟悉相应故事后，分角色用动作和乐器表现音乐中的争执与幽默。

2. 通过观察图谱，幼儿在与教师合作做游戏的过程中，明确两个角色的不同语令和身体、乐器动作，迁移生活经验，用“石头剪刀布”的游戏解决争执。

3. 努力在游戏情境中与团队商量并执行决定，感受团队游戏的乐趣。

活动准备

1. 已经初步熟悉了音乐、故事、儿歌及奶牛角色的表演动作。

2. 铃鼓、牛奶罐若干，合起来的数量与幼儿人数相同。

3. 与音乐、儿歌匹配的图谱(见附录)，骰子一个。

4. 音乐《嘻哈农场》(音频见U盘)。

活动过程

1. 教师出示图谱，讲述匹配音乐的故事，让幼儿感受两种角色之间的争斗。教师和幼儿共同倾听音乐并做奶牛的动作。在“农场主”部分的音乐，大家保持休止的状态。

2. 幼儿做奶牛，教师做农场主，进行一遍分角色、一对多的随乐游戏活动。在游戏过程中，教师关注幼儿是否能准确合乐做奶牛的动作，同时引导幼儿关注农场主的动作和语令。当幼儿不清楚节奏和动作时，教师可以提醒幼儿看图谱。

3. 教师掷骰子，看数字，从座位的一边开始点数，邀请与骰子数字相同的幼儿共同担任农场主的角色并进行表演。随乐做游戏2～3遍。直至奶牛的人数和农场主的人数一样。

4. 教师出示乐器，在问题的引导下，探索乐器的使用方法。教师可以问：农场主向奶牛要的是什么啊？那如何使用铃鼓和牛奶罐呢？奶牛使用什么呢？（铃鼓）

5. 幼儿和教师重点探索铃鼓摇奏部分的“摇”和“休止”的交替。通过练习1～2遍，幼儿能较为准确地演奏表示奶牛很冷的部分。

6. 教师用身体动作引导幼儿尝试使用两种乐器合作演奏1～2遍。

7. 添加“剪刀石头布”游戏环节。两个小组选择一个领头人，在前面随乐玩游戏，最后“石头剪刀布”环节，由领头人代表小组出动作，看看谁赢了，并按照输赢结果做相应的动作。

8. 如果幼儿做游戏的情况和小组合作得较好。也可以小组商量：在“石头剪刀布”环节，大家统一出什么动作、如何定输赢，然后努力按照游戏规则，出决定好的动作，合作随乐玩游戏，最后按照输赢结果，做相应的动作。

9. 如果时间允许，幼儿游戏的情绪积极且游戏玩得井然有序，幼儿可以尝试分站两边，在移动行进的过程中演奏，并进行“石头剪刀布”的游戏。

【附录：图谱】

设计者：南京师范大学幼儿园　陈　雪

11. 身体接触—玩队形—玩乐器游戏“天堂岛乐园”

【游戏最终玩法】

幼儿扮小精灵并站成双圈玩游戏。[A]段音乐：一共有八个乐句，前两个乐句内外圈幼儿面对面做打招呼状，每个乐句分别做两次，乐器单响四次，第三个乐句内外圈幼儿一边拍手一边原地走，在拍手的地方乐器单响两次，第四个乐句外圈幼儿原地走，内圈幼儿一边拍手一边向前走并换一个朋友，同样的乐器在拍手的地方单响。[B]段音乐：一共四个乐句，前两个乐句内圈幼儿跑到外圈任意找到一个幼儿并站在他的身后，然后轻轻把他推到自己原先的地方，跑动时乐器发出散响，然后两人再面对面打招呼，同时乐器奏单响的声音。后两个乐句同前。双圈的小精灵一边玩游戏一边奏乐，而且心中充满期待：谁是站在我身后的那个小精灵呢？

【乐曲】

天堂岛乐园

1=D $\frac{2}{4}$ 徐良 词曲

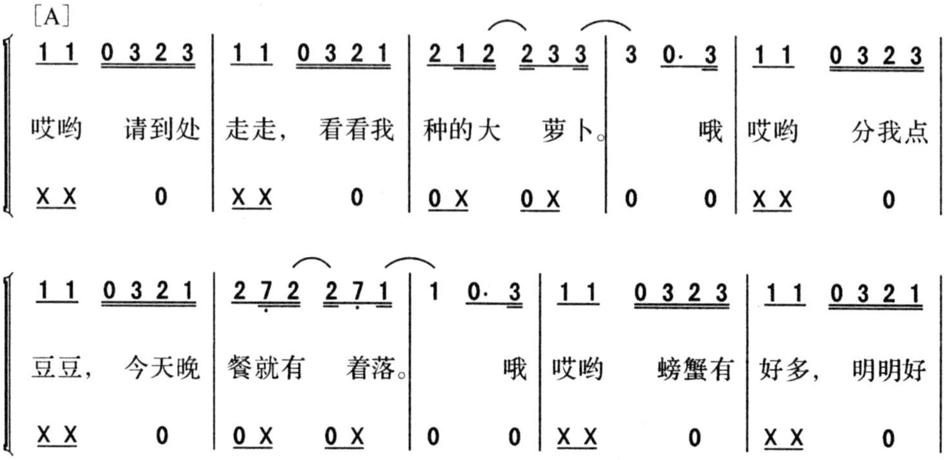

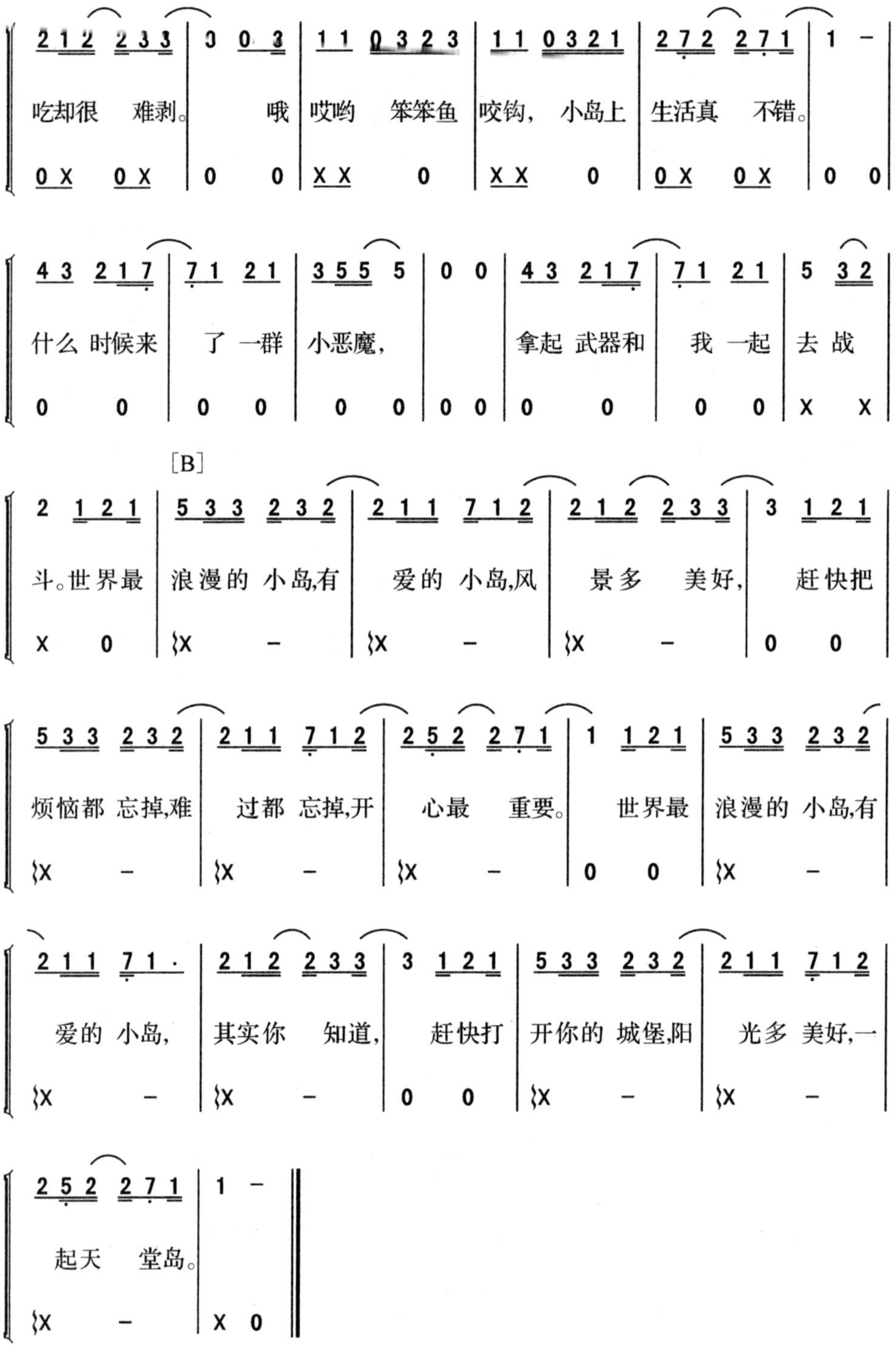
吃却很 难剥。 哦 哎哟 笨笨鱼 咬钩， 小岛上 生活真 不错。
什么 时候来 了 一群 小恶魔， 拿起 武器和 我 一起 去 战
[B]
斗。世界最 浪漫的 小岛,有 爱的 小岛,风 景多 美好, 赶快把
烦恼都 忘掉,难 过都 忘掉,开 心最 重要。 世界最 浪漫的 小岛,有
爱的 小岛, 其实你 知道, 赶快打 开你的 城堡,阳 光多 美好,一
起天 堂岛。

【教育活动设计】

活动目标

1. 探索同一乐器的不同演奏方法，分别在乐曲的[A]段和[B]段演奏出单响和散响两种不同音效，并尝试用身体的其他部位与乐器敲击进行演奏。

2. 遵守游戏规则，内圈的幼儿要先到外圈找朋友并把外圈幼儿送到自己原先的点子上，帮助同伴快速找到自己的位置。

3. 轻轻使用乐器，用让自己和别人都舒适的方法演奏乐器。

活动准备

1. 第一课时已经初步熟悉音乐及简单的身体律动。

2. 铃鼓、串铃数量基本相同，每名幼儿座位下有一件乐器。

3. 有双圈换朋友游戏的经验。

4. 音乐《天堂岛乐园》。

活动过程

1. 幼儿坐成半圆形，在教师的带领下先随乐复习律动，教师根据幼儿的熟练情况练习1～2次。

2. 尝试站成双圈玩游戏。[A]段时，外圈幼儿不动，内圈幼儿一边走一边向前移动，换一个朋友打招呼。[B]段时内外圈幼儿做原地小跑步状。这个环节玩1遍。

3. 教师当指挥，引导幼儿将身体动作转化为乐器动作，尝试演奏乐器，探索如何配器。[A]段时探索乐器如何演奏出单响的声音，[B]段时探索乐器如何演奏出散响的声音。

4. 邀请一名幼儿当指挥，全体幼儿在座位上看指挥尝试演奏，教师唱谱。这个环节玩1遍。

5. 全体幼儿站成双圈，外圈幼儿仍然做身体动作，内圈幼儿拿乐器合乐演奏。这个环节玩1遍。

6. 尝试探索用身体的其他部位演奏乐器，如小腿、肩膀、手臂等，并发现乐器和身体的其他部位对拍时也能发出单响和散响的声音。

7. 在[B]段加入"猜猜我是谁"的游戏情节并尝试加入乐器游戏，强调游戏规则是内圈幼儿先到圈外找朋友。

（故事情节：小精灵玩得正开心，突然来了一群调皮的小恶魔，他们躲在小精灵的后面，一会儿吓唬吓唬他们，一会儿逗逗他们，小精灵知道了这个秘密，也和小恶魔玩起了这个游戏）

8. 引导幼儿进行反思性学习。总结用几种方法使用了乐器，知道把以前学过的方法用到新游戏里，学会迁移。

9. 自主收拾场地，归还和安放乐器。

设计者：南京市游府西街幼儿园　杨　静

12. 控制—玩队形—玩乐器游戏
“欢乐的鼓”

【游戏最终玩法】

[A]段音乐做“听话的鼓”游戏，幼儿两两面对面在内外圈上站好，内圈幼儿扮演鼓面，外圈幼儿扮演鼓槌。内外圈幼儿自己拍手三下后，内圈（鼓面）幼儿摊开双手在胸前，外圈（鼓槌）幼儿拍击鼓面三下。[A′]段音乐（[A]段的变奏），外圈幼儿背对圆心蒙眼，内圈幼儿在圈内四散跑并找到新的朋友。[B]段音乐做“调皮的鼓”游戏，内圈幼儿扮演调皮的鼓，创编不同的鼓造型，外圈幼儿扮演鼓槌敲击鼓面。

【乐曲】

欢　沁

1=C $\frac{2}{4}$

林　海曲

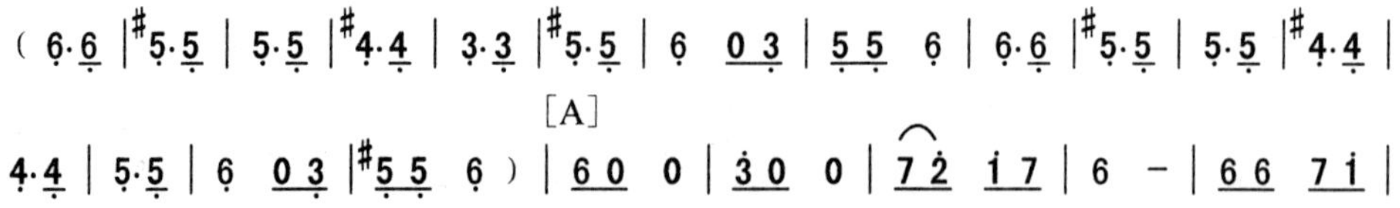

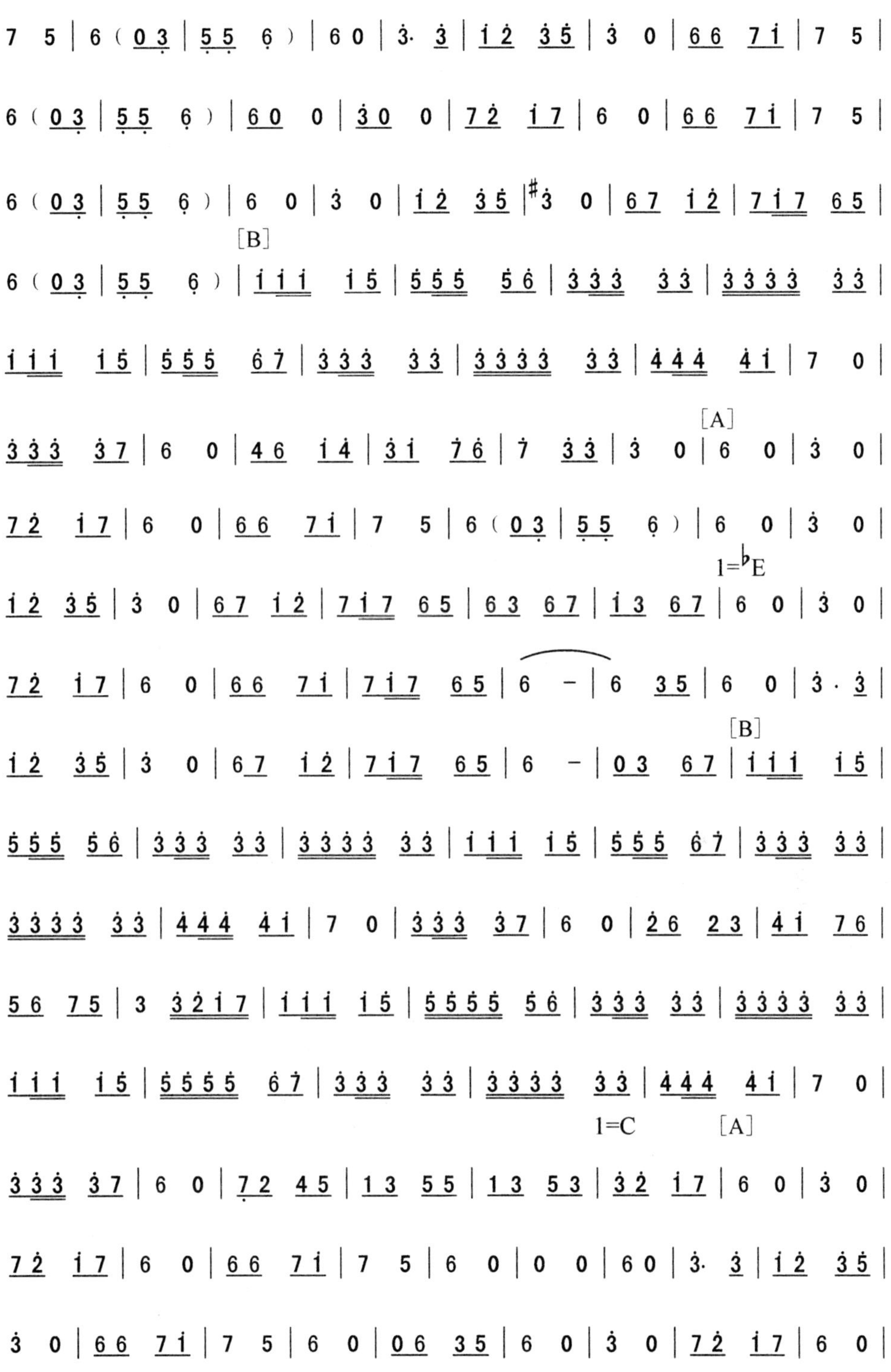
[B]
[A]
1=♭E
[B]
1=C
[A]

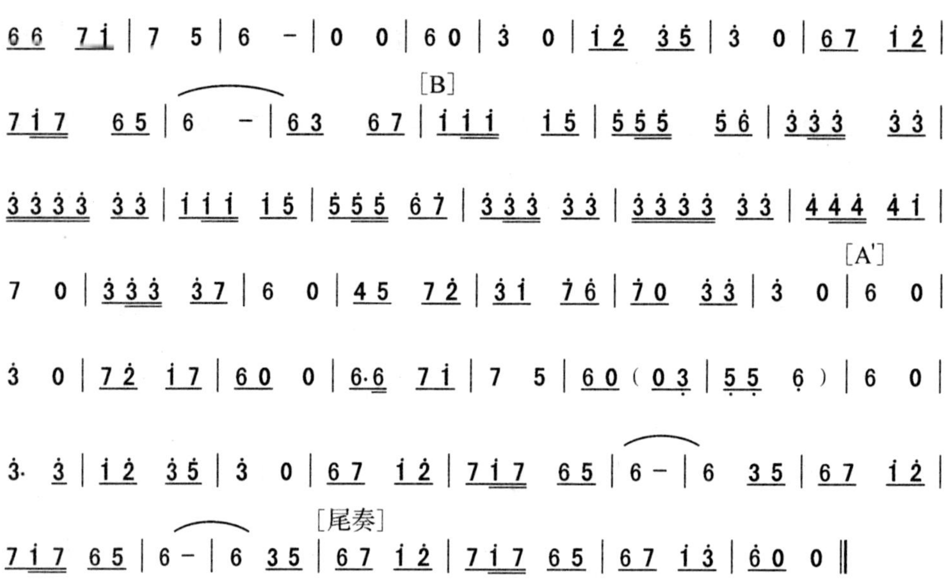

游戏玩法建议

幼儿面对面站成双圈。(内圈幼儿扮演鼓面,外圈幼儿扮演鼓槌)

[1～32 小节]为[A]段,[33～48 小节]为[B]段。

[A]段“听话的鼓”。

[1～8 小节]——扮鼓面的幼儿双手手心向上做鼓面,扮鼓槌的幼儿双手随乐轮流拍击。

[9～16 小节]——幼儿原地走。

[17～24 小节]——同[1～8 小节]。

[25～32 小节]——同[9～16 小节]。

[B]段“调皮的鼓”。

[33～34 小节][37～38 小节][41～42 小节]——扮鼓面的幼儿双手变化造型 3 次。

[35～36 小节][39～40 小节][43～44 小节]——扮鼓槌的幼儿双手同时拍击变化后的鼓面。

【教育活动设计】

活动目标

1. 跟随音乐节奏玩敲鼓游戏。[A]段幼儿自己拍手3下，拍腿（鼓面）3下。[A′]段幼儿做原地跑动动作。[B]段空3拍，拍击自己的腿（肩、头）3下。通过律动进一步理解音乐和角色。

2. 尝试在音乐的时值内通过身体动作、方位的变化创编不同的鼓面造型。

3. 在游戏中通过讨论了解怎样的鼓面造型可以让同伴顺利敲击，提高合作表演能力。

活动准备

1. 第一课时已经初步学会音乐和基本律动动作。

2. 音乐《欢沁》。

3. 铃鼓、响板。

活动过程

1. 座位呈马蹄形摆放，幼儿在教师的带领下随乐复习基本律动动作。根据熟练情况练习1～2次。基本律动动作：[A]段自己拍手3下，拍自己腿（鼓面）3下。[A′]段幼儿做原地跑动动作。[B]段空3拍，拍击自己的腿（肩、头）3下。尾声口令：咕噜咕噜快收好。

2. 教师扮演鼓面，幼儿扮演鼓槌，尝试分角色互动玩游戏。

教师可以提问：你觉得鼓槌在鼓面做哪个动作时可以敲击鼓面呢？下面教师当鼓面，你们当鼓槌，我们跟着音乐试一试。

3. 幼儿分角色在座位上玩游戏。请幼儿在座位上两两结对，一人扮演鼓槌、一人扮演鼓面。教师唱谱，幼儿练习。创编建议：鼓面除了乖乖地放在胸前，还可以放在身体的哪些地方？调皮的鼓面放在了不同的地方，鼓槌可以怎样敲到呢？

4. 跟随音乐幼儿在座位上练习角色配合。随乐玩一遍游戏。

5. 幼儿两两面对面在内外圈上站好，内圈幼儿扮演鼓面，外圈幼儿扮演鼓槌。队形建议：先两两结伴手拉手，再同时站到内外圈上，面对面站好。随音乐玩一遍游戏。

6. 加入乐器游戏。出示铃鼓，请两名幼儿尝试分角色用乐器玩一玩。提问建议：用鼓怎么蒙眼睛？鼓槌怎样敲击鼓面呢？

7. 幼儿随乐玩一遍游戏。如果扮演鼓槌的幼儿无法准确敲击到鼓面，教师可以引导幼儿反思怎样的鼓面造型利于同伴敲击。

8. 幼儿再次游戏。幼儿对完整游戏熟练后，第二遍可以在[A′]段音乐时内外圈幼儿交换位置，尝试换新角色玩游戏。

9. 自主收拾场地，归还和安放乐器。

设计者：南京市游府西街幼儿园　禹心悦

13. 情境表演—猜谜游戏“猫虎歌”

【故事及游戏最终玩法】

故事：一只小猫在森林里遇见了一只大老虎，小猫心里害怕，却用自己特殊的方法忽悠了大老虎，逃出了虎口。游戏玩法：一名幼儿扮演老虎，其余幼儿扮演小猫。一群小猫手拿不同乐器（三种音色相近的乐器），跟在老虎身后四散走并唱歌词，当唱到“吔吔吔吔”时，根据教师的指挥敲击乐器逗老虎，歌曲结束后考一考老虎：“用哪几种乐器逗你的？先后的顺序是什么？”如果老虎猜中，全体小猫说：“虎大王厉害，佩服佩服！”如果老虎没有猜中，小猫说：“快叫我们师傅！”

【乐曲】

猫　虎　歌

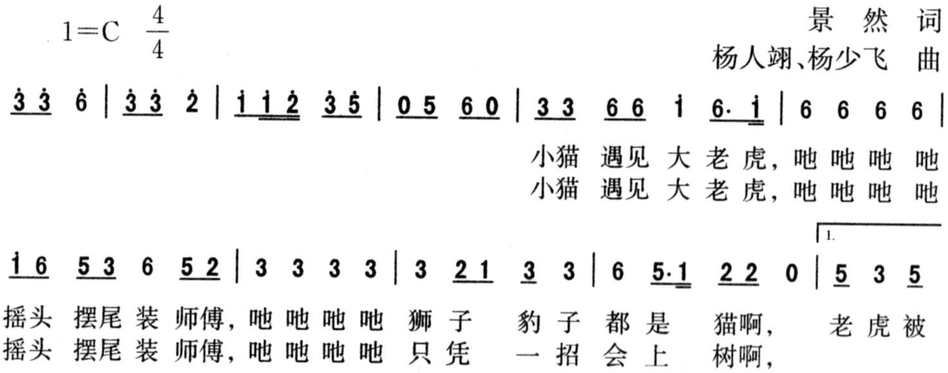

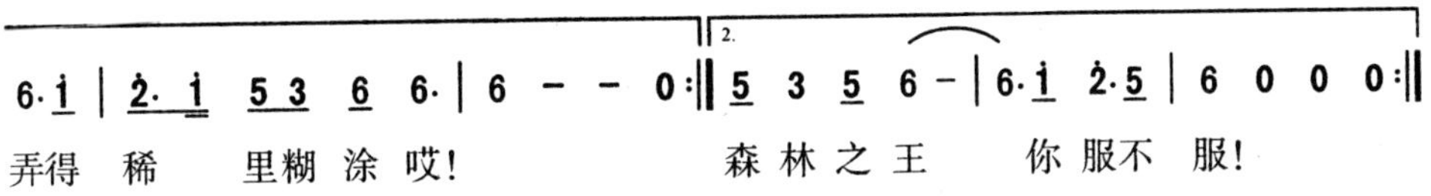

【教育活动设计】

活动目标

1. 进一步熟练地跟随音乐唱歌曲《猫虎歌》并做表演动作，感知和表现音乐诙谐、逗趣的氛围；在歌词“吔吔吔吔”的地方分组演唱，初步理解猜谜游戏的规则。

2. 尝试跟随音乐的节奏和结构敲击乐器替换原歌词“吔吔吔吔”，迁移原有规则玩猜谜游戏。

3. 探索不同种类乐器的音色，尝试根据音色给乐器分类，并用相近音色的乐器逗“老虎”。

活动准备

1. 第一课时已经初步熟悉、会唱歌曲及掌握了表演动作。

2. 铃鼓、碰铃和三角铁；响板、响筒、木鱼。

3. 老虎头饰。

4. 音乐《猫虎歌》。

活动过程

1. 座位摆放呈马蹄形，碰铃分放在椅子底下。幼儿分成三个声部。教师带领幼儿表演唱《猫虎歌》一到两遍。动作建议：双手做小猫胡子状，老虎爪子状，“吔吔吔吔”处做胜利状。可根据歌词设计动作。

2. 教师邀请一名幼儿扮演老虎并背对全体幼儿，其他幼儿分为“黑猫”“黄猫”“白猫”队。在“吔吔吔吔”处分组看指挥演唱，歌曲结束，让扮老虎的幼儿猜一猜谁在逗他。

3. 教师出示碰铃，引导幼儿用乐器一下一下地敲击来替换“吔吔吔吔”，幼儿集体练习演奏一遍。

4. 教师即兴指挥幼儿分成三个声部用碰铃合作完成演奏。每次结束后幼儿问：“老虎，哪队小猫逗你的？逗的顺序呢？”这个游戏玩一到两遍。

5. 教师引导幼儿探索六种乐器。要求：每一种乐器都要敲一敲，听一听它们的音色，并尝试描述音色和分类，说一说分类的原因。

6. 幼儿选择三种音色相近的乐器进行游戏。游戏规则：幼儿分三组，各拿一种乐器，在“吔吔吔吔”处看教师的指挥分声部敲击乐器来逗老虎。歌曲结束后幼儿问老虎：“几种乐器逗你的？谁先逗你的？谁后逗你的？你怎么知道的？”这个游戏玩一到两遍。

7. “行进间”游戏。请一名教师当老虎，幼儿跟在她的后面逗她。游戏难度因为不能根据方位判断而有所提高。

8. 自主收拾场地，归还和安放乐器。

节奏建议

第四、第六和第十一小节分别敲击四下乐器，其他小节唱歌词。

设计者：南京市游府西街幼儿园　禹心悦

14. 团队对抗—情境表演游戏
“金蛇狂舞”

【游戏最终玩法】

[A]段音乐一拍一次地演奏：要进行赛龙舟比赛了，队员们都在积极准备着！[B]段音乐配合进行演奏：火龙队和水龙队都在为自己的队伍呐喊加油。最后，两条龙舟并驾齐驱，一起冲过了终点线。“友谊第一，比赛第二。”和比赛相比，比赛中与队友眼神的沟通，显得更重要和有趣！

【乐曲】

金蛇狂舞

1=D $\frac{2}{4}$　　　　聂耳　曲

欢快地

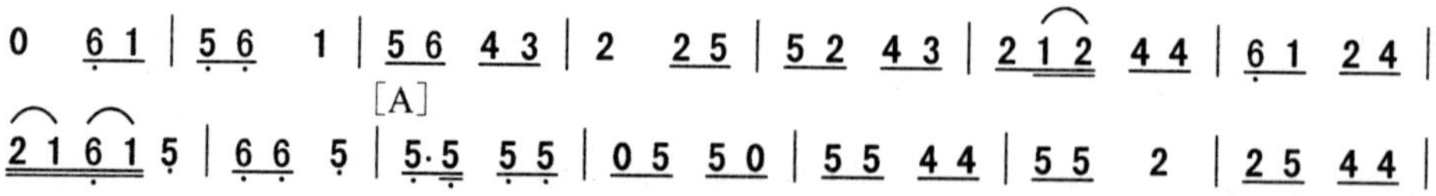

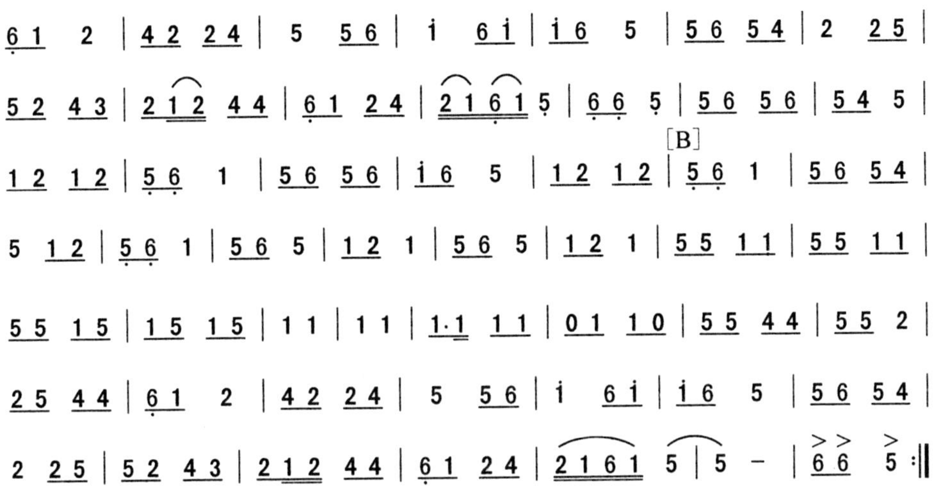

供幼儿使用的图谱

【教育活动设计】

活动目标

1. 在熟悉乐曲的基础上配器演奏，进一步感受乐曲浓郁的民族风格。

2. 通过划龙舟比赛游戏，感知[B]段音乐中的对话，并尝试用乐器表现对话的应答结构。

3. 在演奏时能努力与指挥、竞争对手进行目光的交流。

活动准备

1. 幼儿有关于赛龙舟的相关知识、经验。

2. 初步熟悉乐曲，并能够随乐做身体动作。

3. 黑板1块、挂图1幅。

4. 鼓1面、鼓棒2个、串铃棒10个、小镲5副、响板5个、大镲1副。

5. 配器方案供参考。

水龙队：领队——小镲；队员——响板。

火龙队：领队——鼓；队员——串铃棒。

6. 音乐《金蛇狂舞》(音频见U盘)。

活动过程

1. 复习随乐做身体动作。

2. 出示挂图(两条龙图片)，迁移幼儿关于龙舟比赛的已有经验。例如，有哪些人？他们负责做什么？同时为自己的龙船队起一个名字。(可以根据图片任意起名字)

3. 教师指图，幼儿练习在[B]段对话部分徒手做动作，重点引导幼儿发现其中的规律。以火龙队、水龙队为例：水龙队先念，火龙队后念，两者交替进行；火龙队和水龙队念得一模一样。

4. 幼儿听[B]段音乐，分角色徒手练习。

5. 幼儿尝试完整地演奏：演奏的初期只需要能够完整合乐即可，在幼儿已经能够慢慢熟悉的基础上，教师要提高要求，如在[B]段音乐的时候需要轮流演奏，演奏的同时可以盯着对方的眼睛，身体略微向对手前倾，从气势上体现出“压倒”对手之势。通过这样的要求，增强游戏的趣味性。

6. 每一队请一名幼儿做领队，演奏不同的乐器，和队友一起完整演奏乐曲。教师在幼儿演奏2～3遍后可以加入大镲共同演奏。

设计者：南京市第一幼儿园　赵　初

15. 合作奏乐游戏“木瓜恰恰恰”

【游戏最终玩法】

菠萝：在身体左侧上方拍铃鼓；樱桃：双手在身体两侧随乐扭动臀部。

木瓜：在身体右侧上方拍铃鼓；樱桃：双手在身体两侧随乐扭动臀部。

花篮：敲击自己的铃鼓面；樱桃：敲击右侧小朋友的铃鼓面。

队形：一横排，队尾幼儿在敲击同伴铃鼓面时轮空；圆形，首尾相连，按顺序敲击，无轮空。

【乐曲】

木瓜恰恰恰

1=F $\frac{2}{4}$　　　　印尼民歌

诙谐有趣地

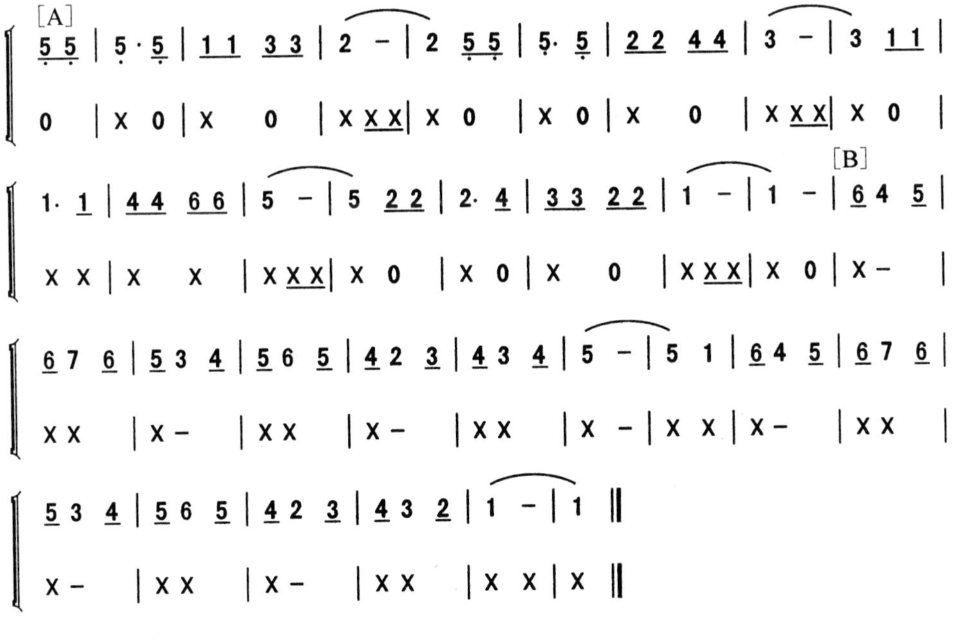

供幼儿使用的图谱

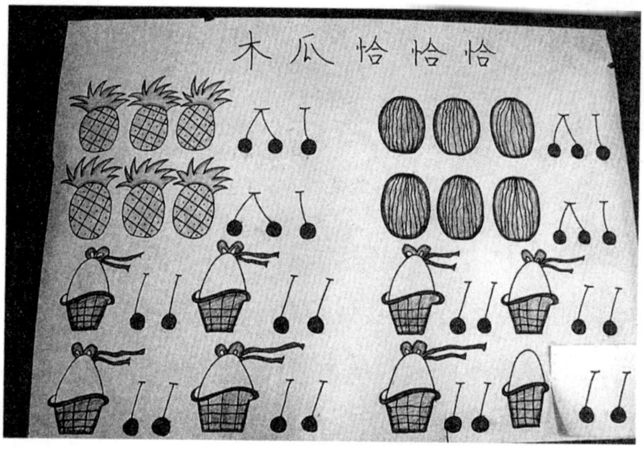

【教育活动设计】

活动目标

1. 在熟练掌握打击乐《木瓜恰恰恰》节奏的基础上，探索用多种动作和合作方式使用铃鼓进行演奏。

2. 能够迁移生活和活动中所观察、积累的有关乐器演奏动作与合作方式的经验，并运用到演奏活动中。

3. 能大胆地表达自己的想法并与同伴沟通合作。

活动准备

1. 乐器：铃鼓、响板、小铃。

2. 有关打击乐表演的视频、图谱。

3. 自制单线小人动作图谱：在身体左侧上方拍铃鼓、在身体右侧上方拍铃鼓、在身体前上方拍铃鼓、在身体后上方拍铃鼓、在身体前下方拍铃鼓、在身体后下方拍铃鼓。

4. 音乐《木瓜恰恰恰》。

活动过程

1. 复习打击乐《木瓜恰恰恰》，进一步掌握乐曲的节奏，明确乐曲的演奏是由铃鼓、小铃和响板共同完成的，教师提出问题："如果我们现在只用铃鼓一种乐器，怎样能够表演得既好听又好看呢？"

2. 欣赏视频内容1,讨论视频里的阿姨们是用什么乐器演奏的,她们是怎样演奏的,和我们的演奏有什么不一样。(打鼓的时候有动作表演,有一段节奏是自己的鼓棒打在别人的鼓面上)

3. 结合图谱讨论"我们的铃鼓表演可以做哪些动作?"贴上对应的图谱后幼儿听教师唱谱,逐步练习,然后再跟随音乐练习一遍。

4. 欣赏视频内容2,并讨论乐曲[B]段的合作演奏方法,看看"阿姨们是怎样合作演出的"。(启发幼儿说出演员的鼓棒是打在另外一个人的鼓面上的)幼儿3人一组讨论合作的方法,按照乐曲第二段"咚—哒哒"的节奏来试一试合作演奏的方法。幼儿交流合作的结果,并在座位上空手练习合作敲击的方法,感受轮空。

5. 幼儿在座位上运用铃鼓合作练习一遍后,再离开座位进行全体合作练习。

6. 幼儿听音乐进行[B]段演奏。

7. 幼儿听着音乐完整地演奏两遍,第二遍将队形从横排变成圆形,解决"轮空"的问题。

8. 幼儿邀请教师一起演奏,并向教师介绍基本的身体动作和合作的方法。

设计者:南京市第一幼儿园　张晓勤

16. 情境表演游戏"年的故事"

【游戏最终玩法】

幼儿分为4组,扮演幸福村的4户人家。音乐[A]段中,村民们各自做过年的准备:打年糕、忙年饭、打腰鼓、叠元宵。音乐[B]段中,年兽出现,村民们一起用各自的工具随乐有节奏地敲击出声响吓跑年兽。游戏分为三个层次:第一层次,年兽使用指镲。第二层次,年兽使用小镲,村民交换工具。第三层次,年兽使用大镲,村长给4户人家增加4个秘密武器:鼓、锣、木鱼、快板。

【乐曲】

金蛇狂舞

1=D $\frac{2}{4}$ 聂耳 曲

欢快地

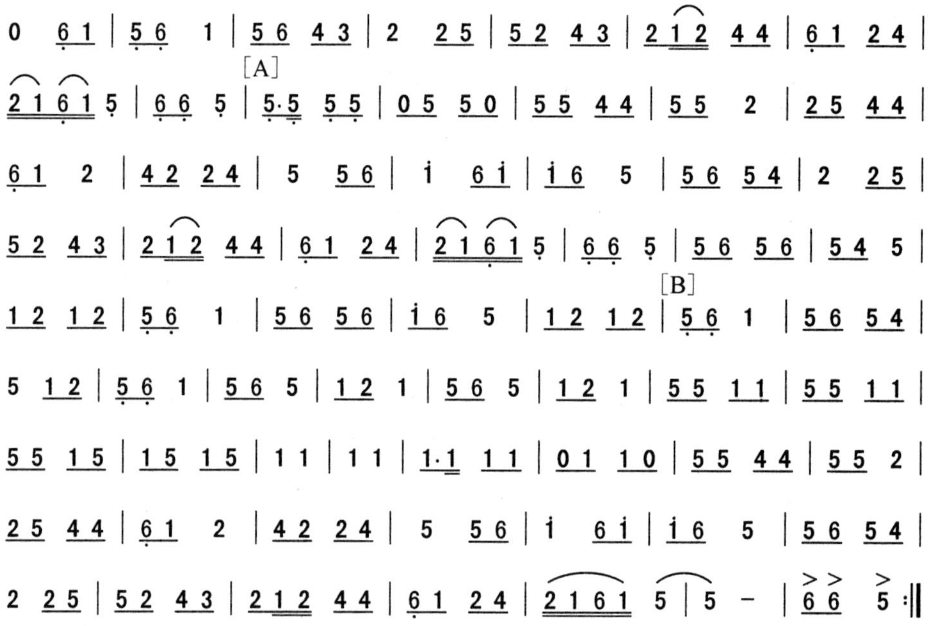

【教育活动设计】

活动目标

1. 能根据音乐 AB 结构拍出节奏型，感受过年时的喜庆氛围。
2. 尝试不同工具的敲击方法，学习与年兽互相接拍的方式。
3. 能与同伴合作，齐心协力共同击退年兽。

活动准备

1. 各种物品：擀面杖、平底锅、勺子、骰子、披风。
2. 铃铛、鼓、锣、快板、木鱼、指镲、腰鼓、棒子、小镲、大镲。
3. PPT(4 幅图)：图 1(打年糕)、图 2(忙年饭)、图 3(打腰鼓)、图 4(叠元宵)。

4. 音乐《金蛇狂舞》(音频见U盘)。

活动过程

1. 教师带领幼儿复习节奏型,并提问:“过年的时候,人们会做什么事情?”

2. 出示4幅图片,请幼儿说出图片上的人在做什么,并根据图片内容创编打年糕、忙年饭、打腰鼓、叠元宵的动作。教师带领幼儿模仿这些动作、练习节奏。

3. [A]段配器练习。教师创设故事情境,幼儿分组拿出自己的工具,讨论敲击方法。教师指挥,幼儿配器演奏[A]段。重点解决“叠元宵”的使用方法。

4. 教师引导幼儿学习[B]段互相接拍的方式。故事导入中,教师扮演年兽,念白:“年兽,年兽抓人了”;幼儿用拍手的方式接拍,并回应:“年兽,年兽抓人了”。教师提示幼儿在年兽听的时候,才能拍手,节奏与年兽的节奏一致。

5. 给[B]段配器并完整演奏。第一遍,教师指挥,幼儿完整演奏。第二遍,年兽(教师扮演)带指镲在[B]段的时候出现,增加游戏情境。第三遍,幼儿交换乐器,年兽换小镲在[B]段时出现。第四遍,增加鼓、快板、木鱼、锣,分给4户人家(幼儿扮演),年兽换大镲。

设计者:南京市第一幼儿园　李　培

17. 乐器探索——情境表演游戏“圣诞老人的王国”

【游戏最终玩法】

音乐开始部分,幼儿坐在椅子上做睡觉的样子,两个八拍后做起床的动作。当音乐变化到[A]段时,幼儿离开座位,边敲击碰铃边走向春夏秋冬四个不同的工作场景,表示圣诞老爷爷骑着雪橇出去工作了。当音乐进入到[B1]段时,春天组幼儿选择各种铁罐来做撒种子的动作;到[B2]段时,夏天组幼儿拿小鼓槌按节奏敲椅子做修雪橇的动作;到[B3]段时,秋天组幼儿按节奏拍球锻炼身体;到

[B4]段时，冬天组幼儿有节奏地抖动各种纸，测试包装礼物的纸是否牢固。当圣诞老人做完四件事后，音乐变换到[A]段，幼儿边敲击碰铃边走回座位，表示圣诞老爷爷完成工作后要回家了。在音乐尾声部分，幼儿做睡觉或放松等动作。

【乐曲】

铃儿响叮当

1=G $\frac{4}{4}$　　　　[美]皮尔彭特　词曲

小快板

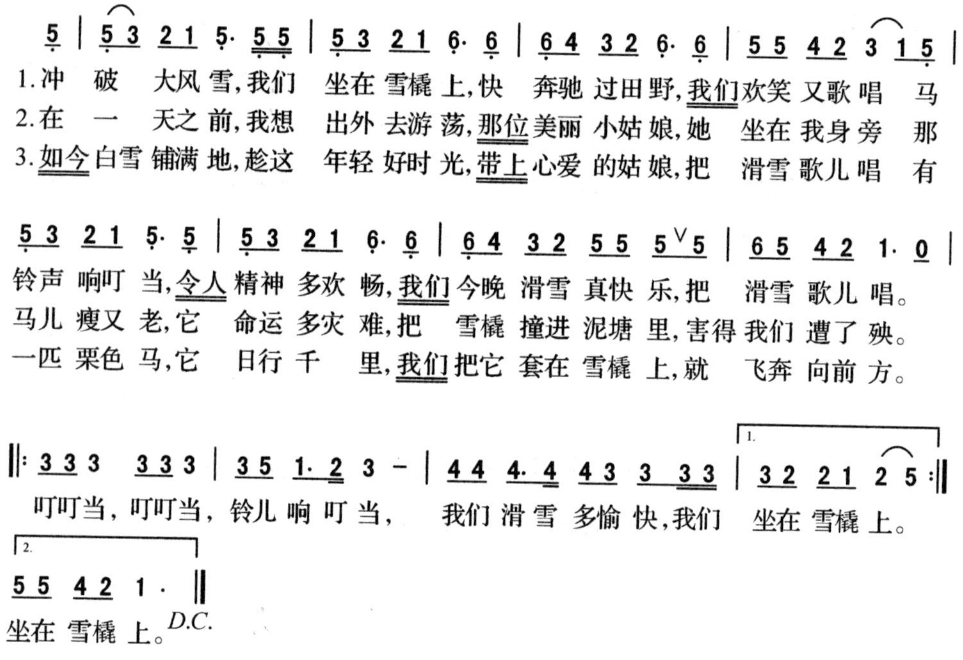

【教育活动设计】

活动目标

1. 感受不同器材发出的声音特点，尝试用不同的器材、不同的节奏来表现四种工作，在集体演奏时感受并体验轮流演奏的表现方式。

2. 通过讨论、尝试等方法探索四种器材的发声方法，并将各声音的特点与不同性质的工作进行匹配;在分组探索时,能将已经熟悉的节奏型迁移到乐器的使用中来完成四项工作。

3. 感受小组合作时齐心协力带来的效果,在轮流演奏中能够安静等待,愿意向别人学习。

活动准备

1. 阅读过绘本《圣诞老人的王国》,初步熟悉表演动作。

2. 各种装好豆子的铁罐、各种球类、驯鹿图片、小椅子(雪橇)、各种纸、方桌(2张)、球篓(2个)、小篓子、春夏秋冬字卡、碰铃。

3. 音乐《铃儿响叮当》。

活动过程

1. 教师讲故事,引导幼儿回忆故事内容,并随音乐完整地做动作。

2. 集体讨论:怎么做能让这些器材发出声音?

此环节重点引导幼儿尽可能多地说出可以让现有器材发出声音的方法,并现场尝试,集体感受一下。

3. 提出新任务:幼儿随乐自由探索各种器材的玩法,尝试将动作节奏迁移至乐器演奏中去。

难点:个别幼儿易于受以往经验影响而使用其他的节奏型方法来演奏,教师在进行个别指导时可以给予适当提示,引导幼儿迁移之前的动作经验或和小组的其他同伴团结一致地演奏。

4. 教师唱谱,幼儿分组到集体面前演奏,尝试迁移节奏型。

5. 幼儿分组轮奏,表现故事情节。

此环节可演奏3～4次。第一次针对故事情节进行完整尝试;第二次将骑雪橇动作替换成碰铃来完整演奏;第三次根据幼儿演奏情况,针对可能出现的问题,如"来不及拿乐器""别人演奏时不知道做什么"等,进行简单的讨论后让幼儿再尝试;第四次可在演奏结束时加入圣诞老爷爷送礼物的环节,提高幼儿表演的积极性。

6. 交换乐器,幼儿选择自己没有体验过的器材,尝试新的器材和节奏型。

7. 幼儿感受并尝试新的节奏型或新的演奏方法。

此环节可邀请4位教师配合完成。4位教师分别想出一种新的演奏方式,并各自引领春夏秋冬组的幼儿感受、尝试,最终通过合作表现出来。

设计者:南京市第一幼儿园　李淑花

18. 团队对抗 输赢竞争—情境表演游戏“士兵突击”

【游戏最终玩法】

士兵们排着整齐的队伍方阵，用军鼓演奏基本节奏，听到军号响起，双方的战士整装待发，在两边的起始线后排成一排，形成红、蓝两队，各自在队长的带领下，一步步向对方进攻(按节奏敲击鼓面和鼓边)，适时地停下来隐蔽自己，再伺机逼近。在近身作战时(两队之间距离很近)，各自的队长绕过自己的队伍，跑到锣鼓处，哪队先敲响锣鼓，哪队就获得胜利！

【教育活动设计】

活动目标

1. 体验乐曲大气磅礴的气势，根据乐曲旋律特点及图谱提示，探索乐曲的配器方案。

2. 通过探索鼓的不同节奏型，表现军队战斗时不同武器的特征，掌握 X X | X X | XXXXXXXXXXX | 节奏型，体验由规律节奏到痉挛性敲击的变化。

3. 在两军战斗中，体验小组团结合作以及两队竞争对垒的游戏乐趣。

活动准备

1. 音乐《大河之舞》(片段，音频见 U 盘)，曲谱略。

2. 图谱(见附录)。

3. 活动前，幼儿倾听音乐，掌握乐曲的基本节奏。

4. 军鼓人手一面，锣一个。

活动过程

1. 交代故事情境，倾听音乐，用军鼓演奏基本节奏。

2. 探讨敲击鼓的不同位置来表示不同武器类型，除了敲击鼓面，还能敲鼓边、鼓旁、鼓槌等位置。

3. 讨论如何打出快的节奏型来表示机关枪的声音。教师唱谱，幼儿练习，最后总结出应该“轻、快、幅度小”地互敲鼓槌，才能变成机关枪“哒哒哒”的声音。

4. 讨论更换鼓的敲击位置，随乐完整练习[B]乐段。

5. 主班教师与配班教师示范[B]段游戏。请幼儿观察，士兵是怎样“一步一步向敌人逼近，再停下来观察战况，然后再向敌人进攻，最后近身作战，取得胜利的”。

6. 练习“走走走走，停”节奏型。（原位脚部动作加鼓练习，教师唱谱）

7. 教师带队完整地玩游戏，由两位教师分别担任两队的队长，带领士兵向前进攻，注意让士兵在同一战线，不能冲到队长的前面，暴露自己。

8. 讨论决胜方式：在音乐最后“近身作战”时，两名队长绕过自己的阵营，跑到锣鼓处，最先敲响锣鼓的一队，方为胜利；其他队员用敲鼓槌的方式为他们加油鼓劲。

9. 变换作战方案（改变鼓的敲击位置），再一次玩游戏。

【附录：教学参考图谱】

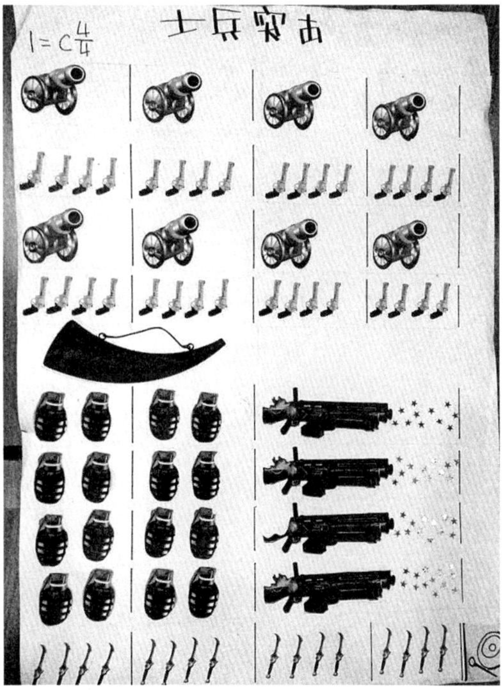

设计者：南京市第一幼儿园　王雪婷

（五）活动案例详析

小班

1. 小鱼逃走了

【乐曲】

闲聊波尔卡

［奥］约翰·施特劳斯　曲

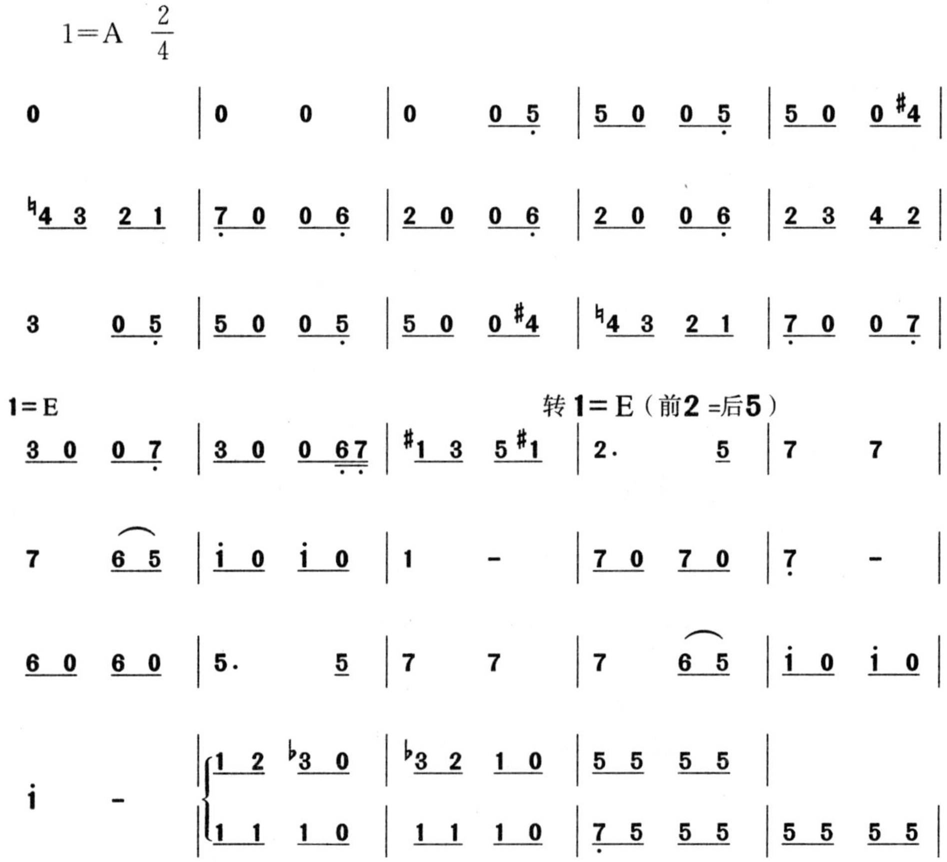

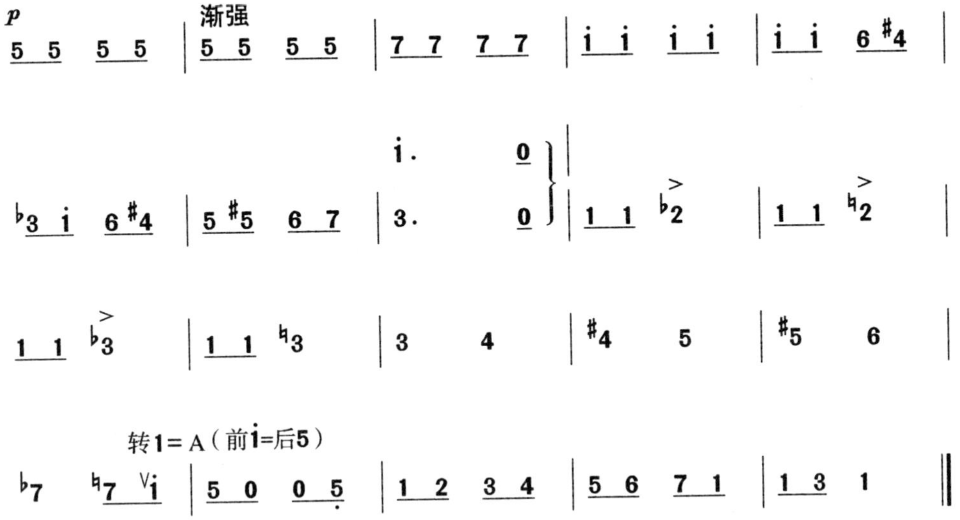

配器和动作建议

幼儿自主选择一种乐器。

[前奏]——教师预令“一起寻找”。

[1～8小节]——双手五指并拢，掌心朝下置于额头前面做遮阳状，左右摇晃看，每小节看一下，共八下。

[9～16小节]——双手五指并拢，指尖朝下由胸前从上往下做跳的动作，落点在腿上，每四小节跳一次，共两次。

[17小节]——无动作。

[18～21小节]——双手手臂向前伸直，双手随乐连续抖动后收回。

[22～25小节]——同[18～21小节]。

[26～29小节]——同[18～21小节]。

[30～31小节]——同[18～21小节]。

[32～41小节]——双手握拳，双臂弯曲置于胸前随乐做连续绕臂动作。

[42～49小节]——双手五指并拢，掌心朝内遮住眼睛做躲藏状。

[50～57小节]——同[1～8小节]。

[58～67小节]——边拍手边随乐说语令“小鱼小鱼在哪里，小鱼小鱼在哪里，找到没”。

【教育活动设计】

活动阶梯

阶梯	内容
其他3	累加“渔夫”来了的“快反”游戏
其他2	累加创编小鱼游动的方向，如向上、向下、向两侧、向斜上方、向斜下方等
其他1	累加乐器和“找小鱼”游戏
音乐	坐在座位上随乐做“找小鱼”时看、游、躲、跳、绕臂等基本动作，再次将故事、动作和音乐进行匹配
故事+动作	教师边讲故事边做动作，随后随乐做完整动作来表现故事情节，引导幼儿了解“找小鱼”的身体动作、动作的先后顺序以及游戏最后的语令，激发幼儿参与活动的好奇心和主动性

活动目标

1. 熟悉乐曲轻快又略带诙谐的旋律，学习用一下一下、连续、休止的身体动作和敲击乐器的方式来表现音乐的节奏。

2. 在跟随鱼妈妈找小鱼的情境引导下，随乐演奏乐器，尝试创编小鱼往不同方向游的动作，听到“渔夫来了”时快跑回家躲好。

3. 努力控制好乐器，不随便发出声音，感受与同伴一起游戏的乐趣。

活动准备

1. 手指沙锤10个、腕铃6个、音乐《闲聊波尔卡》、渔网、PPT(P1：鱼妈妈带着一群小鱼在水里游；P2：有一条小鱼躲在花丛中；P3：那条小鱼躲在糖果罐头里；P4：那条小鱼躲在玩具堆里；P5：渔夫出来捕鱼；P6：蓝鲸吃掉了那条小鱼；P7：鱼妈妈和其他小鱼追赶蓝鲸；P8 蓝鲸吐出小鱼，小鱼回到鱼妈妈身边)。

2. 玩过按颜色、形状等特征寻找物品的游戏。

3. 幼儿面向圆心围坐成半圆形。

活动过程

1. 教师讲述故事《小鱼逃走了》，导入情境。

教师：“有一群神奇的小鱼，它们在没有水的地方也能生活。有一天，一条小鱼跳出水面(双手五指并拢，指尖朝下由胸前从上往下做跳的动作，落在腿上)离家出走了，鱼妈妈很着急，想快点找到它。请你仔细看，鱼妈妈找小鱼时做了哪些动作？”

[教师随乐做上肢律动第一遍，幼儿观察]

（注意：教师坐在座位上边讲故事边做动作。在讲述故事时，遇到需要匹配动作的地方，教师应适度放慢讲故事的速度，便于语言和动作的匹配。此外，教师将“鱼妈妈找小鱼时做了哪些动作”的问题前置，旨在引起幼儿的有意注意）

2. 教师随乐律动，帮助幼儿熟悉基本动作模型及动作的先后顺序。

教师：“鱼妈妈找小鱼时做了哪些动作？”（看、游、躲、跳、绕臂）

教师：“鱼妈妈先做了什么动作，后做了什么动作？是我们刚才说的那样吗？请你仔细看哦！”

[教师随乐做上肢律动第二遍，幼儿观察]

3. 教师引导幼儿随乐律动。

教师：“鱼妈妈的力量太小，想请小鱼宝宝们也来帮忙，我们一起出发吧！”

[集体随乐做上肢律动第一遍]

（注意：此环节中，教师使用情境化的语言引导幼儿一起参与律动，增强了代入感，激发了幼儿参与游戏的主动性）

4. 幼儿探索乐器并随乐演奏。

教师：“鱼妈妈怕你们也走丢了，特意给你们准备了防丢失报警器，戴上它，不管遇到什么危险，妈妈听到声音就能找到你们。快试一试怎么使用报警器吧！”

教师：小鱼会躲在哪里呢？戴上报警器，我们一起出发去寻找。”

[集体随乐坐着演奏乐器第一遍]

5. 教师演示PPT，引导幼儿玩“找小鱼”的游戏。

教师：“原来小鱼躲在了哪儿？（花丛中）我们跟它打个招呼吧！”（你好，小鱼）

（注意：此环节中，教师在引导幼儿和小鱼打招呼的同时要操作PPT，营造出小鱼是被打招呼的声音吓跑了的氛围，为再次出发寻找小鱼做铺垫）

教师：“小鱼听到我们的声音，吐了个泡泡又逃走了，我们赶紧追上它。”

[集体随乐演奏乐器第二遍]

教师：“这一次，小鱼会躲在哪里呢？（糖果罐头里）找到它啦，我们轻轻地和小鱼打个招呼吧！”（你好，小鱼）（同样，教师在幼儿和小鱼打招呼的同时操作PPT，使情境自然衔接）

教师：“咦？淘气的小鱼跑得可真快呀，我们赶紧追上去问一问。”

[集体随乐坐着演奏乐器第三遍]

6. 教师鼓励幼儿创编不同的游动方向。

教师:"找小鱼时除了往前游还可以往哪个方向游?"(上面、下面、后面、两侧、斜上方、斜下方)

教师:"这一次,小鱼会躲在哪里呢?"(玩具堆里)

[集体随乐坐着演奏乐器第四遍]

(注意:此环节中,当幼儿创编出相应的动作时,教师切忌用"这样、那样"等不明确的词汇来描述动作,而应尽量用精确的描述性语言表述此动作的状态,以此来引导幼儿感知动作及动作方向与相应语言之间的对应关系,为后期创编动作方向提供线索。这也为提升幼儿自主使用语言进行概括的能力提供高级榜样)

7. 集体起立,在情境中累加下肢动作和"渔夫"角色,引导幼儿熟悉游戏规则。

教师:"这条神奇的小鱼可真淘气,喜欢和我们玩躲猫猫的游戏。可是外面那么大,它在外面玩很可能会遇到什么呢?(鲨鱼)我们也要小心哦,如果真遇到了鲨鱼要快快地游回哪里?"(家)

教师:"轻轻起立,站在自己家门口准备好。这次你们想往哪个方向游?"(请配班教师扮演"渔夫",在"渔夫来了"口令后手持渔网捕捉小鱼。游戏结束后教师演示"渔夫"未捉到小鱼的PPT)

[集体起立随乐演奏乐器第一遍]

(注意:位移环节的累加考虑到了整节活动的动静交替,但位移是有层级的:层级一,起立站在原地;层级二,在椅子围成的半圆形前方找空位置)

教师:"小鱼站起来做跳的动作时,小脚也可以跟着一起做什么?(跳)下一次出门找小鱼时可以试一试哦!"

教师:"原来,除了会遇到鲨鱼,小鱼还会遇到谁?(渔夫)'渔夫'来了我们也要快快做什么?(游回家)轻轻起立,找一个空地方站好,这次你们可以任意选一个方向游动。"(配班教师继续扮演"渔夫"捕鱼,教师演示PPT,呈现小鱼被蓝鲸吃进肚子里的画面)

[集体起立随乐演奏乐器第二遍]

(注意:画线的文字部分,教师需等待幼儿补充内容。此外,对于小班年龄段幼儿而言,找空地方是一个难点。教师在引导幼儿找空地方时,首先,应该给口令，如数到 5 后站好不动；其次，当幼儿找到位置站定后，教师应及时引导幼儿进行自我检查，如请全体幼儿双臂侧平举后原地转一圈，手臂碰不到同伴的地方即为空地方）

教师："小鱼被蓝鲸怎么样啦？"（吃到肚子里了）我们赶紧追上蓝鲸，请它放了小鱼吧。

[集体起立随乐演奏乐器第三遍]

教师："我们听听小鱼怎么说。"（教师演示 PPT，引导幼儿了解蓝鲸吃小鱼的原因）

教师："原来是蓝鲸救了小鱼，我们和小鱼一起谢谢蓝鲸！"（谢谢你，蓝鲸）

设计者：南京师范大学幼儿园　邱　敏

2. 蘑菇精灵

【乐曲】

蘑菇精灵（节选）

1=D $\frac{6}{8}$　　　　节选自《Bibbidi Bobbidi Boo》

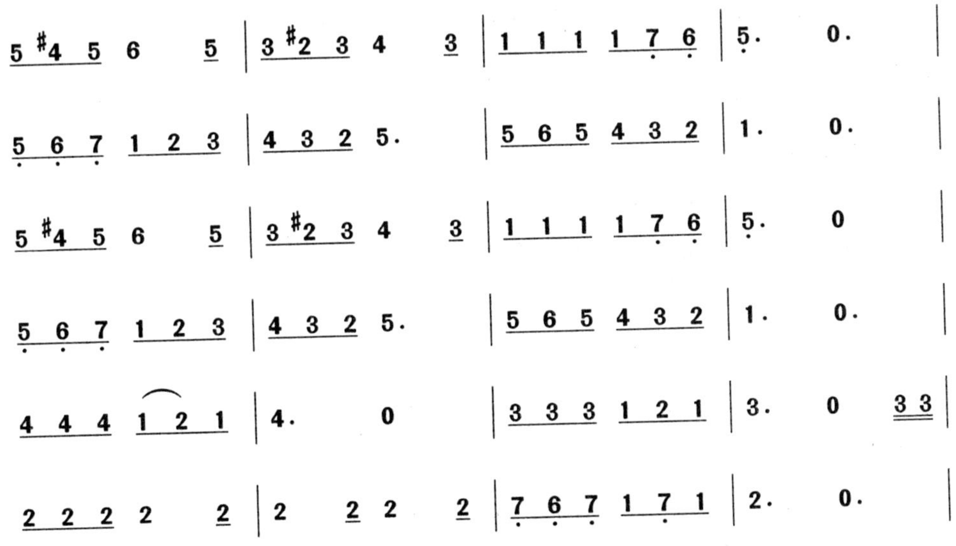

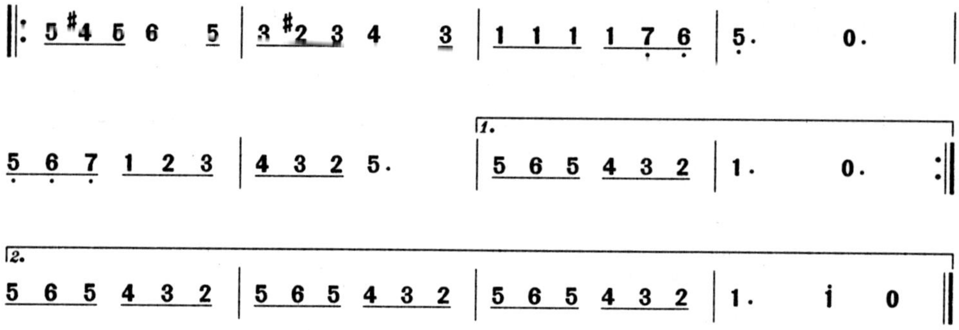

动作建议

[1～2 小节]——双手同时边转动手腕，边从胸前上升到手臂伸直。

[3～4 小节]——双手收回放在头顶上停住，做“躲”的动作。

[5～24 小节]——同[1～4 小节]。(从第一小节到第二十四小节，活动中“魔法云朵”出现之后，改为轮奏)

[25～32 小节]——双手胸前绕臂动作。(后面位移时，从这里开始起身，走到中间找朋友结伴)

[33～36 小节]——双手打开，问“碰哪里，碰××”。

[37～40 小节]——根据前面的随机指令，同伴互相接触身体部位。

[41～48 小节]——同[33～40 小节]的动作。

[49～52 小节]——单手放在耳边做“听”的动作。

[53 小节～结尾]——双手胸前做绕臂动作，最后一小节，双手抱膝，身体趴在腿上做“躲”的动作。

配器建议

[1～2 小节]——双手同时边摇动乐器，边从胸前上升到手臂伸直。

[3～4 小节]——双手收回乐器放在头顶上停住休止。

[5～24 小节]——同[1～4 小节]。(从第一小节到第二十四小节，活动中“魔法云朵”出现之后，改为轮奏)

[25～32 小节]——双手持乐器胸前绕臂动作(后面位移时，从这里开始起身，走到中间找朋友结伴)

[33～36 小节]——双手打开，问“碰哪里，碰××”。

[37～40 小节]——根据前面的随机指令，同伴互相接触身体部位。

[41～48 小节]——同[33～40 小节]的动作。

[49～52 小节]——一只手拿乐器，另一只手放在耳边做“听”的动作。

[53 小节～结尾]——双手胸前做绕臂动作，最后一小节，双手抱膝，身体趴在腿上做“躲”的动作。(最终游戏时，幼儿躲在“大树”后，保持乐器休止)

【教育活动设计】

活动阶梯

其他4	累加“谁来了”躲猫猫游戏，尝试和同伴共享“躲避”空间，并保持乐器休止，不发出声音
其他3	累加位移游戏“碰一碰”，尝试与同伴完整玩游戏
其他2	累加乐器，引导幼儿尝试迁移身体动作，匹配乐器
其他1	累加“魔法云朵”，引导幼儿尝试根据教师身体动作提示探索轮奏
音乐+动作	幼儿尝试合乐练习身体动作，借助教师提问梳理动作顺序
故事+动作	教师讲述故事，梳理关建动作，回忆游戏“碰一碰”的玩法

活动目标

1. 通过“蘑菇精灵生长、游戏”的情境，感受乐曲的乐段，并选择沙锤或串铃棒合乐演奏。

2. 借助“与魔法云朵玩游戏”的情境，尝试根据教师的身体动作和语令轮奏，感受独奏与合奏的不同音效。

3. 在寻找“大树”或“树叶”躲藏时，愿意与同伴共享材料与空间，并在“躲”的情境中尝试控制好乐器不发出声音。

活动准备

1. 串铃棒、沙锤(上面分别贴有红、蓝蘑菇标记)，PPT(蘑菇在草地上；魔法云朵出现，天空下雨；咖啡色蘑菇变成了红蓝两色的蘑菇精灵)，雨伞，圆形板，松鼠、兔子、小熊头饰。

2. 玩过“碰一碰”游戏。

3. 幼儿坐成半圆形，雨伞撑开，与圆形板分别散落放在幼儿座位后面的空地方，注意让物品之间有一定的距离。

活动过程

1. 创设情境，引导幼儿回忆“碰一碰”游戏的玩法。

教师：“大森林里有一群害羞的蘑菇精灵，每当森林安静下来，他们就会悄悄地从土里冒出来（做有节奏的‘长’的动作），还会和同伴玩‘碰一碰’游戏呢！”

教师：“你们会玩‘碰一碰’游戏吗？玩之前要先问什么？”（碰哪里）

（注意：教师讲述故事时匹配关键动作，加强幼儿记忆，同时帮助幼儿回忆游戏玩法，为后期玩游戏做好经验准备，也是减轻后面的记忆负担）

2. 随乐做身体动作，引导幼儿观察。

（1）幼儿观察教师随乐做动作。

［幼儿观察教师随乐做上肢律动第一遍］

教师：“蘑菇是从土里往哪里长？（往上长）长出来之后还怎么样？”（躲）

（2）幼儿观察教师随乐动作中的游戏内容。

［幼儿和教师随乐做上肢律动第一遍］

教师：“蘑菇精灵和同伴玩了什么游戏呢？”（碰一碰）

（注意：教师这里的提问，要等待幼儿回答。这里的提问是为了梳理动作和记忆动作，所以，在幼儿回答之后，教师要引导幼儿集体练习关键动作以加深印象。尤其是“躲”的动作，教师要做得夸张一些。碰一碰时，说完“碰哪里”，教师双手先摊开休止，为后面的游戏做好铺垫）

3. 累加情境“魔法云朵”，引导幼儿根据“云朵”飘动的方向，尝试使用乐器轮奏。

（1）出示 PPT，引入“魔法云朵”情境，累加乐器。

［幼儿和教师随乐做上肢律动第二遍］

教师：“看，天空飘来了小云朵，怎么啦？（下雨了）这是一场魔法雨，蘑菇精灵变成什么样子啦（红色和蓝色）？魔法雨还给蘑菇精灵送来了魔法棒，看看上面的标记，你想变成什么颜色的蘑菇精灵，你就来选相同标记的魔法棒吧！”（帮助选择相同乐器的幼儿坐在一起）

［幼儿与教师互动，演奏乐器第一遍］

（注意：魔法棒和椅子上都贴有相同的两两相对应的颜色标记，此环节一开始让幼儿自由选择。注意乐器要分四个托盘分散摆放，避免幼儿自主选择时拥挤，

教师在幼儿选择完并根据颜色标记自然分组时，要提供一些帮助和提示）

(2) 引导幼儿尝试根据“云朵”飘动的方向轮奏。

教师：“我可是一朵顽皮的魔法云朵，我喜欢到处飘，飘到哪里，哪里就下雨，一下雨，蘑菇就会怎么样呢？（长出来）那没有淋到雨的蘑菇长不长呢？”（不长）

[幼儿与教师互动，演奏乐器第二遍]

（注意：此处重点帮助幼儿感受轮奏，教师注意引导的方式，首先，对小班年龄的幼儿来说，轮流的频率为一个完整乐句一交替比较合适，且教师的身体体态的方向改变要提前、要明确，有必要时匹配预令提醒，可让幼儿单独练习此处，后面视幼儿的掌握情况，改变变化方向的频率，但是，教师的体态还是要有预先提示性）

(3) 引导幼儿尝试合乐演奏乐器，并根据魔法云朵飘动的方向轮奏。

[幼儿与教师互动，演奏乐器第三遍]

4. 累加位移游戏“碰一碰”。

(1) 引导幼儿观察教师与配班教师示范找朋友，总结游戏规则。

教师：“这一次，蘑菇精灵要出来找朋友玩游戏啦！请你们仔细看，我在说到什么话的时候出来，和朋友做了什么游戏？”

[幼儿与教师互动，练习随B段音乐演奏一遍乐器，同时观察教师的语言和动作]

(2) 幼儿单练B段。

[幼儿与教师互动，随B段音乐演奏两遍乐器，巩固练习]

（注意：“碰一碰”游戏幼儿事先熟悉过，在这里主要帮助幼儿解决何时离开座位结伴的问题。此外，由于是小班的幼儿，在这里不要求一定要两两结伴，只要在说到“碰哪里，××碰××”的时候，能够和一个同伴身体接触即可。幼儿在进行此游戏时，教师要适当位移，时刻关注幼儿的情况，并根据幼儿需要提供帮助。特别需要注意的是，教师在讲“碰一碰”部位的时候，可以询问幼儿意见。此外，教师要有意识地将“屁股碰屁股”这类容易引起幼儿情绪兴奋的部位，安排在后面几次游戏中。前面几次游戏还是需要幼儿情绪稍微稳定，形成合乐的意识，待到节奏、动作都熟悉之后，可以稍微活跃一下气氛）

5. 完整游戏，累加猜猜“谁来了”的躲猫猫游戏情境，引导幼儿在游戏最后找到“大树”或“树叶”把自己藏好。

[在完整的游戏情境中，幼儿随乐演奏乐器一到三遍]

教师提醒幼儿在躲藏时控制好乐器不发出声音，并尝试找人少的地方躲藏。

（注意：躲猫猫游戏，教师要引导幼儿注意共享空间，在游戏一遍之后，重点帮助幼儿分享合作躲藏时，迅速安全的方法，即挡住脸即可，躲好之后要保持乐器休止，这里可用情景化语言引导）

设计者：南京师范大学幼儿园　张　玭

中班

1. 小猪的魔法药水

配器和动作建议

幼儿人手一个铃鼓。

[前奏]——教师预令“准备出发”。

[1～8 小节]——前四小节拍手，每小节一下。后四小节双手五指并拢，掌心朝下置于额头前面做遮阳状，左右摇晃看，每小节看一下，共四下。

[9～16 小节]——同[1～8 小节]。

[17～24 小节]——双手握拳，曲臂放在腰间前后摆动做跑步动作。

[25～32 小节]——双手五指并拢，掌心朝内遮住眼睛做躲藏状。

[33～40 小节]——同[17～24 小节]。

[41～48 小节]——同[25～32 小节]。

[49～56 小节]——同[1～8 小节]。

[57～64 小节]——同[1～8 小节]。

[65～72 小节]——一手曲臂，掌心朝上放在自己胸前保持不动，另一手臂展开再收回，收回的同时轻拍另一手的手心。前四小节一节展开一节收回，共两组。后四小节双手握紧曲臂置于胸前，前后摇晃。

[73～80 小节]——同[65～72 小节]。

[81～88 小节]——前四小节双臂展开询问：“药水洒哪里？”后四小节幼儿回：“洒这里洒这里。”

[89～96 小节]——同[81～88 小节]。

[97～104 小节]——同[81～88 小节]。

[105～112 小节]——同[81～88 小节]。

[113～116 小节]——拍手再举臂欢呼:“魔法药水成功啦!”

【教育活动设计】

活动阶梯

其他3	累加位移游戏，合乐游戏
其他2	累加创编在不同身体部位，如头上、手臂上、腿上、脚上等洒药水的动作
其他1	累加乐器，探索玩法
音乐	坐在座位上随乐做探险时看、走、跑、躲、制作药水等基本动作，再次将故事、动作和音乐进行匹配
故事+动作	教师边讲故事边做动作，随后随乐做完整动作表现故事情节，引导幼儿了解小猪去森林探险制作魔法药水吓跑老狼的身体动作、动作的先后顺序以及游戏最后的语令，激发幼儿参与活动的好奇心和主动性

活动目标

1. 初步感受歌曲轻松、欢快的旋律,学习 | X X X X | 节奏型,并尝试用铃鼓的不同演奏方式来表现乐曲的节奏,创编洒药水的不同位置。

2. 能借助“制作魔法药水”的游戏情境及教师的语言、动作提示,随乐演奏铃鼓,表现做药水、洒药水的动作内容。

3. 体验与同伴共同游戏,成功制作魔法药水吓跑老狼的喜悦。

活动准备

1. 音乐《Bailando con Rosiña》节选(00:00—01:22)、PPT(内容为三方面的:故事情境图片;制作魔法药水的步骤图;魔法药水的效果图)、铃鼓(人手一个)。

2. 有用铃鼓玩游戏的经验。

3. 幼儿面向圆心围坐成半圆形,前方有较大场地方便幼儿活动。

活动过程

1. 教师播放 PPT,讲述《小猪去森林探险》的故事,导入情境。

教师:“这是一只会魔法的小猪。小猪去森林里探险,它开心地走着,四处看看，忽然发现了一只老狼，它连忙跑掉躲起来。（教师边说边做拍手、看、跑、躲的动作）它准备制作魔法药水，让自己变得更厉害来吓跑老狼。制作魔法药水的三个步骤为放材料、摇晃药水、洒药水。”

（注意：教师坐在座位上边讲故事边做动作，在讲述故事时，遇到需要匹配动作的地方，建议教师适度放慢讲故事的速度，便于语言和动作的匹配。此外，教师将“制作魔法药水步骤”的问题前置，旨在引起幼儿的有意注意，同时让幼儿观察PPT提示，对应上做药水的放、摇、洒三个动作）

2. 教师随乐律动，帮助幼儿熟悉基本动作模型及动作的先后顺序。

教师：“小猪去森林探险时做了哪些动作？”（拍手、看、跑、躲、放、摇、洒）

[教师随乐做上肢律动第一遍，幼儿观察]

教师：“制作魔法药水先做了什么动作，后做了什么动作？是我们刚才说的那样吗？请你仔细看哦！”

[教师随乐做上肢律动第二遍，幼儿观察]

（注意：教师在这里引导幼儿讲述小猪做了哪些动作时并不要求穷尽，只是引导幼儿仔细观察动作并解读动作的含义，从而引入情境，为后面幼儿自己合乐游戏做铺垫。如小猪为什么要跑，躲起来的时候要注意什么？教师也可给予部分解释，小猪躲起来后又在看什么？可能是看老狼在不在，也可能是在寻找魔法材料做药水。制作魔法药水那一部分的难点动作也可带幼儿集体练习）

3. 引导幼儿随乐律动。

教师：“小猪想请你们来当它的小助手，你们想和小猪一起去森林探险吗？小猪问药水洒哪里，你们要告诉它‘洒这里洒这里’。那我们先在家里学一学这些本领！准备好！”

[集体随乐做上肢律动第一遍]

（教师播放PPT，鼓励幼儿大胆猜测魔法药水的作用）

（注意：此环节中，教师使用情境化的语言引导幼儿一起参与律动，增强了代入感。这里第一次做药水成功，激发了幼儿参与游戏的主动性。由于有部分动作是重复的，教师可根据幼儿合乐动作的游戏情况减少预令，逐步退位）

4. 探索乐器并随乐演奏。

教师：“小助手们刚刚表现不错。试试看，这次我们能做出什么样的魔法药水呢？”

[集体随乐做上肢律动第二遍]

教师:"魔法药水没有做出来可能是什么原因?"(幼儿自由表达)

教师:"为了成功制造出有魔法的药水,小猪还给我们准备了魔法铃鼓。魔法铃鼓怎么用呢? 我们一起来试试。"(引导幼儿在情境中探索乐器玩法,如轻拍、摇动,练习重点动作)

(注意:此环节加入了乐器进行游戏,教师应给予幼儿一些时间探索铃鼓的玩法,如拍一拍、摇一摇,并抓住机会辐射到集体,引导幼儿掌握正确的抓握铃鼓的方法以及奏乐的方法,同时带入到情境中,如有了魔法铃鼓,材料怎么放? 可以把铃鼓当成小碗,让幼儿在奏乐游戏中真正与乐器互动起来)

[集体坐着随乐演奏乐器第一遍](教师演示 PPT,引导幼儿与 PPT 互动)

(注意:此环节中,教师在幼儿使用乐器演奏完,即做好魔法药水后,要操作 PPT,营造出老狼是被用魔法铃鼓成功制作出的魔法药水吓跑了的氛围,为再次利用铃鼓做出更厉害的魔法药水做铺垫)

5. 鼓励幼儿创编在不同部位洒药水的动作。

教师:"药水除了洒在头上,还可以洒在哪儿?"(肚子、手臂、腿、脚上)

[集体坐着随乐演奏乐器第二遍]

(注意:此环节中,当幼儿制作出魔法药水与 PPT 互动时,可以请幼儿大胆猜测魔法成功后小猪的变化和魔法药水没有做成功的原因,以此引导幼儿反思、评价、调整自己的游戏行为,增强动作的合乐性)

6. 引导幼儿移位,鼓励他们和小猪一起去森林探险。

教师:"我们已经练好了本领,和小猪一起出发去森林探险咯!"

[位移随乐演奏乐器第一遍]

(注意:中班幼儿有自己寻找合适空间游戏的能力,要肯定幼儿在椅子围成的半圆形前方找空地方的行为,例如,幼儿双臂侧平举后原地转一圈,手臂碰不到同伴的地方即为空地方。移位游戏时教师要观察幼儿脚上动作并反馈)

教师:"刚刚为了保护自己,小猪也变成了老狼的模样! 小猪还是喜欢自己原来可爱的样子,我们再一起帮忙制作能帮助小猪变回原来模样的魔法药水吧!"

[位移随乐演奏乐器第二遍]

设计者:南京市北京东路小学附属幼儿园 张 涵

2. 会飞的青蛙

【乐曲】

切分音时钟

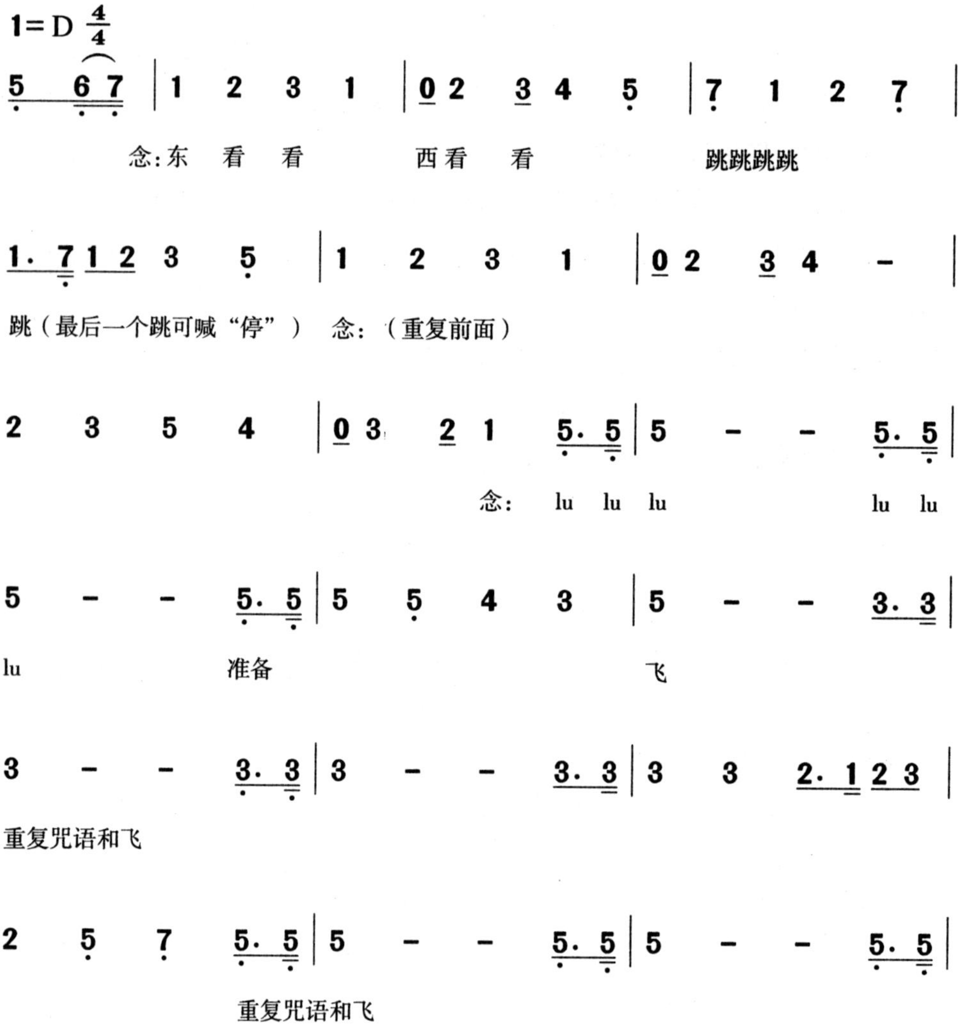

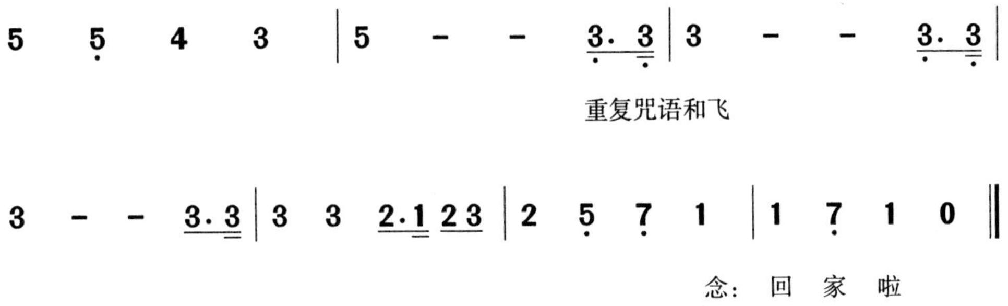

动作和配器建议

[前奏]——教师预令“一起找一找”。

[1～4小节]——单手放额头，左右各做“看一看”的动作一次。

[5～8小节]——双手手指在腿上一拍一下做五下弹跳动作，后三拍静止不动。

[9～12小节]——同[1～4小节]。

[13～16小节]——同[5～8小节]。

[17～19小节]——从第十六小节的弱起开始，双手在胸前从下往上抖动手腕，左右各一次。

[20～22小节]——双手握拳放在胸前。

[23～24小节]——双手前平举做飞行状。

[25～27小节]——同[17～19小节]。

[28～30小节]——同[20～22小节]。

[31～32小节]——同[23～24小节]。

[33～35小节]——同[17～19小节]。

[36～38小节]——同[20～22小节]。

[39～40小节]——同[23～24小节]。

[41～43小节]——同[17～19小节]。

[44～46小节]——同[20～22小节]。

[47～48小节]——同[23～24小节]。

[49～50小节]——双手在胸前由里向外交替绕圈，最后做三下拍手动作。

【教育活动设计】

活动阶梯

其他3 累加空间，引导幼儿模仿救护车声音并替换成咒语（2遍）

其他2 累加声效，引导幼儿模仿火车、汽车鸣笛声并替换成咒语（2遍）

其他1 累加乐器，通过拼图获取手腕铃的乐器信息（1遍）

动作+音乐 难点前置，重点学习飞行咒语，了解飞的动作和厘清青蛙跳了多少下的问题（3遍）

故事 教师讲述故事，厘清故事梗概，激发幼儿参与兴趣

活动目标

1. 感受乐曲幽默诙谐的风格，以青蛙飞行为情节主线引导幼儿用找、跳、念咒语、停顿、飞等动作感受音乐的变化。

2. 通过跳一跳和晃手腕动作感受手腕铃发出断顿和散响的音效；通过图片提示调动已有经验，用嗓音模仿火车鸣笛声、汽车鸣笛声、救护车的声音、自行车的声音，尝试用声效替换咒语。

3. 在音乐的变化中快速地做“准备”和“飞”两个动作，体验成功后的愉悦感。

活动准备

1. 幼儿坐成马蹄形。

2. 对火车鸣笛声、汽车鸣笛声、救护车声音有过了解，并会用声音进行模仿。

3. 材料准备。

(1)《飞行宝典》的一页拆分的拼图卡及拼图底部设计；

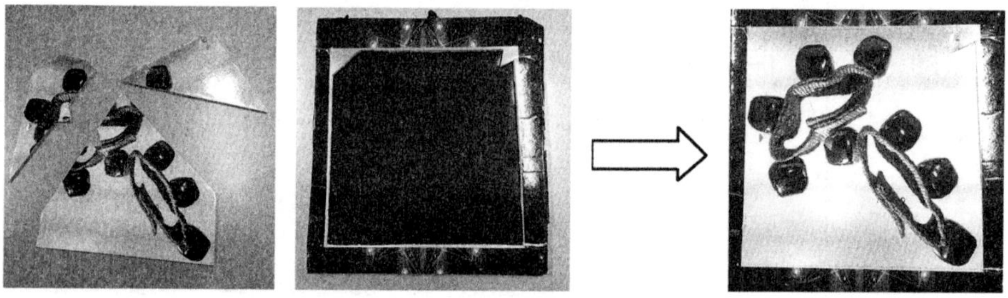

(2)手腕铃，数量与幼儿人数相等；

(3)制作 PPT 所需的图片：火车站、一般停车场、医院停车场。

活动过程

1. 教师完整讲述故事。

教师:“这是一本神奇的《飞行宝典》,里面记录着一个可以让我们飞起来的咒语,只要在晚上念出这个咒语,就可以自由飞行,一旦天亮,飞行的魔法就会消失不见。一群小青蛙得到了《飞行宝典》后,到了夜晚就蹦蹦跳跳。它们选择一片莲叶作为飞行魔毯,然后念出飞行咒语,这时,莲叶离开水面飞起来了。等到天亮魔法消失之前,小青蛙们又回到自己的家里。”

(注意:此环节中,教师要借助道具书《飞行宝典》讲述故事,并且需要用语言营造一种神秘感,激发幼儿解密《飞行宝典》的兴趣)

2. 根据故事情节用动作感知音乐。

教师:“《飞行宝典》还有一页,可是这一页的三张拼图卡被藏起来了,你们只有完成任务才能找到,找到三张拼图卡,完成拼图,就能看到书上的图画。你们准备好接受任务了吗?”

(注意:此环节中,在开展之前已经将《飞行宝典》中的三张拼图卡分别藏于幼儿的椅背后、椅座下方、教师的椅座下方,创设让幼儿积极参与互动的机会,也让幼儿体验获取成果的满足感)

(1) 问题前置,引导幼儿记忆和学习“lululu”的飞行咒语。

教师:“第一个任务,听一听,让莲叶飞起来的咒语是什么?(随乐1)飞行咒语是什么(lululu)?我们一起学一学飞行咒语。”(集体寻找,获得藏在椅背后的拼图卡)

(2) 重点练习咒语后面的“准备”和“飞”两个动作。

教师:“第二个任务,观察在喊完‘准备’的口令后,嘴巴会做什么动作?(随乐2)‘准备’口令后,嘴巴做了什么?(默数)默数了几个数字?”(4个)(集体寻找,获得藏在椅座下方的拼图卡)

（注意：此环节中，通过数数的方式帮助幼儿掌握停顿的方法，强调情境与动作之间的融合）

（3）厘清“青蛙东看看、西看看后，跳5下就停顿休息”的重点。

教师：“第三个任务，数一数青蛙在东看看、西看看后，跳了几下？最后一下停在了哪里？（随乐3）跳了几下？（5下）最后一下停在了哪里？”（大腿上）

3. 完成拼图，累加乐器手腕铃。

（1）通过拼图获取乐器信息：手腕铃。

教师：“这是一个具有魔法的手铃，它可以带着我们飞行到不同的地方。现在我们先来学一学如何控制魔法手铃。”

（注意：此环节中，教师通过游戏的方式带领幼儿在无乐情况下使用手腕铃练习1遍青蛙跳和咒语，这不仅能满足幼儿戴上新乐器的好奇心，而且能帮助幼儿掌握使用乐器的规则）

（2）师幼带上手腕铃合乐练习1遍。

教师：“我们就要出发了，你们准备好了吗？”（随乐4）（音乐结束后，PPT上出现火车站的图片）

4. 累加声效：根据交通工具鸣笛声，尝试创编咒语并用新咒语玩游戏。

（1）出示火车站图片，引导幼儿用火车鸣笛声替换咒语“lululu”。（出发站）

教师：“来到了哪里？火车站里有火车，火车在出发时都会鸣笛，你会用声音模仿火车鸣笛声吗？（请一名幼儿作为榜样示范）我们把咒语改成火车鸣笛声试一试。”（集体练习）

（注意：教师在引导幼儿进行咒语替换时，需要把握咒语的字数和念咒语的语速、语态，给予幼儿仿编、回应的机会）

教师：“天黑了，到处都静悄悄的，这次我们会到哪里呢？”（随乐5）（音乐结束后，PPT上出现停车场的图片）

（2）出示停车场图片，用汽车鸣笛声替换咒语。（散点站立）

教师：“我们来到了哪里？你会用声音模仿汽车鸣笛声吗？把咒语改成‘滴滴滴’的汽车鸣笛声试一试。”（集体练习）

教师：“学习停车场里的汽车，找一个空位做好准备（散点站立）。（随乐6）什么时候必须要回到座位上？”（天亮咒语失效前）

5. **累加空间。**

(1) 引导幼儿在B段时散点跑动，探索自由跑动过程中与同伴保持安全距离的方法。

教师：(PPT上出现医院停车场的图片)“这是什么车？救护车会发出什么声音？咒语变成救护车声音后怎么念?”

教师：“救护车准备出任务了，大家找到一个停车位站好。我是这次救护车出行的领头车，请大家行驶时，要朝着同一个方向哦，注意保持安全距离。”(无乐情况下探索和练习散点跑动过程中保持安全距离的方法)

(注意：此环节后，关注幼儿的学习掌握情况，可以适当鼓励幼儿将单个咒语调整为两个或者三个咒语，如“dididu”“dadidu”)

(2) 用救护车声替换咒语，同时继续巩固散点状态下与同伴保持安全距离的方法。

教师：“接到救援任务，请所有救护车人员做好准备(散点站立)。”(随乐7)(教师跟随音乐带领幼儿跑出教室)

教师：“本次救援任务行车安全抵达。”

设计者：成都市第四幼儿园　叶　娇

大班

1. 师父被妖怪抓走啦

【乐曲】

雷　神

选自《雄壮进行曲》

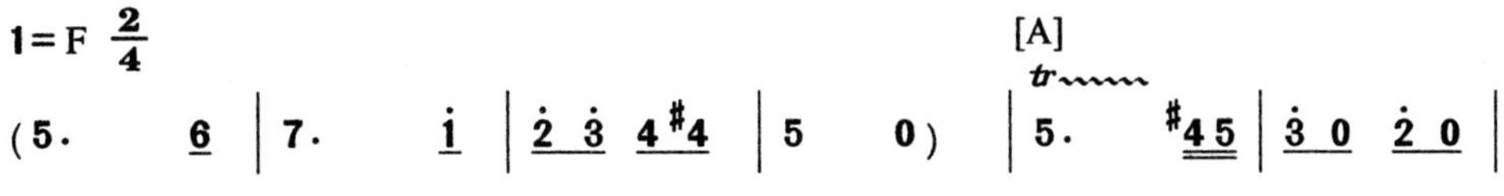

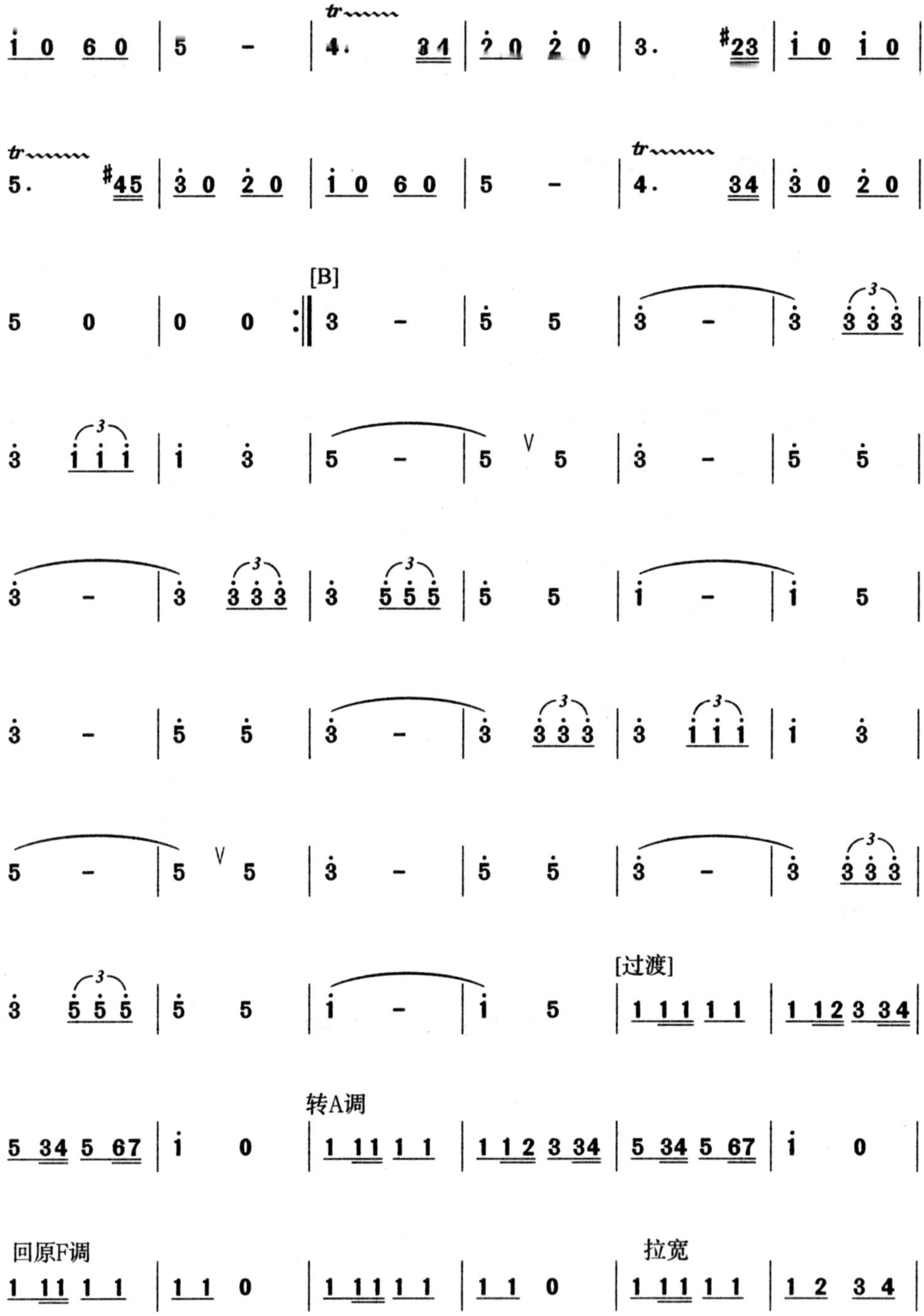
[B]
[过渡]
转A调
回原F调
拉宽

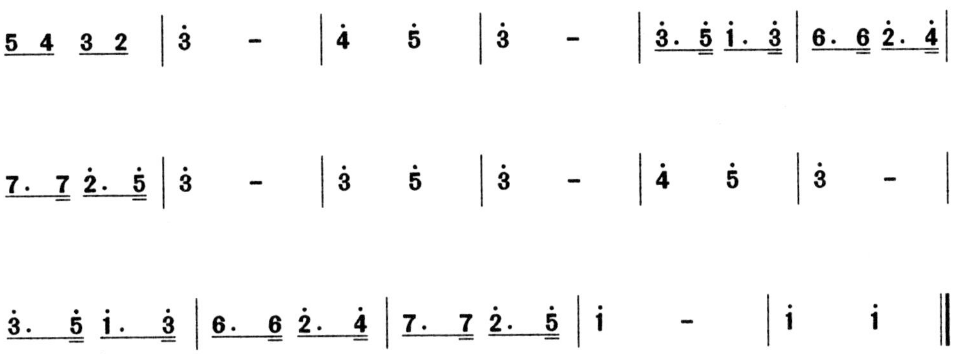

动作和配器建议

[前奏]——教师预令“不好啦”。

[1～2小节]——双手五指张开，掌心向前置于额头上方做连续摇手状。

[3～4小节]——双手五指并拢，落点在腿上，做拍腿动作，第三小节两次，第四小节一次。

[5～6小节][9～10小节][13～14小节]——同[1～2小节]。

[7～8小节][11～12小节][15～16小节]——同[3～4小节]。

[17～19小节]——双手握拳，手臂弯曲，拳头上举至胸前，随乐连续上下抖动后收回。

[20～24小节]——双手握拳，双臂弯曲交叉抱胸前，定住造型。

[25～27小节]——同[17～19小节]。

[28～32小节]——同[20～24小节]

[33～35小节]——同[17～19小节]。

[36～40小节]——同[20～24小节]。

[41～43小节]——同[17～19小节]。

[44～48小节]——同[20～24小节]。

[49～51小节]——双手握拳，交错放在左肩上，做准备打的动作造型并定住。

[52小节]——双手握拳，交错伸直放胸前，嘴巴发出“哈”的声音。

[53～55小节]——同[49～51小节]。

[56小节]——同[52小节]。

[57小节]——同[49～51小节]。

[58小节]——同[52小节]。

[59 小节]——同[49～51 小节]。

[60 小节]——同[52 小节]。

[61 小节]——同[49～51 小节]。

[62 小节][63 小节]——同[52 小节]。

[64～79 小节]：边拍手边随乐说："师父别怕，师父别怕，我们一起来救你啦！"

【教育活动设计】

活动阶梯

其他4	分角色演奏乐器，并反思调整
其他3	加入乐器，探索乐器使用，将乐器和动作进行匹配
其他2	随乐完整边念儿歌边做动作，并尝试分角色念儿歌、做动作
其他1	理解情境，分段创编猪八戒、沙和尚、孙悟空的动作并合乐匹配动作
音乐+动作	教师随乐有节奏地讲故事，引导幼儿熟悉故事发展和音乐结构之间的对应关系
故事	故事导入，留有悬念，激发幼儿在音乐中寻找答案的兴趣

活动目标

1. 熟悉乐曲轻快又略带诙谐的旋律，根据故事情境创编身体动作并随乐合拍地念儿歌和演奏乐器。

2. 在 PPT 图片的提示下，感知乐曲结构；通过创编身体动作，尝试合乐演奏乐器。

3. 在演奏中，能够结合角色和情节的发展，控制好自己的乐器。

活动准备

1. 铃鼓 6 个、沙锤 6 个、三角铁 6 个、PPT(两方面内容：对应儿歌的语令提示图片；师父被妖怪抓走、徒弟们去救等情境图片)、音乐《雷神》。

2. 听过或看过西游记中师徒四人的故事。

3. 幼儿面向电视机，呈马蹄形坐好。

活动过程

1. 讲述唐僧师徒的故事，导入情境。

教师："话说唐僧师徒四人走了一天的路，又累又饿，于是孙悟空和猪八戒去找吃的，沙和尚留下来保护唐僧。可是孙悟空和猪八戒刚走，就刮起了一阵妖风，师父被妖怪抓走了。"

（注意：讲述故事时注意用生动的表情，抑扬顿挫的语调，激发幼儿的兴趣）

2. 教师跟随音乐有节奏地讲故事，幼儿完整倾听、感知音乐，初步了解故事情节的发展。

教师："沙和尚、猪八戒和孙悟空他们接下来都做了什么事情呢？答案就藏在一首音乐中，我们一起来听一听。"

［教师随乐念儿歌，幼儿倾听］

（注意：教师在进行示范时注意语言准确、表情生动，卡准节奏，给幼儿精准模仿的示范）

3. 幼儿熟悉儿歌，梳理角色出场的先后顺序以及熟悉儿歌内容。

教师："故事中，是谁最先出来大喊'不好了，师父被妖怪抓走了'？"（沙和尚）

教师："接下来谁出现了？（猪八戒）猪八戒说了什么？（看俺老猪的，不行，俺害怕）他为什么会这么说呢？"（猪八戒想去救师父，可是他看到妖怪又有点害怕）

教师："最后谁出来打妖怪了？（孙悟空）孙悟空是怎么说的？"（吃俺老孙一棒，哈）

教师："最后他们一起说'师父别怕，师父别怕，我们一起来救你啦'！"

（注意：播放PPT，结合图片帮助幼儿梳理儿歌的顺序，理解儿歌内容）

4. 引导幼儿结合角色创编动作，并尝试随乐念儿歌做动作。

（1）引导幼儿创编A段音乐中沙和尚的动作，并尝试随乐念儿歌做动作。

教师："故事中，沙和尚先喊谁来帮忙？喊了几次？接着又喊了谁？喊了几次？你们说得对吗？我们来听一听。"

教师："先喊了谁？喊了几次？"（先喊了二师兄，喊了两次）

教师："他是怎么说的？他会着急地边喊边做什么动作呢？谁能做一做动作？"

教师："沙和尚做了哪些动作？我们一起来跟他学一学。"

教师："那我们加上动作跟着音乐来说一说吧！如果有困难，可以看一看图片的哦！"

（随音乐节奏播放沙和尚 PPT）

［集体随 A 段音乐做上肢律动］

（2）引导幼儿创编 B 段音乐中猪八戒的动作，并尝试随乐念儿歌做动作。

教师："故事中，猪八戒来了之后，一开始它觉得自己很厉害，对妖怪说了什么？（看俺老猪的）可是它又说了什么？（不行，俺害怕）谁能用动作来做一做，猪八戒一开始很勇敢后来又害怕妖怪的样子呢？"

教师："那我们跟着猪八戒来学一学他的动作。"

（口令练习：看俺老猪的，不行，俺害怕）教师："猪八戒要连着说几次呢？"（四次）

教师："你们可以看着图片给的提示，加上动作来试一试吗？听音乐。"

（随音乐节奏播放猪八戒 PPT）

［集体随 B 段音乐做上肢律动］

（3）引导幼儿创编 C 段音乐中孙悟空的动作，并尝试随乐念儿歌做动作。

教师："故事中，谁勇敢地出来打妖怪了？（孙悟空）他是怎么说的？（吃俺老孙一棒，哈）只说了这一句吗？请你们再仔细听一听他到底是怎么说的。"

［集体倾听 C 段音乐］

教师："孙悟空怎么说的？"（连着说两遍）

教师："我们来试一试。"（吃俺老孙一棒，哈！打，哈，打，哈）

教师："打妖怪怎么打？举起金箍棒，说到哪个字的时候打下去？"（哈）

（注意：此环节中，教师可使用重难点前置的策略，引导幼儿进行口令练习，并感知节奏与动作）

教师："最后他们三个人一起对师父说了什么？"（师父别怕，师父别怕，我们一起来救你啦）

教师："那我们一起跟着音乐来打妖怪吧！"

（随音乐节奏播放孙悟空 PPT）

［集体随 C 段音乐做上肢律动］

（注意：此环节中，教师结合角色分段引导幼儿创编动作，用图片激发幼儿的想象力。在创编动作时，教师应考虑身体动作与乐器动作的正面迁移效果。在请幼儿进行示范时，教师应帮助幼儿提炼、规范动作的幅度、方向等，便于幼儿集体模仿）

5. 引导幼儿完整随乐念儿歌做动作。

教师:“这一次我们完整地跟着音乐做动作吧!”

(随乐完整播放三个角色的PPT)

[集体随乐做上肢律动]

(注意:此环节中,应关注幼儿的身体动作是否准确、整齐,如果有难度,可以再次帮助幼儿梳理动作,并随乐练习)

6. 引导幼儿随乐分角色念儿歌做动作。

教师:“唐僧一共有几个徒弟呀?你们想不想和唐僧一起去取经?”

教师:“那我们来分一分,现在你们是沙和尚,你们是猪八戒,你们就是孙悟空。”

教师:“师父被抓走了,我们赶紧去救师父吧!”

(随乐完整播放三个角色的PPT)

[分角色随乐做上肢律动]

(注意:此环节中,应关注幼儿是否明确自己的角色、出场顺序、动作内容,教师可以使用眼神、肢体动作帮助、引导幼儿了解何时分角色做动作,何时做集体动作)

7. 出示乐器,引导幼儿探索乐器的使用,将乐器和动作进行匹配。

教师:“哎呀,师父在哪呀?”

(播放PPT特效:唐僧被妖怪抓走)

教师:“这可怎么办呢?”

(播放PPT特效,出示菩萨图片:别着急,我给你们三样法宝,妖怪最害怕它们发出有节奏的声音,快拿去救你们的师父吧)

教师:“太好了,你们快商量选哪一样法宝。商量好了吗?快取走法宝吧!试一试,怎样跟着音乐发出让妖怪害怕的声音?”

[幼儿自由探索乐器,并上前示范]

(注意:此环节中,应关注幼儿的乐器操作常规以及使用方法,并给予适时适度的指导)

8. 引导幼儿随乐分角色演奏乐器,并反思调整。

教师:“法宝的使用方法会了吗?那我们赶紧去救师父吧!”

[分角色随乐演奏乐器第一遍]

(播放PPT特效:唐僧被妖怪抓走)

教师:“哎呀,怎么回事?是不是哪里出了问题?”

教师："有什么办法可以让我们的法宝威力变得大一点？（不是用力，而是整齐）那这一次孙悟空打妖怪的时候要怎么样呢？"（整齐）

[分角色随乐演奏乐器第二遍]

（播放 PPT 特效：唐僧被解救）

教师："哎呀，师父终于回来啦，师父快出来吧！"

（播放 PPT 特效：唐僧出来，但又被妖怪抓走）

教师："咦，怎么啦？"（又被妖怪抓走了）

教师："那我们赶紧去救师父吧！"

[分角色随乐演奏乐器第三遍]

教师："太好了，终于把师父救回来了。哎呀，天色已晚，我们赶紧去找地方休息一下，明早再继续出发吧！"

（播放 PPT 特效：师徒四人上路）

（注意：此环节幼儿容易兴奋，教师应关注幼儿的活动常规，以及使用乐器的正确方法。切忌因为兴奋，演奏乐器时失去对音乐的欣赏与感受）

设计者：南京市石杨路幼儿园　尤金莲

2. 莲　　趣

【乐曲】

桃　花　笑（节选）

1=C　4/4　　　　西门振　曲

♩=100

[前奏]

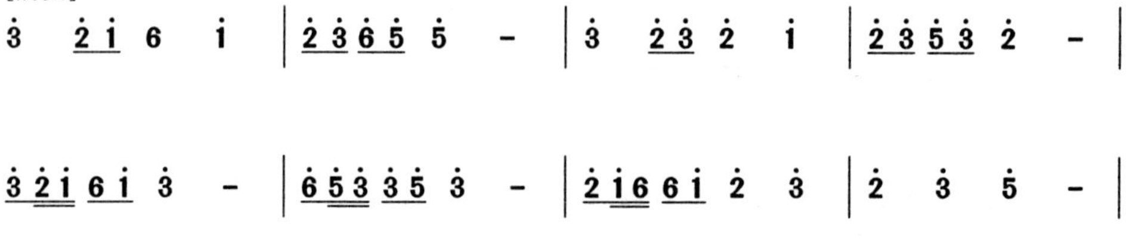

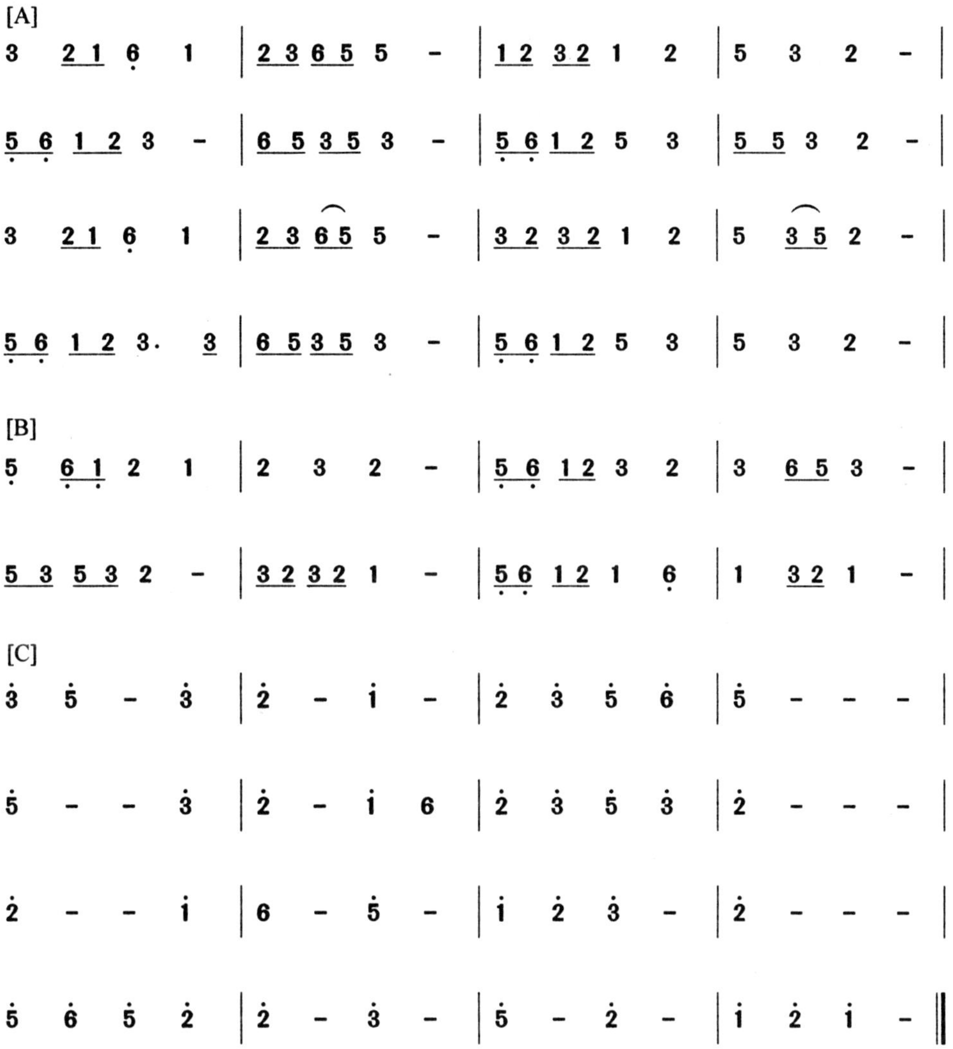

动作建议

［前奏］

［1～8 小节］——无动作。

［A］段

［9～12 小节］——荷叶：双臂向前伸直，五指张开的同时左右摆动，两拍一下；采莲人：双手握空拳，自后向前做划船动作，两拍一下。

［13～16 小节］——（荷叶与采莲人动作相同）在胸前拍手，两拍一下。

［17～20 小节］——同［9～12 小节］。

[21～24 小节]——同[13～16 小节]。

[B]段

[25～32 小节]——(荷叶与采莲人动作相同)双手放在眉前做看的动作，八拍一换(后期由幼儿变化看的方向以创编不同的动作)。

[C]段

[33～34 小节]——(荷叶与采莲人动作相同)双臂自下而上打开画大圆，边做边抖动手指。

[35～36 小节]——荷叶：创编“莲蓬”动作，休止不动。采莲人：双手伸出做“摘”的动作，休止不动。

[37～48 小节]——动作同[35～36 小节]。

配器建议

[前奏]

[1～8 小节]——无动作。

[A]段

[9～12 小节]——荷叶：双臂向前伸直，手持沙锤左右摆动，两拍一下。采莲人：双手握“船桨”，自后向前做划船动作，两拍一下。

[13～16 小节]——荷叶：在胸前对敲沙锤，两拍一下。采莲人：单手拿“船桨”，做拍手动作。

[17～20 小节]——同[9～12 小节]。

[21～24 小节]——同[13～16 小节]。

[B]段

[25～32 小节]——(荷叶与采莲人动作相同)手持乐器在眉前做看的动作，八拍一换。

[C]段

[33～34 小节]——(荷叶与采莲人动作相同)双臂自下而上打开画大圆，边做边抖动乐器。

[35～36 小节]——荷叶：手握沙锤做“莲蓬”动作，休止不动。采莲人：双手伸出做“摘”的动作，休止不动。

[37～48 小节]——动作同[35～36 小节]。

【教育活动设计】

活动阶梯

其他4	累加位移游戏“摘莲蓬”，启发幼儿改变“莲蓬”的位置，增加互动的惊喜和趣味
其他3	累加双角色合作演奏，个别幼儿尝试做“采莲人”，与同伴随乐演奏并互动
其他2	累加乐器，引导幼儿尝试迁移身体动作，匹配乐器
其他1	累加角色二“采莲人”，帮助幼儿感受、记忆角色二的动作
音乐+动作	1. 变式练习：引导幼儿尝试创编在不同身体部位“结莲蓬”的动作 2. 幼儿尝试合乐完整做“荷叶”的动作
故事+动作	教师讲述故事，并借助情境帮助幼儿回忆“荷叶”的关键动作

活动目标

1. 借助身体动作，感受乐曲优美、愉悦的风格，尝试在“展示莲蓬”时创编不同姿态的荷叶。

2. 在熟悉身体动作的基础上，尝试使用沙锤探索“荷叶摇摆、打开荷叶”的断顿、连续演奏方式以及在“展示莲蓬”时使乐器休止，并尝试通过观察和经验迁移，逐步熟悉“采莲人”角色的身体动作和演奏方式。

3. 在“剥开荷叶看一看，摘莲蓬”的情境中感受与同伴互动演奏的乐趣，愿意用眼神等多种方式与同伴交流。

活动准备

1. 莲蓬图片（每人四张，背胶）、沙锤、自制船桨（木饭勺、铃铛）。

2. 幼儿已经在第一课时学会做“荷叶”的动作。

3. 幼儿坐成大圆，大圆中间背对背放三张椅子。

活动过程

1. 创设情境，讲述故事，激发幼儿参与兴趣。

教师：“天气越来越热了，荷塘里的荷叶们也越发美丽了，她们随着微风摇摆（做双手向前伸直摆动的动作），还会打开荷叶（做双手同时自下而上画大圆动作），展示自己饱满的莲蓬（双手放在腰上摆出‘莲蓬’造型），快看，莲蓬吸引了谁呢？”

[幼儿观察教师随乐扮演“荷叶”角色，做上肢律动，第一遍]

[注意：教师讲述故事，梳理情境线索的同时，帮助幼儿初步回忆“荷叶”的动作。在讲述过程中，有些关键动作(括号内)需要同时匹配，在做到这些动作时，语速稍放慢，有一点停顿，让幼儿看清楚动作]

2. 引导幼儿回忆“荷叶”的动作并随乐复习。

教师：“荷叶先做了什么动作？莲蓬可以长在身体的什么部位?”

[集体随乐扮演“荷叶”角色，做上肢律动一到两遍]

(注意：此环节中，幼儿随乐完整做“荷叶”的部分动作，教师通过提问进一步梳理动作，由于“荷叶”的动作幼儿已经事先熟悉过，所以重点放在拓展幼儿经验，创编“结莲蓬”的不同身体部位上，教师引导语可为：“刚才我的莲蓬结在腰上，你们的莲蓬还可以结在身体的什么部位呢?”幼儿各自摆好造型后，教师可帮助幼儿从身体部位、空间方位等维度总结“结莲蓬”的位置：有的莲蓬长在头上，有的长在一边的肩膀上，有的伸出长长的茎长在身体旁边，同时引导幼儿观察高级榜样，积累经验。在后面的环节中，每一遍都要提醒幼儿尝试创编用不同的身体部位“结莲蓬”)

3. 累加“采莲人”角色。

(1)教师示范动作，幼儿观察。

教师：“哇，莲蓬长得可真好，我要划着小船来看看，荷叶们仔细看，你们在摇摆叶子的时候，我做了什么动作?”(划)

[幼儿随乐扮演“荷叶”角色，做上肢律动，并观察教师扮演“采莲人”，随乐做上肢律动，第一遍]

(注意：这是角色二的第一次演示，在确保幼儿对角色一很熟练的情况下进行，如果幼儿对角色一“荷叶”还有困难，可请一名配班教师在旁边和幼儿一起做“荷叶”的动作，此时执教教师做“采莲人”的动作，预令需要稍作调整，如“荷叶摇，小船划”“结莲蓬，准备摘”等，预令要同时兼顾两个角色的动作。此外，提问也要有针对性并且依照动作顺序逐步进行，这一遍首先帮助幼儿明确在“荷叶”做摇摆动作的同时，“采莲人”的动作是“划”)

(2) 幼儿集体练习“采莲人”动作。

(注意：此环节幼儿集体尝试练习“采莲人”动作，执教教师单独做“荷叶”动作与幼儿配合，但是要注意的是这一遍教师的预令要针对“采莲人”来提示)

(3) 再次练习“采莲人”动作，引导幼儿进一步熟悉动作。

教师："采莲人拨开荷叶，做的是什么动作？（和荷叶一样）结莲蓬的时候，采莲人做了什么动作？"（摘）

[幼儿扮演"荷叶"角色，随乐做上肢律动，观察教师扮演"采莲人"，随乐做上肢律动，第二遍]

（注意：幼儿继续练习"采莲人"动作，教师通过提问帮助幼儿进一步梳理"采莲人"动作，为后面累加乐器和游戏做好铺垫）

4. 累加"荷叶"的乐器（沙锤），引导幼儿探索"荷叶摆动""展示莲蓬"的不同演奏、匹配方法。

教师："荷叶不仅姿态美丽，还会在微风中发出好听的声音呢！"

（1）引导幼儿讨论配器方式。

教师："荷叶摇的时候怎么使用乐器？结莲蓬的时候呢？"

（注意：关于匹配乐器演奏的方法，教师引导幼儿尝试将身体动作正迁移。在此环节，教师重点引导幼儿关注节奏的稳定性及"结莲蓬"时乐器要休止。可在讨论后有针对性地集体练习"摇"和"结莲蓬"两个动作）

（2）幼儿尝试合乐演奏"荷叶"部分。

[幼儿扮演"荷叶"角色，随乐敲击沙锤一到两遍]

5. 累加"采莲人"的乐器（船桨），与幼儿完整演奏。

（1）教师当"采莲人"，与幼儿互动演奏，并引导幼儿观察教师的示范。

教师："这一次，我要带上我的船桨，出门采莲蓬去咯！"

[幼儿扮演"荷叶"角色，随乐演奏沙锤；观察教师扮演"采莲人"角色，演奏"船桨"，第一遍]

（注意：由于此活动有两个角色，所以乐器的累加也是渐进的，以帮助幼儿逐步掌握所有角色的演奏部分。幼儿在上一环节已基本熟悉"荷叶"的演奏方式，此环节才累加"采莲人"的乐器，且教师通过示范引导幼儿观察，重点帮助幼儿发现身体动作与乐器的匹配）

（2）幼儿逐步尝试扮演"采莲人"角色，和同伴合作演奏。

① 邀请一名幼儿和教师一起做"采莲人"。

[幼儿扮演"荷叶"角色，随乐演奏沙锤；教师与一名幼儿扮演"采莲人"角色，演奏"船桨"，第二遍]

② 再增加一到两名幼儿扮演“采莲人”。

[幼儿扮演“荷叶”角色，随乐演奏沙锤；教师与一名幼儿扮演“采莲人”角色，演奏“船桨”，第三遍]

（注意：角色二“采莲人”的累加要遵循从少到多的原则，即扮演“采莲人”角色的幼儿数量是逐步累加的，先请一名高级榜样幼儿挑战“采莲人”角色，然后逐步增加到三名，同时教师要关注两个角色对幼儿的支持。教师要适当进行位移，确保所有“采莲人”都能看到教师，教师的语令同时也要能提醒到分别扮演两个角色的幼儿）

6. 累加位移，借助情节“采莲蓬”，进一步增加双角色互动演奏的乐趣。

（1）引导幼儿将“莲蓬”贴在身体不同部位，教师示范位移游戏“摘莲蓬”。

教师：“还有很多莲蓬我够不着，这次我决定把小船划得近一些，请你们仔细看，我是在做什么动作的时候站起来摘莲蓬的，每次摘了几个？”

[幼儿扮演“荷叶”角色，随乐演奏沙锤；教师扮演“采莲人”角色，演奏“船桨”并摘莲蓬，第一遍]

（注意：此环节累加位移游戏，教师示范前重点引导幼儿关注“采莲人”何时离开座位与同伴互动“摘莲蓬”，何时回到座位。此游戏规则是为了确保幼儿在互动时更加愉悦、有序）

（2）重新邀请三名幼儿扮演“采莲人”，与同伴互动演奏。

[大部分幼儿扮演“荷叶”角色，随乐演奏沙锤；三名幼儿扮演“采莲人”角色，演奏“船桨”并摘莲蓬，第二遍]

（3）“采莲人”重新邀请不同幼儿交换角色，完整随乐游戏。

[大部分幼儿扮演“荷叶”角色，随乐演奏沙锤；三名幼儿扮演“采莲人”角色，演奏“船桨”并摘莲蓬，第三遍]

（注意：此环节教师启发幼儿迁移“莲蓬结在不同位置”的经验，尝试将“莲蓬”贴在身体不同部位，增加同伴间互动时的乐趣）

7. 进一步完善情境，结束。

教师：“今天我们真开心，找到了这么多莲蓬，在夏天，莲蓬里的莲子可是消暑清热的好食品！欢迎大家来我家喝莲子汤哦！”

设计者：南京师范大学幼儿园　张　玭

附录　幼儿园打击乐器演奏教育教学实践体会

幼儿园小班打击乐器演奏教学初探

打击乐器演奏教学是幼儿园音乐教育的一个组成部分。每个幼儿都喜欢敲敲打打，高兴或不高兴都来敲一敲，听到声音就有一种满足感，使用打击乐器，很适合幼儿这种与生俱来的本能。幼儿在玩乐器时可以得到满足感，满足感又有助于他们建立自信。但小班幼儿年龄小，控制能力差，加上独生子女以自我为中心的特点，给集体的打击乐活动带来了一些困难。如何发挥打击乐教育的潜力，使幼儿的敲打变得有意义、有秩序、富有节奏，并通过打击乐器演奏活动使幼儿的音乐及非音乐能力均得到相应发展，以下是我在一年的教学实践中的一点尝试和探索。

一、在自由敲打中认识乐器

幼儿虽有喜欢敲敲打打的天性，但对于像小铃、圆舞板这样的打击乐器还是很少接触，有的甚至从未见过。因此，在幼儿上小班初期，我们就提供了多种乐器，让他们自由敲打，获得满足，并使其对这些乐器产生兴趣。在此基础上，我们通过示范，教给幼儿正确的乐器演奏方法。根据小班幼儿的年龄特点，我们采用富有童趣的口吻"我们听听小铃是怎么说话的?"以激发幼儿玩乐器的兴趣，让幼儿在愉快的玩乐器的活动中，初步学习乐器的演奏方法。在此基础上，我们又带幼儿玩听辨游戏，以巩固他们对乐器的认识。如在游戏"听听找找"中，给幼儿听两种乐器的声音，让幼儿听听其有什么不同，让幼儿在比较中进一步感知不同乐器的不同音色，并在“找乐器”的过程中，判断乐器的相同与不同之处，从而加深对乐器音色的认识。接着，我们又让幼儿玩“听听做做”的游戏，帮助幼儿了解乐器的音色等特点与情感表达的关系，让幼儿在认识、感受的基础上学习表达。如玩大鼓和小铃游戏中，敲小铃时，他们就做小鸟飞、小鱼游等灵巧的动作；而听到大鼓时，他们做老虎、熊等笨重凶猛的动物洗衣拉物等用力的动作。幼儿在自由敲打的游戏中，初步了解了乐器声的轻重快慢及其所能表达的情感，并不断获得成功的体验。由于在这些自由敲打的游戏活动中，没有节奏的要求，对于尚不能较好地掌握有规律打节拍的小班幼儿来说，他们同样获得了成功和满足。我们同时提供多种乐器，而非一件一件出示，在操作过程中，幼儿可以根据自己的兴趣自由选择，也可随时与同伴交换。实践证明，这样更有利于激发幼儿对乐器的兴趣，提高幼儿探索的积极性和求知欲，避免了枯燥的、单调的训练，使幼儿在不知不觉的游戏活动中获得了对打击乐器的初步认识。

二、在听音乐敲打中学习和练习演奏技能

听音乐齐奏和轮流演奏是幼儿节奏乐的主要形式。齐奏是全体幼儿用统一的节奏型一齐演奏，而轮奏就是一部分幼儿与另一部分幼儿轮流齐奏。当幼儿有了初步的节奏感后，我们就注意选择合适的音乐材料，让幼儿在音乐伴奏下进行有规律的打击乐器演奏活动。

1. 选择幼儿熟悉的节奏鲜明的歌曲，让幼儿随着乐曲的旋律齐奏。

如《苹果》《我上幼儿园》等，这些歌曲幼儿虽已唱熟，并进行过边拍边唱的练习，但配上乐器伴奏，却有另一种独特的效果，让幼儿产生一种新的感受和体验，这种新的感觉增加了幼儿的演唱兴趣。在唱唱打打的活动中，幼儿初步感知了乐器演奏与演唱的关系，体会自由敲打与随音乐较有规律敲打的不同。幼儿倾听音乐，逐步使自己敲打乐器的节拍与音乐保持一致。同时在唱唱打打中，幼儿还逐步学会关注同伴的活动，初步感知自己敲打的声音与集体齐奏效果的关系，从而逐步使乐器齐奏声趋向协调。

2. 选择律动音乐，让幼儿学习简单的轮流演奏。

小班幼儿记忆、注意、协调能力及对音乐的理解能力均欠佳，而轮奏则有轮流

演奏及等待的要求。为此，我们注意选择那些有具体动作变化、有内容、有意义的律动音乐，基于幼儿对原来律动的掌握情况，帮助幼儿理解、分辨音乐，根据动作的变化变化乐器演奏的方式，从而达到轮奏的效果。如“兔跳”律动中，幼儿一面跳，一面做吃草动作。在幼儿熟练掌握了此律动后，我们让幼儿用两种乐器演奏。由于他们已能熟练地按乐句来变化动作，因此他们在打击乐活动中，很自然地为两个动作选择不同的乐器，较准确地进行分句轮流演奏。而“敲锣打鼓放鞭炮”“洗手帕”等律动，虽然变化无规律，但有情节，且动作固定，我们就从某一具体动作入手引导幼儿用乐器为乐曲伴奏。如我们提问：“敲锣时我们用什么乐器？打鼓时我们又用什么乐器？放鞭炮呢？”幼儿根据自己对乐器特点的认识及乐曲性质的理解，选择相应的乐器。在轮流演奏中，由于幼儿熟悉动作的变化，因此，两种打击乐器轮流交替的变化也较自如。与此同时，我们还选择那些问答式短歌，如《小鸭小鸭在哪里》等，让幼儿练习轮流演奏。借助歌词，幼儿用乐器进行一问一答式的演奏，自然地形成了轮流演奏的效果。

通过一年来的实践，教学收到了一定的效果。主要表现在以下个几方面：

1. 打击乐器演奏活动促进了幼儿音乐能力的发展。

在自由敲敲打打中，幼儿不断地体会了声音的轻重、快慢等，辨别了各种音色的特点，并在教师的指导下，逐步学会有意识地将乐器与相关事物匹配，从而提高了幼儿对音乐的感受力和表现力，发展了幼儿的类比思维。在分句轮奏中，幼儿根据乐句的变化而轮流演奏，句首开始，句末停止，逐步形成了较好的乐句感。在这次打击乐活动中，幼儿运用了已有的听音乐拍手的技能，在一拍一下敲打乐器的同时，巩固了幼儿对均匀节奏的掌握及对 2∶1 时值经典节奏型（ X X X X X ）的学习，培养了幼儿的节奏感。幼儿在轮流演奏中，初步认识了乐曲的结构，音乐能力在打击乐活动中得以发展。

2. 打击乐器演奏活动促进了幼儿非音乐的其他多种能力的发展。

促进了幼儿独立性的提高。为了保证打击乐器演奏活动的正常进行，我们让幼儿参与活动的准备——乐器的发放和收拾。首先，每次固定各乐器摆放位置，并逐步让幼儿记住；接着，我们让幼儿根据自己所在的位置选择相应的乐器，以巩固加深幼儿对乐器摆放位置的印象；在此基础上，我们让幼儿自由选择乐器和位置。在活动准备中，教师只是适当提醒幼儿：“你想玩小铃该坐在什么地方？”“你坐在左边该拿什么乐器?"这样一来,幼儿从依赖教师发放乐器、教师发什么就拿什么,到逐渐学会了根据自己的意愿来选择乐器,锻炼了幼儿的自主性。他们逐渐知道,这个乐器是自己要玩的,拿乐器、收乐器都是自己的事。在幼儿多次参与活动准备的同时,幼儿的独立性也得到了相应提高。

促进幼儿群体意识的形成。在集体打击乐器演奏活动中,幼儿初步尝试了与同伴分工合作:你拿小铃,我拿大鼓,你敲一句,我打一句,共同来完成一个作品。为了达到统一目的,他们逐步学会克服自我中心,注意别人的行动,服从集体的需要,当别人停止时自己就要接上去;学会了要尊重同伴,初步了解自己行动的结果对其他同伴的影响。幼儿在教师的提示下,学习控制自己的行动,他们懂得,突出的声音不好听,大家和起来的声音听起来才舒服,因此,他们尽力使自己与集体保持一致。自由交换乐器,也促进了幼儿同伴间友好关系的形成。幼儿在看到共同行动的成果、体验成功的快乐的同时,也培养了与同伴的默契;在合奏活动中,形成初步的群体意识。

在一年的实践中,我们感到,在开展小班打击乐器演奏教学中应注意以下两个问题:

第一,节奏型的选择应以均匀节奏及 2∶1 时值经典节奏型为主,小班末期可以适当地选用大鼓在重强处敲击,同时演奏的速度应稍快。

第二,教学活动中,教师应根据幼儿的能力,为他们安排合适的位置和乐器,帮助他们获得成功。例如,对节奏感较差的幼儿,让他们操作摇铃等动作类似拍手的乐器,使幼儿容易控制自己的动作;而对能力强的幼儿可安排他们敲击大鼓等,让其在较不规则处加强音响效果。这样,对各种能力层次的幼儿都有适合其各自发展不同要求的安排,更有利于培养幼儿对打击乐器演奏活动的兴趣,促进幼儿在音乐及其他方面的发展。

南京市北京东路小学附属幼儿园　陈一平

如何建立中班幼儿的打击乐器演奏常规

打击乐器演奏活动是具有很强操作性的活动。由于幼儿好奇心强、自制力较差，拿起乐器就喜爱敲敲摇摇，因此，打击乐器演奏活动比舞蹈、唱歌等其他教学活动更难组织，它需要教师帮助幼儿建立必要的常规。其内容包括：

(1) 听音乐信号拿放乐器。

(2) 乐器拿起后或打击乐停下时放于腿上，不随便发出声响，不影响集体。

(3) 乐曲开始前，拿起乐器的指挥信号。

(4) 徒手模仿各种乐器演奏的常规。

(5) 演奏各种乐器的常规。

(6) 指挥者和被指挥者的相互注视的常规。

(7) 演奏乐器时，相互倾听的常规。

下面举例说明我们是如何对中班幼儿进行打击乐器演奏常规教育的。

第一，帮助幼儿认识建立打击乐器演奏常规的重要性。

拿起乐器后，幼儿总喜爱敲敲摇摇，不在意是上课还是下课？在这种情况下，教师的说教作用不大。我就让幼儿自己去尝试和认识，从而加以改正。我请大家听：乐器拿起后，你听到了什么声音？有什么感受？应该怎样做？幼儿听了以后说：很乱、很吵，心里感到很烦，应该管好自己的乐器；等等。这样，幼儿通过亲身的感受，明白了应该怎样做。

第二，给幼儿讲邱少云的故事，培养幼儿的自我控制能力。

幼儿在活动中认识到不能随便玩乐器，有了想控制自己的愿望，但由于控制能力差，往往难以实现，这需要教师不断地让他们树立信心，提高认识，从情感上打动他们。为此，我给他们讲了邱少云的故事，并让他们从纸的燃烧，想象、体验大火烧身的感受，以及忍受这种疼痛所需的坚强毅力。故事讲完以后，教室里一片寂静。过了一会儿，幼儿七嘴八舌地议论开："他为什么不动呢？""他一动不是就被敌人发现了吗？""他一动，敌人就会向部队开炮。"幼儿在相互议论，这说明他们对这个故事十分关注，在情感上产生了某种共鸣。我借着这样的机会问他们："老师就要带你们上打击乐器演奏课了，你们应该怎样做呢？"幼儿纷纷表示："我要坐好。""我不乱动乐器。"果然，这节打击乐器演奏课，幼儿听得非常认真，他们没有随便敲打乐器。

第三，扮演小乐队队员。

幼儿担任了某一角色，在行动上必然会受角色的约束，并会为完成这一角色承担的任务而付出努力。我组织幼儿观看乐队演出的录像，让他们了解每个队员是怎样认真演奏的。停下时，乐器有没有随便发出声音？然后，请幼儿扮演奏乐队队员进行训练。以上述第三条规则训练为例，我先将此规则训练过程分成三个步骤：(1)乐器拿起前，不低头看乐器。(2)乐器拿起后，先放腿上不随便发出声音。(3)打击乐器演奏中途暂停或结束时放在腿上。让幼儿按照这三个步骤进行训练。

(1) 游戏：小门。以游戏形式让幼儿用两腿做小门，当门关上的时候，谁也不能去看乐器；当教师说“打开门”时，队员才可以拿乐器。这种形式，幼儿非常喜爱，在不知不觉中，幼儿遵守了不低头看乐器这条规则，也得到了快乐的体验。

(2) 讨论：乐器放在哪里？乐器拿起后，放于何处合适呢？有的幼儿举在胸前，有的幼儿放在腿上，有的则在空中举着。我请幼儿上来看，看的幼儿发现这样很乱，我又让幼儿自己讨论，结果大多数幼儿都认为放在腿上好，因为这样便于休息，又易于管理。少数持不同意见的幼儿也感到这样做有道理。这样，大家都快乐地接受了这一规则。

(3) 想象：我是小队员。小乐队准备好了一切，就要演出了。我让幼儿先分别想象正在为成千上万的观众演出，正在为爸爸妈妈演出或正在为客人们演出，台下还有人在照相。幼儿想到自己是个乐队队员正在演出时，行动就有所节制。教师对于能管好自己的乐队队员给予适当表扬奖励，以此带动大家，效果也较好。

第四，创设情境：猫阿姨的摇篮曲。

设计一定的情境也是培养幼儿自制力的好方法，因为一定的情境有助于引发幼儿的积极情感和行动。如要求幼儿轻轻敲击乐器，但轻到什么样的程度，幼儿无法控制。我就编个故事，大意是：兔妈妈要出门，临行前，分别请了青蛙妈妈、公鸡爸爸、猫阿姨来照看宝宝。由于青蛙妈妈声音太粗，公鸡爸爸声音太响，最后只有猫阿姨那种温柔的、轻轻的声音才哄兔宝宝睡着了。同时，我选了一首摇篮曲，让幼儿根据青蛙、公鸡、小猫的形象和声音分别用乐器演奏，他们在情境表演中感到轻轻敲击的效果好。至于怎样敲才能轻，我注意发挥幼儿的主体作用，让幼儿自己设计、讨论、比较、相互合作去发现，最终得出结果。如敲铃鼓时用四指去击靠鼓面边，摇铃鼓时在身体前由下而上，这样不会碰到别人。最后再进行必要的练习，以达到巩固的目的。

南京师范大学幼儿园　周　萍

浅谈幼儿园打击乐器演奏教育教学改革

打击乐器演奏是幼儿园音乐教学内容之一。近年来，我们对幼儿园打击乐器演奏教学进行了研究与改革，创造设计出许多打击乐器演奏教学程序，它们在实际运用中都获得了较为理想的教学效果。这不但培养了幼儿对音乐活动的兴趣，而且发展了幼儿对音乐的感受力、表现力和创造力。

通过理论上的反复探讨和实践中的反复验证，“打击乐器演奏整体教学法”应运而生。所谓打击乐器演奏整体教学法，就是在教学中应随时引导幼儿注意倾听演奏的整体音响效果。要注意倾听自己的演奏与其他人的声部是怎样一种协调一致的关系，并注意体验整体音响在流动中不断变化的趣味性以及与他人协调合作的乐趣。这种方法，简化了传统的打击乐谱，将比较繁杂的配器方案简化归结到一、两种节奏型，便于教师对乐谱的记忆与掌握，也便于幼儿掌握整首乐曲的结构特点和乐曲配置情况。这既发展了幼儿的整体协调能力，又发展了幼儿的创造力，可谓一举多得。

打击乐器演奏整体教学法的特殊教学方法主要有三种，即“总谱法”“指挥法”“创作法”。

一、总谱法

“总谱法”是打击乐器演奏整体教学法中一种主要的教学方法，它是通过使用幼儿可以接受的“变通总谱”来帮助幼儿掌握作品整体音响结构的方法。

“变通总谱”是针对通用标准总谱(即简谱和五线谱)来讲的，由于标准总谱的认知过程比较复杂，幼儿在学的过程中认知负担比较重，就不大会注意体会乐曲的音乐趣味。为此，我们设计了一些易被幼儿直观地把握音乐总体音响结构的乐谱，主要有“动作总谱”“图形总谱”“语音总谱”三大类。

“动作总谱”主要是通过身体动作来表现节奏、音色、速度、力度变化及配器的总体布局。它包含身体节奏动作、模仿动作及舞蹈动作等。如将《我爱北京天安门》的第一句写成动作总谱：

	5·1̇	5 4	3 2	1	1 1	2 3	3 1	3 4	5	–	–	–
节奏	X	–	X	X	X	–	X	X	X	–	–	–
动作	拍手		拍腿		拍手		拍腿		抖手腕			
乐器	小铃		圆舞板		小铃		圆舞板		铃鼓摇奏			

“图形总谱”主要是通过图形来表现节奏、音色、速度、力度变化及配器的总体布局。如将《土耳其进行曲》第一句写成图形总谱：

	5 3	3 3	5 3	3 3̇	2̇ 1̇ 7 6	5 4	3 4	5
节奏	X	–	X	–	X	–	X X	X
动作	,		,		〰〰〰〰		● ●	●
乐器	碰铃		碰铃		铃鼓摇奏		圆舞板	

“语音总谱”主要是通过嗓音来表现节奏、音色、速度、力度变化及配器的总体布局的。如将《瑶族舞曲》B段前两小节写成语音总谱：

	6 3̇	2̇ 3̇ 2̇ 1̇	6 1̇	6 3
节奏	X X	X X	X X	X
动作	鹅 飞	鹅 跑	鹅 下	河
乐器	鼓 钗	鼓 钗	鼓 钗	钗

需要说明的是，以上总谱主要是给教师看的，幼儿只需学会随旋律做动作、看图和朗诵即可。

二、指挥法

“指挥法”是打击乐器演奏整体教学法中的核心。不但教师可以通过指挥动作来帮助幼儿掌握作品的整体音响结构，幼儿也通过轮流看别人指挥和自己指挥的练习活动，不断深入地把握作品的整体音响结构。

教幼儿学习看指挥应该注意以下几个问题：

(1) 教师必须按规定的节奏来指挥,而绝不能只是划拍子。

(2) 教师本身的指挥动作必须明确、准确并具有热情。

(3) 从小班开始就必须坚持培养幼儿良好的看指挥的习惯。

(4) 教幼儿学习分声部看指挥时,教师可以用身体动作指挥或乐器演奏的模仿动作指挥以及语言提示,逐步过渡到用手势指挥和眼神的提示。

(5) 教师指挥时应注意在声部转换之前提前将自己头部和目光转向下一个将要演奏的声部。

(6) 对于大班幼儿,教师要注意培养他们迅速、正确地对教师的指挥手势做出反应的能力和即兴看指挥演奏乐器的能力。

教幼儿学习指挥,一般可以兼用“示范模仿”和“引导创造”两种方法。

在幼儿接触新的指挥课题时可采用示范模仿的方法,让幼儿模仿练习。教师教给幼儿每一种指挥的技能。

在一般幼儿已基本掌握某一特定的指挥方式之后,教师就可以开始引导幼儿进行带有探索、创造性的指挥练习,如变化节奏型指挥,改变乐句、乐段和节奏之间或之中的音色变化结构指挥等。在引导幼儿进行创造性指挥练习时,必须注重“反馈机制”,即让全班幼儿都清楚某种指挥意图后再让小指挥按某种意图进行指挥。对于能力弱的幼儿,教师更要耐心地个别指导。

三、创作法

“创作法”是打击乐器演奏整体教学法中一种重要的教学法,它通过引导幼儿参加制订音乐作品的配器方案和参加编制变通总谱的过程来帮助幼儿掌握作品的音响结构。

在“创作法”的教学过程中,幼儿的创造性表现能力必须建立在以下基础上:有一定的演奏技能,有一定的节奏语汇,对各种乐器音色的一定了解,具备运用乐器演奏进行想象、联想和表达音乐的能力,有一定的运用乐器进行表达的经验。

最后必须说明的是,“总谱法”“指挥法”“创作法”在实际教学中没有绝对的分界线,常常可以根据实际需要放在一起综合使用的,只有这样,才能获得较为理想的打击乐器演奏效果。

南京市商业幼儿园　魏思敏

在打击乐器演奏教学活动中如何教会幼儿看指挥和自己指挥

在打击乐器演奏的教学实践中，我感到要教幼儿学习好打击乐器演奏，就需要培养幼儿学会看指挥和自己指挥。看指挥和自己指挥有以下教育价值：

（1）提高幼儿学习打击乐器演奏的速度和质量。

（2）培养幼儿的有意注意及协调一致的合作意识、合作能力。

（3）促进幼儿对多声部音乐结构的认识和再现能力的发展。

（4）发展幼儿独立指挥的兴趣、胆量、能力和信心。

（5）发展幼儿独立创造多声部音乐的基本技能。

一、教幼儿学习看指挥

小班一开始，幼儿刚刚接触打击乐器演奏，我只要求幼儿学习看指挥，跟着指挥动作整齐地开始和结束。这一要求一般需要通过两个学习步骤来达到：注意看教师把手伸出并同时听到教师说“敲”，幼儿才能开始敲；教师把手放开并同时说“停”，幼儿马上就停下来；幼儿只根据教师的手势来控制敲击的速度和强弱。

在以上基础上，还可以进一步教幼儿学习敲击强弱或快慢。如教师两手伸出握拳由上向下用劲地一下一下挥动，就表示敲击的声音应该是响的；教师身体前倾，双臂屈在胸前轻轻触碰双手的食指，就表示敲击的声音应该是轻的。教师双手由内向左右外侧大幅度慢慢摆动，就表示敲击的速度是比较慢的；教师双臂屈在胸前半握拳由上向下小幅度快速弹动，就表示敲击的速度应该是比较快的。

由于小班幼儿尚不能很好地掌握有规律的节奏，因此，以上活动不能随音乐进行。在选用乐器时，应注意选用敲击方式与拍手相类似的乐器：如碰铃（有木柄的）、小铃鼓、串铃、玩具摇铃等。

小班中、晚期，幼儿的节奏感已有初步发展，教师可以选择一些节奏较鲜明的歌曲或乐曲，教幼儿看指挥一下一下地随着音乐齐奏。在这种随乐齐奏中，我根据小班幼儿特点提出以下要求。

（1）学会看教师的手势做好开始前的准备姿势。

(2) 学会看教师的手势、听前奏整齐地开始和结束。

(3) 会从头到尾按一种固定不变的简单节奏型齐奏。通常可用的节奏型有：X - |、X X |这两种节奏型多数情况下可用。X X | X X X |则仅适用于乐尾含X X X |节奏的乐曲。X 0 0 | 则偶尔可用，如《新年好》。

中班幼儿的记忆、注意、协调能力及节奏感、音色感、乐句感已有了进一步的发展，教师可以让他们学习看指挥分乐句轮流奏，即某些乐句或乐句中的某些固定部分由某一种或几种乐器来演奏，另一些乐句或乐句的某些固定部分由另一种或几种乐器来演奏。

在这一阶段的教学中，重点要求幼儿学会看懂下列手势的意思：

(1) 教师的手指向哪一组或几组乐器，并由上向下击出节奏型，就表示被指到的乐器组应按教师击出的节奏型进行演奏。

(2) 教师的手由内向左右两侧画出节奏型(节奏较密时偶尔也用大动作由上向下击)，就表示全部乐器应同时按教师击出的节奏型齐奏。

(3) 有时有些乐器(如铃鼓)需要作一些特殊的奏法，如画圈摇、上举摇等，教师做出相应的模拟动作提示该乐器奏法的变换。

另外，在这一阶段的教学中，乐曲的节奏型比小班要稍复杂些，乐句间或乐句中的乐器转换衔接对幼儿来说又是一个挑战，所以应注意从以下几个方面来逐步要求幼儿学会看指挥：

(1) 预先用整体"声势"练习的方法教幼儿掌握乐曲的主要节奏型和配器结构。如《小兵》中的主要节奏型是 X - | X - | X X | X - |，配器结构是：第一句由碰铃演奏，第二句由铃鼓演奏，第三句由圆弧响板演奏，第四句由全部乐器演奏。可教幼儿每一句用一种不同的动作来做出以上节奏型，待幼儿基本掌握了，再过渡到分组按乐句看教师指挥该声势练习，最后再过渡到分组按乐句看教师指挥演奏乐器。

(2) 先学习以单纯音色为主、在乐句间转换的材料，如上例中《小兵》的结构。再学习以单纯音色为主、含在固定位置乐句中转换的材料，如上例每一乐句的后两小节加入大鼓和镲。最后学习以复合音色为主、乐句间或乐句转换的材料，如将上例每一乐句改为由两种乐器来演奏。

(3) 先学会单乐段的材料，如上例的《小兵》。再学习多乐段的材料，如 ABA 带再现的三段体式的材料，如《进行曲》。

面对《进行曲》时，我的教学步骤是这样的：

第一步，熟悉乐曲的旋律和节奏，要求幼儿学会用整体声势来表现。A 段第一、第三乐句为一种音色，节奏型是 X X | ；第二、第四乐句为另一种音色，节奏型是 X X |；B 段第一、第三乐句为第三种音色，节奏型是 X - |；第二、第四乐句为第四种音色(即 A 段两种单纯音色的混合音色)，节奏型是 X X | ；再现 A 段第一、第二、第三乐句与 A 段相同，第四乐句是第三种音色(第一、二、三种音色的混合音色)，节奏型是 X X | X X | X X. X | X 0|。

第二步，分组按乐句看指挥做声势练习，重点要求幼儿学会看教师如何表示一组奏、二组奏及三组同时奏的指挥动作。

第三步，分组按乐句看指挥进行乐器练习。

第四步，加入铃鼓在每乐句第四拍上的高举摇奏，重点要求幼儿注意看教师在这一拍上所做的模拟暗示动作。

大班幼儿通过小、中班的系统教学，已基本可以进行多声部的看指挥合奏。这时，教师可开始把学习看指挥的重点摆在以下这些更细致的指挥处理上：

(1) 同一节奏型内的音色转换。如节奏型 X X X |第一拍由某种(或某些)乐器演奏，第二拍由另一种(或一些)乐器演奏，教师指挥手势的变换节律加快了，要求幼儿能更快地对教师的起、止做出反应。

(2) 特殊奏法应用更频繁，要求幼儿更加注意观察和跟随教师模拟动作的变化。

(3) 单独另外加入的特色乐器更多，要求幼儿有时要在看教师指挥别的声部时，保持自己声部的独立性和正确性。

(4) 教师对节奏重音、乐句句首重点、力度、速度、情绪等的指挥处理更细致，要求幼儿不仅会看，而且要能及时正确地做出反应。

(5) 句中、句间的音色变化更加频繁，甚至在一些练习中这些变化可以是完全随机的，要求幼儿能迅速、正确地对教师的指挥手势做出反应。

二、教幼儿学习自己指挥

教幼儿学习指挥不但能使幼儿学会简单的指挥技能，培养独立指挥的胆量和信心，而且通过创造性的即兴指挥活动，还能发展幼儿的创造意识、创造技能和对多声部音乐结构的感知能力。

教幼儿学习自己指挥，一般应该兼用示范模仿和引导创造两种方法。

首先，采用示范模仿法。

幼儿对指挥活动缺乏相应的知识经验，示范模仿的方法在让幼儿接触新的指挥课题时是必不可少的。因此，一般在教给幼儿每一种看指挥的技能和知识之后，也就是在幼儿学会了如何看教师指挥之后，我都要专门抽出一定的时间来让幼儿轮流进行指挥练习，而且在每一种新的指挥技能学习之初，也总是让幼儿进行模仿练习。教师在这一方面应对不同年龄的幼儿提出不同的要求：

(1) 要求小班幼儿普遍掌握无音乐伴随的准备、开始和结束的动作，以及随乐一下一下向外或向下挥动的动作。

(2) 要求中班幼儿普遍掌握随乐的准备、开始动作，一下一下向外或向下挥动及结束动作，简单地按乐句分组轮流奏及齐奏(如前面列举的《小兵》第一种情况)。

(3) 要求大班幼儿普遍掌握随乐的准备、前奏、开始动作，乐句内、节奏型内的音色转换及个别特殊奏法的模拟暗示。

其次，运用引导创造法。

在一般能力的幼儿已基本掌握某一特定的指挥方式之后，我就开始引导能力较强的幼儿进行带有探索创造性的发展性学习。这样做，既可达到前面已列举出的各种教育目标，又遵循了因材施教的原则，使不同能力不同需要的幼儿能在同一课堂上就同一教材进行不同水平、层次的学习。在这种活动中对不同年龄幼儿所提出的不同要求是：

(1) 要求小班幼儿想出一些与教师不同的、表示开始和结束的动作。

(2) 要求中班幼儿想出一些与教师不同的、表示强或弱的动作，可改变乐曲的主要节奏型，

如将《小兵》的节奏型 X - | X - | X X | X - | 改成 X - | X - | X - | X - |或者 X - | X X | X - | X X | 等。还可改变不同音色出现的顺序，如先从铃鼓组或圆弧

响板组开始等。

（3）要求大班幼儿想出一些与教师不同的表示准备、开始、结束、强弱的动作，可改变乐句、乐节或节奏型之间或之中的音色变化结构等。如把《拔根芦柴花》的主要节奏型 $X\ \underline{X\ X}\ |$ 两拍上的音色任意改变成：铃鼓对碰铃，圆弧板或圆弧板对碰铃等，把该曲中段的三个乐节的音色顺序改变、调换。

三、应注意的问题

我在这几年的教学实践及与同行们研究交流中发现，教师要顺利地完成以上教学目标，一般须注意：

（1）教师本身的指挥动作必须明确、准确和具有热情。

（2）教师必须按配器规定的节奏型来指挥而绝不能只是划拍子。

（3）教师在引导幼儿进行创造性指挥练习时，必须注重使用“反馈机制”，即让准备即兴创造指挥的幼儿先用语言向教师及全体幼儿讲述自己的指挥设想，然后，教师用较慢的语速清楚地向该幼儿本人及全体幼儿复述他的设想。这样，可保证幼儿能明确地按照某种意图来进行指挥而且一举成功。

（4）对于能力较强的幼儿，在有了一定的经验后，可逐步取消“反馈”环节；对于能力较弱的和缺乏经验的幼儿，教师尚须在指挥过程中用语言、指挥动作甚至手把手的方式来帮助他们取得成功。

（5）在学习结构较复杂的材料的过程中，教师一般应该将材料分割成若干部分，一一引导幼儿进行学习。如在教幼儿指挥《拔根芦柴花》时，可先模仿练习第一部分，然后分别模仿练习第二、三部分；再引导幼儿创造性地演奏第一部分，第二、三部分仍按模仿习得的方式进行；最后才是全曲的即兴创造指挥练习。

（6）从小班开始就应坚持一贯地培养良好的学习常规。

（7）教师应热情地鼓励和帮助每一个幼儿获得成功的满足。

南京市商业幼儿园　魏思敏

通过打击乐器演奏活动，培养幼儿的合作精神

合作性是指在社会交往中，个人与他人分担共享的心理、协同活动的能力、集体主义精神和利他行为。21世纪是一个高度合作、高度竞争的时代，只有能与人合作的人，才能获得生存空间；只有善于合作的人，才能获得发展。因此，必须培养幼儿合作交往的意识和能力，使他们将来能适应社会发展的要求。

幼儿的年龄特点，决定了对幼儿的合作、交往教育具有特殊性，它必须同具体的活动结合起来，使幼儿从活动中寻找交往合作的规律，而打击乐器演奏活动具有高度的合作性，能有效地发展幼儿的合作意识和合作能力。在传统的打击乐器演奏教学中，只注重让幼儿学会几种节奏型，特别是在演奏时为避免互相干扰，片面要求幼儿小组整齐演奏，而忽视了培养其倾听其他声部的演奏，这使得合作、协调这一目标无法实现。因此，对传统教学方法的改革，应注重在活动中贯穿合作、协调能力的培养，为幼儿更好适应未来社会的合作要求打下良好基础。

那么如何通过打击乐器演奏活动，培养幼儿的合作精神呢？

一、通过幼儿的操作探索，培养幼儿的合作意识

一方面，采用对比的方法，即让幼儿自己将听音乐敲打节奏和看教师指挥和谐地敲打节奏进行对比。结果两种效果明显不同，一个杂乱无章，一个整齐有节奏，通过对比，幼儿能够明白合作的重要性。

另一方面，指导幼儿看图谱，由此让幼儿从感性认识上知道如何合作。图形总谱是用不同图形来表现打击乐的配器布局，它形象具体，易于为幼儿理解。可以通过让幼儿观察图谱的大小和颜色深浅不同，来区分节奏型、了解乐器间的相互配合以及相互合作的规律。幼儿通过学习看图谱，在演奏时就知道控制自己敲击乐器声音的轻重、大小及与其他乐器的协调，懂得什么时候哪两种乐器能同时演奏，自己所持乐器应该在什么时候与哪种乐器同时演奏。

二、通过提高幼儿对声部间协调的敏感度，培养幼儿的合作能力

打击乐器演奏是一种多声部音乐形式，它要求幼儿不但要敲准节奏，还要注意同一声部内部的协调，以及和其他声部之间的协调，通过多次的听、看、练，逐步培养幼儿对声部协调的敏感度。

一是培养幼儿学习倾听的习惯。

在以往的打击乐器演奏教学中，为避免互相干扰，常要求幼儿不去听其他声部的演奏，而幼儿在演奏时也常常是只顾自己敲，缺少合作意识，造成声部的不和谐（或太响，或参差不齐）。因此，在演奏前要求幼儿听清音乐的节奏，了解合作的要求；在演奏时要求幼儿时刻注意听听自己敲的声音是否与别人协调，本组的音响是否与其他组的音响协调，演奏的整体效果是否好听，从而养成倾听的习惯。

二是指导幼儿感受声响的力度，提高自我控制、自我协调的能力，增强对声音刺激的敏感度。

由于多声部打击乐器演奏较复杂，对声部协调的要求较高，幼儿往往顾此失彼，或只注重节奏的准确，敲击起来不注意掌握轻重、大小。因此，让幼儿通过倾听乐曲、理解乐曲，感受演奏时的声响效果，了解什么时候应重些，什么时候应轻一些，什么时候需增加哪种乐器，其力度如何掌握等。由于幼儿对声响的敏感度提高了，对音乐效果的要求也提高了，就能主动地控制自己敲打乐器的动作，体验合作带来的快乐。

三、通过学习指挥，培养幼儿公平竞争、友好合作的精神

在当今的信息时代，学会公平竞争与合作交往是每个人必备的社会交往能力。幼儿只有在与他人的交往中了解别人的观点，才能学会从他人的立场、角度看问题，并协调好自我与他人的关系。

一是教师要让幼儿知道要达到自己的愿望必须学会公平竞争。

指挥是整个乐队的中心，所有的声部（乐器）都必须服从指挥。幼儿在已能够合作演奏音乐作品的基础上，有了学习指挥的欲望，大家都想当小指挥，而小指挥就必须有独立指挥的勇气和信心；指挥时，要心中有数并且要通过正确的语言、表情、动作同演奏的幼儿达成默契，能调动全班幼儿与自己合作。因此，必须要求

幼儿“如果你想当指挥，你就必须先把自己的想法用正确完整的语言表达出来，让大家来评价；谁把话说得清楚、简练，能让你指挥的小朋友都能听明白，谁就来当指挥”。通过公平竞争，幼儿明白了要想当指挥，就必须有真本领。为了实现自己的愿望，要先学会认真合作敲击，同时也要学会指挥的动作、讲述的语言。

二是帮助幼儿解决竞争过程中的矛盾，学会适应他人。

在争当小指挥的过程中，往往会出现没当上指挥的幼儿闹情绪、不愿演奏或随意敲击而影响整体音响效果的情况。这主要是因为幼儿对群体活动认知不足、社会适应性差造成的。那么，如何在活动中指导幼儿正确认识自我，并积极地处理好与他人的关系，解除心理上的矛盾和冲突呢?

要让幼儿懂得公平竞争，并正确对待竞争的结果。让幼儿知道只有靠真本领，在平等的条件下取胜，才能受别人尊敬。同时告诉幼儿，有竞争就有失败，失败了要更加努力才能取胜。“虽然你暂时不能当指挥，但你能做个优秀的‘演奏家’，下次一定能轮到你。”同时，引导幼儿换位思考：“如果你当指挥，你希望别人怎样与你配合呢? 别人不跟你配合会怎样呢?”

要让幼儿学习努力适应别人。初次指挥的幼儿难免会紧张、害羞、动作不明确，而下面的幼儿只顾自己演奏，不管指挥，从而造成合作的失败。“为什么会失败呢?”“上下要如何配合呢?”教师让幼儿自己分析讨论。幼儿通过实际演奏明白：指挥要随时观察下面幼儿的演奏情况，用自己的表情、动作进行调控，而下面演奏的幼儿必须对指挥给予支持、鼓励；在演奏时，注意力要高度集中，随时注意指挥的变化。上、下两部分人员都要努力适应对方，学会配合。

要利用创造性指挥，培养幼儿合作性竞争。合作性竞争是指两个或多个幼儿寻求一个共同的目的，在活动的过程中彼此关系非常密，而且要求既相互竞争又能相互提供帮助。这种竞争可以使人们更加努力地工作，从而更好地达到目的。创造性指挥要求幼儿在原有的基础上，充分发挥积极性、主动性，参与到音乐活动中去，把合作交往提到一个新的高度。如教师可让幼儿在自己原来配器方案的基础上，自己加以修改，自己进行设计，谁的方案好，就让谁来指挥。大家讨论，公平竞争，一旦确定了指挥，其余幼儿必须绝对服从，这就要求指挥的幼儿要有清楚的语言表达能力、清晰的思路、合理的配器方案、准确的动作。同时，演奏的幼儿注意力应高度集中，眼睛盯着指挥，积极配合，具有高度的合作精神，才能使上下一致，达到默契。

四、指导幼儿将合作精神迁移到其他活动中

活动是个体社会性发展赖以实现的条件，是个性形成的中介。个性在活动中形成，活动表现个性。而幼儿参加任何社会群体活动，都需要群体分工协作。幼儿在生活、游戏中，如果没有合作、没有规则，就玩不好任何游戏。因此，把在节奏乐活动中形成的协调合作精神迁移到其他的活动中去，将进一步促进幼儿的社会性发展。

要让幼儿明白能演奏出好听的曲子是大家合作的结果。而幼儿园的生活，也像一首乐曲，每一个幼儿就像一个音符，一件乐器，大家在一起学习、游戏，怎样才能玩得更开心，学到更多的本领呢？通过经验的迁移，幼儿明白了在学习、生活中同样要相互合作，尽量使自己的行为与集体保持一致。如各区角内部，幼儿常为一种活动材料、一个角色而发生纠纷。在区角活动中，原来需要教师不断地指导组织。通过学习指挥后，每一活动区内，教师引导幼儿自己推选一位小组长，由他来指挥组织协调该区的活动，小组长能够井井有条地分配幼儿的活动，而其余幼儿也能努力配合。如“医院”游戏：“院长”就像指挥，“各部门工作人员”就像各声部乐器，“院长”负责各部门的工作分配，所有的人都必须听从“院长”的安排，且“院长”可根据工作需要调动人员以使得活动有序进行。有些区的幼儿还会轮流当组长，如表演区，谁想出了新的表演方式，谁就是组长，领导大家一起表演。通过迁移活动，整个区角活动有了很大的改观，教师有更多的时间进行有针对性的指导。

通过演奏乐器活动，许多原来胆小内向的幼儿走上了指挥台，性格孤僻的幼儿学会了与人交往，幼儿的合作精神逐步树立。那些处处想占上风的幼儿懂得了合作和谦让，幼儿攻击性行为明显减少了。

厦门市东浦幼儿园　王　青

在打击乐器演奏教学活动中发挥幼儿主体性

现代教育是主体性的教育。主体性教育的重要特征之一，是要充分发挥受教育者在教育过程中的主动性、积极性和创造性。但是，在幼儿园打击乐器演奏教学活动中，常可以见到这样的情景：活动前，教师忙于布置场地、分发乐器；活动中，幼儿跟着教师的口令一遍遍地重复练习，学会了才配上音乐；活动结束，教师又急忙地收拾“战场”，一片忙乱。常常出现两种结果：一是教师的严厉控制，幼儿被动地完成敲击任务，活动看似热热闹闹，幼儿却处在一种精神高度紧张的状态下被动地学习。二是幼儿兴奋游离，教师无法调控。究其原因，主要是重知识传授、轻能力培养的思想使教师忽视了幼儿主体性的发挥。那么，在幼儿园打击乐器演奏教学活动中，如何发挥幼儿的主体性呢？

一、从培养良好习惯入手，重视幼儿的参与

幼儿学会自己整理乐器材料，在某种意义上说，代表着一次打击乐器演奏已成功了一半。幼儿能从主体操作过程中变“老师要我这样做”为“我应该这样做”，教师就能从分发、整理中解放出来，更好地去观察、了解、指导幼儿，更好地促进幼儿主动性的发展。每个幼儿园都会有许多添置或自制的打击乐器，如何有效保护和充分利用是一对矛盾。解决这一矛盾的切入点，就是要发挥幼儿的主观能动性，让他们在动手操作中来讨论分配、布置场地，放好人手一份的打击乐器，从中学会整理、爱护乐器。教师从小班开始就应培养幼儿爱护乐器的意识。如在音乐角里可放点小铃鼓、自制的小串铃或酸奶瓶制作的小沙球，教会他们正确的使用方法，并懂得用过以后有顺序地放回原位；要求中班、大班的幼儿能逐渐地将乐器归类，养成取放有序的常规和良好习惯。

二、发挥幼儿主体性，注重活动全过程

第一，让幼儿参与课前环境创设。

过去，我们总是把活动前准备得很仔细，把幼儿的椅子按需要的各种形式摆

放好，然后又分门别类地把乐器摆放在幼儿椅子下。教师、保育员两人在有限的时间里既要照顾幼儿上厕所、喝开水等，又要分发摆放这么多的物品、材料、道具，总是手忙脚乱。现在，教师逐渐改变观念，意识到“准备”也应是活动中的一个环节。如教师出示图谱，让幼儿观察，了解将要进行活动的椅子摆放形状是马蹄形或八字形等，每个幼儿自己动手将椅子移动到合适的位置；教师在队形图谱恰当的位置贴上碰铃、铃鼓、响板、三角铁等不同的乐器符号，幼儿根据自己的意愿，自己想持哪种乐器，就去取哪种乐器，并放到图谱指示的座位上。同时，幼儿可以自己商量拿什么乐器，坐哪个位置。如果其中一组乐器别人已先拿走，幼儿便需要学会调整，再取别的。这样，幼儿由被动的被分配变为积极主动的参与，而教师则可以抽出更多的时间，指导那些需要帮助的幼儿。

第二，让幼儿动手动脑，探索配器，变被动学习为主动发现学习。

心理学研究表明，发现学习是最适合幼儿学习的方式之一，特别在发挥幼儿主体性方面，如激发幼儿学习动机、发展其分析解决问题的能力、培养主动参与的积极态度等方面，对促进幼儿发展和终身学习有其重要意义。在打击乐教学活动中，教师可以着力改变以往幼儿单一模仿的学习方式，积极从多维的角度来引导幼儿发现学习。例如，幼儿学习演奏《加油干》这首曲子，教师是这样安排的：

（1）从幼儿的生活经验中提取。即引导幼儿从力所能及的劳动经验中，想象、改编、创编歌词。

如：

搬桌 子呀么 | 嗬 嘿 | 加油 干呀么 | 嗬 嘿 |

老师和 小朋友们 | 七哩哩哩 | 嚓啦啦啦 | 嗦罗罗罗 呔 |

加油 干呀么 | 嗬 嘿 |（幼儿还会编出拔萝卜、提开水、推小车、抬木头等）

（2）引导幼儿随音乐动手自己拍出节奏型，教师观察，提取幼儿正确的动作来示范，并用简单的色块格子图谱帮助幼儿条理化。

（3）引导幼儿自己用身体动作来创编总谱，表现音乐的强弱和节奏的疏密。如幼儿会创编出用拍手、跺脚表现音乐的第一、第二、第四乐句，用拍头、拍腿或拍肩表现音乐的第三乐句。

（4）引导幼儿以集体合作的方式，练习身体动作总谱。引导幼儿轮换练习难点第三乐句。

（5）引导幼儿用乐器演奏。①讨论用什么乐器表现音乐强、弱和节奏疏密。

分为几组合适，为什么？②根据讨论结果分三组练习：一组持铃鼓，一组持响板，一组持碰铃。③教师先当指挥，选出一组演奏第三乐句，其余集体演奏；在第一、第二、第四乐句第二小节大家一起喊“嗬嘿”。④幼儿轮流当小指挥。⑤教师引导幼儿讨论怎么变化演奏更有趣，幼儿讨论定出互换乐器演奏，还提出在“嗬嘿”的地方加大鼓、钹来敲击。

以上活动过程，教师把抽象的音乐形象、性质通过类比思维提示，引导幼儿采用了多通道感知方法，即想、说、念、唱、做个体动作（上下肢、脚、头）、集体协作、轮换角色、互换乐器等方式，在动作与思维、动作与乐器的交互作用中，兴趣浓厚地积极感知、体验操作，从而促进幼儿想象能力、创造能力、动手能力和审美能力的发展，真正做到变被动学习为主动发现学习。

三、重视延伸活动中，促进幼儿主动发展

发挥幼儿主体性不仅要体现在教学活动，而且要注意引导延伸到各种游戏活动中。如分区活动及时地提供音乐角的材料，可以启迪幼儿自发地组成“小小乐队”；幼儿可以依据学习经验和自己的意愿来商量角色的分配、同伴间的协作配合和改编、创编演奏方式。教师可以抓住时机鼓励幼儿互相学习，培养幼儿的自信心与表现欲。当发现幼儿有新探索、新的合作效果时，教师应积极帮助推广肯定，强化幼儿的探索行为，以促进全体幼儿的主动发展。

四、发挥主体性效果，需从幼儿心理出发

幼儿能否主动参与学习并非以教师的意志为转移。在教育活动中，要实现对幼儿主体性的积极影响，让教育转化为幼儿真实的发展。

第一，要真正理解“规程”所提出的“创设与教育相适应的环境”，在与符合幼儿身心特点的教育环境的相互作用中，幼儿才能向着教育目标方向主动发展。

第二，要注意视教师的“教”为教师与幼儿的合作，而不是教师单方面主宰的活动。幼儿是教师的合作伙伴，而不是被动地接受灌输的容器。如以上打击乐器演奏活动，教师若不通过类比思维启发幼儿提取已有的劳动经验，就难以激发幼儿的学习兴趣；由于整个活动教师始终伙伴似的与幼儿合作、商量、讨论，教师也就不需要用其他手段来保证幼儿学习行为的持续，维持幼儿注意力的集中。

第三，教的过程中，教师要随时观察幼儿的反馈来调控自己的教育行为，才能赢得幼儿积极的配合。特别是打击乐器演奏教学活动，教师如脱离幼儿心理发展水平操作，幼儿极易把注意力转移到拨弄乐器声响进而“兴奋忘形”，以致教师难以调控。

第四，教育过程中要尽量多地为幼儿提供独立思考、自由选择、发表意见及与教师、同伴沟通交流的机会和条件。

厦门市东浦幼儿园　曾福秀